曹雪芹与红楼梦

吴新雷　著

江苏凤凰文艺出版社
JIANGSU PHOENIX LITERATURE AND ART PUBLISHING

图书在版编目（CIP）数据

曹雪芹与《红楼梦》 / 吴新雷著. -- 南京 ： 江苏凤凰文艺出版社，2025. 5. -- ISBN 978-7-5594-8770-4

Ⅰ. K825.6; I207.411

中国国家版本馆 CIP 数据核字第 2024X84B24 号

曹雪芹与《红楼梦》

吴新雷　著

责任编辑　丁小卉
特约编辑　李晨茜　　李颖荷
封面设计　章婉蓓
责任印制　杨　丹
出版发行　江苏凤凰文艺出版社
　　　　　南京市中央路 165 号，邮编：210009
网　　址　http://www.jswenyi.com
印　　刷　三河市龙大印装有限公司
开　　本　880 毫米 ×1230 毫米 1/32
印　　张　16.5
字　　数　398 千字
版　　次　2025 年 5 月第 1 版
印　　次　2025 年 5 月第 1 次印刷
标准书号　ISBN 978-7-5594-8770-4
定　　价　89.0 元

题　序

这是我研究曹雪芹家世生平和评论《红楼梦》作品的有关篇章的选集，意图体现我注重文史考证和艺文品鉴相结合的著述特点。书中既有学术性的史料钩沉和实地考察的发现心得，也有通俗性的红楼小说之赏析导读；既有实证性的《曹雪芹评传》，也有以传记文学笔法描写的《曹雪芹别传》；既有议论"揭秘红楼"的演讲，也有评价《白先勇细说红楼梦》的访谈；甚至还选入了昆曲折子戏《黛玉葬花》改订本，以及五万字的《红楼梦》简略读本。林林总总，均为我投身教研工作以来潜心耕耘的结果。

回顾我和《红楼梦》结缘的历程，总的说来是迈开了三大步：第一步是爱好阅读《红楼梦》这部文学名著，第二步是从事《红楼梦》的教学工作，第三步才跨进了红学研究的领域。我从小学到中学时喜欢看小说，那时候是以一种好奇的眼光来对待《红楼梦》的，看起来似懂非懂，渐渐地才逐步读通。后来我在南京大学中文系担任宋元明清文学史的教职，明清文学以小说戏曲为授课的主流，《红楼梦》是非讲不可的重点，这促使我开始钻研红学。

我走上大学讲坛是在二十世纪六十年代初，在文学史中讲《红楼梦》只是做一些综述性的评介，谈不上有什么个人的独到见解。

但为了把课讲好，不得不投入相当多的时间和精力涉猎红学方面的参考书，随时关心红学动态。这期间，我又碰上了一件意想不到的稀奇事。那是 1974 年春，南京军区政治部派人来南京大学革命委员会跟军宣队联系，要找一位熟习《红楼梦》的人，把一百二十回的长篇小说《红楼梦》压缩成五万字光景的简略读本，中文系的军代表竟把这个难题硬压到我的头上，我勉为其难地进行缩微交了卷。当时上司关照要保密，没有说明为什么要做这样的简本。事后，军代表才神秘地透露说是准备给许司令看的。以此为契机，在高校复课后，系领导便安排我开讲“红楼梦研究”的专题课。

在南京讲《红楼梦》有着得天独厚的优势，因为《红楼梦》与南京的关系十分密切，作者曹雪芹就是在南京长大的。自从康熙二年（1663）曹雪芹的曾祖父曹玺到南京督理江宁织造以后，祖父曹寅、父亲曹颙、叔父曹頫世袭此职，直到雍正五年（1727）十二月曹頫被查办为止，曹家祖孙三代连任江宁织造长达 58 年之久（曹家在江南苏州、扬州、南京生活的历史则共计长达 61 年）。雪芹在南京是经历过“秦淮风月忆繁华”的盛世生活的，虽然被抄家后他流落到北京才创作《红楼梦》，但他的生活基础是在南京。雪芹的祖父曹寅，深得康熙皇帝的宠信，在南京接驾四次，声势煊赫，极一时之盛。雪芹在小说中描绘的社会生活，确曾概括了曹家在南京时期的某些影子，书中再三点出南京、江宁、应天府、石头城、金陵原籍等名目。小说第二回借贾雨村之口说道：“去岁我到金陵地界，因欲游览六朝遗迹，那日进了石头城，从他老宅门前经过，街东是宁国府，街西是荣国府。”这点明了《红楼梦》中荣国府老宅是在俗称石头城的南京，所以《红楼梦》原名《石头记》，又名《金陵十二钗》。因此，研究曹家在南京的历史，探究曹雪芹的生平及其家世，必将有助于深入理解《红楼梦》的艺术创造。我认为，《红楼梦》所反映的自然风貌、时代特征和文化精神是属于南方的，当然也有一些北方的习尚，但主流是江南文化。这是我在课堂教学和研究工作中所持的基本观点。

自“五四”新文化运动以来，有影响力的红学家都集中在北京，红学的热门话题也多源出于京中。然而，曹雪芹是从南京移家到北京的，南京的视点是不能被忽略的。为此，我觉得可以发挥自己熟识南京地理的有利条件，发掘曹家在江南生活的史料。首先，我遍阅胡適、俞平伯、周汝昌、冯其庸等诸多前辈学者的红学著作，查证他们引用的各种文献材料，然后运用人文地理学的理论和方法，实地考察了与曹家有关的江宁织造府、江宁织造局、明孝陵“治隆唐宋”碑、随园、石头城、夫子庙、秦淮河、香林寺、古林寺、鸡鸣寺和丹凤街等历史遗迹，访问了当地的父老，获得了感性认识。有关曹氏家世的文献记载，从二十世纪二十年代胡適的《红楼梦考证》到二十世纪五十年代周汝昌的《红楼梦新证》，几乎是网罗殆尽。但他们不了解南京地区历史变革的实况，有关南京方面的史料，前辈学者只查了《江南通志》《江宁府志》《江宁县志》，却不知曹雪芹家不在江宁县，而是在上元县。我因为熟悉南京的历史沿革和人文地理，知晓清代的江宁府下辖七个县，首县不是江宁县而是上元县。两县都在南京城里，同城分治，城南属江宁，城北属上元。我从对曹家所住的江宁织造府进行实地考察的结果中，得知两江总督署和江宁织造署的地理位置都在上元县。明确了地理概念以后，我便去查《上元县志》，真是“踏破铁鞋无觅处，得来全不费功夫”，果然在南京大学图书馆所藏乾隆《上元县志》中发现了雪芹曾祖父曹玺的传记（当时南大、南图只有乾隆本没有康熙本），这是过去从未发现的新史料，它纠正了曹雪芹家世研究中的一些错误论断，澄清了不少问题。我把这一发现在 1975 年第 3 期

《南京大学学报》拙作《谈〈红楼梦〉研究中的两个问题》中报道出来，引起了南北红学界的极大关注。根据这个线索，冯其庸和我同时在北京和上海查到了康熙《上元县志·曹玺传》（乾隆志的内容与此全同）。冯先生又发现了康熙二十三年（1684）未刊稿《江宁府志·曹玺传》，便根据两传写了《曹雪芹家世史料的新发现》，发表在1976年第1期《文艺研究》和第3期《文物》上。我受到冯先生的启发，也写了《关于曹雪芹家世的新资料——康熙〈上元县志·曹玺传〉的发现及探究》，载于1976年第2期《南京大学学报》。我的认识和冯先生的观点基本相同，只是论文的写作方式不一样，作为学术交流，讨论的结果是殊途同归的。

我的体会是查阅文献资料最好能与实地考察相结合，“读万卷书，行万里路”，耳闻不如目见。本来，南京人大多不知大行宫和明孝陵“治隆唐宋”碑的来历，我查证了嘉庆《江宁府志》卷十二《建置》：“江宁行宫，在江宁府治利济巷大街，向为织造廨署，圣祖南巡时，即驻跸于此。”同治《上江两县志》卷五《城厢》：“大行宫，向为织造廨，圣祖南巡时，驻跸于此。”再考康熙皇帝六次南巡，有四次住在江宁织造府曹家，所以织造府的地点就被称为“大行宫”了。现在，利济巷和大行宫的地名至今尚存，我多次跑到利济巷和大行宫察访，考定织造府西花园和康熙行宫的遗址在原大行宫小学周边区域，从而为筹建江宁织造博物馆提供了地理位置的史迹实证。我又跑到明孝陵，仔细察看碑殿西侧的卧碑，见到碑阴有“管理江宁织造内务府三品郎中加五级臣曹寅”的署衔，正面碑文中又有“御书‘治隆唐宋’四大字，交与织造曹寅，制匾悬置殿上，并行勒石”的记事，考定了御碑与曹家的关系。我把在南京多处考察的结果写成了《南京曹家史迹考察记》《随园与大观园的关系》《江宁织造府西园遗址的新发现》，今均选入本书中。

从康熙四十二年（1703）起，雪芹的祖父曹寅曾兼任两淮巡盐监察御史。巡盐御史公署设在扬州府江都县，现在江都已东移到仙女庙，学者未予注意。我根据沿革地理考察，确知清代的江都是扬州府的首县（在今扬州市内），我便查了康熙五十六年（1717）刻本和乾隆八年（1743）两部《江都县志》刻本，又发现了两篇内容不同的《曹寅传》，这都是过去的学者没有查到的，再次为曹雪芹家世研究提供了新材料。

此外，我还到苏州带城桥考察了曹寅在康熙二十九年（1690）任职的苏州织造府遗址，研究了苏州织造掌管戏班和《红楼梦》描写的梨香院昆班的关系。又到安徽省来安县舜过山考察了曹寅题写的《尊胜院碑记》，碑文署衔为“钦命内兵部督理江宁等处工部事织造府曹寅撰”，这说明曹寅的职权范围很广，并不限于织部和盐务，还管理工部事务。在去舜过山以前，我先查阅了道光《来安县志》，访问了来安县文化馆的同志，然后把考察的结果写成《〈香林寺庙产碑〉和曹寅的〈尊胜院碑记〉》。后来，我又写了《曹雪芹家庙万寿庵遗址的新发现》《考释〈如我谈〉有关江宁织造曹寅的新资料》《曹寅〈重修二郎神庙碑〉小考》《记“曹砝”》等篇章（均收入本书内）。

我主讲的红学课是给南大中文系本科四年级和本专业研究生开设的，从二十世纪八十年代到二十一世纪初，前前后后陆续讲了十八次之多。我编发了教学大纲，教案共分四章。第一章《红学的历史发展》，专讲红学史上各种不同的观点和主要论争的来龙去脉。第二章《〈红楼梦〉作者曹雪芹的家世生平》，专讲曹氏家族的盛衰和曹雪芹本人从南京到北京的史实。第三章《〈红楼梦〉的成书过程和版本》，专讲脂砚斋评阅的八十回抄本和程伟元、高鹗联序的一百二十回印本问题。第四章《〈红楼梦〉的思想内容和艺术成就》，专讲小说文本，或解读或评鉴或赏析。

红学研究不能停留在文献资料的考证上，而必须回归到《红楼梦》作品本身，强调文本读评的重要性。我在红学课程的教学活动中，再三要求学生加强文艺理论的修养，提高理论分析的能力，以理论驾驭材料，做到材料、文本、理论、观点的结合和统一，也就是使考证与评论相结合。为了示范，我在课堂上讲了《红楼梦》的时代背景和思想内涵，讲了那时先进的文艺思潮与反封建的思想意识的表现。然后把重心放在艺术性的评鉴方面，内容包括男女主人公贾宝玉和林黛玉恋爱悲剧的美学意蕴，金陵十二钗和红楼二尤等女性人物形象的塑造，大观园典型环境的描绘，诗词曲赋对情节处理的作用，等等。学术研究不能急功近利，一定要严谨踏实。我的有些见解自觉不太成熟，就不轻易成文去发表。对于比较成熟的见解，也要细心琢磨后才拿出来。经过再三推敲，我发表的红评文章有《试论柳湘莲的艺术形象》《论林黛玉形象的美学境界及其文学渊源》《论〈红楼梦〉中的骈体文》《红楼梦影宝黛情》《红楼一梦费思量》等十多篇，又先后出版了《曹雪芹》、《曹雪芹江南家世丛考》（与黄进德合作）和《红楼梦导读》（与丁波合作）三部专书。

选入本书的篇章，为免堆垒杂呈，特分辑为十二卷，以清眉目。各篇均曾发表于报刊媒体上，唯有五万字的《红楼梦》简略读本是首发。这个简略本在1974年原是秘而不宣的，到了二十一世纪初，时过境迁，秘闻开放，消息也就渐渐地传开了。由于年深月久，数十年前的底稿不知放到哪里去了，曾有热心人士前来探问，却无以为报。这次适逢此书选编结集，我花大力气翻箱倒柜，搜索遗存，终于在故纸堆里找到了。于是便写了《五万字简本〈红楼梦〉的来历》，说明事情的原委和缩微的办法，连同简本一起收入本书卷十二中，从此公之于世，以便与同好相互切磋。

因为我的本职工作是教师，课务甚重，还要开讲文学史、戏曲史、昆剧史等多门课程，所以《红楼梦》的研究只是我治学的一个方面，力有未逮，书中容有不当之处，诚请读者批评指正。

2023 年春，九十翁吴新雷题于南京大学文学院

目　录

| 卷一 |

关于曹雪芹家世的新资料
——康熙《上元县志·曹玺传》的发现及探究

在《红楼梦》的研究和教学过程中，我为了探讨曹雪芹背叛封建贵族家庭的历史情况，曾对清代曹家在南京的事迹进行了调查，发现了乾隆《上元县志》关于曹雪芹曾祖曹玺的传记[1]，后来又看到道光《上元县志》有同样的内容，因此寻根溯源，终于在复旦大学图书馆的协助下，访见了康熙《上元县志·曹玺传》，全文如下：

> 曹玺字完璧，其先出自宋枢密武惠王彬后，著籍襄平。大父世选，令沈阳有声。世选生振彦，初，扈从入关，累迁浙江盐法参议使。——遂生玺。玺少好学，沉深有大志；及壮，补侍卫，随王师征山右有功；康熙二年，特简督理江宁织造；织局繁剧，玺至，积弊一清，干略为上所重；丁巳、戊午两年陛见，陈江南吏治，备极详剀，赐蟒服，加正一品；御书"敬慎"匾额；甲子卒于署，祀名宦。子寅，字子清，号荔轩，七岁能辨四声，长，偕弟

1　见吴新雷《谈〈红楼梦〉研究中的两个问题》附注第 5 条，载《南京大学学报》1975 年第 3 期第 124 页。——作者注（若无特别说明，本书注释均为作者注）

子猷讲性命之学，尤工于诗，伯仲相济美；玺在殡，诏晋内少司寇，仍督织江宁；特敕加通政使，持节兼巡视两淮盐政，期年，疏贷内府金百万，有不能偿者请豁免，商立祠以祀；奉命纂辑《全唐诗》《佩文韵府》，著《楝亭诗文集》行世。孙颙，字孚若，嗣任三载，因赴都染疾，上日遣太医调治，寻卒，上叹惜不置。因命仲孙頫复继织造使。頫字昂友，好古嗜学，绍闻衣德，识者以为曹氏世有其人云。【见康熙六十年刻本，唐开陶编《上元县志》卷十六《人物传·名宦祠内祀》第九、第十叶，复旦大学图书馆藏。原本“子清”误作“于清”，“楝亭”误作“练亭”，今校正。（按：乾隆《上元县志》的《曹玺传》与此相同，而道光志也是照抄。）】

这是康熙六十年的记载，曹雪芹叔父曹頫正在江宁织造任上，住江宁府上元县[1]境内，上元的县令唐开陶采编这篇传记，是以当时的事实为依据的。这一发现给我们提供了新的史料，它纠正了过去曹雪芹家世研究中的一些错误论断，澄清了不少问题。恰好周汝昌同志的《红楼梦新证》（增订本），刚刚由人民文学出版社印行；冯其庸同志在北京又有重要发现，所写《曹雪芹家世史料的新发现》，已载于1976年4月第1期《文艺研究》（文学艺术研究所编刊）。他俩的研究成果，对我有极大的启发。这里结合有关材料，把自己初步的认识也写出来，和同志们一起讨论。

1　上元是南京的别名之一。清代设江宁府，把南京城区分为上元和江宁两县，而上元县是江宁府的首县。曹家的江宁织造府在今南京大行宫利济巷附近，这个地区在清代属上元县境内。

从辽阳、沈阳到北京

（一）“其先出自宋枢密武惠王彬后，著籍襄平。”这直接说明了曹家远祖是宋代的开国大将曹彬[1]，而且说明了曹雪芹家的原籍是东北辽阳（襄平是辽阳的别名）。

曹家原籍辽阳，在历史文献上早有反映。如康熙二十一年（1682）刻本《山西通志》卷十七“大同府知府曹振彦”名下，已注明“辽东辽阳人”；曹寅的《楝亭书目》也写明“千山曹氏家藏”（千山是辽阳的代称）。但自从1931年李玄伯在《曹雪芹家世新考》中提出曹家原籍是河北丰润的假设以来，学界竟为此争论了几十年，不得解决。胡適在《曹雪芹家的籍贯》一文中，虽然认为“丰润说”的证据不足，却又鼓动别人“从这一条线索上去寻求丰润曹家的诗文或谱牒，也许可以帮助解答这个问题”。有些人受了这种影响，跟着钻了牛角尖。他们找到了一些诗文和《浭阳曹氏族谱》（浭阳是丰润的别名），考出始迁丰润的是明永乐时的曹端明，并且认为这就是曹雪芹的祖宗，可是在《浭阳曹氏族谱》里又查不到曹玺、曹寅的名字。等到故宫博物院把《辽东曹氏宗谱》公之于众后，这“丰润说”便不攻自破了。但他们仍旧拘泥于《浭阳曹氏族谱》的序跋材料，因其中曾说到曹端明的弟弟曹端广至丰润后即移居“辽东之铁岭卫”。于是，他们又把曹雪芹说成是曹端广的后代，把曹雪芹的籍贯改为铁岭。

其实，“铁岭说”的考证也完全是错误的。因为《浭阳曹氏族谱》康熙九年（1670）的序文中说得很明确，在丰润和铁岭以外，

1　据《宋史》本传记载，曹彬在北宋初年带兵攻灭南唐，统一江南，被任命为枢密使（掌全国军权），死后封“济阳郡王”，谥号“武惠”。

还有“辽阳一籍”，指出这三个地方是不同的谱系，不容混淆。所以“铁岭说”也是不能成立的。

宋代曹彬是河北真定人，他有七个儿子，其后裔有一支在明初移居辽阳而落籍，传到明末曹锡远已经是第九世，清初曹振彦是第十世，曹玺是第十一世，曹寅是第十二世，曹颙、曹頫是第十三世（见《五庆堂重修辽东曹氏宗谱》）。

在过去的争论中，曾有一些奇怪的论调。1947 年守常在《曹雪芹籍贯》一文中竟说：“当时（指明末）辽、沈一带汉人，绝少土著。”以此作为曹家籍贯不可能是东北的理由，忘掉了汉族人民自古以来就生活在辽东的历史。《曹玺传》中“著籍襄平”的记载，完全驳倒了“绝少土著”的胡言乱语，彻底打破了在这个问题上的谬误论断。曹雪芹祖籍辽阳，可以论定。

（二）“大父世选，令沈阳有声。”说曹玺的祖父曹世选是明朝沈阳中卫的地方行政长官，颇有声望。

我们以《八旗满洲氏族通谱》（乾隆九年序刻本）来核对，得知曹世选又名曹锡远（康熙六年因曹玺贵显而追封其祖父的《诰命》仍作曹世选）。《通谱》卷七十四记载：“曹锡远，正白旗包衣人，世居沈阳地方，来归年分无考。其子曹振彦，原任浙江盐法道。孙曹玺，原任工部尚书。”这里说的“包衣”，是满语“家奴”的意思。因为曹世选早先从辽阳到沈阳做官，所以“世居沈阳”的意思也弄清楚了。但他是怎样被归入八旗而沦为奴隶的呢？我们的分析是：清太祖努尔哈赤在天命六年（明天启元年）三月攻陷沈阳卫时，曹世选是被俘为虏的，所以他才沦落为旗兵的奴隶。如果他是投降的，则按照清初降官的惯例，马上就会得到奖赏和任用（见清史《贰臣传》），绝不至于流落成“包衣人”。另外，曹世选“令沈阳有声”绝对不是在清代，因为他沦为奴仆后不可能突然高升，而且努尔哈赤占领明朝的沈阳卫以后，即建都其地，改名盛京，顺治十四年又改为奉天府，如果曹世选这时“令沈阳有声”，则清朝的官吏必定大书特书，但查遍《盛京通志》和《奉天府志》，根本没有这种记载。所以我们认为：曹世选任沈阳中卫的行政长官，是在明万历至天启元年三月以前，他是在战乱中被清军俘虏的。

过去，有的同志把曹世选说成是“铁岭曹氏”的“七代孙”，是在努尔哈赤攻陷铁岭时被俘的，“彼时约莫正是一个二十岁的小伙子”，而且说他是“跟随满洲主子”，“进驻辽、沈”的。《曹玺传》的发现，纠正了这些错误的推测。

《八旗满洲氏族通谱》著录曹锡远的谱系，是编在“附载满洲旗分内之尼堪姓氏”项下的。“尼堪”是满语“汉人”的译音，所以后来《清史稿·文苑传》便直接说曹寅是“汉军正白旗人”，《枣窗闲笔》也说曹雪芹是“汉军人”。本来，“八旗”是中国满族的一种社会制度，是明代满族人民户籍、生产和军事合一的组织形式。明神宗万历二十九年以后，努尔哈赤和皇太极把中国境内自黑龙江流域到山海关以北的满、汉、蒙古等各族人民，以八种不同颜色的军旗作为标志，陆续编成了满洲八旗、汉军八旗和蒙古八旗。清兵入关时，正白旗的主帅是睿亲王多尔衮，他死后则由顺治皇帝亲自掌管。据《辽东曹氏宗谱》第四房第九世记载：

> 锡远，从龙入关，分入内务府正白旗。子贵，诰封中宪大夫；孙贵，晋赠光禄大夫。生子振彦。

这说明曹锡远（世选）作为家奴随多尔衮入关后，只是被分派到内务府正白旗属下，依旧充当仆役，并未授职。这澄清了有人说他“由马弁家丁之属一跃而为功臣”的猜测。曹家归旗后第一个立业的是他的儿子曹振彦。而且正是因为子孙们贵显后，曹世选才得到追封的。

所谓“内务府”，是清朝定都北京后设立的皇家事务机构，专门管理皇室的财富、食用及各项生活琐事。顺治十一年改为“十三衙门”，康熙即位后仍恢复为内务府。《大清会典》记载，内务府人员均由镶黄、正黄和正白三旗的“包衣”充任。因为这三旗是直属皇帝管辖的，称为“上三旗”。皇帝的侍卫，也只有上三旗的子弟才有资格入选（参见周汝昌《红楼梦新证》）。正白旗曹家和皇室的特殊关系，便是由此形成的。

关于曹世选的情况，冯其庸同志新发现的康熙二十三年稿本《江宁府志·曹玺传》有一项记载：“及王父宝宦沈阳，遂家焉。”可见他原名曹宝，世选和锡远大概是字号，而且确实是因为从辽阳外出做官才移家沈阳的；等到入关后隶籍内务府包衣人，便又到了北京。

从曹振彦到曹玺

（一）“世选生振彦，初，扈从入关，累迁浙江盐法参议使。”这说明曹家在清初卫护多尔衮入关并立功授职的是曹振彦。我们结合有关材料考察，得知他早在皇太极天聪八年就在多尔衮属下任旗兵的统领，到顺治时历任山西平阳府吉州知州、大同府知府，一直升到浙江盐法参议使。

据《清太宗实录》卷十八，天聪八年（明崇祯七年）条说：

> 墨尔根戴青贝勒多尔衮属下，旗鼓牛录章京曹振彦，因有功，加半个前程。（见冯其庸《曹雪芹家世史料的新发现》）

足见曹世选被编入正白旗后，曹振彦即跟随旗主多尔衮参加满洲的战事，开始就立有军功（“牛录章京”是三百人队伍的统领）。

按康熙《山西通志》卷十七《职官志》记载：“平阳府吉州知州，曹振彦，奉天辽阳人，贡士，顺治七年任。”“大同府知府，曹振彦，辽东辽阳人。贡士，顺治九年任。”——曹振彦到山西任职，很可能是和曹玺一起“随王师征山右有功”。“山右”是山西的代称，“随王师征山右”，指顺治六年随从摄政王平定山西降将姜瓖的叛乱（见《清史稿》中《世祖本纪》和《多尔衮传》）。

至于曹振彦擢升浙江盐法参议使的情况，《辽东曹氏宗谱》也说：“振彦，锡远子，浙江盐法道。诰授中议大夫，子贵，晋赠光禄大夫。生二子，长玺，次尔正。”康熙二十三年刻本《浙江通志》卷二十二《职官志》记载：

> 两浙都转运盐使司盐运使，曹振彦，辽东辽阳人，由贡士顺治十三年任。

这是一个什么样的官位呢？据清人王钧《重建两浙盐驿水利道署记》介绍：“至宋始置诸道转运使，浙江分东西两道，独转运得总其权，故称两浙。而杭为大都会，因设置焉。”“本朝则称都转运盐使司盐法道，其秩从三品。”可见盐法参议使即盐法道，又称盐运使，掌管盐务的运输、税收和法制，浙江的官署设在杭州，官阶是从三品，比大同知府（正五品）高二级。

（二）“玺少好学，沉深有大志，及壮，补侍卫，随王师征山右有功。”说曹玺也是一个能文能武的人物，30 岁左右的时候被选拔为皇家的侍卫，并跟随摄政王多尔衮在山西的战事中立有军功。

按照封建社会的说法，“三十曰壮”（《礼记·曲礼》）。因知曹玺在内务府被选充侍卫，年当30岁。那么，他在顺治六年二月随多尔衮出征大同时，至少是31岁。这样算起来，曹玺约生于明万历四十七年（1619），到康熙二十三年（甲子）在南京病死是66岁。这推翻了过去说他生于明崇祯三年，只活到55岁的假设。

据康熙二十三年稿本《江宁府志·曹玺传》说："补侍卫之秩，随王师征山右建绩。世祖章皇帝拔入内廷二等侍卫，管銮仪事，升内工部。"（按：侍卫分三种三等，曹玺开始"补侍卫"应是第三等，而且还不是御前侍卫。）及至从征山西建立功绩后，清世祖（顺治）才选拔他充任御前二等侍卫，掌管皇帝的仪仗，后来又升任内务府工部郎中，这就创造了简派他出任江宁织造的条件。

（三）"康熙二年，特简督理江宁织造。织局繁剧，玺至，积弊一清，干略为上所重。"这说明康熙即位以后，对曹玺极其宠信。

据《皇朝通典》卷二十九记载，江宁织造"于内务府司员内简用，带原衔管理"，原来规定三年更换一次，但到康熙二年任命曹玺时"遂定专差久任"（见《江南通志·职官志》），不限年代。因此曹玺在南京供职22年之久，直到老死为止。

曹玺为什么能得到康熙帝玄烨的特别重视呢？原来，曹玺的妻子孙氏是玄烨幼年的保姆[1]。据尤侗《曹太夫人六十寿序》推算，孙氏在玄烨出生的顺治十一年是23岁，她把玄烨哺育成人，等到皇帝即位，曹家自然就得到了特别的照应（参见周汝昌《红楼梦新证》）。

（四）"丁巳、戊午两年陛见，陈江南吏治，备极详剀，赐蟒服，加正一品。"康熙二十三年稿本《江宁府志·曹玺传》记载：

1　见清人萧奭《永宪录·续编》。书中记载曹玺之子曹寅的情况说："母为圣祖保姆，二女皆为王妃。"中华书局1959年8月排印本第390页。

“丁巳、戊午两督运，陛见，天子面访江南吏治，乐其详剀。”说康熙十六年和十七年，曹玺曾接连两次进京，向康熙反映江南的政治情况，得到康熙的赞许，加官晋爵。这纠正了《红楼梦新证》（旧版）把此事定在康熙六年的错误。

曹玺担任江宁织造，表面上是替皇家管理染织，采办物资，而实际上负有更重要的使命，那就是帮康熙了解江南的吏治民情，沟通满、汉之间的民族感情，争取明末遗民，搞好民族团结，以巩固清王朝的封建统治。由于“玺少好学”，有一定的文化水平，既是汉人，又是加入旗籍的皇室家奴，所以康熙派他到南方“专差久任”，以便开展这方面的工作。曹玺到南京后，曾结交明末遗民和文人墨客，吴之振《题曹子清工部楝亭图》诗注：“两晤尊公于胥关，谈饮甚畅。”说明曹玺还跑到苏州一带活动，跟吴之振等“名流”诗酒相会，目的就是了解各方面的动态，争取汉族知识分子，为康熙坚持统一、反对分裂的政治服务。他在康熙十六年和十七年进见皇帝，面谈江南的官场情况，提出了自己的政见，分析得“备极详剀”。康熙大加赞扬，赏给他最高的官阶正一品。

我们从《大清搢绅全书》的规则中了解到，“正一品”是封建社会官僚贵族的最高头衔，待遇是“诰授光禄大夫，妻封一品夫人，封赠三代，诰命四轴，俸银一百八十两”，相当于内阁大学士（宰辅）的地位。曹玺没有经过科举考试，既非状元，又非进士，如果不是他两次向康熙反映情况并在江南著有政绩，是不可能获得这样的高官厚禄的！《关于江宁织造曹家档案史料》第二项文件[1]记载，康熙十六年曹玺支领的俸银是130两，这是正三品官员的薪饷，

1 《关于江宁织造曹家档案史料》，故宫博物院明清档案部编，中华书局1975年3月出版。其中第二项是《巡抚安徽徐国相奏销江宁织造支过俸饷文册》，见该书第3页。

而康熙十七年当他第二次觐见皇帝后，马上“加正一品”，足见是跳级提升了。当然，他的实际职权是在内务府，是从江南织造“郎中”晋升为“内司空”。《楝亭图》第二卷张芳的跋诗称为“寄题内司空完璧曹公”。“司空”即工部尚书，“内司空”就是以内务府包衣领工部尚书的头衔。这在封建社会中是一个高层贵族官僚。

据《辽东曹氏宗谱》第四房第十一世记载：

> 玺，振彦长子，康熙二年任江南织造，晋工部尚书，诰授光禄大夫，崇祀江南名宦祠，生二子：长寅，次荃。尔正，振彦次子，原任佐领，诰授武义都尉，生子宜。

这清楚地说明了曹玺是曹尔正的兄长。可是，过去在新红学派“自传说”的影响下，有人竟用《红楼梦》小说里的人物来考证曹玺的世系。他们因为宁国府里的焦大曾跟着“太爷”出过兵，就生搬硬套地把武将（佐领）曹尔正说成是：“相当于宁国公贾演，实为长门。”反而把曹玺颠倒成尔正之弟，说什么“曹玺是《红楼梦》里的荣国公”。牵强附会，莫此为甚。现在，我们以历史唯物主义的观点，正确地阐明曹家的实际情况，便是对自然主义“自传说”的彻底否定。然而，周汝昌同志在《红楼梦新证》（增订本）中竟仍然坚持曹尔正是“长门”。这不能不说是一个明显的错误。其实，《曹家档案史料》中也有明确记载，查康熙三十六年正月二十六日内务府奏折，其中将“原任佐领曹尔正”列入“随同出行轮掌马匹”的“头班”名单。这时，曹玺死后已 13 年，尔正却还身强力壮“轮掌马匹”，足见曹玺是兄，尔正是弟，这是不容置疑的铁的事实。我们特此提出，跟周汝昌同志讨论，以便相互切磋，实事求是地研究红学。我认为，曹雪芹确曾汲取曹家的某些生活故事作为创作的素材，这是可以进行探讨的。但文艺创作是经过典型概括的，不是自然主义的照相。因此，绝不能反过来把《红楼梦》小说作为考证曹家的史料。这一点是必须明确的。

关于曹寅

曹雪芹祖父曹寅的生平，周汝昌同志在《红楼梦新证》（增订本）中已有详细的介绍，给读者提供了丰富的史料。这里仅以《曹玺传》为主，结合我近年发现的几种新资料略加说明，对周书有所补正。

（一）关于曹寅的官职，《曹玺传》说他：

> 玺在殡，诏晋内少司寇，仍督织江宁；特敕加通政使，持节兼巡视两淮盐政。

曹寅是康熙一手提拔的，当他还在父丧期间，康熙就晋升他为“内少司寇”（内务府慎刑司郎中）。据康熙二十三年稿本《江宁府志·曹玺传》记载，当时曹寅又奉旨“仍协理江宁织造事务”，就是在曹玺死后的一个阶段内“仍督织江宁”，这不是正式任命，而是暂时帮办一年。康熙二十四年五月他回北京内务府，先后担任慎刑司郎中和广储司郎中，到康熙二十九年才出任苏州织造，康熙三十一年才正式继承父职为江宁织造（参见冯其庸《曹雪芹家世史料的新发现》）。

曹寅担任江宁织造共 21 年，也是“专差久任”，直到康熙五十一年病逝为止。他奉命兼任两淮巡盐监察御史，是在康熙四十二年[1]，但正式到任是在康熙四十三年十月，与妻兄李煦（苏州织造）轮年兼理。乾隆《两淮盐法志》记载，巡盐御史的公署设在扬州府治江都县城内，又在仪征县设有察院公署。李发元《两淮巡盐御史题名碑记》说："两淮岁课，当天下租庸之半，损益盈虚，动关国计。"可见这是为封建王朝掌管经济命脉的财政大员。康熙四十四年闰四月，康熙第五次南巡回銮由江宁到扬州，曹寅因"接驾有功"，得到内务府议叙加级，康熙批准"给曹寅以通政使司通政使衔"[2]。按《大清搢绅全书》定例，这是正三品的官阶，待遇是"诰授通议大夫，妻封淑人，封赠二代，诰命三轴，俸银一百三十两"。

（二）关于曹寅所受的封建文化教养，《曹玺传》说他："七岁能辨四声，长，偕弟子猷讲性命之学，尤工于诗，伯仲相济美。""奉命纂辑《全唐诗》《佩文韵府》，著《楝亭诗文集》行世。"这说明他从小就精通诗律，擅长文学创作，跟胞弟曹子猷（名荃）互相比美。所谓"讲性命之学"，就是宣扬当时的官方哲学——程朱理学，为封建统治阶级服务。

由于曹寅的父亲在南京为他奠定了政治活动的基础，所以康熙仍然派他在江宁织造任上做民族团结的工作，他通过诗词曲赋、琴棋书画等文化交往，广泛联络汉族地主阶级的各方面人士，取得了相当的成效。程廷祚在《先考祓斋府君行状》中记载："管理织造事楝亭曹公主持风雅，四方之士多归之。""及公辖盐务于两淮，金陵

---

1 《关于江宁织造曹家档案史料》，第 22 页，康熙四十三年七月二十九日曹寅的奏折说："去年奉旨著与李煦轮管盐务。"

2 《关于江宁织造曹家档案史料》，第 30 页，《内务府等衙门奏曹寅李煦捐修行宫议给京堂兼衔折》。通政使是封建中央机构的九卿之一，递呈官吏向皇帝的奏疏，司署设在宫内银台门，所以又称为"银台"。这是给曹寅加的头衔，并非实职。

之士从而渡江者十八九。”[1]这反映了当时的实际情况。近年来，我在地方志里又发现了两篇《曹寅传》，也证实了这种情况，如乾隆《江都县志·曹寅传》说：

> 曹寅字楝亭，满洲人。洽闻彊记，读书能摭华寻根，诗尤精粹。时商丘宋牧仲荦抚循三吴，寅与之建帜骚坛，名誉相埒，东南才士咸乐游其门。视鹾两淮，阅岁一更，历四任，而善政颇著，商民多讴思之。康熙五十二年祀名宦。（见乾隆八年刻本《江都县志》卷十四《名宦传》第14叶）

更早的康熙《江都县志·曹寅传》记载：

> 曹寅字子清，号荔轩，以银台督江宁织造，四视淮鹾，一切恤商惠民之政，无不实心举行。奉旨平粜，厘剔弊端，存活甚众。尝集书十余万卷，手自校雠，刊善本行世。尤嗜吟咏，与四方好古力学之士相唱和，著有《楝亭集》。奉旨搜辑李唐一代全诗，诸词臣参互考证，书成，进御览，海内宝之。（见康熙五十六年刻本《江都县志》卷六《秩官·名臣传》第10叶）

曹寅藏书十余万卷的情况，我们从《楝亭书目》中可以看到。他在扬州设立刻书的“诗局”，替康熙编印《全唐诗》和《佩文韵府》，并选择家藏的宋元珍本图书，邀请一批文人学士来进行校

1　见《青溪文集》卷十二第23页。程廷祚，上元人。他父亲程京萼，字祓斋，出身于明朝遗老的家庭，由于他家是反对程朱理学的颜李学派的信奉者，又“不乐结交显者”，因此始终不肯接受曹寅的笼络。

刊。这也是他笼络汉族知识分子的一种手段。例如，陈作霖《金陵通传》卷二十八记载：

> 吴贯勉，字尊五，号秋屏，亦上元人，博学能文，曹寅刊《全唐诗》《玉篇》《广韵》等书，聘以校雠，号为精审，年八十五卒。

《楝亭诗钞》卷四载有曹寅《月下和吴秋屏韵》五律两首，可见曹、吴两人之间的关系是相当亲密的。

曹寅还不惜捐赠巨额家资，联络南京城内著名的佛寺。据南京博物院近年发现的《香林寺庙产碑》记载，曹寅施舍了和州与秣陵关两地庄田共420余亩。

曹寅又以书法作为交际手段，张云章《祭曹荔轩通政文》记载："吾始谒公，辛卯（康熙五十年）之冬。""是时旌麾扬州之廨，风饕雪虐，余病而惫，公数扫径而迎败屦，传杯而听寒籁。险韵新诗，如爬痒疥。墨法瑰琦，冻毫飞洒，书便面以见贻。"[1]这反映了曹寅接待来宾的情况，在寒冬腊月还书写扇面赠送客人。

上述这些记载，虽出自封建文人之手，但多少透露出一些真实情况，说明曹寅平时的所作所为，确是为康熙做促进民族团结的工作，而不是搞政治迫害。过去有人把曹寅考证为"特务""侦探"的偏见，应予纠正。

---

1 见康熙五十三年刻本《朴村文集》卷十八第9页、第10页，张云章初次谒见曹寅是在康熙五十年冬，《红楼梦新证》（增订本）仍将"张或曾入曹幕"定在康熙四十四年，这是不对的。

关于曹颙和曹頫

《曹玺传》说："孙颙，字孚若，嗣任三载，因赴都染疾，上日遣太医调治，寻卒，上叹惜不置。因命仲孙頫复继织造使。頫字昂友，好古嗜学，绍闻衣德，识者以为曹氏世有其人云。"这至少有三点可以注意。第一，康熙对曹家关怀备至，始终如一。第二，曹颙字孚若，曹頫字昂友，这是过去所未知的。第三，曹頫"好古嗜学""绍闻衣德"（语出《尚书·康诰》），这是以儒家思想为标准的评价，说他能够祖述曹玺、曹寅和曹颙的遗志，为康熙王朝忠实服务。最近在南京丹凤街双龙巷发现的曹家故居之一[1]，据说有康熙时的匾额，题为"绍德堂"，可以相互参证。

据《曹家档案史料》记载，曹颙小名连生，曹寅在康熙五十一年七月病故后，内务府总管赫奕奏请补放江宁织造，康熙的旨意是：

> 曹寅在织造任上，该地之人都说他名声好，且自督抚以至百姓，也都奏请以其子补缺。曹寅在彼处居住年久，

1　1975年11月，南京丹凤街小学在拆卸旧房新建大楼的过程中，当地居民反映了这地方跟曹家有关的一些传说，特别指出这是皇帝奶妈住过的。据文献记载，曹寅的母亲孙氏当过康熙的保姆，康熙南巡时，曾在曹家接见孙氏。因此，我根据萧奭《永宪录·续编》、冯景《御书萱瑞堂记》、甘熙《白下琐言》和隋赫德《奏折》（其中说曹家在南京的住房有十三处），结合居民的口碑传说进行了考察。又会同南京市文管会、南京工学院建筑系、南京博物院、太平天国博物馆和本校历史系考古专业的有关同志，作了初步的调查研究。我们在遗址上发现了石础和一些陶瓷器，有的碗底上标明"大清雍正年制"。又，大厅上原有"绍德堂"匾额，据住户回忆说，题署的年代是康熙（匾已失去）。丹凤街在清代原名双龙巷，属上元县，这座第宅面街朝东，规模不小，前后五进，有亭台园池（已废），1949年前是桐城方氏的产业。经查考，购得这座第宅的是雍正乾隆时的方观承，他是曹寅外孙平郡王福彭的座上客。雍正十年，他随平郡王远征准噶尔，掌书记之职，乾隆十四年升任直隶总督。另外，这座住宅在太平天国革命时，为顾王吴如孝所居，称顾王府。

并已建置房产，现在亦难迁移。此缺著即以其子连生补放织造郎中。（见《曹家档案史料》第105页，第九十四项奏折）

曹颙接任近三年，因为进京时得了病症，于康熙五十四年正月死亡，康熙非常痛惜，传话给内务府总管说：

曹颙系朕眼看自幼长成，此子甚可惜，朕所使用之包衣子嗣中，尚无一人如他者。看起来生长的也魁梧。拿起笔来也能写作，是个文武全才之人。他在织造上很谨慎，朕对他曾寄予很大的希望。他的祖、父，先前也很勤劳。现在倘若迁移他的家产，将致破毁。李煦现在此地，著内务府总管去问李煦，务必在曹荃之诸子中，找到能奉养曹颙之母如同生母之人才好。（见《曹家档案史料》第125页，第一百十一项奏折）

曹颙死后由于后继无人，康熙指令将曹寅胞弟曹荃的四子曹頫承嗣，以便接任江宁织造的世职。康熙五十四年正月十二日内务府的奏折中记载：

本日李煦来称：奉旨问我，曹荃之子谁好？我奏，曹荃第四子曹頫好，若给曹寅之妻为嗣，可以奉养。奉旨：好。（见《曹家档案史料》第125页，第一百十一项奏折）

足见曹頫不是曹寅的嫡子，而是过继给曹寅作为次子的。根据《曹家档案史料》结合《楝亭诗钞》参证，曹頫的生父曹荃字子猷，号筠石，工诗善画，和曹寅是嫡亲弟兄。据康熙二十三年稿本《江宁府志·曹玺传》说：

> 仲子宣，官荫生，殖学具异才。

可见曹荃原名曹宣。周汝昌同志在《红楼梦新证》中早有论证，指出其含义取自《诗经·大雅·桑柔》："秉心宣犹（猷）。"这是确实可靠的。至于胡適在《红楼梦考证》中把曹荃说成是曹寅的堂弟（曹尔正之子），把曹宣当成胞弟，则属主观臆测，那是不对的。

曹宣弟兄之间的感情很好，他到京中任内务府司库后，仍把自己的孩子留养在曹寅家里。曹𫖯在康熙五十四年七月十六日的奏折中明确地说："窃奴才自幼蒙故父曹寅带在江南抚养长大，今复荷蒙天高地厚洪恩，俾令承嗣父职。"[1] 所以曹𫖯虽然是曹荃（宣）之子，但实际上是在南京由曹寅"抚养长大"的。这样看来，曹雪芹作为曹𫖯之子，更应是从小在南京长大的了。敦诚《寄怀曹雪芹》诗注"雪芹曾随其先祖寅织造之任"，敦敏《赠芹圃》说他"秦淮风月忆繁华"，都是有根据的。

曹𫖯任职江宁织造共 13 年，在康熙朝一直得到特殊的宠信，但到雍正手里，由于曹𫖯跟雍正的政敌胤禟有来往，再加他"行为不端，织造款项亏空甚多"，终于被监禁查办，在雍正五年十二月底被撤职封门，六年二月被抄了家（见《上谕著江南总督范时绎查封曹𫖯家产》和新任江宁织造隋赫德的《奏折》），曹家从此一落千丈，趋向衰败。只有北京的房产"酌量拨给"，曹𫖯家属才得回

---

1 见《关于江宁织造曹家档案史料》第 132 页，《江宁织造曹𫖯复奏家务家产折》。

京维持生活。曹雪芹就是在这种情况下于雍正六年春离开南京到北京的。

由上所述，曹雪芹出身的封建贵族官僚家庭，曾经声势煊赫，极一时之盛。曹家和皇帝的关系非比寻常，整个康熙当政时期，始终得到特别优隆的待遇，但在封建统治阶级内部的摩擦斗争中，却遭到了严重的打击。这对曹雪芹世界观的形成是有重要影响的。鲁迅说过："有谁从小康人家而坠入困顿的么，我以为在这途路中，大概可以看见世人的真面目。"（《呐喊·自序》）曹雪芹恰恰亲身经历了这种激烈变化的生活道路，他深刻地看出了封建社会的黑暗和腐朽，清醒地认识到封建制度必然崩溃的历史命运。曹雪芹背叛了自己贵族家庭的政治立场和思想观点，他没有"绍闻衣德"，而相反地成了封建礼教的叛逆者。他在乾隆年间创作的现实主义小说《红楼梦》，猛烈地抨击了孔孟之道和程朱理学，大胆地否定了至高无上的皇权，典型地反映了封建末世的社会矛盾，体现了强烈的反封建精神。

原载1976年第2期《南京大学学报》

南京曹家史迹考察记

《红楼梦》中荣国府的地点究竟是在南京还是在北京，这个问题历来是有争议的。过去，俞著《红楼梦辨》和周著《红楼梦新证》都为此作了专题讨论；现在，戴不凡先生《揭开〈红楼梦〉作者之谜》(《北方论丛》1979 年第 1 期）又提出了新的见解。但不管怎么说，有一点是大家公认的历史事实，那就是曹雪芹的家原来是在南京的，他的父祖辈历任江宁织造达 58 年[1]之久。尤其是雪芹的祖父曹寅，深得康熙皇帝的宠信，在南京接驾四次，声势煊赫，极一时之盛。敦诚《寄怀曹雪芹》诗注说："雪芹曾随其先祖寅织造之任。"敦敏《赠芹圃》也有"秦淮风月忆繁华"的诗句，这说明曹雪芹的童年时代确是在南京度过的。《红楼梦》虽然是作者到北京后写的，而且也绝不是什么"自叙传"，但其中所描绘的社会生活，确曾概括了曹家在南京时期的某些影子，所以作者曾把书名题为《金陵十二钗》，并再三点出南京、江宁、应天府、石头城、

1 自曹玺于康熙二年任江宁织造，至曹頫于雍正五年十二月被革职，雍正六年二月被抄家，首尾历时 66 年。但曹玺死后曹寅曾回北京 5 年，又到苏州两年半，故曹家祖孙三代任江宁织造的实际时间是 58 年多。如加上曹寅曾任苏州织造的时间，则曹家在江苏任职的时间首尾共 61 年。

金陵原籍等名目。《红楼梦》第二回借贾雨村之口说道："去岁我到金陵地界，因欲游览六朝遗迹，那日进了石头城，从他老宅门前经过，街东是宁国府，街西是荣国府。"这点明了《红楼梦》中荣国府老宅是在古称石头城的南京。因此，研究曹家在南京的历史，探索曹雪芹的生平及其家世，必将有助于深入理解《红楼梦》的艺术创造。这些年来，我注意及此，曾走访了南京的一些深宅大院，收集地方文献，探求曹家遗迹。首先，我研究了江宁府的沿革地理，得知清代的南京城分为二个区域，城北属上元县，城南是江宁县，中以流经四象桥的运渎为界。上元县是江宁府的首邑，两江总督衙门和江宁织造衙门均设于此，曹家就在江宁府上元县境内。正是由于明确了这一点，我的第一个收获便是从乾隆《上元县志》中发现了曹雪芹曾祖父曹玺的传记，然后到上海复旦大学图书馆访得了康熙《上元县志·曹玺传》，作了进一步的研究[1]。在这个基础上，我对上元县境内的曹家史迹进行了考察，现将探索寻访的情况叙述如下。

大行宫的江宁织造府与萱瑞堂

曹雪芹家在南京的历史遗迹，最主要的是江宁织造府。这里曾是曹玺、曹寅、曹颙和曹頫祖孙三代办公的官署，也是曹雪芹小时候生活过的府第。曹玺是曹雪芹的曾祖父，从清圣祖康熙二

1　见吴新雷《谈〈红楼梦〉研究中的两个问题》附注第 5 条（载于《南京大学学报》1975 年第 3 期）和《关于曹雪芹家世的新资料》（原载《南京大学学报》1976 年第 2 期，现已收辑于此书中）。冯其庸同志在北京也发现了康熙《上元县志·曹玺传》，又另外发现了康熙二十三年稿本《江宁府志》的《曹玺传》，他的论文《曹雪芹家世史料的新发现》，载于 1976 年第 1 期《文艺研究》和同年第 3 期《文物》。

年（1663）由北京到南京来督理江宁织造，专差久任，死后传给曹寅，世袭此职。曹頫是雪芹的父亲，曹頫是雪芹的叔父。雪芹大约生于康熙五十年（一说生于康熙五十四年），在江宁织造府里生活了 17 个年头。到了雍正五年（1727）十二月，曹家因得罪了雍正皇帝被撤职抄家，雪芹才离开织造府随家迁到北京。

江宁织造府建于清初江宁府上元县地界，其遗址即今南京大行宫，东起利济巷，南临吉祥街（今太平南路），西至碑亭巷，北对长江路两江总督署旧址。我查考了南京的地方志，得到的根据是：

> （一）康熙七年刻本《江宁府志》卷七《建置》：“织造府在督院前。”
>
> （二）乾隆十六年刻本《上元县志》卷三《廨署》：“江宁织造署，在督院前街内，有圣祖行宫。”
>
> （三）嘉庆《江宁府志》卷十二《建置》：“江宁行宫，在江宁府治利济巷大街，向为织造廨署，圣祖南巡时，即驻跸于此。乾隆十六年，大吏改建行殿，有绿静榭、听瀑轩、判春室、镜中亭、塔影楼、彩虹桥、钓鱼台诸胜。”
>
> （四）道光《上元县志》卷首“行宫”：“向为织造廨署，是年大吏改建，临吉祥街。”
>
> （五）同治《上江两县志》卷一《圣泽》：“南巡至于上元，以吉祥街织造署为行宫。”卷五《城厢》：“大行宫，向为织造廨，圣祖南巡时，驻跸于此。”

上述资料说明了江宁织造府的历史情况，先是康熙南巡时充作行宫，后来乾隆游江南时扩大建筑，正式作为行宫，到同治年间索性称之为“大行宫”，这个历史名称一直沿用到现在。

为什么康熙南巡时要住在曹家的江宁织造府里呢？原来康熙皇帝与曹家的关系特别亲密，曹寅的母亲孙氏曾经当过康熙幼时的保姆，所以康熙六次南巡，后四次就住在曹家。康熙《上元县志》卷三记载，康熙“南巡至于上元，以织造府为行宫”。陈康祺《郎潜纪闻三笔》(又称《壬癸藏札记》)卷二也记载说：

> 康熙己卯（三十八年）夏四月，上南巡回驭，驻跸于江宁织造曹寅之署。曹世受国恩，与亲臣世臣之列，爰奉母孙氏朝谒，上见之色喜，且劳之曰：“此吾家老人也。”赏赉甚渥。会庭中萱花盛开，遂御书“萱瑞堂”三字以赐。

足见康熙皇帝对曹家是何等地关怀！他不但亲身住在曹家，而且把曹寅的妈妈当成自己的母亲对待，慰劳赏赐，还亲笔为孙氏的住房题写了“萱瑞堂”匾额（“萱堂”是母亲的代称）。这对曹家来说，真是“皇恩浩荡”了（曹寅《楝亭文钞·东皋草堂记》文末特署“记于萱瑞堂之西轩”）。曹寅的四次接驾，在《红楼梦》中也有反映，如第十六回中赵嬷嬷对王熙凤说：“嗳哟哟！好势派！独他们家接驾四次。要不是我们亲眼看见，告诉谁也不信的。”曹雪芹出生在这样一个声势煊赫的贵族大家庭里，经历过“秦淮风月忆繁华”的生活，这个家庭的盛衰变换和他复杂曲折的生活经历，为他的创作提供了极其丰富的素材，所以能写出现实主义杰作《红楼梦》。

织造府西花园与楝亭

江宁织造府的结构大致分三个层次：东路是办公的衙署，深达六进；中路是住家的府第，有内宅五进；西路则是戏台、射圃和花园。今中山东路和太平北路交会的十字路口是织造府的中心，原有建筑已毁于太平天国战争期间，只有利济巷仍然存在。吉祥街原是行宫门口的大道，1931 年已拓宽为太平南路。织造府和行宫的花园在西边，即今玄武区文化馆和大行宫小学的范围，原有池沼已填平为小学的操场，只有假山石尚有残片留存。按《南巡盛典》卷一〇一《江宁行宫图》所绘，园池的位置是在西侧，《图说》记载："江宁行宫，地居会城之中，向为织造廨署。乾隆十六年，皇上恭奉慈宁，巡行南服，大吏改建行殿数重。""西偏即旧池重浚，周以长廊。"由此可见，此地确实是织造府的西花园，1984 年 8 月 17 日，南京市幼儿教育馆在大行宫小学东南角破土动工，当地基开挖到 1.4 米深处时，底下忽然露出一垄完整的假山石基和一些玲珑剔透的太湖石。为此，南京市和玄武区文管会邀请了季士家、韩品峥、吴新雷和潘谷西等专家一起到现场查勘，出土了一批文物，进一步确定了织造府西花园遗址的范围。（按：这一地区拆迁后，已在 2008 年完成江宁织造博物馆的大型文化工程建筑，内辟曹雪芹故居纪念馆、《红楼梦》文学馆、南京云锦艺术馆。）

根据曹寅的《楝亭集》考察，织造府的西花园简称西园，内有西池、西堂、西轩、楝亭、鹊玉亭、鹊玉轩等景点。曹寅《西池》诗说："晓风吹动木兰桡，两岸无人过板桥。"可见池上有桥，池中可以划船。西堂是曹家藏书的书房，曹寅曾自称为"西堂扫花行者"。《红楼梦》第二十八回脂砚斋评本的批语说："大海饮酒，西堂产九台灵芝日也。批书至此，宁不悲乎！"足见《红楼梦》作者曾从南京曹家的故事中汲取了生活素材。

西园中的楝亭，是曹家会客的重要处所。据叶燮《楝亭记》和尤侗《楝亭赋》所记，曹玺在康熙二年任江宁织造后，曾在西花园中手植楝树："久之，树大可荫，爰作亭于其下，因名之曰'楝亭'。""言命二子，读书其下。"这二子就是曹寅和曹宣。到了康熙二十三年，曹玺病逝，曹寅为了纪念他父亲，即以楝亭作为自己的别名，把文集也题名为《楝亭集》，而且遍请文人学士题诗作画，现存《楝亭图咏》4 卷，有图 10 幅，题咏者有纳兰性德等 45 位名家。康熙三十四年，画家张纯修（号见阳）又另外绘制了《楝亭夜话图》[1]。这说明织造府中的楝亭，成了曹家结交社会名流的活动中心。

曹寅的文化水平很高，精通诗词歌赋和琴棋书画，而且擅长戏曲创作，曾编写《北红拂记》《表忠记》《太平乐事》《续琵琶》等剧本。他家里还办了个戏班，在西园建有戏台，专演昆剧。康熙四十三年春，曹寅在西园召集南北名士，举行了大规模的《长生殿》演出，连演了三天三夜，还特邀《长生殿》的剧作者洪昇到场指导，一时传为艺林佳话。（金埴《巾箱说》记其事。）

关于楝亭的地点，近人著作中往往搞错。这是由于乾隆十六年改建行宫而撤销了原来的织造署，到乾隆三十三年时，姓舒的织造在淮清桥东另外建造了织造衙门。有些学者失于考察，竟把淮清桥与八府塘之间的织造府当成了曹家的楝亭所在地。例如，夏仁虎的《秦淮志·园林志》说："楝亭，在淮清桥织造署中，曹完翁筑亭课子，植楝其侧。"朱偰先生的《金陵古迹图考》也说："在八府塘，旧江宁织造署，清雍正时，曹寅在署筑亭课子，树楝其侧，名曰楝

1　少文《记〈楝亭图咏〉卷》载《文物》1963 年第 6 期，原件现藏北京图书馆。《楝亭夜话图》见吴恩裕《有关曹雪芹十种》卷首，中华书局上海编辑所 1963 年出版，原件现藏吉林省博物馆。

亭。”童寯先生的《江南园林志》则说：“商园，临八府塘，为清江宁织造府旧园，所余山池无几，有楝亭，传为曹雪芹写《红楼梦》处。”“曹世居江宁，今八府塘楝亭，即织造府旧园，好事者遂称霑写《红楼梦》于此。”[1]他们把时代和地点全都搞错了，所记传闻当然也就毫无价值了。其实，嘉庆《江宁府志》卷十二《建置》中早已讲明：

> 江宁织造署，旧在府城东北督院署前，乾隆十六年以后改建行宫时，藩司兼管织造，故无署。乾隆三十三年，织造舒[2]，买淮清桥东北民房，改建织造衙署。

这清楚地说明了淮清桥的织造署根本不是康熙时的织造署，与曹家毫无关系。我为了确考实地，于1975年春特至八府塘亲自查勘，询之父老，得知淮清桥织造署的花园在辛亥革命后曾辟为“觉林蔬菜社”，从二十世纪二十年代到二十世纪三十年代，又建为国货展览会商场，商园之名，即由此而来。所谓商园中有楝亭，实系附会。另外，最近发表的朱偰先生遗稿《江苏省政协会址和江宁织造署及楝亭的关系》，也纠正了他自己在《金陵古迹图考》中所出的差错，他指出错误的根源是同治《上江两县志》卷五的编写人有失误[3]：

---

1 见《江南园林志》第37页和第41页，童寯先生写于1937年，1963年由北京中国工业出版社出版。《金陵古迹图考》，1936年商务印书馆出版。《秦淮志》，收录于《南京文献》第二十四号（1948年南京市文献委员会通志馆印行）。

2 查《江南通志稿》卷一百三十六《职官志稿》，这个姓舒的织造名叫舒文。

3 同治《上江两县志》卷五《城厢考》：“淮青桥东又有织造署，昔织造曹完翁筑亭课子，树楝其侧，名曰楝亭。”《金陵古迹图考》和《江南园林志》等著作中的差错皆源于此。

> 造成错误的原因，是修地方志的人（莫友芝等），误以清乾隆三十三年以后改建在淮青桥东（今八府塘）的江宁织造署，为康熙时代曹寅父子任内的江宁织造署。因为他们没有查一查档案，甚至没有查考前代的江宁府志，所以造成这一错误。后来有些文人驱车过八府塘，凭吊“楝亭”旧迹，甚至联想到《红楼梦》中所描写的南京宁、荣二府，当然更是错中之错了。（此稿载于江苏省政协1980年编印的《文史资料》复刊后第1辑，南京师范学院编刊的《文教资料简报》1980年8月号转载）

但是，这篇遗稿又出了一个新的差错，错误地把两江总督府（后来的天王府、总统府）当成了江宁织造署。文中说：

> 现在的江苏省政协会址（南京长江路292号），是过去的两江总督府；而清朝的两江总督府，又是就清朝“江宁行宫”（所谓大行宫）的一部分改建的；清朝的“江宁行宫”，则又是就清初康熙时代曹寅的江宁织造署扩建的。所以，现在江苏省政协的会址和曹寅当年的江宁织造署，有历史上的渊源关系。（按：今江苏省政协的会址已从长江路原总督府迁至北京西路去了。）

由于这个错误的推论，把“楝亭”的所在地也误认是“省政协内西花园的地方”（太平天国天王府西花园、两江总督府煦园遗址）。造成差错的根源是他把两江总督府误认为是由江宁行宫改成的，他说：“乾隆帝到了晚年也颇有悔意，下诏以后不许再举行南巡。于是行宫的一部分，就改为江南总督署。”其实，两江总督署早在清初就以明朝沐王府旧址为基础建立了。据康熙七年刻本《江宁府志》卷七《建置》记载：

> 总督部院衙门在府治东北沐府东门。织造府在督院前。

足见总督署和织造府早在康熙七年以前就有了，而且地点不同，各自为政，根本不可能是织造府成为行宫后再改成总督府。因此，我们绝不能把两江总督府煦园当成曹家的织造府和楝亭所在地。

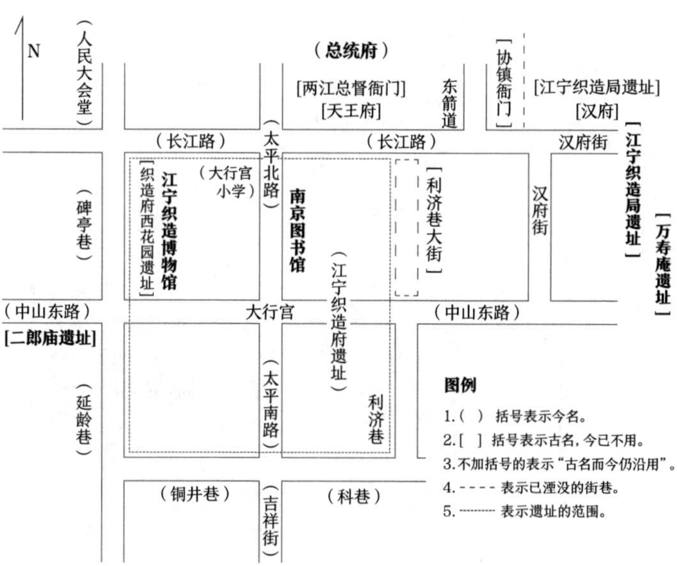

▎江宁织造府、织造局遗址示意图

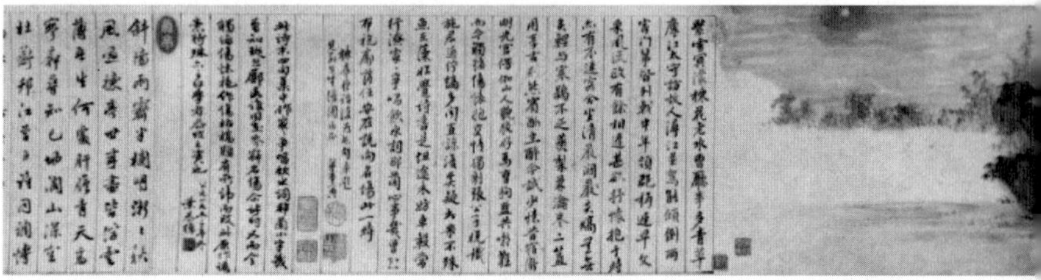

▎《楝亭夜话图》，清康熙三十四年（1695）画家张见阳（名纯修）所绘。图中为楝树和楝亭，亭中自右至左共四人：曹寅、施士纶、张见阳及煮茶小童。图卷后即为曹寅等人的题诗。图为原装手卷（卷首为张见阳亲题“楝亭夜话”四字），今藏吉林省博物馆。

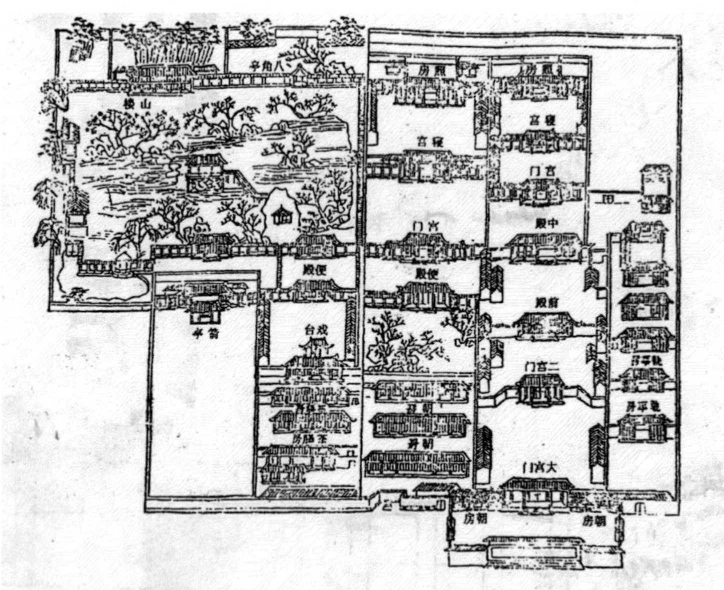

▎由江宁织造府扩建的南京行宫图

（原载乾隆朝高晋等编《钦定南巡盛典》，图示西北隅为西花园，前有戏台）

江宁织造局

织造府是衙门府第，织造局则是操作的工场。两处相距不远，织造局就在织造府的东边。

江宁织造局的遗址在今南京市汉府街到汉府新村之间，据乾隆元年刻本《江南通志》卷一〇五《职官志》记载："织染局系明汉王高煦旧第，故相沿称为汉府。"

织造局实际上相当于现代的丝织工厂，主要产品是织锦、贡缎、龙衣和南京的传统产品——云锦。局内有染坊、织机、机房等，设备齐全。据《江苏省通志稿·货殖志》记载，机房内有缎机335张，部机203张，"户部岁供织造银七万三百三十七两四钱四分二厘"。又据《总管内务府现行则例·广储司册》卷二记载：

> 康熙四年十一月呈准，大红蟒缎、大红缎、片金、折缨等项，派江宁织造处承办……

每年织造缎纱、绸绫、纺丝、布匹、绒线等项，由缎库茶库官员拟定花样颜色数，分派该织造处照式承办解送北京。

光绪《续纂江宁府志》卷十一上《秩官》记载："织造一员，以内务府郎中、员外郎为之，掌造作缣、帛、纱、縠之事。”曹玺原是北京内务府郎中，康熙二年皇上派他到南京掌管江宁织造。他办事认真，很有政绩，后提升为正一品的工部尚书。他家祖孙三代在南京督理江宁织造前后共 58 年之久，曹雪芹小时候也可能到江宁织造局里走过的。

江宁织造局毁于太平天国战争时期，已荡然无存。同治四年七月，李鸿章《筹设织造机房折》声称：“在珠宝廊地方，购得民人李端住宅一所，尚存楼房二十余间，前临内桥河水，便于漂丝，移置织局最为合宜。”[1]这个移置的织造局，遗址在今南京市中山南路小学内，其后墙下尚有界石一方，上刻“织局北界至此”六个字。但我们也不能据此误认为与曹家有关，因为这已不是康熙年间原来织造局的地方了。如果要参观曹家时代的织锦，南京博物院有藏品。至于织机和织造的情况，南京云锦研究所有实物和资料可以考见。

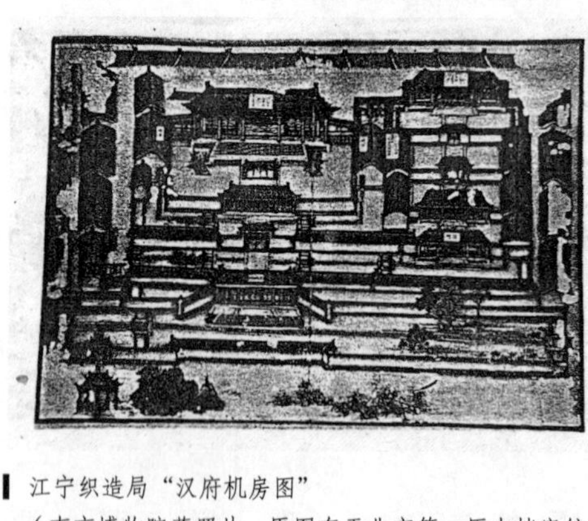

江宁织造局“汉府机房图”
（南京博物院藏照片，原图存于北京第一历史档案馆）

1 引自宋伯胤等《清末南京丝织业的初步调查》，载《近代史资料》1958 年第 2 期。

明孝陵与曹寅有关的碑刻

明孝陵在南京东郊风景区，是全国重点文物保护单位。游览者踏进陵门，首先看到的是一块高大的石碑，上题“治隆唐宋”四个大字，这便是康熙御笔而由曹寅建立的。

读《红楼梦新证·史料编年》，周汝昌先生引录了张玉书的《驾幸江宁纪恩碑记》，指出康熙三十八年四月十五日，御书“治隆唐宋”为明陵题词，交与织造曹寅制匾勒石。为此，我在 1970 年 11 月 22 日曾到明孝陵实地考察，看到御碑尚在，碑上还刻有“康熙岁次己卯四月望敬书”一行小字。另外，后侧还有两块卧碑，分列于东西两边。东侧是康熙二十三年第一次南巡的记事碑，西侧就是康熙己卯（三十八年）张玉书撰文而由曹寅主持立碑的《驾幸江宁纪恩碑记》，纵 144 厘米，横 337 厘米，碑阴刻有参与盛典者的名单，曹的署衔是“管理江宁织造内务府三品郎中加五级臣曹寅”，立碑的年月是“康熙三十八年拾月谷旦”。这件实物的存在是颇具史料价值的，因为所有的《江宁府志》和《上元县志》都把这件史事的年代错写成了康熙四十二年。如康熙《上元县志》卷二《恭纪南巡盛典》说：“四十二年，上南巡至于上元，以织造府为行宫，遣皇太子祭明太祖陵，赐御书‘治隆唐宋’四字额。”嘉庆《江宁府志》卷五《古今往事年表》也说“四十二年，南巡至于上元”，“颁御书治隆唐宋四字额”。在年代上都搞错了。虽然张玉书的《文贞公集》卷六收有《碑记》，但曹寅主持刻石时对于个别字句有改动，所以明孝陵现存的碑刻，既可以校对《文贞公集》（《四库全书》本题为《张文贞集》），又可以确切地纠正方志史书上的误记。

康熙三十八年第三次南巡，是规模最大的一次。为了笼络江南的汉族知识分子，康熙特地再到明孝陵祭奠，并亲笔题词，称颂朱元璋统一国家的功业超过了唐宗、宋祖。为了表示对曹寅的器重，他又当众宣布：

> 朕昨往奠洪武陵寝，见墙垣复多倾圮，可交与江苏巡抚宋荦、织造郎中曹寅会同修理。朕御书“治隆唐宋”四大字，交与织造曹寅，制匾悬置殿上，并行勒石，以垂永远。

康熙这样安排的目的，便是有意抬高曹寅的地位，以利于曹寅争取明末遗民搞好民族团结的工作。这也反映出曹寅和康熙的关系是十分亲密的。

鸡鸣寺、香林寺与曹家的关系

鸡鸣寺在今南京市玄武区北京东路鸡笼山东麓。清朝康熙四十六年（1707）皇上第六次到南京时，曹寅曾陪同其参观了鸡笼山（又名钦天山）观象台和鸡鸣寺，康熙皇帝亲笔题写了“鸡鸣古迹”四个大字，刻石立碑（“文革”中拆毁）。当时，曹寅曾集资对鸡鸣寺大殿和宝塔进行了一次大修，于康熙五十年正月写了《重葺鸡鸣寺浮图碑记》，专门记载了这件大事的经过情形。碑已不存，但碑文见载于《楝亭集·楝亭文钞》：

> 康熙丁亥岁（按：指康熙四十六年），圣驾南巡，宸翰作鸡鸣古迹四字赐镇此寺。里之士民僧俗以台殿倾圮、浮图欹坏，思加修葺，敬悬御书，于是卜吉鸠工，经一年始竣，江山云物，顿改旧观。里之人以余久宦，磨石请

记，不敢辞。……康熙五十年正月二十六日，钦差江宁织造巡视两淮盐漕通政使司通政使曹寅谨记。

考此寺原名同泰寺，创建于梁武帝大通元年（527），是“南朝四百八十寺”之一，明太祖洪武二十年（1387）才改名为鸡鸣寺，“建浮图五级”（乾隆《上元县志·祠祀志》）。康熙二年塔毁重修，至曹寅第四次接驾前后再修（原塔早已不存，今塔为1990年新建）。

另外，在鸡笼山南麓又有“曹武惠王庙”。据康熙《上元县志·曹玺传》记载，宋朝的开国功臣武惠王曹彬是曹玺、曹寅家的远祖。《宋史》卷二百五十八《曹彬传》记述，宋太祖开宝七年（974）七月，曹彬率领大军从荆南顺流东下，“十一月作浮梁，跨大江以济师”。由于曹彬陈兵金陵城下，迫使南唐后主李煜投降，避免一场血战破坏，邦人感恩，为其建祠庙于南京聚宝门外，明初改建于鸡鸣寺南首。据明朝杜泽所撰《洪武京城图志》记载，其祠“旧在聚宝门外，王讳彬，谥武惠。宋开宝中，统兵平江南，不杀一人，邦人感之，为立祠，国朝建置鸡鸣山”。嘉庆《江宁府志》卷十三《祠庙志》也说：“曹武惠王庙，祀宋枢密使曹彬，旧在江宁社坛前，明洪武二十年改建于钦天山阳，赐额武惠。”有趣的是吴敬梓在《儒林外史》第四十一回《庄濯江话旧秦淮河》中，写庄氏“拿着三四千银子，在鸡鸣山修曹武惠王庙”。这都反映了南京士民对曹彬的景仰之情。由此联系到南京《曹玺传》作者标举“其先出自宋枢密武惠王彬”，实是推崇曹玺家世一举两得、古今双关的表彰笔法（曹武惠王庙现已不复存在）。

香林寺遗址在今南京太平门内佛心桥36号和37号，1975年年初，南京博物院的王少华先生在37号院内发现了香林寺庙产碑，立碑的年代是嘉庆三年九月，碑文记载：“前织造部堂曹大人买施秣陵关田二百七十余亩，和州田地一百五十余亩。”这表明曹家是香林寺最大的施主，与其关系非比寻常。于是，我即留心探索，并已撰文考证[1]，我认为这个大施主应是豪富阔绰的曹寅。现结合一些新资料和新情况，再补充说明二点。

据嘉庆《江宁府志》卷十《古迹》记载：

> 香林寺，在太平门内，明时建，名寺。国朝康熙三十八年圣祖南巡改今名。

同治《续纂江宁府志》卷八《名迹》记载：“香林寺，明曰兴善寺，圣祖改赐今额。”而同治《上江两县志》卷五《城厢考》则说：“兴善寺，洪武初创。”可见香林寺原名兴善寺，创建于明太祖洪武初年，至清圣祖康熙二十八年（1689）时，因为康熙南巡到此游览，经御笔题额才改名为香林寺的。此地属上元县，离江宁织造府不远，由青溪乘船直达。当时是曹寅接驾护驾，说不定就因为皇帝赐名“香林寺”这层关系，曹寅为博得康熙皇帝的欢心，便一下子施舍了420多亩香火田。

由于确认香林寺与曹家的关系极为密切，我和王少华同志便进一步作了调查，访问了香林寺现已还俗的姓张的末代和尚。我们到佛心桥37号考察了香林寺大殿，又到36号考察了藏经楼。据末代和尚讲，从前南京城里有名的寺院有三个，分别叫作“香林寺”“古林寺”“毗卢寺”，香林寺第一，古林寺第二（《金陵通传》卷二十八记载曹寅曾请画家陆凯绘制佛像施给古林寺），毗卢

1　见吴新雷《〈香林寺庙产碑〉和曹寅的〈尊胜院碑记〉》，原载《红楼梦研究集刊》第二辑，现已收辑于本书中第119页。

寺第三。香林寺藏经楼原有许多资料，有《香林寺庙谱》记载历年大事，可惜这些东西在1966年全被抄没，不知去向。这是一个重要的线索，今后如能找到《香林寺庙谱》，则可能发现康、雍时期大施主曹家与寺僧来往的文字记载。

曹寅祠、随园及其他

曹家在江苏的六十多年间，曹玺打下了坚实的基础，而曹寅继承父业，发扬光大，再加他具有高度的文化修养，交游广阔，因此享有盛名，所以他的事迹在地方志中还有一些零碎的记载。例如，康熙《上元县志》卷十一、十二、十六都提到曹寅，说他在康熙四十五年修建过鸡鸣山南麓的府学，被举为“府学名宦”；又因为“有功德于民”，死后“崇祀名宦祠”，被列入青溪之东的“先贤祠”。甚至织造局的机工还在雨花台专门造了一个曹公祠，据嘉庆《江宁府志》卷十五《拾补》记载：

> 江宁机房，昔有限制，机户不得逾百张，张纳税当五十金，织造批准注册给文凭，然后敢织，此抑兼并之良法也。国朝康熙间，尚衣监曹公寅深恤民隐，机户公吁奏免额税，公曰：“此事吾能任之，但奏免易，他日思复则难，慎勿悔也。”于是得旨永免。机户感颂，遂祀公于雨花冈，此织造曹公祠所由建也[1]。

1　乾隆十一年袁枚监修的《江宁新志》卷十《祠祀志》也有记载说：“曹公祠在雨花台，祀织造曹公寅，康熙间建。”

足见曹寅在南京的行事深得民心。道光时甘熙在《白下琐言》卷六记载，聚宝门（今中华门）外共有13个祠堂，纪念文天祥和海瑞等人，曹公祠即其中之一，而且甘熙自己“尝拟祝文十三道”参与祀典。现在，这些祠堂已不复存在，所以也不可能从曹公祠里找到什么资料了。

此外，还有些情况值得提示：

（一）随园。据道光四年刊本《随园诗话》卷二记载，随园就是大观园的生活原型。笔者另有专文考述，详见《随园与大观园的关系》（本书第42页）。

（二）曹寅主持刊刻的《全唐诗》板片，原藏汉府街江宁织造局。《关于江宁织造曹家档案史料》记载，《全唐诗》900卷的校刊工作是康熙任命曹寅主持的，从康熙四十四年五月开始，在扬州天宁寺开设刻书的“诗局”，至康熙四十五年十月完成。这些板片后来到哪里去了呢？查道光《上元县志》卷末《摭佚》：“《全唐诗》板藏织造汉府。”可见直至道光时，原板尚在。

（三）曹寅曾为上元名医送匾。据乾隆《上元县志》卷二十四《方技传》记载：“杨峻字孔征，邑庠生，精幼科，所活婴儿无算。督关曹公寅，太守卫公琪，皆因治子病得痊，亲履其门，以额颜之。”查嘉庆《江宁府志·秩官表》，卫琪是康熙中期的江宁府知府，与曹寅是同时人。

（四）丹凤街“绍德堂”遗址。据隋赫德《奏折》，曹家在南京的住房有13处，现今确知者只有大行宫和随园两个地方，还有11处不知何在。1975年11月，我走过丹凤街，只听得居民议论，指着丹凤街小学拆掉的一座厅堂，说是皇帝奶妈住过的。这引起了我的注意，因为我读了周汝昌先生的《曹雪芹与江苏》，知道曹寅的母亲孙氏曾经当过康熙皇帝的奶母。于是，我便邀约了南京大学考古专业的蒋缵初先生，南京工学院建筑系的杨廷宝先生、刘叙杰先生，太平天国博物馆的韩品峥先生，南京市文物保管委员会的季士家先生，南京博物院的王少华先生，一起到现场进行了考察，又开了座谈会，得到一些线索。由于厅屋已经拆光，只掘得了一些石础、石狮、瓷器的残片，以及标有“大清雍正年制”的碗底。后来我走访了当地父老，获悉丹凤街小学的校址原为方氏宅第，我找到了 77 岁的方氏后人方本信老先生和他的表兄朱祖明老先生，据他俩讲述，丹凤街旧宅是祖上方观承在乾隆初年任“直隶清河道（后升直隶总督）”时购置的，至于是从谁家买来的，则不得而知[1]，但大厅上原有一块匾额，题为“绍德堂”，署名年代是康熙，何年何月则已遗忘。这块匾在中华人民共和国成立之初还在，现已不存。我想到康熙《上元县志·曹玺传》有记载说：“頫字昂友，好古嗜学，绍闻衣德，识者以为曹氏世有其人云。”那么，这个“绍德堂”是否跟曹頫有关呢？据方本信老先生讲，原来宅第的规模很大，在双龙巷与丹凤街之间前后共五进，坐西朝东，北有花园，南有下房，太平天国时期曾一度作为太平军将领吴如孝的“顾王府”。为此，我就进一步查考方观承的《述本堂诗集》《燕香集》《薇香集》，再看袁枚《太子太保直隶总督方恪敏公观承神道碑》记载：“雍正九年，族人某荐入平郡王藩邸，王与语大奇之，情好日笃。十年，王为定边大将军征准噶尔，奏公为记室。”（见《碑传集》卷七十二）平郡王福彭是曹寅的外孙[2]，曹頫是他的舅父，方观承作为平郡王的座上客，与曹家是否也有联系呢？据《国朝先正事略》卷十八记

1　朱家大宅在南京居安里，与丹凤街邻近，原为康熙时熊赐履的第宅，乾隆时，朱澜继方观承任“直隶清河道”，自熊氏后人购得此宅（《金陵待征录》卷三有记载）。太平天国时，太平军高级将领罗大纲居此，称为“奋王府”。

2　见《关于江宁织造曹家档案史料》附录二（中华书局版第 218 页）。

载，方观承是乾隆七年“授直隶清河道”的，丹凤街的这座第宅，是否购自曹家？在只有闾巷传闻而无文字记载的情况下，当然还不能遽下结论。但这些蛛丝马迹，是可以存而备考的。

以上是关于南京曹家史迹考察的点滴记录。我的出发点不是为访古而访古，主要目的还是寻求曹雪芹这个伟大作家的史料。但由于曹家败落后沧桑屡变，文献无征，踏破铁鞋，仍只能在曹的家世问题上打外围战。今后，但愿国内学人共同努力，从外围到核心，最终获得《红楼梦》作者本人的新资料！

“治隆唐宋”碑（在今南京市明孝陵碑殿内）

南京明孝陵　康熙南巡与曹寅有关的碑刻（《驾幸江宁纪恩碑记》）
原为整块卧碑，纵 144 厘米，横 337 厘米。
箭头所示文字为："朕御书'治隆唐宋'四大字交与织造曹寅，制扁悬置殿上，并行勒石，以垂永远。"

［附］

明孝陵"治隆唐宋"碑西侧卧碑释文

按：卧碑的碑文是文华殿大学士张玉书所撰，《四库全书》本《张文贞集》卷六收录，题为《驾幸江宁纪恩碑记》，但曹寅受命勒石时，在文句上稍有变动，今据卧碑拓本校点如下（与张玉书原稿不同之处则加注说明）。

康熙三十八年春正月，皇上軫念淮揚水患，下詔南巡。二月，車駕臨淮境，親履河堤，周覽形勢，以修築方略指授河臣；又特命截漕發糶，賑恤被災州縣。嗣是濟江而南，遍歷吴會，蠲逋賦，減商課，廣進取之額，沛矜恤之仁，德音屢布，恩澤至厚。夏四月己酉，駕入江寧。軍民數百萬，歡迎夾道，頌聲徹於行在。越翼日庚戌，傳諭內閣："明洪武爲一代創業之君，朕前南巡二次，俱特行祭祀，並親至陵寢禮奠，今巡幸至此，當仍往親祭，著大學士等議奏，欽此。"大學士伊桑阿、阿蘭泰奏議[1]："前者乘輿雨幸江寧，已親至明陵酹酒，兼遣大臣致祭，今請專命大臣，不必更煩車駕。"奏入，得旨："洪武乃英雄奮起、建功立業之主，不可與他君並，朕當躬往致奠，其祭文著撰擬進覽。"比翰林院撰進祭文，復蒙御筆親加改定，頒發太常。壬子，遣兵部尚書兼管太常寺事席爾達詣明太祖陵，質明致祭。而上即以是日率諸王群臣躬至陵寶城前拜奠，三爵如前禮。既出，駕過明故宮，徘徊止輦，見荊榛載路，且有成麥畦者，慨嘆久之！甲寅[2]，御書"治隆唐宋"四大字，遣侍衛馬武、海青等捧示諸臣曰："此御筆爲明陵題額者。"明日早，命直郡王、誠郡王[3]率大學士伊桑阿、阿蘭泰、張玉書同往行禮，安奉殿內。於是諸臣環跪瞻仰，無不感頌[4]嘆服！臣玉書奏曰："自古帝王未聞躬祀前代陵寢者，聖駕三至明太祖陵，親行禮奠，兹又特書殿額以示優隆，盛德懿典，允光千古；且'治隆唐宋'四字，於明太祖極為確切[5]，一經宸翰褒題，而史書遂有定論，臣等不勝欣仰之

1 张玉书《驾幸江宁纪恩碑记》此句原文为"大学士臣伊桑阿、阿兰泰、张玉书言"。

2 张玉书原文此处作"越二日甲寅"。按：实际上应为"越五日"，误为二日，所以刻碑时干脆删去了"越二日"三字。

3 张玉书原文此处只有"命郡王"三个字。

4 张玉书原文此处"感颂"作"感诵"。

5 张玉书原文此处作"于明太祖创垂功业至为确切"。

至。”是日，又傳諭曰：“朕昨往奠洪武陵寢，見牆垣復多傾圮，可交與江蘇巡撫宋犖、織造郎中曹寅會同修理，朕御書‘治隆唐宋’四大字交與織造曹寅，制扁懸置殿上，并行勒石，以垂永遠，欽此。”乙卯昧爽，兩[1]郡王率大學士及巡撫等具儀恭捧御書扁額，安奉明陵殿内，行禮而退。一時在省文武官吏與闔城父老子弟聚觀如堵[2]，僉謂鑾輿三幸江南，不獨黎元比屋被澤，即山川百神，亦罔不欣悦，而加禮明陵，尤屬曠典。大聖人行事，真足超軼百代，臣等幸生唐虞之世，又得親見堯舜之君，帝德巍蕩，如天難名，惟有仰祝聖壽無疆而已[3]。

原载 1982 年第 1 期《红学文丛》

（天津人民出版社出版封面题为《我读红楼梦》），

收入本书时有所修订

1 张玉书原文此处无“两”字。

2 张玉书原文此处“聚观如堵”作“环堵聚观”。

3 张玉书原稿末尾为：“惟有仰祝圣寿无疆尔！于是臣玉书拜手纪事，而翰林臣倪某恭书勒石。”

随园与大观园的关系

随园遗址在今南京市广州路两侧，东起干河沿（南京大学南园广州路门口）、青岛路，西至随家仓、乌龙潭，而以小仓山为中心。清代乾隆年间，著名的“性灵派”诗人袁枚在《随园诗话》卷二中宣称：

> 雪芹撰《红楼梦》一部，备记风月繁华之盛，中有所谓大观园者，即余之随园也。（据道光四年刊本引录）

同时人富察明义的《〈题红楼梦〉诗序》也说：

> 曹子雪芹出所撰《红楼梦》一部，备记风月繁华之盛。盖其先人为江宁织府；其所谓大观园者，即今随园故址。[1]

对于这种说法，历来的红学家议论纷纷，争执不休。早在1921年6

1　富察明义：《绿烟琐窗集》，上海古籍出版社，1984年影印本第105页。

月，顾颉刚教授和俞平伯教授曾经通信讨论了这个问题，认为“大观园不即是随园”[1]。胡適在1921年11月定稿的《红楼梦考证》中也发表了意见，相信袁枚的话“不是假的”。1949年后，周汝昌同志再三强调“芳园筑向帝城西”，力主大观园在北京恭王府之地。他认为《随园诗话》之说不可靠：“袁氏的话毫无根据，所谓向壁虚造，信口开河。”[2]为了解决这个问题，我在南京曾经作了实地的调查和考察，我的出发点不是探讨“随园即大观园”，而是辨明史迹的变迁过程，论证“随园本属曹家所有”。

据《随园诗话》卷五和《随园记》所载，此园是袁枚在乾隆十三年（1748）戊辰秋以“三百金”购得的。关于它的来历，袁枚在乾隆十四年三月写的《随园记》中曾说明：原先是“织造隋公”的“隋园”，他买来后改“隋”为“随”，“同其音而异其义”。那么，“隋公”是什么人呢？不是别人，正是曹頫被撤职抄家后继任江宁织造的隋赫德！他的“隋织造园”在雍正年间确实是存在的，而且是花团锦簇，颇具盛名，当时松江人黄之隽曾经身历其境，在《游金陵城西北记》中有所描绘，现节引有关文句如下：

> 雍正十年春，客金陵……郡人也，极称城西北山川之胜……上巳之明日，往观焉……又北行，地稍峻，俯瞰朱栏翠楯，隔一水，“隋织造园”也。往则门者辞曰：“群游女饮于此！遂西憩。……（明日）再游，遵旧路过五柳园不入，过永庆寺后圃，仍入迤至地峻处，瞰“隋园”，又有游女焉。至门，门者不辞，遂入园，为桃源别墅，今曰

1 俞平伯：《红楼梦辨》，人民文学出版社，1978年重印本。

2 周汝昌：《红楼梦新证》，人民文学出版社，1976年增订本。

映山。其水竹花木颇胜，亭馆梁约，布置亦佳。（见乾隆三年序刻本《唐堂集》卷十四第 13 页至第 15 页）

这雄辩地说明“隋织造园”的园林艺术已臻上乘，并不是到了袁枚手里才开始经营的；而且早在雍正时已经闻名遐迩，吸引了石城内外的红男绿女。然则，隋赫德是雍正六年二月才从北京来任江宁织造的，在南京素无根基，这短短数年怎能造就这么个大规模的私家园林呢？他的“隋园”是从何而来的呢？跟袁枚有交往的裕瑞，在《〈后红楼梦〉书后》中有一段记载，正好回答了这个问题：

闻袁简斋家随园，前属隋家者，隋家前即曹家故址也。约在康熙年间。书中所称大观园，盖假托此园耳。其先人曾为江宁织造，颇裕，又与平郡王府姻戚往来。[1]

由此可见，隋织造园就是从曹雪芹家得来的。裕瑞是裕亲王世子，别号思元主人，生于乾隆三十六年，他曾结交袁枚，《随园全集·续同人集》中收有他和袁枚赠答的诗文多首，所以他的话绝不是无稽之谈。过去，有些同志对裕瑞的说法也表怀疑，或认为仅是孤证。但自故宫博物院公布了曹家的档案史料后，“隋家前即曹家故址”的记载就得到证实了。据雍正六年二月初二日隋赫德《细查曹頫房地产及家人情形折》说：“细查其房屋并家人住房十三处，共计四百八十三间。地八处，共十九顷零六十七亩。家人大小男女共一百十四口。”“曹頫所有田产房屋人口等项，奴才荷蒙皇上浩

1 裕瑞：《枣窗闲笔》，上海古籍出版社，1984 年影印本，第 175、176 页。

荡天恩特加赏赉，宠荣已极。”[1]雍正十一年十月初七日隋赫德被查办审讯时的供词也说：“奴才荷蒙皇上洪恩，将曹寅家产都赏了奴才。”[2]这一方面说明了曹家在南京的住地不止织造府一处，另一方面又明确记载了曹家的全部产业均被隋赫德所占有。据此，则“隋园本属曹家”，当可论定。

隋织造园得自曹家这一点既已考察清楚，但还得解决《红楼梦辨》和《红楼梦新证》中提出的两大疑问。第一个疑问，顾颉刚先生在1921年6月24日给俞先生的信中，责怪袁枚纂修《江宁府志》时为什么没有写上自己的随园。为此，我查阅了袁枚监修的《江宁新志》，发觉这不是“府志”，而是江宁县的“县志”，但随园的地理位置是在上元县，所以《江宁县志》当然就不会记入上元县的隋园或随园了。第二个疑问，《红楼梦辨》引《续同人集》中张坚赠袁枚的诗序：“白门有随园，创自吴氏。”因此认为隋家之前属吴家。《红楼梦新证》第四章也引舒坤对《随园诗话》的批语：“随园之先，故属吴姓。”从而断言：“即使追溯到隋赫德之前，亦本属吴姓之园，与曹家并无关系。”其实，“创自吴氏”是指最早的开创者，并非指紧接隋赫德之前的园主。吴氏是谁呢？原来就是《同人集》里有诗唱和的明末复社名士吴应箕。据陈诒绂《金陵园墅志》卷上记载：“吴氏园，贵池吴次尾应箕寓金陵，尝言乌龙潭为山水都居，不必造作，而自然风景，遂园于乌龙潭畔居焉。”[3]为此，我又作了实地查勘，得知乌龙潭东首属随园的一部分已淤为平

1　故宫博物院明清档案部编《关于江宁织造曹家档案史料》，中华书局1975年版，第188页和第193页。隋赫德署明雍正六年二月初二日的奏折原载《故宫周刊》第85期。

2　故宫博物院明清档案部编《关于江宁织造曹家档案史料》，中华书局1975年版，第188页和第193页。隋赫德署明雍正六年二月初二日的奏折原载《故宫周刊》第85期。

3　见《金陵园墅志》卷上，南京翰文书店1933年排印本，第22页。

地，现为南京市胸科医院和乌龙潭公园盖造了楼房[1]。但自袁枚墓至乌龙潭的地名仍称为“随家仓”。袁枚墓位于小仓山南岭，其西麓即为乌龙潭。这样看来，两大疑问可以迎刃而解。此园的历史变迁情况是清楚了，它的先后关系是吴家、曹家、隋家到袁家。吴氏在明末开创，并非紧接隋家者。因此，袁枚的随园“即曹家故址”是确实的。

总结随园的历史继承关系：明末吴应箕开辟，清初曾属曹家，曹家被抄没后归隋赫德接收，隋赫德败亡后由袁枚出资买下。这样算起来，此园是经过一百多年的长期经营逐步扩充起来的，发展到袁枚时期最为盛大，成了当时江南首屈一指的名园。袁枚有《随园二十四咏》，描写了园中出色的二十四景。又有《答人问随园》诗十八首，兹引其第二首、第八首如下：

> 北门桥转水田西，路少行人鸟渐啼。
> 遥望竹云遮半岭，此中楼阁有高低。
> 五色玻璃耀眼鲜，盘龙明镜置墙边。
> 每从水尽山穷处，返照重开一洞天。

可见园中竹林如云，有山有水，楼阁参差，陈设精美（小仓山房镶有五彩玻璃，并有七尺方镜三大块）。《红楼梦新证·史事稽年》曾

1 南京乌龙潭公园管理处于 1992 年在此地新建了“红楼山庄”。又在乌龙潭东部建造了“曹雪芹先生像”。这是江苏省红楼梦学会延请南京艺术学院雕塑系湛硕人女士设计雕石而成的。石像高约 3 米，用山东红花岗岩制就，吸引了来自国内外的游客，成为“红楼之旅”的热点之一。现又扩建厅堂，开辟为曹雪芹纪念馆。

引录《香艳杂志》第12期《红楼梦发微·曹雪芹先生传》[1]："尝至江宁，适袁枚罢官，为之擘画随园，居园中者数月，亭台之布置，花石之点缀，先生实指挥之。""所撰《红楼梦》小说，似指随园，而随园不以为忤，尝自诩于《诗话》中。"这只能作为一则传闻，录存备考。

袁枚《小仓山房文集》卷十二《随园记》说："金陵自北门桥西行二里，得小仓山，山自清凉胚胎，分两岭而下，尽桥而止，蜿蜒狭长，中有清池、水田，俗号干河沿。"小仓山是清凉山的东脉，分南北两支，中间低洼处的水道叫作"干河沿"，原与乌龙潭相通，今已淤塞，辟为广州路。袁枚墓的遗址就在广州路西段随家仓的百步坡上，此地原为小仓山的南岭（今称五台山）。百步坡上原有高大的石柱一根，上刻"清故袁随园先生墓道"九个大字，墓前有碑，题为"皇清诰授奉政大夫显考袁简斋之墓"，墓志为桐城派古文家姚鼐所撰，十年动乱中已全部被毁。1973年3月，南京市文物保管委员会因新建五台山体育馆将埋没遗址，赶紧对地下墓葬进行了发掘清理[2]，今仅存松柏6株可志识别。当年随园的主要建筑集中在小仓山北岭，现存"随园"街道一条，在青岛路和上海路之

1 《香艳杂志》创刊于1913年4月，由上海中华图书馆发行。自第11期开始连载《红楼梦发微》，第12期所载之《读红楼梦法十二则》说："读《红楼梦》者，须将随园一生事实及《小仓山房文集》两两对照合勘，方觉字字俱有着落，不为模糊影响之谈。"又载《曹雪芹先生传》说："先生名舒藻，字雪芹，号耐冷道人，其先为甘肃固原人，祖某，官辽阳。"其说未知何据，姑录此备考。

2 袁枚墓原为江苏省文物保护单位（苏文保字37号）。1973年3月23日至29日，南京市文管会对墓葬进行发掘清理的结果是：墓堆高约1.8米，堆前残存高85厘米、宽5厘米之短碣，双行镌刻"考袁简斋公·妣王太宜人之嘉"，落款为双行"袁通·迟立"。下有墓穴二，方向为北偏西20度，东穴葬袁妻王氏。西穴长3.08米，宽1.34米，深1.28米，葬袁枚本人，墓穴完好，但棺木前后档板和底板已腐朽不全，棺内仅存骨架和铜制帽钉一个，另有铜钱5枚。墓坑外方形小龛内置红瓷盖罐一件（据《袁枚墓清理简报》）。

间。其他园林设施经过太平天国战争后，早已荡然无存了。

至于《红楼梦》中的大观园，我认为是曹雪芹高度概括中国园林艺术的典型创造，不必实指某处。它可能有隋织造园或随园的影子，也可能有江宁织造府西园或扬州塔湾行宫西花园的模样，既可反映南京的特征，也可兼采北京的风貌。如果说随园是大观园的生活原型之一，那是毫无疑义的。因此，有些同志为了主张大观园在北京，便一笔抹杀袁枚、明义和裕瑞的记载，那是大可不必的。如果认真推究起来，"京华何处大观园"尚无确凿的文献根据，说在恭王府也只是传闻。而随园本属曹家则是《枣窗闲笔》言之有据的史实。我无意为明义的诗句"随园旧址即红楼"作考证[1]，但我认为袁枚他们三个人的记载有参考价值，不必一概排斥。

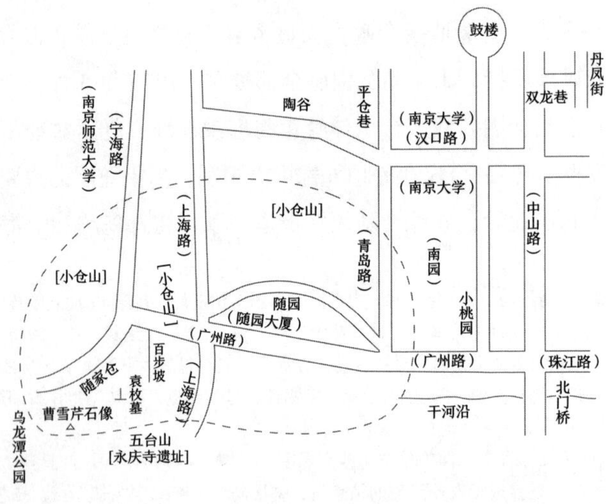

▍随园遗址示意图

1 明义《和随园自寿诗韵》十首之一"随园旧址即红楼"诗注："新出《红楼梦》一书，或指随园故址。"见《古典文学研究资料汇编·红楼梦卷》，中华书局1963年版。

▍现存“随园”街道的路牌（1999 年 12 月摄）
（在今南京市青岛路与上海路之间）

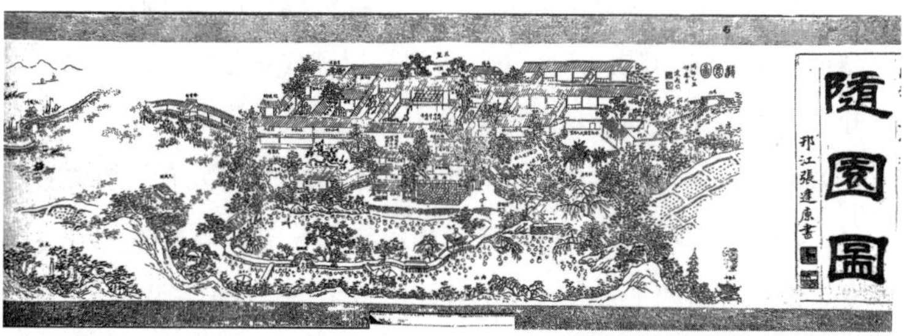

▍随园图　清同治四年（乙丑 1865）袁起（袁枚族孙）绘
（据南京博物院藏本影印件复印）

【说明】图首上端原题：“随园图，同治乙丑仲春日，袁起作。”图尾上角有袁枚之孙袁祖志在光绪十二年（丙戌 1886）补题的跋语 9 行：“先大父尝曰，余身后得保随园三十年，余愿足矣！迨咸丰癸丑，粤贼陷金陵，园亦被毁！溯距先大父以嘉庆丁巳年弃养，阅岁几一甲子，虽在天之灵，奚可无遗憾！而兰亭已矣，梓泽邱墟，抚今追昔，能无兴废存亡之感乎！从兄竹畦（袁起之字号）曾写园图，颇不失庐山真面。兹将旧稿付之乎民，既借以长留当年之陈迹，且足为异日工师之粉本，岂仅资卧游已耶！丙戌暮春，祖志识于海上。”

原载华夏出版社 1990 年版顾平旦编《大观园》

| 卷二 |

江宁织造府西园遗址的新发现

1984年8月17日，南京市幼儿教育馆在大行宫小学东南角破土动工，当地基开挖到1.4米深处时，底下忽然露出了一垄完整的假山石基和一些玲珑剔透的太湖石。为此，南京市和玄武区的文管会邀请了南京工学院建筑系潘谷西副教授和我一起到现场查勘，并召开了有关专家共同讨论的座谈会，认定这是清代前期江宁织造府西花园的遗迹，与《红楼梦》作者曹雪芹的家世研究有重要关系。于是，《南京日报》、《新华日报》和新华社驻南京记者都在8月25日发了消息，引起了各界人士的关注。由于新闻报道比较简短，《红楼梦学刊》编辑部邓庆佑同志便特地来到南京，约我笔述详情。兹就见闻所及，谈谈事情的原委。

历史的回顾

如所周知，曹雪芹的曾祖父曹玺是康熙二年（1663）任江宁织造的，其后曹寅、曹颙、曹頫世袭继任，直到雍正五年（1727）十二月被撤职抄家为止，前后历时65年。其间曹寅曾回北京五年，任苏州织造二年，故曹家祖孙三代四人历任江宁织造的实际时间是58年。

江宁织造府是曹家办公的衙署，又是住家的寓所，也正是曹雪芹早年生活过的府第。特别是康熙皇帝南巡，有四次“以织造府为行宫”，就住在曹家。因此，江宁织造府的探讨在红学研究中的重要性，便是不言而喻的了。

首先研究这个课题的是周汝昌先生，他在1953年出版的《红楼梦新证》第四章中，特辟《南京行宫》一节（1976年增订本改题为《江宁织署》），探讨了三个问题：（一）据《江宁府志》考出织造府衙署的地点在利济巷大街，并指出织造局“是织工制造厂所”，位于汉府内；（二）根据曹寅本人的《楝亭诗钞》，考出织署西园内有西池、西堂、楝亭、萱瑞堂、西轩、鹊玉亭、鹊玉轩，还有楝、槐、柳、竹、萱草、玉兰和曼陀罗等花木之胜；（三）根据《清高宗南巡名胜图》和《江宁府志》，考出乾隆十六年（1751）以后，织署改成了乾隆下江南的专用行宫，“西偏即旧池重浚，周以长廊”，所有绿静榭、彩虹桥、钓鱼台等景致，都是因旧有的西池而增修的。所以乾隆行宫全是沿袭曹家织府西园的旧迹，在规模上是一脉相承的。

不过，由于周汝昌先生在1983年以前从未到过南京，所以他作的是书面的文字考述，而未能联系南京的实际。我拜读了周先生的《红楼梦新证》后，大受启发，便有心接续周先生的工作，进行实地考察，目的是探索有关曹雪芹的史料。因为我长期生活在南京，得地利之宜，熟悉石城内外的古迹沿革，所以第一步就落实了曹家的江宁织造府是在上元县境内，其遗址即南京市的大行宫。我根据《上元县志》结合《江宁府志》查考，“大行宫”这个历史性的地区名字，就是因为织造府曾作为康熙、乾隆两个皇帝的行宫而得来的，这比单纯走访利济巷大街要具体得多（利济巷只是织府的东界）。但从研究曹雪芹家世的角度来考虑，仅仅停留在这一步工作上是不够的，更重要的应是寻求织府西园的遗址。因为从《楝亭诗钞》《楝亭夜话图》《楝亭图咏》看来，西园才是曹家进行文化活动的中心点，西堂是曹寅公余的休憩之所，内有楝亭藏书十多万卷；从《脂砚斋重评石头记》第二十八回的脂批看来，曹雪芹写《红楼梦》时，还曾经汲取西堂的曹家故事作为文学素材。所以我的第二步工作便是在江宁织造府的范围内确定西园遗址所在。于是，我走访了大行宫地区的居民父老，结合文献记载作了实地调查，经过多年的探讨，作出了西园遗址在今大行宫小学周围的论断，并于 1979 年写出了《南京曹家史迹考察记》，画出了遗址示意图（见 1983 年福建人民出版社本《曹雪芹江南家世考》）。在走访过程中，我获悉大行宫小学的操场原是填平园池而成的，其东南角的空地上，挖防空洞时曾掘出一批残损的假山石。因此，在我确定了这个地点后，国内外红学家如吴恩裕、端木蕻良、冯其庸、赵冈、周策纵等先生均曾来此游赏。1983 年 11 月，“纪念曹雪芹逝世二百二十周年学术讨论会”在南京举行期间，我又陪同全国红学界代表周汝昌、陈毓罴、胡文彬先生等一百多人来此参观。这次发掘的地点，恰巧就在大家看过的那块空地上。

西园遗址发掘初探

如上所述，我虽探得西园的旧池和假山就在大行宫小学范围内，但只能作为一份信息资料写成文章，仅供参考罢了。而这次地下出土文物的新发现，才使我的论断得到了证实，并给这项研究课

到江宁织造府西园遗址发掘现场考察，左三起：吴新雷、邓庆佑、何永康、李灵年（1984年8月中摄）

吴新雷（左一）陪同中国《红楼梦》学会冯其庸会长（左三）亲临江宁织造府西园遗址发掘现场考察（1984年11月中摄）

题赋予了实际意义。

发掘的起因是这样的。南京市妇女联合会为了兴建幼儿教育中心楼，看中了大行宫小学东南角那块宝地，因为它地处南京市内的繁华地段，出资6万元方才购得300平方米左右的地基，经过勘测设计，于1984年8月中旬开始动工。另外，位于大行宫小学北侧的玄武区文管会为了文物普查，早在7月17日就在大行宫居民区贴出《通告》，指明大行宫小学是江宁织造府旧址的一部分，动员群众"寻报"有关曹雪芹及其家族的历史资料。由于玄武区文管会的宣传工作做得深入细致，所以当建筑工人在8月17日发掘到假山石基时，就立刻意识到它的重要性，马上向南京市和玄武区的文管会反映，文管会立即派出干部亲临现场，并于21日召开了专题座谈会，又及时上报南京市人民政府。市府得报后十分重视，当即与妇联商谈，指令其于23日停工。至于妇联建房所需的地皮和若干费用，由市府负责另行安排解决。市府同时决定，已经挖出的西园遗址，予以原貌保护。对于发掘出来的零碎文物，南京电视台录了像，玄武区文管会拍了照，并已妥善收存。现将8月17日至23日出土的遗址文物汇报如下：

（一）17日首先露出端倪的，是一垄完整的假山石基，蜿蜒曲折，向东西延伸，消失在尚未开挖的土层里。在21日的现场讨论会上，南京工学院古建筑专家潘谷西同志指出，湖石的堆砌大致有两种格局，一是庭园中的旱地假山，一是池边的水路假山。他提议在丘垄的两侧挖两条探沟以辨明其类别。结果是，当探沟挖到1.6米时，发现石基北侧的下层有多种条石衬底，并有木桩残迹，证明这是"西池"南河沿的原貌，从而说明"西池"的规模很大。原来以为河池的面积只相当于小学操场那块地盘，其实要比操场的范围大得多。这正符合于曹寅《西池》诗描述的"几日不来春水阔，满河苇叶雨萧萧”（《楝亭诗别集》卷一），而且也符合于《南巡盛典·行宫图》中园池的规模。由此可见，既然已知西池很大，则西园的范围更大，那么，整个西园的遗址，确实包括了大行宫小学周围的地区。如西北侧的玄武区文化馆、西侧面临碑亭巷的江南旅社和曲园酒家、南侧面临中山东路的冠生园门市部等，都处在西园遗址的范围内。

（二）据曹寅《西池》诗说：“晓风吹动木兰桡，两岸无人过板桥。”可见池上有桥，池中可以划船。如今在挖掘现场考察，假山石基的南岸土层中，21 日发现一块顶端有圆洞的无字石碑，可能是当年系船用的；在假山石基的北边（池内），同时挖到两处黄石砌成的台基，下有木桩洞眼，可能是池上桥梁的台基。另外，在现场还挖出一批零碎的太湖石，可能是西园被毁时从假山顶上打断下来的。

（三）色织染料，18 日出土于 1.3 米地下。胭脂红和深绿色染料各一块是完整的，蓝靛色染料一块已破碎。20 日和 21 日又相继挖到中绿和草绿色染料各一块，从而证明这里确与江宁织造府有关。其中深绿色染料上有模铸的阴文字一个，惜已漫漶，无法辨认。

（四）黄蜡一块，18 日出土于 1.2 米地下，这是纺织业中用的原料。

（五）有“大清雍正年制”字样的残瓷碗底一个，20 日出土于 1.2 米地下，这正好与曹家经历的年代相吻合。

（六）有“怡”字的残瓷碗底一个，21 日出土于 1.4 米地下。这是贵族之家定制的瓷器，所以在碗底上标出本府的字号。据查考，曹家与怡亲王允祥颇有交谊，那么，这“怡”字碗底，是否与怡亲王府有关呢？姑加记录，存疑待考。

除此以外，同时出土的还有一批碎瓷，如饰有金花图案的碗片，有“裕德堂博古制”字样和“清稚”字样的碗底各一个。又有翡翠色绿珠一粒、锈蚀的铜钱一枚，等等。

（七）饰有五爪蟠龙图案的瓦当和滴水，21 日出土于 1.3 米地下，经潘谷西同志鉴定，这属于“七样瓦”（瓦当的规格是一样到十样），是皇家行宫中亭子上用的。另有一件形体更小的蟠龙筒瓦和一个残损的小石础，均为行宫中小亭子上用的。

（八）砖雕残片一个，23 日出土于 1.4 米地下，估计是门墙上的浮雕。

推究这些文物被覆盖在地下深处的原因，是咸丰三年（1853）太平军进攻南京的战事中，江宁行宫被毁，原址的东部后来被划入天王府东西辕门之内，西部则废为民居。直到 1928 年前后，因建造中山东路和太平路两条交叉的干道，其十字路口正当织造府大行宫的中心，所挖土方四散堆积，故而西园遗址被埋入土层，西池也被逐渐填没了。

再从西园遗址的时代性来分析：雍正五年（1727）以前有 58 年之久，这里是江宁织造部堂曹家的府第和康熙行宫的驻地；自雍正六年（1728）至乾隆十五年（1750）的 23 年，则是继任织造隋赫德、许梦宏、高斌、李英和高晋等人的住所（据《江南通志·职官志》）。这个阶段是江宁织造府时期，在规制上没有什么变化。自乾隆十六年（1751）至六十年（1795）的 45 年，这里曾作为清高宗的专用行宫而有所改建；自嘉庆元年（1796）至咸丰三年（1853）被毁以前的 58 年，则是清廷为保护两朝先帝的“大行宫”而按原状丝毫未动的圣地。这个阶段是专用行宫时期，在规制上也没有什么变化。因此，西园的兴替沿革史，主要在曹家江宁织造府 58 年和乾隆行宫 45 年两个历史时期。在园池假山和建筑物方面，其前后的接续关系与曹家时期一脉相承是可以肯定的。但其他出土文物则需要实事求是地加以细致的区分，既不能笼统地说成是曹家的东西，也不能忽视其中可能有曹家的文物（有关方面准备邀请北京的专家前来鉴定，以便作出更为精确的判断）。例如，从时代的先后远近来看，最容易挖到并易于识别的，是乾隆专用行宫的东西；其次是从江宁织造高晋上溯到隋赫德时期的东西；而我们所期望能挖到的，则是康熙、雍正年间江宁织造曹家的遗物。现在，通向这条道路的大门已经找到，西园遗址的初步发掘已为我们透露了一线希望，如能集中力量在西池内进行深入一步的发掘，是有可能挖到曹家的遗物的。

目前，西园遗址已经挖掘的面积只有 300 平方米左右（南北长约 20 米，东西宽约 15 米），深度是 1.4 米（探沟深 1.6 米光景）。已经露出的一垄假山石基，也只是 25 米的横断面，如果能向东西延伸方向继续挖开，则必将现出西池周围的走向。但由于西边是大行宫小学外面的居民区，东边是太平路，牵涉一系列的实际问题，无法再挖。简捷可行的，是向池下再深挖下去，只要准备一些资金，是可以办到的。现在，这块地基和遗址已经拨给南京市和玄武区文管会保护管理。我们希望在今后条件许可或时机成熟时，能继续进行发掘，并在这个基础上建立“曹雪芹纪念馆”（现已辟为江宁织造博物馆）。

总之，西园遗址的发掘，不仅对红学研究有意义，即使只作为江宁织造府和大行宫的古迹加以保存，对历史文化名城的南京来说，也仍然是有其重要价值的。

本书作者吴新雷（左二）和中国《红楼梦》学会会长冯其庸（左一）正在察看从遗址地下发掘出来的染料、黄蜡等文物

▍发掘出来的“大清雍正年制”残瓷碗底

▍发掘出来的五爪蟠龙瓦当

原载《红楼梦学刊》1985年第2辑

曹雪芹家庙万寿庵遗址的新发现
——附考水月庵遗址

1991年3月17日，《南京日报》报道了玄武区文管会发现曹雪芹家庙的新消息，立即引起了文化学术界的重视。南京电视台于3月19日拍摄了遗址的现场录像，江苏台和中央台都转播了。4月2日的《解放日报》和《深圳特区报》，还刊载了新华社4月1日的电讯《曹雪芹家庙在南京发现》。文豪家世有遗踪的消息，使广大的红学爱好者颇感兴趣。我曾与玄武区文管会的有关同志到现场勘察论证，现将考查所得缕述如下。

发现的经过

南京市玄武区的大行宫地区，是江宁织造府曹家的遗址所在地。清圣祖康熙二年（1663），曹雪芹的曾祖曹玺受皇命来南京督理江宁织造，其后曹寅、曹颙、曹頫世袭此职，祖孙三代历任江宁织造达58年之久。尤其是雪芹的祖父曹寅，深得康熙皇帝的宠信，在南京接驾四次，声势煊赫，极一时之盛。当时康熙南巡“以织造府为行宫”，就住在曹家。织府行宫的西花园位置，就在今大行宫小学一带。1991 年 2 月中，玄武区文管会为了配合南京市文管会筹建曹雪芹纪念馆，特派许琦同志来跟我商讨，约我写一篇《玄武区有关〈红楼梦〉曹雪芹家的历史遗迹〉(《曹雪芹故居在玄武》)。因我在二十世纪八十年代对此曾作过专题研究，发表了《南京曹家史迹考察记》，情况比较熟悉，所以就欣然接受任务。我这次为玄武区撰稿的内容涉及大行宫江宁织造府、汉府街江宁织造局、丹凤街绍德堂、香林寺、鸡鸣寺、水月庵和万寿庵（其他曹家史迹在鼓楼区和栖霞区）。水月庵和万寿庵是曹家的家庙，在档案史料中有文字记载。1980 年 10 月 15 日，我曾到珠江路太平桥南找到水月庵遗址，但不知道万寿庵在什么地方。为此，我便向许琦同志请教。许老告诉我，他年轻时任教于中山东路逸仙桥小学，二十世纪五十年代初，他曾亲眼见到逸仙桥西边有座庙宇，门额题为“万寿禅寺”，庙门是 1954 年以后被拆掉的。我得此线索，非常高兴，便请他去察访调查。到了 3 月中，他兴奋地跟我讲，已访得万寿寺在今中山东路 291 号南京市胶木电器厂院内，还残存一座破旧的大殿。于是，玄武区文化局主管文物工作的副局长曹敦沐和专职干事陈安铜，于 1991 年 3 月 14 日邀约我和《南京日报》记者严中一起去考查，我带去曹家档案史料，当场进行了论证，由严中写了新闻报道。

我去看时，见到大殿坐北朝南，其中的构架、梁柱和左右山墙仍是原物，门窗和前后墙则是工厂用作仓库时改造的。寺院南临中山东路，东界和北边是汉府街。我们向附近老辈居民朱家祥、朱玉贞、徐少山和杨少峰等人了解，得知万寿寺原来的山门在西华门大街，共有三进殿堂，1928 年开筑中山东路时拆掉了前面二进，尚存第三进正殿。1929 年 5 月中山东路竣工后，沿人行道新建了寺门，请于右任重新书写了万寿禅寺的门额。现年 81 岁的居民云铎，给严中提供了他妻子在 1950 年拍摄的寺门照片，虽然有些模糊，但还可以证明门额题为“古万寿禅寺”五个字。当时殿内有如来佛和十八个罗汉的塑像。殿宇两侧有东厢房和西厢房等生活用房，殿北是菜园（现已盖造了工厂宿舍）。东西厢房由住持僧大镇和尚租卖为民居。朱玉贞是1938年住进东厢房的；杨少峰家住西厢房，他是1933年在此诞生的。1954年以后，寺内办起了街道工厂，后发展为南京市胶木电器厂，佛像和大门就被拆毁了，于右任题写的门额被埋入新造的厂房地下。1964年，厂里拆去东厢房，盖造了大楼，总门定为中山东路291号。而西厢房成了十多家居民的大杂院，总门定为中山东路289号。许琦到289号进一步调查，在院内发现了断为二截的万寿禅寺石刻横额。我访问了院内一位名叫曲南京的居民，他说，他的住房是父母于1948年向寺僧买下的，刚搬来时，这块石额就反躺在房中地上，直到1982年家中铺水泥地，才把它移放到院子里（为了保护字迹也是反放的）。石额两头有残损，移到院中后又被人敲破头角，断为两截。碑长约2米，宽63厘米，厚13厘米。把两截拼起来，可以明确地看出繁体的“萬”字草字头，“万寿禅寺”四字连贯，依然清晰。据此可知，这块门额不是于右任写的那个新额，而是拓建中山东路拆掉山门时原来的旧额。这块碑额的发现，终于证实了中山东路289号和291号确为万寿寺原址。

论证的结果

经过实地考察，万寿寺位于汉府街原江宁织造局内的东隅。据乾隆年刊印的《江南通志》卷一〇五《职官志》记载：“织染局系明汉王高煦旧第，故相沿称为汉府。”汉府前临西华门大街，在江宁织造府的东侧。织造府是衙门兼第宅，织造局则是操作的工场，两处靠近。局内有染坊、机房，规模宏大，织机总数多达2700张。主要产品是织锦、贡缎和龙衣等。《总管内务府现行则例·广储司册》卷二记载："康熙四年十一月呈准，大红蟒缎、大红缎、片、金、折缨等项，派江宁织造处承办。"曹寅在康熙五十年（1711）七月初四日向皇上递呈的奏折说：

> 菩提子，织造局内所种四粒，已出一颗，枝杈叶色相同，惟叶下有刺，少异于众。万寿庵、水月庵两处所种，亦俱于六月内各出一颗。（见《红楼梦学刊》1980年第一期《江宁织造曹家档案史料补遗》）

为什么种几粒菩提子的小事也要向上奏报呢？据康熙五十年（1711）三月初一日曹寅奏折所述，这菩提子是皇上传旨赐种的。所以曹寅郑重其事地在织造局、万寿庵和水月庵三处种下，居然出土成长，欣慰之余，便作为喜讯上报。皇上赏赐的菩提子不是随便乱种的，曹寅必得选定他的势力范围内可靠的地方播种，织造局是他直接管辖的，万寿庵和水月庵则是他的家庙。据严中推考，万寿庵可能是曹寅"恭逢万寿圣节"，在康熙四十七年（1708）为皇上"争建保安万寿经醮"而创建（见《红楼梦学刊》1979年第二辑所载34、35号曹寅奏折）。这里说的家庙，并不一定非要造在家里，而是指曹家布施或掌管的寺院。南京的水月庵，在同治《上江两县志》卷二十七《图说》中有记载，并标明其位置在汉府织造局西北边。我曾访得其遗址，在今太平桥南街。它在明代原名孔雀庵，秦淮八艳之一的马湘兰曾寓居于此，到了清初才改名为水月庵的。据嘉庆二十四年（1819）陈文述所著《金陵历代名胜志》卷六记载："孔雀庵相传为马湘兰故居，水月庵是其遗迹。湘兰名守真，能诗善画。”乾隆时袁枚在《随园诗话补遗》卷八记载：“金陵水月庵有僧镜澄，颇能诗。”可见水月庵早在袁枚生活的康、乾时代就有了。曹寅可能是施主，给予资助，一度归他掌管。所以曹雪芹把它写入了《红楼梦》。甲戌本《脂砚斋重评石头记》第七回说：“只见惜春正同水月庵的小姑子智能儿两个一处顽笑。”第十五回说：“原来这馒头庵就是水月寺，因他庙里做的馒头好，就起了这个混号。”《红楼梦》里曾多次提及家庙铁槛寺（第二十三回）和家庙水月庵（第二十四回），其中写卜世仁对贾芸说：“前日我出城去，撞见了你们三房里的老四，骑着大叫驴，带养五辆车，有四五十和尚道士，往家庙去了。”这是指贾芹在“水月庵里管尼僧”，而铁槛寺“原是宁荣二公当日修造，现今还是有香火地亩布施，以备京中老了人口，在此便宜寄放”。这是曹雪芹在小说中的文艺描写，是现实生活的一种反映。万寿庵不是小说中的创作，而是曹家生活中实有的，它的地位更为重要。

曹雪芹的父亲一说是曹颙，一说是曹頫。曹頫是康熙五十四年（1715）继曹颙任职江宁织造的，到了雍正五年（1727）十二月，由于经济和政治两方面的原因，曹頫被撤职抄家。当时雍正为巩固自己的皇帝宝座，残酷迫害与他争位的兄弟。他最讨厌九弟允禟，斥之为“塞思黑”（满语音译，意指像野猪一样令人可恨的畜生）。偏偏曹頫与“塞思黑”有来往，这也成了曹家的罪状之一。到南京执行抄家任务的隋赫德，在雍正六年（1728）七月初三日给皇帝的奏折中说：

> 窃奴才查得江宁织造衙门左侧万寿庵内，有藏贮镀金狮子一对，本身连座共高五尺六寸。奴才细查原由，系塞思黑于康熙五十五年遣护卫常德到江宁铸就，后因铸得不

> 好，交与曹頫，寄顿庙中。今奴才查出，不知原铸何意，并不敢隐匿，谨具折奏闻。或送京呈览，或当地毁销，均乞圣裁，以便遵行。（见《关于江宁织造曹家档案史料》，中华书局 1975 年版，第 188 页）

曹頫敢把“塞思黑”违禁私铸的镀金狮子存放在万寿庵中，可见曹家与此庵的关系非比寻常，再说曹家被抄时竟抄到了庵中，这二点都证实了万寿庵是曹氏的家庙。另外，奏折中指明万寿庵在“江宁织造衙门左侧”，现今发现的万寿寺恰恰就在江宁织造府和织造局的左侧（东边），地址和方位完全符合，足证万寿寺即万寿庵。

关于万寿寺与万寿庵是不是同一座庙宇的问题，回答是肯定的。一是庵与寺往往可以通称，如《红楼梦》中的水月庵又写成水月寺。二是奉佛的小庙称庵，发展扩大后则称为寺，这在佛教史上有许多先例，如南京城内有名的毗卢禅寺，原名就是毗卢庵。陈稻孙（陈诒绂）《钟南淮北区域志》卷三记载：“毗卢庵，光绪中湖南僧海峰募湘军诸将重修之，大雄宝殿，万佛、藏经二楼，规制皆备，遂改庵为寺焉。”所以万寿禅寺的前身就是万寿庵，这是毫无疑问的。至于万寿庵是什么年代改名为万寿寺的呢？带着这个问题，严中和我到南京市房产管理局查阅了万寿寺的房地产档案。但档案中没有原始材料，只有二十世纪三十年代由住持僧释大镇填报的《土地所有权登记声（申）请书》《万寿寺地产登记审查用图》《南京市财政局建筑用地勘丈单》等。其中注明地产面积是 7 亩 2 分 8 厘 7 毫 6 丝，有平房 25 间、门房 1 间，附设中国佛教会。图上大殿北边是一块菜园地，后侧有池塘。1932 年 7 月 16 日南京市财政局《万寿寺建筑案询问笔录》具有考证价值，笔录上写明代表住持僧到财政局答问的是寺僧一空和尚。现将《笔录》引述如下：

问：此庙起于何时？

答：此庙甚古，不能记忆，于光绪十三年由师父德光重新修葺，始有今日。

问：这庙基有无老契？

答：所有庙基老契均在洪杨之乱中遗失了。不过，庙基及其菜地均有围墙建筑。

问：建筑中山（东）路曾否收用你寺之地？

答：在大门前面已收用了。

这段问答录说明了三个要点。第一是“此庙甚古”，虽然一空和尚说不出具体的来历，但至少不是新造的，不是近修的，而是一座历史甚古的庙宇，所以于右任题为“古万寿禅寺”。这跟鸡鸣寺山门上题为“古鸡鸣寺”一样，都表明是历史悠久的。第二是此庙经历太平天国革命战争后，曾有所毁坏，所以德光和尚于光绪十三年（1887）“重新修葺”。这表明不是新建，则现存万寿寺正殿的基础构架是原来的。第三，根据毗卢庵经过战乱后重修时改名为毗卢寺的事例，可能是德光和尚在光绪十三年重修万寿庵时改名为万寿寺的。恰好中山东路289号的居民在4月3日又收集到石额的残碎小块，把一个万字拼全了，而且还显示出上款下段“三年丁亥岁八月”七个字。查丁亥岁有康熙四十六年、乾隆三十二年、道光七年和光绪十三年，别的年号都不合，只有光绪十三年才符合。以《笔录》印证，“万寿禅寺”石刻门额的上款当为“光绪十三年丁亥岁八月”，这又进一步证实了万寿庵变名为万寿寺的年代。

综上所述，万寿寺即康熙、雍正年间曹氏家庙万寿庵，这个遗址的发现，为曹雪芹家世研究提供了实体文物，具有重要的历史价值。它印证了曹寅奏折和隋赫德奏折的内涵，特别是曹頫为康熙第九子允禟存放镀金狮子的大事，表明曹頫在庵内有机密活动，显示万寿庵与曹家有特殊的亲密关系，地位重要。同时，水月庵与万寿庵遗址的考实，也说明曹雪芹在《红楼梦》中对家庙的描述，是有其真实的生活基础的。另外，万寿庵遗址的新发现，还说明曹学不是已经到了尽头，不是山穷水尽，只要我们大家继续努力，不断地留心注意，今后仍可能发现曹学的新材料。

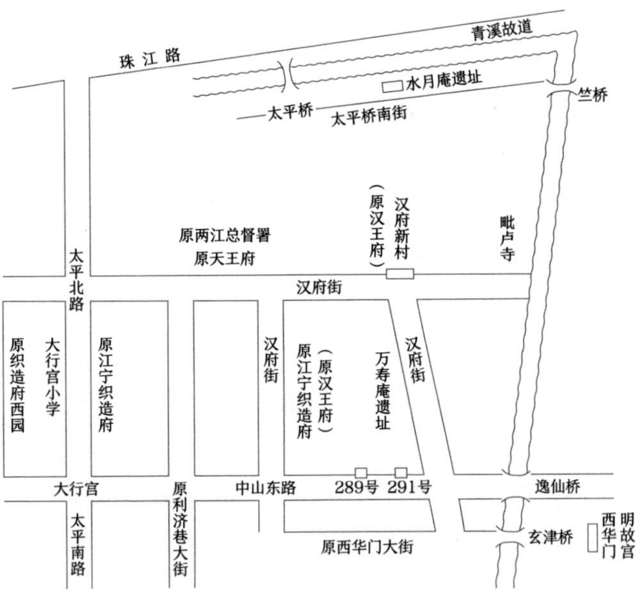

万寿庵和水月庵遗址方位示意图

原载《红楼梦学刊》1991年第4辑

考释《如我谈》有关江宁织造曹寅的新资料

《文教资料》1998年第5期发表刘枚《〈如我谈〉中有关曹寅和江宁织造的材料》一文，披露其父刘致中发现了陈坦园稿本《如我谈》，公布了书中关于江宁织造局的17条原始材料，我阅后颇感兴味，觉得其中有关曹寅的条文是过去所未知的新资料，有助于曹雪芹家世的研究，于是作了进一步的考证，深化了四点认识：

（一）关于《如我谈》作者陈坦园

陈坦园，蓟门（今北京市）人，生于清代嘉庆十七年（1812），卒于光绪九年（1883）以后。晚年寓居北京海淀，工诗善画，书室名为“穴铎轩”，自号榕荫堂主人。他在道光二十五年（1845）春到南京，任职于江宁织造局，道光二十九年（1849）冬任满后回京，于同治六年（1867）十二月在家中“无事自遣”，“偶忆金陵宦游，五载之间，凡有曾历可纪述者，即呵笔书之”（《如我谈》引言）。所记金陵景物人事共193条，“如听我述昔日之谈，乃名其帙为《如我谈》”。

关于陈坦园的官职，《如我谈》中没有直接表明，刘枚根据书中“尚衣局曰汉府者”的记载，定为“职江宁织造尚衣局”。按：“尚衣”是织造官的代称（隋朝始设尚衣局），康熙四十九年（1710），金埴在诗稿《壑门吟带》中有“金陵谒尚衣使者曹公寅”七律一首；光绪七年（1881），高德泰在《金陵机业琐记·自序》中也称“国朝康熙间尚衣监曹公寅”。为此，我查了同治十三年（1874）梁启勋纂修的《续纂江宁府志》卷六十一《秩官表》，在“钦差织造”名单中，从道光元年（1821）以后全部缺载，只记有道光三十年（1850）七月至咸丰元年（1851）六月任职的存梿一个人的名字。我又到南京图书馆查了缪荃孙的稿本《江苏通志·职官志稿》，从顺、康、乾、嘉，到咸、同、光、宣的江宁织造官名单都有记录，唯独道光年间是空白（后据《江宁府志》填了一个介于道、咸年间的存梿的名字）。现查《西北大学学报》1994 年第 4 期袁卿武《新发现的曹雪芹诗词抄本》一文，得悉袁氏曾发现陈坦园手抄编录的《榕荫堂丛书》26 册，其中第 14 册《课余随录》后附《〈题金陵名花十品〉小记》说：“仆于道光乙巳（1845）暮春来典金陵尚衣副使。”这就可以明确陈坦园不是江宁织造的正职，而是副职。袁卿武据《榕荫堂丛书》各册的题款归纳其简历为“陈坦园字和起，自号伴花忙人，北平人氏”，“陈氏自金陵任上即喜爱辑录奇史佚文，回到北平后，经常出入清朝亲王府第，查访、辑录资料，抄录、编辑《榕丛》。他在生活上似乎很清闲，可能是某亲王府的幕僚”。陈坦园从同治十一年（1872）开始编录《榕丛》第 1 册，光绪四年（1878）抄写《榕丛》第 23 册时编录了《雪芹雅制钞》专辑，袁卿武误认为“发现了《红楼梦》传出以来第一个完整的曹雪芹诗词抄本”，胡文彬在《“新发现的曹雪芹佚诗”考辨》和《续考》（《红楼梦学刊》1995 年第 2、3 辑）二文中已指出袁氏的错处。实际上，陈坦园是从《红楼梦》和其他文籍中抄录了一些诗词，又从袁枚《随园诗话》中摘抄了曹雪芹和曹寅的一点儿记载，但对雪芹没有进一步的了解。

我们确认了陈坦园是江宁织造副使的身份，《如我谈》记事的学术价值便可以肯定。因为从清初到清末，所有的江宁织造官员包括曹寅在内，都没有亲自撰写在南京管事的回忆录。唯独陈坦园一个人留下了《如我谈》，其中有 17 条描述了汉府织局的内部情况，可惜涉及曹家的条目太少。然而，物以稀为贵，即使是两条、三条，也是可资参考的。

（二）关于曹寅在历任江宁织造中的社会声望和历史地位

从《江苏省通志稿・职官志》中看出来，清代江宁织造的任期都只有 1 年或 3 年，最多是 5 年，查抄曹家的隋赫德也只做了 3 年（雍正六年至八年）。唯有曹玺、曹寅、曹颙、曹頫祖孙三代因康熙帝特宠而定为"专差久任"，曹寅的任期长达 21 年，功绩最著。过去我写《南京曹家史迹考察记》(1982 年《红学文丛》)，探述康熙时织局机户在雨花冈建造了曹公祠，但不知祠内的具体情况。道光时陈坦园到南京，亲眼见到了三处奉祀曹像，在《如我谈》中具体描绘了（引文中括注为本文笔者所加）：

> 聚宝门外雨花台侧曹公祠，中奉康熙间江宁织造曹寅之像，庭前丹桂二株，每至花时，游人雅赏而来，如入清虚之府。(《如我谈・曹公祠》)
>
> 神帛堂，织造祭坛之庙之帛处也。有一井，取其水煮

丝，焚帛后灰色洁白，他井则否。相传此井脉起钟山。考此堂在满洲营内后宰门外迤东（遗址在今南京明故宫北安门内），即明时奉先殿以西如上，今归织造衙门所属，织办制帛诰敕等物。傍为乾莫阁，上奉轩辕氏，下有康熙间织造曹寅画像，其土地神相传为明初之毛老人也。其东为半山寺，北为香林寺之径。（《如我谈·神帛堂》）

汉府迤西不数步，有延寿庵，有顺治二年间织造太监车天祥画像，仍是明代衣冠，玄冠红袍者。并国初以来，历任织造之长生牌，均在此庵供奉。惟康熙间曹寅、乾隆间同德二公系塑像专龛者。其庵门石上之额"延寿庵"三字为车天祥所书，字式可观。（《如我谈·车天祥像》）

这说明江宁织造局西隅有延寿庵，专门供奉历任织造的牌位，其他织造官只有木主（长生牌），唯独曹寅和同德二人是立体塑像，而且还有特制的神龛。除此之外，神帛堂乾奠阁内专供曹寅画像，雨花台建有专祠。足见在历任江宁织造中，曹寅的声誉和地位最为崇高，其社会影响也最大。

据乾隆《江南通志》卷一〇五《职官志》记载："督理织造江宁，始于前明时用太监管理汉府事。国朝照旧织造，顺治五年差户部员管理，十三年改差内十三衙门，每年一更代，十五年改为三年一易任。"可知明朝就在汉府设置江宁织造局，委派太监任职，书中所述车天祥者，即是明朝末年的"织造太监"，在清初留任。而局中建有延寿庵，专门供奉历任织造官的牌位。过去我写《曹雪芹家庙万寿庵遗址的新发现》（1991 年第 4 辑《红楼梦学刊》），考知织造局东隅有万寿庵（曹寅和隋赫德的奏折中都曾提及），但不知还有延寿庵，方志和文籍中均无记载，陈坦园首次作了记录。《如我谈·立长生牌》中说：

> 己酉（道光二十九年）仲冬，予任满将行，汉府染堂堂总毛尚仪等率各匠，私立长生爵位牌于延寿庵，予不知也。迨予至庵辞行，始见此牌，问于东山和尚，乃染匠以报旋祥归公之德，此亦好事者为之耳，听之而已。癸丑（咸丰三年）二月毁于火，此迹始泯。

可知咸丰三年（1853）太平天国革命军攻入南京时，织局和延寿庵毁于战火。

（三）关于江宁织造局的沿革

我在《南京曹家史迹考察记》中曾考出织局遗址在今汉府街和汉府新村一带，但对其来历未及深究。现得陈坦园《如我谈》的具体记载，可以充实补证。书中有两条描述说：

> 江宁织造尚衣局曰汉府者，为明初陈理降，仍封汉王，旋除封。后赐右丞相惟庸居之，迨胡谋逆，事泄投井死，即为尚衣局，仍呼为汉府，至今不改。陛之左右有石榴二株，高逾殿檐，甚伟。至夏月间，花放照眼之明，无与伦匹，莫考植于何时。然非数百年不能有此奇观。予绘金陵名花十品，此其一焉。（《如我谈·汉府石榴》）
>
> 汉府在西华门外，明初陈友谅之子陈理降封汉王之赐第，今为织造衙门所属织办绸缎纱罗等物之尚衣局公所

> 也。洪武间，胡惟庸亦曾居此，前有绰楔（木坊），上题“尚方华衮”四字，大堂有“黼黻文明”四字之额。后为关帝殿，有前任织造石双德书“刚中正”三字额。后即万佛塔，中奉玄武上帝像。下有井，即胡惟庸诳洪武帝看醴泉处也，事败，胡投井死焉。塔之额为周天臣所书“治佐重裳”四字，柳体甚佳。（《如我谈·汉府》）

据《江苏省通志稿·职官志》记载，周天臣是曹玺之前的钦差织造。又据同治《上江两县志·秩官谱》说：“在西华门汉府地方者，纱、䌷、段、装、蟒等机五百五十四张，有坊曰‘尚方华衮’。”这可以相互参证。考汉府之来历，是源于元末群雄割据时，陈友谅称帝，国号“汉”，立陈理为太子，1364年被朱元璋攻灭，陈理投降。1368年，明太祖朱元璋在南京建都后，为了安置陈理，仍封为汉王，并在皇城西华门外建造汉王府第，洪武五年（1372），因陈理“出怨望语”，乃徙往高丽。洪武六年（1373）七月，任命胡惟庸为右丞相，即将汉王府赐为丞相宅第。关于胡惟庸的罪案，《如我谈》可补正史之缺。吴晗曾在1934年《燕京学报》第15期发表《胡惟庸党案考》一文，文中第二节《云奇告变》引《明史纪事本末》卷十三记载：洪武十三年（1380）正月，“惟庸因诡言第中井出醴泉，邀帝临幸，帝许之。驾出西华门，内使云奇冲跸道，勒马衔言状……乃登城望其第，藏兵复壁间，刀槊林立，即发羽林掩捕”。吴晗考述了太监云奇向明太祖告发胡惟庸谋逆，但因不知胡宅的地理位置，便对“登城望其第”的说法表示怀疑。现今我们读了《如我谈》的记载，得知胡宅就是靠近西华门的汉府，所谓登城者，不是指南京城墙，而是指皇城西华门（至今尚存），所以能看到胡宅内伏有甲兵。自胡案法办后，到了永乐二年（1404）四月，朱棣在南京册封次子朱高煦为汉王，即以原来的汉府赐之。乾隆《江南通志》卷一〇五《职官志》云："织染局系明汉王高煦旧第，故相沿称为汉府。"后高煦谋反被废后，此地即改设尚衣局。经过这番稽考，江宁织造局的历史沿革便清楚了。

又，胡文彬在《"新发现的曹雪芹佚诗"续考》一文中怀疑陈坦园《题金陵名花十品》是否与诗妓于月卿有关。今见《如我谈·汉府石榴》的记事，确知"名花十品"是陈氏绘制的花卉画作，与名妓无关。

（四）曹寅主持编刊的《全唐诗》板片的下落

《关于江宁织造曹家档案史料》记载，《全唐诗》九百卷的编校刊刻工作，是康熙皇帝命曹寅主持的。曹寅于康熙四十四年（1705）五月在扬州天宁寺设立"诗局"，至四十五年（1706）十月刻成。这些雕版的板片因曹寅的关系收藏在江宁织造局里，道光四年（1824）编刊的《上元县志》卷末《遮佚》曾记"《全唐诗》板藏织造汉府"，但其后下落不明。而《如我谈》中却有记述：

> 汉府存贮康熙间《全唐诗》木板一分，计十二部。每部十本，共十二架。每年刷印若干，即责成案书陈瑞承办。自夏月江溢为灾。未能移避。迨予至时，业已架倾，板漂过半矣。予咎难辞，为一生之憾事也。（《如我谈·〈全唐诗〉木板》）

由此可知，道光二十五年（1845）陈坦园莅任江宁织造局以后，曾逢长江洪水泛滥，由于交接脱节，事出仓促，对《全唐诗》板片没有采取“移避”措施，半数以上被大水冲掉了。陈坦园为此惋惜不止，抱憾终生！

综上所述，陈坦园因为任职江宁织造副使5年之久（按：《皇朝通典·职官典》限定江宁织造官只派一员，并无正、副二人之职，陈坦园自称“金陵尚衣副使”是特例），对织造局里的人事和景物都是亲见亲闻的，所以《如我谈》所写都十分亲切自如，是真实可靠的第一手资料。此书主要是记叙南京名胜古迹的地方文献，但其中有些条文对江宁织造曹家的探究也有一定的参考价值。

原载《红楼梦学刊》1999年第2辑

| 卷三 |

江宁织造府与红学

吴新雷　黄进德

与曹雪芹《红楼梦》研究密切相关的江宁织造博物馆落成了，这引起了广大红学爱好者的密切关注。为便于大家了解有关的文化学术背景，现将南京江宁织造府的历史情况作一简要的考述。

江宁织造府的来历和界址

江宁织造府，又称江宁织造署，是《红楼梦》作者曹雪芹家族在南京居留期的重要史迹。[1]这里曾是曹玺、曹寅、曹颙与曹頫祖孙三代四人干办公务的衙门。它正是周汝昌先生早就确认的“与北方曹家关系密切的金陵老宅”。[2]

织造，顾名思义，职在供奉上用缎匹及应用缎匹，也就是负责供应皇室所用的衣料及祭祀、封诰、赏赐的丝织品，主要产品

1　见吴新雷《南京曹家史迹考察记》，原载《红学文丛·我读〈红楼梦〉》，天津人民出版社 1982 年版，后收入与黄进德合著的《曹雪芹江南家世丛考》，黑龙江教育出版社 2000 年初版，2009 年再版（修订版）。

2　周汝昌《红楼梦新证》，人民文学出版社 1976 年版，第 162 页。

为织锦、贡缎、龙衣、云锦。早在明代就设有织染局，清代更名为织造局（一称织造尚衣局）。织造局与后起的织造府，虽仅一字之差，其职能却各不相同，且由来久矣。局者，操作场所之谓，织造局就是操作织染的工场，遗址在今南京市汉府街和汉府新村之间，太平天国时毁于战火。据乾隆元年刻《江南通志》卷一〇五《职官志》载："织染局系明汉王高煦旧第，故相沿称为汉府。"至"汉府"的来历，乃源于元末群雄割据，陈友谅称帝，国号"汉"。1364 年为朱元璋攻灭，其太子陈理归降。1368 年，明太祖朱元璋定都南京，陈理封为汉王，并于皇城西华门外建府安置。洪武五年（1372），陈理"出怨望语"，被废，徙往高丽。到了明成祖永乐二年（1404）四月，朱棣册封次子高煦为汉王，即以原汉府赐之。其地在今汉府街地段。西邻督院（督院内之煦园，即取名于朱高煦之"煦"字）。清顺治二年（1645），以明汉府织染局旧址设江宁织造局，局内有机房、染坊和理事厅，拥有缎机 335 张、部机 203 张，理事厅则是内务府指派官员临时验缴产品的场所。清初顺治年间，织造官每三年一更替，因是临时性差遣就不必专建织造府这样的督理机构。及至康熙二年（1663），康熙帝特派曹玺到南京督理江宁织造，专差久任，子孙世袭。于是，曹玺的家眷包括两个儿子曹寅、曹宣随父至任；又有笔帖式二员、库使三名随任。不能居无定所，遂于上元县地界原操江衙门旧址营建了江宁织造府，开府干办公务。康熙二十三年（1684）刻《江南通志》卷二十七《公署志》载：

> 督理江宁织造府，在城内上元县地方，原系操江衙门。

南京城区，清代以运渎为界，北部是上元县，南部为江宁县。江宁府统辖七县，而以上元县居首。

操江衙门，其建置始于明代。《明史》卷七十五《职官志》载："提督操江一人，以副佥都御史为之，领上下江防之事。"明末由诚意伯刘孔昭充任，《明史》本传（中华书局校点本第 3783 页）说他"崇祯时出督南京操江"。清承明制，操江衙门一直保留到康熙元年方被裁撤[1]。恰好曹玺于次年初奉命到南京出任江宁织造，于是因其旧址，改建成"专差久任""永远居住"的江宁织造府。它位于督院之前，织造局之西。

曹玺之所以被特简督理江宁织造，毋庸讳言，缘于他归属皇太后直接掌管的正白旗包衣。曹玺还有过"补侍卫之秩，随王师征山右建绩。世祖章皇帝拔入内廷二等侍卫，管銮仪事"的经历[2]，是顺治皇帝的贴身侍从。其夫人孙氏又当过玄烨幼年的保姆。玄烨则以避痘故，不居宫内，常年随乳保居于紫禁城以西稍北的福佑寺。将其抚养成人，关系自然十分切近。而曹家又是书香门第，曹玺的父亲曹振彦早在后金时期就当过官学教官，从龙入关，以文理优长的"贡士"，出知吉州。曹玺则"承其家学，读书洞彻古今，负经济才"[3]，具有很高的文化修养。诗人吴之振（1640—1717）《题曹子清工部楝亭图》诗里，就盛情称赞曹玺"深杯絮语蔼春云"，"文章重见波澜阔，騕袅行空更不群"。[4]足征曹玺凭借其超凡的功力，行文有如天马行空，波澜迭起。到南京履任之后，他在织府西园书房外特意手栽楝树，盖了楝亭以为课子读书、以文会友之所。曹玺

1　见道光《上元县志》卷七《官守志》："康熙元年裁操江都御史，归并兼管（由两江总督兼管）。"

2　康熙二十三年稿本《江宁府志·曹玺传》。

3　康熙二十三年稿本《江宁府志·曹玺传》。

4《黄叶村庄诗集》卷七。

周围时有一些著名文人学士来往。如著名学者周亮工于康熙六年至九年在南京督理江安十府粮储道时，就与曹玺结为通家之好。据曹寅回忆，他“与司空交最善，以余通家子，常抱置膝上，命背诵古文，为之指摘其句读”[1]。就连昆山顾炎武（以屡次严拒清廷征召而知名当世）的两个外甥徐乾学（1631—1694）和徐元文（1634—1691）兄弟也都成了与曹玺互通声气的座上客。正是受到如此浓郁的文化熏陶和教育，曹寅课业突飞猛进，成了“束发即以诗词经艺惊动长者”的“神童”。这，恰恰又为他继承父业，更广泛地交结社会名流，弥合满汉之间民族隔阂奠定了坚实的基础。

曹玺忠于职守，原先“织局繁剧。玺至，积弊一清，干略为上所重”[2]。与曹玺同时派遣的苏州织造一职，自康熙二年至五年，四年之间人凡四易。相比之下，像曹玺那样的能臣干吏，实属不可多得。正因为如此，曹玺得以连任 22 年，直到康熙二十三年（1684）夏六月以劳瘁卒于府署。

江宁织造府的遗址在今南京市大行宫地区，东起利济巷，南临吉祥街（今太平南路），西至碑亭巷，北对长江路两江总督府旧址。按照乾隆朝《钦定南巡盛典》所载江宁织造府扩建后的南京行宫图看，江宁织造府大致有三个部分：东路是干办公务的衙署，深六进；中路为内宅，五进；西路则为花园。内有西堂、楝亭、戏台、射圃、西池等景观。今中山东路和太平北路交会的十字路口，就是织造府的中心位置。原建筑于太平天国时毁于兵火，荡然无存。康熙出于对内务府包衣老奴的信赖和行动方便考虑，南巡时驻跸织造府，习以为常。康熙《上元县志》卷二有明确记载：“南巡至

1 出自《楝亭文抄·重修周栎园先生祠堂记》。

2 康熙六十年（1721）刻本《上元县志》卷十六《曹玺传》。

于上元，以织造府为行宫。”曹寅在任期间就连续接驾四次，规格日趋豪奢，声势煊赫，这在《红楼梦》中有所反映。例如，第十六回赵嬷嬷对王熙凤说：“嗳哟哟！好势派！独他们家接驾四次。要不是我们亲眼看见，告诉谁也不信的。别讲银子成了粪土，凭是世上有的，没有不是堆山积海的。‘罪过可惜’四个字竟顾不得了。”诚然，接驾为曹家带来了“烈火烹油，鲜花着锦”之盛。不过，正是这种瞬息的荣华、一时的欢乐，给曹家带来了经济上无穷的亏空赔累，成了“盛筵必散”的前奏，直接导致“树倒猢狲散”的悲惨结局。痛定思痛，曹雪芹才以生花妙笔展示了元妃省亲的“虚热闹”场面。脂批慨乎言之：“借省亲事写南巡，出脱心中多少忆昔感今。”“‘树倒猢狲散’之语今犹在耳，屈指三十（卅）五年，哀哉，伤哉，宁不痛杀！”

织造府里的御书“敬慎”匾额

康熙二十三年稿本《江宁府志·曹玺传》记载：

> 丁巳（康熙十六年 1677）、戊午（康熙十七年 1678）两督运。陛见，陈江南吏治，备极详剀。赐蟒服，加正一品；御书“敬慎”匾额。

据《总管内务府现行则例广储司册》卷二“解送缎匹”条记载：“初，织造处运送上用缎匹，三处轮派织造官一员、笔帖式、库使各一员，动用驿马，由陆路运送进京。”本该由江宁、苏州、杭州三处织造轮流将御用产品解送进京，而曹玺得到天恩，连续两年都由他独得这项美差重任，可见康熙对他情有独钟。不仅如此，他还可以直面圣躬。其时，三藩之乱业已荡平，大一统局面基本形成，清王朝开始转而致力文治。江南人文荟萃，曹玺夤缘时会，凭借其深厚的文化底蕴和广交社会名流的优势，召见时从容应对，自然也就博得了康熙的恩宠，御书“敬慎”匾额，以示嘉奖，勉励有加。曹玺得此殊荣，喜不自胜。他将此事告知翰林院掌院学士、充日讲起居注官、教习庶吉士徐元文，徐即赋诗致贺，题为《织造曹君示所赐御书敬赋》。这是新近发现的新材料，特录全诗如下：

> 奎壁天奇藻，河山地宝章。典彝探窔章，道秘协羹墙。圣以多能作，文将庶品昌。丝言垂训诰，瑶札焕琳琅。柏殿常趋侍，枫庭屡拜扬。擘窠惊卧虎，飞白动仪凤。睿制光轩顼，思施感庙廊。披怀逢缟带，盥手启缃囊。干斗芒千丈，萦河锦七襄。金题严款识，玉躞细装潢。皇矣清宁篆（卷用小玺“清宁之宝”），休哉敬慎堂（所赐“敬慎”二大字为堂额）。钟声挥古句（又赐唐人绝句一幅），麦气咏微凉（御书绝句云：“郊原浮麦气，池沼漾清萍；夏日临桥望，薰风处处新”乃圣制也）。笺并澄心贵，烟应易水良。凤毛腾九采，龙甲发千光。游艺雪前喆，昭回契彼苍。冲情留染翰，余暇寄垂裳。笔谏谁能继，书评讵敢量。观澜真浩浩，测海但茫茫。制作追畴

画，规模越汉唐。臣文恭谱颂，臣玺慎珍藏[1]。

“敬慎”二字，屡见于儒家经典之中。《诗·大雅·民劳》云：“敬慎威仪，以近有德。”《诗·大雅·抑》云：“谨尔侯度，用戒不虞；慎尔出话，敬尔威仪，无不柔嘉。”《诗·鲁颂·泮水》亦云：“敬慎威仪，维民之则。”意谓：依法办事，态度要恭敬，说话要小心，保持端庄的仪表，才能向德者靠近，成为老百姓的榜样。康熙赐以“敬慎”二字，意在督励。而曹玺制成匾额，悬于堂上，自有其深邃的意蕴。

从徐元文这首诗中透露出来，康熙除了御书“敬慎”手卷以外，还同时御书唐人绝句和御制诗两件墨宝赏赐给曹玺，可见皇上对曹玺是何等地眷顾，关系亲密，非同一般！从另一个层面来看，此诗又反映了曹玺与朝中大臣的交游状况，说明朝廷内外对曹玺是十分推崇的。

织造府西园中的楝亭、西堂和萱瑞堂

楝亭、西堂，乃曹玺读书课子、接待文人雅士之地。纳兰成德

1 《含经堂集》卷五，括号内文字系作者徐元文原注。御制绝句题为《桥望》，见《圣祖仁圣帝御制文集》卷三十一（“清滓”作“青蘋”）。按徐元文字公肃，号立斋，昆山人，顺治十六年（1659）进士第一（状元），授修撰。康熙初升任国子监祭酒，充经筵讲官，主修《清太宗实录》《平定三逆方略》等。著有《含经堂集》三十卷、别集二卷和《含经堂书目》四卷。其事迹见载于《清史稿》卷二百五十及韩菼《文华殿大学士户部尚书徐公行状》。《含经堂集》，清康熙间刻本（现有《续修四库全书》影印本）。《续修四库全书》，2002 年上海古籍出版社影印出版。《含经堂集》收在《续修四库全书》第 1413 册，《含经堂集》卷五的徐诗见第 1413 册第 549 页。

《曹司空手植楝树记》有云："余友曹君子清，风流儒雅，彬彬乎兼文学政事之长，叩其渊源，盖得之庭训者居多。子清为余言：其先人司空公当日奉命督江宁织造，清操惠政，久著东南；于是尚方资黼黻之华，闾阎鲜杼轴之叹；衙斋萧寂，携子清兄弟以从，方佩觿佩韘之年，温经课业，靡间寒暑。其书室外，司空亲栽楝树一株，今尚在无恙；当夫春葩未扬，秋实不落，冠剑廷立，俨如式凭。嗟乎！曾几何时。而昔日之树，已非拱把之树；昔日之人，已非童稚之人矣！语毕，子清愀然念其先人。"足征楝亭是曹寅接受其父言传身教培育成材之所。为了永志不忘其父养育之恩，爱屋及乌，曹寅自号曰"楝亭"，并将自己的诗文创作，编辑成集，题名为《楝亭集》。

曹玺病殁后五月，即康熙二十三年十一月，玄烨首次南巡，巡幸至宁，亲临其署，抚慰诸孤。曹寅在京任职时结为至友的纳兰成德适在扈从之列。于是，曹寅以此为契机，精心制作楝亭诗画册，广泛征集图作，这一工作持续了 10 年以上。首倡者为纳兰成德（文词兼茂），紧随其后依韵酬应者有顾梁汾、顾彩、袁瑝、邵陵、许孙蔼诸人。康熙二十九年（1690）曹寅自内务府广储司郎中出任苏州织造以后，更形活跃，士大夫中传为盛事。参与题写诗文词赋者还有驰名诗坛文苑的邓汉仪、吴之振、陈恭尹、尤侗、姜宸英、毛奇龄、王士禛、宋荦、叶燮、高士奇、王鸿绪等，接近 50 人。绘图则前后有程义、戴本孝、陆漻、严绳孙、禹之鼎、沈宗敬、恽寿平，也都是知名画家。可惜这本诗画册流传至今的仅 4 卷 10 图。现藏国家图书馆。康熙三十四年（1695）秋，张见阳造访江宁织造府，与曹寅、施世纶在楝亭夜话，谈笑甚欢。后画家张见阳绘制《楝亭夜话图》以志一时之盛。卷首画家手题"楝亭夜话"四字，卷后附以曹寅与施世纶唱和诗。手卷现由吉林省博物馆珍藏。由此看来，楝亭又成了曹寅广交社会名流的纽带和彼此唱酬的活动中心。

西堂是曹家的书房，兼为藏书、休憩之所，曹寅曾自号“西堂扫花行者”。据《楝亭书目》记载，曹家的藏书极为丰富，共收书3200多种，计2万余册。经史子集兼而有之，不少唐诗总集、别集、选注本及宋元旧椠，为曹寅校刊《全唐诗》提供了方便。数以百计的稗官野史，以及不被世重的通俗小说，更为子孙后代留下了弥足珍视的文化遗产，成了曹雪芹取之不尽，用之不竭的渊薮。

堂前缀以花草，附近又有戏台设置，造就了修身养性、以文会友、诗酒唱和、驰骋才华的活动空间。经曹寅亲自编选的《楝亭集》里就有《西堂新种牡丹》《集西堂看菊》等可资参考的书证。《红楼梦》第二十八回脂批有云：“大海饮酒，西堂产九台灵芝日也。批书至此，宁不悲乎！”足见作者曹雪芹曾从南京曹家的生活故事中汲取了创作素材。西堂给批书者勾起了多深的伤痛！

康熙三十八年（1699），圣驾第三次南巡。回驭途中，止跸江宁织造府。其时，曹寅绍承父业，任职在署。作为包衣老奴、世受国恩的亲臣世臣理当奉其寿母（封一品夫人）孙氏朝谒，叩颡墀下，兼候皇太后起居。玄烨一见自己的保姆喜逐颜开。问其年，答以六十有八，宸衷盖为欣悰，亲切地称之“此吾家老人也”[1]。庭中萱花盛开，即景挥毫，御书“萱瑞堂”三字以赐，赏赉丰厚。据史书所载，大臣母高年召见者，但给扶称老福而已。亲赐宸翰，前所未闻。古制，北堂为主妇居室。因以萱堂指母亲居室，并用以借指母亲。这对曹家而言，真是“隆恩异数，荣光无匹”。随后制成匾额，并请两位大手笔冯景和毛际可分别撰写《御书萱瑞堂记》

1　冯景《御书萱瑞堂记》云：“康熙己卯（三十八年）夏四月，皇帝南巡回驭，止跸于江宁织造臣曹寅之府。寅绍父官，实维亲臣世臣，故奉其寿母孙氏朝谒，上见之，色喜，且劳之曰：‘此吾家老人也！’”

和《萱瑞堂记》。从《楝亭集》中可以考知，西园有池，除楝亭、西堂外还有戏台等景点。曹寅《东皋草堂记》文末，署“记于萱瑞堂之西轩”。西轩、西堂均在园中，那么，萱瑞堂可能就在西园之内吧。

曹寅文化素养深厚，精通诗词曲赋、琴棋书画，尤擅长戏曲创作，曾编写《北红拂记》《表忠记》《太平乐事》《续琵琶》等剧本。曹家养有戏班，建了戏台，专演昆剧。据金埴《巾箱说》记载，康熙四十三年（1704）春，曹寅召集南北名士，举办了大规模的《长生殿》全本50出的演出，连演三天三夜，还特邀剧作家洪昇亲临指导，一时传为艺林佳话。

曹雪芹生活在这样一个戏迷的家庭，耳濡目染，自然地养成了对戏曲的爱好。据善因楼刊本《批评新大奇书红楼梦》的批语载，曹雪芹也曾“放浪形骸，杂优伶中，时演剧以为乐”[1]。正因为如此，《红楼梦》在描写家班童伶女乐和演出剧目等情节，都能出色当行，事事贴切。如第十六回写贾蔷“下姑苏请聘教习，采买女孩子，置办乐器行头”；第二十二回写“贾母内院搭了家常小巧戏台，定了一班新出的小戏，昆弋两腔俱有”。书中反映的戏曲演出，也确是昆弋班的流行剧目。特别是第五十四回还通过贾母之口说道：“他爷爷有一班小戏，偏有一个弹琴的，凑了《西厢记》的《听琴》，《玉簪记》的《琴挑》，《续琵琶》的《胡笳十八拍》，竟成了真的了。”其中《续琵琶》曲本，恰恰就是雪芹爷爷曹寅的杰作。曹雪芹将家事融入小说中的蛛丝马迹，这就彰显得分明可见了。

1 引自徐恭时《那无一个解思君》，见《红楼梦研究集刊》第5辑。

关于“府署之争”的学术论辩

在江宁织造博物馆的筹建过程中，曾引起了“府署之争”。这是不同见解导致的学术争议，情况复杂曲折。

按照常理，以清代不同时代的《江南通志》、《江宁府志》、《上元县志》和各家文籍的记载为依据，确知江宁织造府或称江宁织造署，织造府与织造署同义通称，是同一概念、同一实体。这本来是不构成问题的，称府、称署都是可以的。却不料《南京日报》的记者严中先生提出了逆向思维的相反意见，2002 年 7 月 14 日，南京市古都学会和玄武区政府联合召开“建造江宁织造府三位一体项目专家座谈会”，他发言说，这地方只能称为江宁织造署，坚决反对称为江宁织造府。他又在 2003 年 3 月 17 日的《金陵晚报》上发表谈话说，府和署不一样，织造府不在大行宫。接着，2003 年第 3 辑《红楼梦学刊》和第 3 期《红楼》杂志同时刊载了他写的《南京大行宫前身考》，正式提出了“府署分开”的见解，硬说府、署是两码事，不是一码事，强调“南京大行宫是江宁织造署遗址所在而非江宁织造府遗址所在”。由此引起了这个项目主持方玄武区政府和投资方广厦公司的疑惑，希望江苏省红楼梦学会能举办一次研讨会，对严中先生的意见进行答辩。因此，江苏省红楼梦学会在 2003 年 12 月 10 日召开了“学术年会暨江宁织造府项目研讨会”，玄武区陆冰区长（现已升任南京市副市长）和广厦公司刘佑成董事长都亲临会场听取意见。严中先生在会上重申了他的主张，但大多数与会者不赞成他的说法。12 月 11 日的《现代快报》对此作了报道，标题是《曹雪芹故居惹出“府署之争”》，12 月 12 日《南京日报》报道的标题是《坚持“织造署”非“织造府”，红学家严中一怒拂袖而去》。会议期间，项目主持人指出，严中先生的见解已在各种报刊上多次广为发布，这次会上虽有唇枪舌剑的交锋，但只是停留在口头上面，正规的驳议文章却一篇也没有，令人无所适从。因此要求江苏省红楼梦学会能落实任务，撰写有针对性的论文，以便明辨是非。结果是任务落实到吴新雷头上，写出了一篇《关于江宁织造府、织造署的称谓问题——以康熙本“省城图”和南巡文书驳斥“府署分开说”》，载于2004年第2辑《红楼梦学刊》。

自2003年以来，严中先生接二连三地把他的意见写信邮寄给江宁织造府项目的总设计师、清华大学建筑系吴良镛教授，他建议中的合理部分是好的，但他硬要改“府”为“署”的意见没有得到良镛先生的认同。因为良镛先生自己就是南京人，听父老乡亲讲过“江宁织造府”这个通俗的名称，而且项目中并没有重建织造衙署，只是在西园遗址的弹丸之地建筑博物馆，称“府”是不错的，用不着把“府”和“署”分别开来，否定了严中的意见。

其实，陈梦雷《盛京通志·公署志序》昭示：“国家分职授官，设公署以为临民报政之地。”（《松鹤山房文集》卷九）。按《康熙字典》或《辞海》之释义，在古汉语中，署者，廨署也，乃衙门之泛称；府者，官署也，府与署可以通用。不信，请看文献记载：

> 乾隆十六年（1751）刻本《上元县志》卷首《圣祖南巡恩纪》：“康熙四十二年圣祖仁皇帝南巡至于上元，以织造府为行宫。”卷三《疆域》：“碑亭巷在织造府西。”《廨署》：“江宁织造署，在督院前街内，有圣祖行宫。”嘉庆十六年（1811）刻本《新修江宁府志》卷五《纪年事表》载：“（康熙）四十四年，南巡至于上元，以织造府为行宫。”卷十二《建置》：“江宁行宫在江宁府治利济巷大街，向为织造廨署，圣祖南巡时，即驻跸于此。”

由此可见，“府、署、廨、廨署”，尽管称谓不同，其实体则一，江宁织造衙门即织府、织署，其地亦一，方志文献所记，习以为常，府、署通用，乃常识也。

早在半个世纪以前，周汝昌先生在《红楼梦新证》中根据《江南通志》《江宁府志》《上江两县志》等地方文献考实，指出织造府与织造局有别，但没有说府和署是两码事。书中还考述了曹家的萱瑞堂、楝亭、西池、西堂、西轩等园景，使读者大开眼界。吴新雷受到《红楼梦新证》的启示，为研究曹雪芹家世，于 1979 年走访了南京市大行宫的居民父老，并结合文献记载作了脚踏实地的考察研究，得知当时大行宫小学的操场原先就是织造府西园遗址；曾陪同国内外红学名家吴恩裕、端木蕻良、冯其庸、赵冈、周策纵先后到场参观留影。1983 年 11 月，中国红楼梦学会和江苏省红楼梦学会在南京联办“纪念曹雪芹逝世 220 周年学术研讨会”，特邀周汝昌先生出席，吴新雷曾陪同 100 多位与会同仁（包括周先生在内）到大行宫实地参观。周老第一次目验现场，倍感兴奋。1984 年，南京市妇女联合会出资 6 万元购得大行宫小学东南角那块 300 平方米的地基，筹建幼儿教育中心楼，准于 8 月中旬破土动工。玄武区文管会闻讯，先期贴出通告，动员群众“寻报”有关曹府的文物资料。开挖伊始，施工者就发现了假山石基，旋即上报南京市、玄武区文管会。两会闻风而至，委派季士家召集韩品峥、潘谷西、吴新雷亲临现场，并于 21 日召开专题座谈会。南京工学院古建筑专家潘谷西应邀参与技术指导。依据潘先生的提议继续发掘，发现假山石基北侧下层有多种条石垫底，还有木桩残迹。由此则知此为水陆假山，位于河池南侧，西池面积不小，曹寅《西池》诗有“几日不来春水阔，满河苇叶雨萧萧”，“晓风吹动木兰桡，两岸无人过板桥”之句，可以为证。参照《南巡盛典 · 南京行宫图》所示，西园规模更为可观，当涵盖大行宫小学周边地区。当时发掘所得就有零星太湖石、石础，瓦当、滴水、砖雕、瓷器残片，桥梁石基、木桩洞眼和黄蜡、色染原料等[1]均有录像、照片存档。同年 11 月，江苏省红楼梦学会年会召开，名誉会长匡亚明（南京大学名誉校长）倡议，吁请中央、地方拨款，集资在西园遗址为曹雪芹塑像，进而建立曹雪芹纪念馆。于是，由江苏省红楼梦学会发出倡议由匡亚明领衔，得到吴组缃、吴世昌、冯其庸、周汝昌、李希凡等二十多位《红楼梦》研究专家学者签名联署。但苦于资金难以筹集，一时梦难成真。

直至二十世纪初，广厦公司投标，慷慨解囊，愿意斥资 7 亿，兴建江宁织造博物馆，敦请清华大学资深古建筑家吴良墉（两院院士）主持设计，为历史文化名城南京弘扬祖国传统文化增添一大亮色。

自称 20 多年来“拜在‘解味道人’周汝昌门下”的严中先生，不知何以连周先生的代表作《红楼梦新证》都没有认真拜读，竟贸然别出心裁抛出“府署分开”的吊诡之说，为了壮大声势，又以“解味道人门人”的头衔拉着周老合著《江宁织造与曹家》，陷周老于助阵战线中，使周老成了“府署分开说”的支持者和合作者。他不按学术规范来做学问，想当然地把府、署分开的原因说成是曹家接驾时不准下人住在“织造署”里，所以另找地方新建了“织造府”给下人分开居住。本来，康熙二十三年刻本《江南通志》记载：“督理江宁织造府，在城内上元县地方，原系操江衙门。”这意思正如江宁织造局之地原来是汉王府一样，是指江宁织造之地原来是操江衙门。明明是“原”字而不是“迁”字，但严中先生竟颠倒地名沿革的前后顺序，发挥逆向思维的想象力，硬说织造府搬离了

1　参见本书《江宁织造府西园遗址的新发现》。

大行宫，“另辟操江衙门为织造府别住”[1]，并将总督部院西边的“提督军门”曲解为“操江衙门”，说是织造府搬到“提督军门”那边去了。更有甚者，周、严在合著的《江宁织造与曹家》中还随意把两江总督于成龙也拉了出来，毫无根据地捏造于成龙跟曹玺合谋兴建了新的织造府。书中说：“康熙二十三年，皇帝第一次南巡，为预备接驾，两江总督于成龙和江宁织造曹玺，考虑到府署合一的‘织造府’的下人等不得住此，故将‘操江衙门’改建为新的‘织造府’别住。”[2]这简直越说越离奇，成了信口开河的天方夜谭，与求真求实的科学考证完全不合，完全脱离了学术规范。据熊赐履《曹公崇祀名宦序》所说，曹玺病逝于康熙二十三年六月，康熙第一次南巡在十一月中才到南京，曹玺根本没有接驾之事（曹寅接驾始于康熙三十八年），怎么可能在死前拉着于成龙合谋另建新的织造府呢？为此，吴新雷重新写了《关于江宁织造府、织造署的称谓问题——驳斥“府署分开”“另辟操江衙门为织造府别住”之臆说》（原载《红楼梦学刊》2004 年第 2 辑，现收录于本书中），指出其考证“匪夷所思，荒唐之极”，“是红学失范、红学滑坡的典型事例”。然而令人不可思议的，周汝昌先生在《江宁织造与曹家》的序言中竟声称：“对于江宁织造署与府的曲折关系，严中的考证是最为出色的。”周先生在卷首还提示读者：“自 1984 年以来，我一直是在好友严中的协助下不懈努力，终于在南京复建江宁织造署遗址工程进程中，完成了《江宁织造与曹家》这部近 20 万字的图文并茂的专著，从而真正填补了江宁织造与曹家这一研究领域的空白。因此，此书将在‘曹学’和‘红学’上具有里程碑的意义。”

1　严中《破解大行宫之谜》（2004 年 1 月 2 日《南京日报》）。

2　周汝昌、严中著《江宁织造与曹家》，中华书局 2006 年版第 59 页。

其实，由严中先生挑起，鼓噪一时的所谓“府署分开说”，绝非言之有据的学术考论，纯属无聊的炒作扬名。这场闹剧得力于严中先生拜门之师，充分利用名人效应在中华书局合作出书。[1] 如今终于排除干扰，企盼已久的江宁织造博物馆竣工了。作为与周老早结墨缘的晚辈后进，我们谨录《诗经·大雅》里的名句：“敬慎威仪，以近有德。”（《民劳》）“敬慎威仪，维民之则。”“慎尔出话，敬尔威仪，无不柔嘉。白圭之玷，尚可磨也；斯言之玷，不可为也。”（《抑》）愿与周老及红学爱好者共勉之！

原载《红楼梦学刊》2009 年第 3 辑

1 奇怪的是周汝昌在 2006 年出版的《江宁织造与曹家》中竭力支持严中称署不称府，但周老自己在 2007 年由山东画报出版社出版的《曹雪芹新传》第十一章中却标目为《老宅——金陵织造府》，这种自相矛盾的怪事，不知何以自解？！

关于江宁织造府、织造署的称谓问题
——驳斥“府署分开”“另辟操江衙门为织造府别住”之臆说

清朝的江宁织造府又称江宁织造署，织造府与织造署同义通称，是同一概念、同一实体。这是起码的常识，本来是不构成问题的。然而，2003 年第 3 辑《红楼梦学刊》和第 3 期《红楼》杂志同时发表严中先生的《南京大行宫前身考》一文（以下简称“考文”），却提出了“府署分开”的奇谈怪论，硬说府、署是两码事，不是一码事，强调“南京大行宫是江宁织造署遗址所在而非江宁织造府遗址所在”。“考文”作者（《南京日报》记者）再三声明，这个地方只能称为江宁织造署，坚决反对称为江宁织造府。他先在 2003 年 3 月 17 日的《金陵晚报》上发表谈话说，府和署不一样，织造府不在今大行宫。他的说法违反常识，不值一驳。不料他越说越玄乎，接二连三、连篇累牍地在《南京晨报》《南京日报》等报刊上大做文章，不仅提出了“府署分开说”，甚至捏造分开的原因是接驾时不准下人住在织造署里，故而“另辟操江衙门为织造府别住”。对于这种主观臆测的错误说法，如不及时辨正，必将以讹传讹，混淆视听。所以特写此文予以指出，驳谬正迷，加以澄清。

首先，以清朝历代的《江宁府志》和《上元县志》为证，府、署的称谓是通用并存的，府和署绝不是分为两处的不同机构。其实，只要查一下《康熙字典》、《辞源》或《辞海》，就知晓在古汉语的称谓中，织造府和织造署是同义词。《康熙字典》引《广韵》说："府，官府，公卿牧守道德之所聚也。……《蜀志·诸葛亮传》'开府治事'。""署，廨署。"《辞海》的释义是："府，官署的通称，如官府、公府。""署，办理公务的机关，如公署、官署。""廨，官署。"可见古汉语中称"织造府"称"织造署"都是可以的。而且早先康熙七年的志书就称为"织造府"，以后的方志上则既称"织造府"又称"织造署"。例证如下：

（一）康熙七年（1668）刻本《江宁府志》卷七《建置志·府治》："织造府在督院前。"按："督院"指两江总督府，今南京市长江路总统府即其故址。

（二）康熙六十年（1721）刻本《上元县志》卷二《恭纪南巡盛典》："康熙三十八年，上南巡至于上元，以织造府为行宫。"乾隆十六年（1751）刻本《上元县志》卷首《圣祖南巡恩纪》："康熙四十二年，圣祖仁皇帝南巡至于上元，以织造府为行宫。"卷三《疆域》："碑亭巷在织造府西。"《廨署》："江宁织造署，在督院前街内，有圣祖行宫。"按：上元是江宁府的首县，南京城区在清代以运渎为界，北部是上元县，南部是江宁县，织造府位于上元县地界。

（三）嘉庆十六年（1811）刻本《新修江宁府志》卷五《纪年事表》："（康熙）四十四年，南巡至于上元，以织造府为行宫。"卷十二《建置》："江宁行宫，在江宁府治利济巷大街，向为织造廨署，圣祖南巡时，即驻跸于此。"

（四）同治十三年（1874）刻本同治《上江两县志》卷五《城厢》："大行宫，向为织造廨，圣祖南巡时，驻跸于此。"

由此可见，织造府与织造署的称谓是可以通用的，是并存不悖的。"考文"作者在南京自称是周汝昌先生的"门人"[1]，但却不知为什么连周老的代表作《红楼梦新证》都没有认真诵读。《红楼梦新证》第四章和第七章中就是把织署和织府并称的[2]，如该书《史事稽年》在康熙三十八年（1699）中记为"康熙帝南巡至于上元，以织造署为行宫"。而对于康熙四十二年第四次南巡、四十四年第五次南巡、四十六年第六次南巡都记为"以织造府为行宫"，并未把署和府分作两码事。我在细读周先生的《红楼梦新证》以后，曾在南京对曹雪芹祖辈历任江宁织造的历史遗迹作了实地考察，进行了调查研究，于1982年发表《南京曹家史迹考察记》[3]，考定康熙、雍正年间江宁织造府（署）的遗址在今南京市大行宫地区，东起利济巷，西至碑亭巷，南临吉祥街（今太平南路），北对两江总督署，并以康熙时方志上的《图考》为据，画出了两江总督衙门前面西南方织造府和东南方织造局的示意图，同时对江宁织造局（织机工场）位于汉府街的史迹也作了考定。江宁织造府（署）的结构大致

---

1 "考文"作者严中在南京曾公开宣称自己是"解味道人门人"，他在《我读〈红楼梦〉》一文中公示："20多年来，我拜在'解味道人'周汝昌门下。"又说："人们谬奖我为《红楼梦》'主南说'的'领军人物'。"（载于2004年3月26日《南京日报》D2版）

2 周汝昌：《红楼梦新证》，棠棣出版社1953年初版，人民文学出版社1976年重新出版增订本，华艺出版社1998年出版横排本。

3 原载天津人民出版社1982年版《红学文丛》，现已收入《曹雪芹江南家世丛考》这本书中。

分为三个层次：利济巷那边的东路是办公的衙门，中路是住家的内宅，碑亭巷这边的西路是西花园（原有建筑已毁于太平天国战争期间）。康熙行宫位于织造府西园，即今玄武区原大行宫小学和文化馆的周围。1984 年 8 月中，南京市幼儿教育馆在大行宫小学东南角破土动工，当地基开挖到 1.4 米深处时，底下忽然露出一垄完整的假山石基和一些织府行宫的文物，从而证实了《考察记》对江宁织造府（署）西园遗址的界定[1]。现在，该地区拆迁后，拟建为有关曹雪芹《红楼梦》的展览场馆，意义非凡。（已由两院院士、清华大学建筑学专家吴良镛教授规划设计，于 2008 年年底建成江宁织造博物馆。）

但"考文"作者提出：大行宫是江宁织造署的遗址，而江宁织造府不在这里，已于康熙二十三年搬迁到两江总督署西边去了。"考文"作者对于康熙七年《江宁府志》记载"织造府"的史实不得不承认，但奇怪的是他只承认康熙七年以前是"府署合一"的，而以后就"府署分开"。请看他在"考文"中是怎么立论的，他说：

> 康熙七年《江宁府志》上云："织造府在督院前。"又因乾隆十六年《上元县志》等有"江宁织造署在督院前街内，有圣祖行宫"之说，因此有人认为，织造署和织造府乃是一码事。对此，笔者不敢苟同。我们知道，曹玺是康熙二年来南京担任江宁织造的，至康熙七年都是"府署合一"，后来（下限为康熙二十三年）才府署分开。这点我们从康熙二十三年和乾隆元年的《江南通志》上可看出端倪。康熙二十三年《江南通志》刊有"江南省城之图"

1　见吴新雷《江宁织造府西园遗址的新发现》，载于《红楼梦学刊》1985 年第二辑。

和乾隆元年《江南通志》刊有“江宁省城图”上，在“总督部院”（两江总督署）东南标有“进御机房”（江宁织造局），而在“总督部院”正南标有“理事厅”。（按：曹玺在织造任上的官衔为“江宁织造理事官，加四级”。由此可知，这“理事厅”即曹玺在织造任上的江宁织造署。）

文中提出了“府署分开”之说，强调织造府搬了地方。那么，江宁织造府搬到哪里去了呢？“考文”中进一步臆测说：

至于织造府的位置，“江南省城之图”和“江宁省城图”上都标在“总督部院”之西，也就是说在今大行宫偏西北。因此，人们把大行宫称为江宁织造府遗址，乃是一个历史的误会。

“考文”作者的首要论据是康熙二十三年（1684）木刻的《江南省城之图》（以下简称“康熙图”），其次是乾隆元年（1736）木刻的《江宁省城图》（以下简称“乾隆图”），他把“乾隆图”附在文后，在《红楼梦学刊》和《红楼》杂志上影印了出来，但却没有把首要证据“康熙图”拿出来印给读者看。这就闹出了一个大笑话！原来，他是睁着眼睛说瞎话，“康熙图”明明把织造府刻在总督部院前面西南方，不在西边，怎么能说是搬到西边去了呢？我在南京图书馆古籍部是亲眼看过康熙二十三年刻本《江南通志》上的“省城图”的，现今把这件“康熙图”影印公布于后，大家看了这件图录，就能真相大白，“府署分开说”也就不攻自破了。令人不可思议的是，他怎么没有睁开眼来看一下“康熙图”呢？要么视而不见，便自欺欺人地以“乾隆图”代替“康熙图”；要么看走了眼，瞎说瞎话。更为荒谬的，他没有看清楚“康熙图”，但却以“康熙图”作为第一论据，以主观想象编造出一套虚话来蒙骗读者。在2003年12月12日的《南京日报》上，该报用大字标题标示“红学家严中”“坚持织造署非织造府”，并发表他的谈话说：“康熙二十三年左右，曹家兴建了江宁织造府，主要人员仍住在‘署’内，而下人以及一些远房亲戚就住进了‘府’内。”在2004年1月2日的《南京日报》上，他本人又发表《破解大行宫之谜》一文，胡编乱造地说：

> 康熙二十三年，康熙帝第一次南巡，为了准备接驾，便规定下人不得住于此地，故另辟操江衙门为织造府别住。也就是说，江宁织造原本只有江宁织造署一处官衙兼府第，但是为了康熙的南巡，就另外开辟了一处江宁织造府，专供下人使用。

这简直是信口开河的胡诌。在这篇文章里，历史竟可以随意捏造，作者不仅捏定府署分开的时间是在康熙二十三年，而且还毫无根据地虚构分开的原因是接驾时规定下人不得住在织造署里，于是“就另外开辟了一处江宁织造府，专供下人使用”。这真是越说越离了谱，成了天方夜谭！试问，典章制度中哪有这种“规定”？出典于何处？有什么史料依据？这种不管学术规范的无稽之谈，能说是红学考证吗？学风不正，学术失范，竟达到如此严重的地步！

至于“考文”中印出来的“乾隆图”，的确是把织造府刻在总督部院西边，但只要把它和“康熙图”两相比较，就可以察见“乾隆图”在织造府原位加刻了“钟山书院”，使织造府版面失位而刻到了西北方。当时的刻工没有现代测量学的水平，不是按科学的测距来构图的，所以木刻图不是全都正确的测绘图；在没有文献记载作证的情况下，不能据此就说曹家生活的织造府搬了地方[1]，更不应据此引申出一连串想象，虚构搬迁的时间和原因。可是“考文”作者抓住这张“乾隆图”大做文章，不仅以“乾隆图”来替代“康熙图”作证，而且为了假设江宁织造署和江宁织造府已分置两处，硬把图中江宁织造局（进御机房）的“理事厅”主观地曲解为“曹玺在织造任上的江宁织造署”。其实，这是织造局（机房工场）的“理事厅”，根本不是“织造署”。他又找出曹寅和当时文人的诗文集中有关“金陵织使署”“亲临其署”等话头，来证明称“署”不称“府”，却不知古代汉语中“署”和“府”是通用的，当时称“署”、称“府”都是可以的，在《关于江宁织造曹家档案史料》的奏折中就是称“府”的，如康熙三十七年五月二十二日的奏折称“前件准江宁织造府”，雍正五年闰三月十七日的奏折称“原系江宁织造府库使”[2]。而曹寅《尊胜院碑记》的落款就为“织造府曹寅撰”，《国朝耆献类征初编》卷一六四所载康熙间江宁知府陈鹏年的传记（宋和撰著）也记述：“乙酉，上南巡……车驾至江宁，驻跸织造府。一日，织造幼子嬉而过于庭。”由此可见，“考文”作者反对称“府”是毫无道理的。

必须指出，“考文”作者的学术思维很不对头。本来，考证中

1 关于江宁织造府（署）迁址，曹家在南京的康熙、雍正年间绝无其事，只有乾隆十六年改建行宫以后才搬到淮清桥东北，但与曹家已没有关系。我在《南京曹家史迹考察记》中据嘉庆《江宁府志》卷十二的文献记载考述：乾隆十六年（1751）地方官为乾隆帝下江南作准备，特将利济巷至碑亭巷的织造署整体改作接驾的专用行宫。此后，江宁织造官舒文另行选址，在乾隆三十三年（1768）“买淮清桥东北民房，改建织造衙署”。我也曾去考察，其地在淮清桥东北方的八府塘，辛亥革命后已废为菜园、商园。

2 见中华书局 1975 年版《关于江宁织造曹家档案史料》（故宫博物院明清档案部编）第 12、178 页。

如有疑问是可以提出不同意见的，但必须遵守考据学的基本规范来立论，不能以“想当然”代替考证。但他看到了“乾隆图”把织造府刻在督院西边，便以为是一个了不起的发现，主观臆断地制造出“府署分开说”。然而乾隆时曹家已不在南京，此图与曹雪芹家世研究毫无关系，在红学上没有什么学术意义。为了在时序上跟曹家搭界沾边，再加上他的主观先验论作怪，他没有看清楚“康熙图”的真面目，便硬拉“康熙图”作为首要证据。但事与愿违，“康熙图”中织造府刻在督院西南方，根本没有搬到督院西边去。这不仅不能证明他的说法，却倒过来反证了“乾隆图”的失位和“府署分开说”的错误。但他求证心切，连起码的常识和客观事实也不顾，竟走火入魔地发挥想象力，凭空杜撰，牵强附会地大放厥词。由于“康熙图”的刊刻年代是康熙二十三年，他便想当然地把府署分开的时间说成是康熙二十三年。又因为这一年正当康熙第一次南巡，他又主观地猜想府署分开的原因是为了接驾，进而捏造：接驾时不准下人住在织造署里，曹玺便另外兴建了江宁织造府与下人分别居住。这种无中生有的猜想实在太荒谬了，怎么可能为了与“下人”分开别住，就给“下人”另建一座新的织造府呢？这样重要的政府机构的改制有史料根据吗？

更有甚者，他还随意把两江总督于成龙也拉了出来，说是于成龙跟曹玺合谋改建了新的织造府。请看其臆度之言：

> 康熙二十三年，皇帝第一次南巡，为预备接驾，两江总督于成龙和江宁织造曹玺考虑到府署合一的“织造府”的下人等不得住此，故将“操江衙门”改建为新的“织造府”别住。（见严中与乃师合著的《江宁织造与曹家》中华书局2006年版，第59页）

这一套梦魇之语几乎成了戏说的闹剧，与求真求实的科学考证完全不合。他没有考虑到，康熙帝第一次南巡是“以将军府为行宫”的[1]，不住在织造署里；而且时任织造官的曹玺，在当年六月中已经病逝，康熙帝在十一月中才到南京，曹玺根本没有接驾之事（曹寅接驾始于康熙三十八年），曹玺怎么可能为接驾而在康熙二十三年拉着于成龙一起另建织造府呢？大前提“康熙图”已不能为他作证，他凭“康熙图”所作的假设和猜想也就落了空，全都成了违规的虚妄之言。至于他说的“另辟操江衙门为织造府别住”，更是离奇可笑。我们看到康熙二十三年刊本《江南通志》卷二十七《公署志》中，并无织造署另辟织造府分为两处的记载，却明确地列有织造府一处。原文是：

> 督理江宁织造府，在城内上元县地方，原系操江衙门。

这意思正如江宁织造局之地原来是汉王府一样，是指江宁织造府之地原来是操江衙门。但“考文”作者对“原”字视而不见，硬是主观地曲解为织造府在康熙二十三年迁到操江衙门去了。明明是“原”字而不是“迁”字，他竟颠倒地名沿革的前后顺序，把旧址当作新址，把一体拆分为二体。他还把乾隆十六年《上元县志·历代互见图》和嘉庆二十四年《秣陵志·国朝省城图》中“总督部院”正西的“提督军门”曲解为“操江衙门”，作为康熙二十三年江宁织造府已搬迁到督院西边的证据，说什么“‘提督’当指‘操江提督’”，“提督军门即是操江衙门，它是江宁织造府的前身和后

---

1 “将军府”与“将军署”也是同义通称的。据嘉庆《江宁府志》卷五《纪年事表》记载：“（康熙）二十三年南巡至于上元，以将军府为行宫。”同治《上江两县志》卷一《圣泽》记载：“（康熙）二十三年十一月，南巡至于上元，以将军署为行宫。”

身”[1]。这又闹出了一个笑话，他没有去查阅康熙七年《江宁府志》卷一的《国朝省城图》和《历代互见图》，其实，康熙七年《府志》的两幅图记早已标示“提督军门”在“总督部院”之西，但同书卷七既已指明“织造府在督院前”，则督院西边的提督军门根本不是织造府所在地[2]，“考文”作者硬是把两个性质不同的机构拉扯起来，混同为一，牵强附会，莫此为甚。他一会儿说曹玺另在操江衙门兴建了织造府，一会儿又把“操江衙门”说成是“提督军门”，由此拉扯到两江总督于成龙身上，随意把于成龙和曹玺捏合在一起，猜想于、曹合谋改建了新的织造府。这种考证匪夷所思，荒唐之极。可见他的“府署分开说”尽是漏洞，思维谬误乱了套。没有考据学的基本功，但却侈谈其考据，真教人莫名其妙，啼笑皆非。而乃师

1 见“考文”作者严中所撰《从操江衙门到江宁织造府》，载于《南京晨报》2004 年 12 月 28 日 D11 版。又见周汝昌、严中著《江宁织造与曹家》，中华书局 2006 年版第 59 页。

2 “提督军门”与“操江衙门”根本是两码事，不能混为一谈。“提督军门”是指两江总督兼理军务，所以紧靠在总督部院旁。据道光《上元县志》卷七《官守志》记载：“总督称军门，巡抚或称提督军务，皆兼理，惟操江专督巡江……康熙元年裁操江都御史，归并兼管。”“操江衙门”的建制始于明代，据《明史》卷七十五《职官志》记载：“提督操江一人，以副佥都御史为之，领上下江防之事。”可见“提督操江”绝不是“提督军门”。明末诚意伯刘孔昭曾任操江之职，《明史》本传（中华书局校点本第 3783 页）说他“崇祯时出督南京操江”。清承明制，仍设操江衙门，至康熙元年裁撤。曹玺是在康熙二年任职江宁织造的，恰好以原操江衙门旧址改建为“专差久任”的江宁织建府，根本不可能到康熙二十三年另找督院旁边的“提督军门”移建织造府。按：据乾隆《江南通志·职宫志》记载，“督理织造江宁，始于前明时用太监管理汉府事，国朝照旧织造”。其地即汉府尚衣局。清初的织造官本来是一年更换或三年更换，不固定。直到康熙二年二月任命曹玺任职时才定为“专差久任”，“永远居住”（《总管内务府现行则例广储司册》卷二），曹玺实是第一位长期专任的江宁织造官员，所以动用操江衙门旧址开府，建立固定的织造府衙。如今严中为了强调“府署分开说”，硬把“操江衙门”移位到督院西面，又主观臆测“提督军门”就是“操江衙门”，以此证明大行宫是织造署遗址而不是织造府遗址。这种牵强附会的说法，是极其荒唐的。

受了他的蒙蔽竟为其张目助威，进而成为“府署分开说”的合作者[1]。这不能不说是红学失范、红学滑坡的典型事例。

最后还有一件铁证，足以驳议“府署分开说”之非。那就是南巡文书中明确记载了曹寅接驾的地方恰恰称为“织造府行宫”，地点就在碑亭巷，根本不存在织造府在康熙二十三年搬掉的神话。这件南巡文书题为《圣祖五幸江南全录》，“红”友刘致中说，周汝昌《红楼梦新证·史事稽年》中曾予引证，但没有引用“皇帝行在碑亭巷有天主堂”的地望记载。为此我到南京大学图书馆古籍部所藏《振绮堂丛书初集》中查实了[2]。此书是康熙四十四年（1705）清圣祖第五次南巡的见闻录，其中记载四月二十二日康熙皇帝到南京：

> 至午刻，由西华门进织造府行宫驻跸……织造曹进宴。（按：曹，指雪芹祖父曹寅。）

又记四月二十六日“驾往太平门登城阅视城垣”以后的情况是：

1 见周汝昌《重建大行宫》（《文汇报》2004年3月8日第11版），文中为了支持门人的“府署分开说”，竟改变其本来正确的观点，不分是非地盲从门人的违规考证，说什么“南京织造官署与官署住宅（俗称府）原先是合在一处的，自康熙首次南巡后……将署、府分开，以便皇帝驻跸，府即移往‘操江衙门’的府址去了”。这是源自其门人《破解大行宫之谜》中臆测的虚话。现今周汝昌和严中合作的《江宁织造与曹家》已于2006年由中华书局出版。书中第二章第二节重申了“府署分开”“另辟操江衙门为织造府别住”的臆说。令人哑然失笑的是，在没有史料依据的情况下，书中便联系脂砚斋“借省亲事写南巡”的批语，进而拉扯《红楼梦》中写到会芳园拆建为大观园时“荣府东边所有下人一带群房已尽拆去”的话头，以小说故事穿凿附会，异想天开地引申作证，完全背离了科学考证的学术规范。其实，“荣府东边”这一句话，根本不能挪来作为“规定下人不得住于此地，故另辟操江衙门为织造府别住”的证据。但周汝昌在此书卷首的序文中竟大为张扬地说：“对于江宁织造署与府的曲折关系，严中的考证是最为出色的。”真是助威太过，情何以堪!

2 《振绮堂丛书初集》，汪康年辑，清宣统二年（1910）钱塘汪氏排印。

即回行宫，至碑亭巷，有一百零二岁张姓妇人一名，带八十岁、七十岁儿子二人接驾，上令侍卫查看，果系老年，即赏十两银子。

皇帝行在碑亭巷，有天主堂，门首恭进西洋字册页、履历黄折。钦奉皇恩停车，顾问良久；又御试西洋语文，天颜大悦。随命御前太监李带领，随驾入行宫，奉旨着养心殿大人张常住照管，候旨宣用。[1]

这项史料不仅考实了“织造府”的称谓，而且还明确了“织造府行宫”的地界和环境，证明康熙二十三年以后的织造府仍在碑亭巷原地，并非“考文”作者所说搬到督署西边的提督军门那里去了。而且“皇帝行在碑亭巷”，表明“织造府行宫”在碑亭巷是有门进出的，曹寅就是在织造府西园行宫接驾进宴的。巷子对面的天主堂也有遗址可寻，其地即今碑亭巷 51 号南京市第九中学。据老朋友刘致中讲，该校从前是法国传教士办的教会学校，称为震旦中学，1946 年他曾在震旦初中二年级求学，熟知其历史沿革。

综上所述，南京大行宫的前身是江宁织造府，即江宁织造署，两个称谓是通用并存的。硬说“织造署不能称为织造府”的臆辩之言毫无学术意义，凭空制造“府署分开”“另辟操江衙门为织造府别住”之臆说是完全错误的。

1　文书中记载碑亭巷天主堂的传教士在姓李的太监带领下，“随驾”进入织造府行宫。美国史学家史景迁（Jonathan D. Spence）在所著《曹寅与康熙》（上海远东出版社 2005 年出版了中译本）中，引证 1781 年在法国巴黎出版的《耶稣会士书简集》，考述了洪若翰（Joannes de Fontaney）和白晋（Joachim Bouvet）等传教士在康熙南巡中曾获得接见的史事。

［附记］本文原载《红楼梦学刊》2004 年第二辑，副题原为《以康熙本“省城图”和南巡文书驳斥“府署分开说”》，现补入驳斥“另辟操江衙门为织造府别住”的新内容，改写为这篇新的文稿，曾收入黑龙江教育出版社 2009 年版《曹雪芹江南家世丛考》中，今又收入本书中。

[讲座]《红楼梦》与曹雪芹江南家世
——在南京大学国学讲堂上的演讲

我非常高兴来参加国学讲座，同时热烈祝贺历史系成立了国学社，开办了国学讲堂。国学大家都知道，是我们祖国数千年来传统的学问。现在北京的人民大学专门成立了国学院，同时也巧得很，人民大学国学院的院长就是中国《红楼梦》学会名誉会长冯其庸教授，所以历史系的同学们邀请我来作一场有关《红楼梦》的国学讲座。中国古典小说在“经、史、子、集”四部中属于“子”部（近世或者划入集部），也是在我们传统的国学研究范围之内，而且在《汉书·艺文志》的“诸子百家”中，就有值得我们研究的“小说家”。

一切学问皆有根蒂——有据可考才能称为考据，无据而考就成了索隐猜谜

讲到国学，我首先想讲的是，国学的治学方法是非常严谨的；国学作为一门学问，一定要讲学术规范，而不是信口开河随便乱讲的。今天我们讲《红楼梦》肯定要联系到当前的动态，就是去年

《红楼梦》的研究是热闹得不得了，但有些内容不行。中国香港的《凤凰周刊》评论《红潮 2005》说得非常尖锐。去年一年有关《红楼梦》的书出了一百多种，特别是刘心武先生在中央电视台《百家讲坛》上专门作了《红楼梦》“揭秘”。他当然可以揭，但他揭的方法都是在索隐猜谜，都是主观臆测，没有可靠的证据。这样就违反了学术规范，而好多种索隐猜谜书都是跟着他来的。所以中国香港《凤凰周刊》（2006 年第 2 期）的批评讲得很厉害，批评的题目是《泡沫红学与窥阴文化》。去年我们的娱乐界出现了一批“超女”，而揭秘红学和那个“超女”娱乐节目差不多，不是研究《红楼梦》，而是把红学研究变成了一种游戏娱乐，大家听了刘心武的谈话都哈哈大笑。所以我们中国的娱乐界去年有两个商业炒作的热潮：一个是“超级女声”，一个就是刘心武揭秘的“泡沫红学”。

刘心武先生是著名的小说家，如果他仅仅创作的话是没有问题的，但他偏说自己是在考证，是对《红楼梦》的学术研究，这样就不行。所以《红楼梦学刊》发表了一系列文章来批评刘心武这种游戏、娱乐红学的行为。我们做学问不能这样，他讲讲玩玩，作为小说家之言是可以的，但他这种讲法不能称之为学术研究。所谓学术，就我的认识是“学有根蒂之谓也”，这个“根”就是要有根有据，要根基深，学得踏实；这个“蒂”就是开花结果，学业有成。我们整个学术是有根的，不是吹肥皂泡吹出来的，就像花木要有根，不能是无根之木，不能像花瓶中的插花那样注水无根，无果而终。所以我们做学问、谈学术，要有根蒂，要好好地坐下来求学，不能空想着就马上做一个“超女”，那我们的大学就不要办了，你办什么大学呢，大家都去做“超女”“超男”好啦，还省事多了。

去年这样一搞弄得大家都人心浮动，浮躁得不得了，这种急功近利的浮躁学风影响了我们很多青年，都想一举成名天下知，甚至滋长“一夜成名”“一夜暴富”的狂躁心理。但你不下功夫哪来的成果呢？我们应该学以致用，学习是要为国家作贡献的，大家都不肯好好学，那这个国学就不要了。所以我们还是要坐下来，就像卞孝萱先生讲到当年他在范老那儿时，范文澜先生一直和青年讲“板凳甘坐十年冷，文章不落一句空”。我这个人呢，在学校里执教五十多年，为人师表，不讲空话、假话，绝对不搞“假、大、空”去骗人。而且我讲的话都有来历，就像刚才讲的把“泡沫红学”跟“超女”并论，不是我的发明，而是从《凤凰周刊》批刘的评论中借来的，是人家的议论。猜谜书没有用，就是一千本也没有用，因为它经不起历史的考验。所以我们一定要静下心来，如果心不静的话，就不能成为一个做学问的人。中国有句老话说“心不静，不成大器”，你真的要成为对国家有贡献的人，首先要静下心来好好学习。

我本来不想提刘心武的，他根本不知道怎么搞考证，只是一味地大搞推测，尽是小说家之言。他擅长创作，小说写得好我们当然赞扬，但写小说和搞考证是两回事，但他偏说自己在做学问、搞考证，所以全国的红学家写了二十多篇文章批评他。我们江南的人比较温和，都不跟他去辩了，随他去，尊重他做百家中的小说家。但他做不成考据家，因为有据可考，才能称为考据；无据而考，无证而据，就只能沦为推测、猜谜、索隐。他是怎么考的呢，他讲得荒唐得要命，秦可卿本来在《红楼梦》第八回里写的是从养生堂里抱来的，他不得了，他把秦可卿说成是康熙皇帝的孙女儿，因为康熙皇帝有一个太子叫胤礽，后来废掉了，他说秦可卿就是废太子的女儿，被元春揭发而导致身亡，这个不知道他从哪来的证据。我们知道，办案一定要调查取证，不能像“葫芦僧乱判葫芦案”那样，没有证据就徇私枉法，主观臆断，弄出冤、假、错案来。我们讲红学考据，首先要翻《清史稿》或者《清史列传》或者在某本书里有什么根据，他很少有根据。他的书《红楼望月》考证天上的月，因为《红楼梦》里荣禧堂里有一副对联，提到这个“月”，月是哪一个，刘心武说月就是胤礽太子，太阳是皇帝，月亮是太子，被人家一下子就批倒了。因为在我们古代文献里，日月都代表皇帝，顶多月亮代表皇后，他说“月喻太子”，就牵强附会地把秦可卿说成是太子的女儿。他的说法还有好笑的是，说日与月有矛盾，皇帝与废太子有冲突，秦可卿怎么会死掉的呢，说是被元春去告密的，元春揭发秦可卿是废太子的女儿，导致了可卿之死，这也毫无根据，尽是无稽之谈。刘心武讲他编排的故事是讲得很生动，听的人的确是很多的，全国各地都热烈捧场,《刘心武揭秘〈红楼梦〉》那书出来一卖就是四十多万本，销路又好，看的人又多，热闹得很。但说这个是学术研究是不行的，我们评介要实事求是，做学问不能用“海选”超女那种商业炒作的办法，再多的人看，再多的人拉票，也不能说你就成了大大的历史考据家。所以我们既然是国学讲堂，我们就一定要有学术的标准。因为我们中国传统的学问从汉朝的汉学师承到清朝的乾嘉朴学，考证训诂的功夫很踏实、很严谨。发展到“五四”前后，胡適说他有历史癖、考据癖，考据要求我们有一份证据讲一份话，没有证据就不能瞎讲。今天我要讲到《红楼梦》作者曹雪芹的家世，我这里面全是考证，考证首先要有根据，随后才能提出自己的见解。要不断提出新的见解，这些见解哪儿来的，不能像天上掉下一个林妹妹一样从天上掉下一个证据，小说家进行创作搞浪漫主义可以这样，但证据不能是从天上掉下来的，绝对不能弄虚作假。我们要先好好地学习，把“二十五史”好好地看一遍，里面有什么根据，我们从而提出自己的见解。不能毫无根据地胡说八道、胡言乱语，我们一定要讲实证，绝对不能搞伪证。

由于卞老关照我，讲到《红楼梦》，不能不提刘心武“揭秘”

的口舌是非，我本来不想讲的，因为讲了便要掺和到里面去，我没有这种本领，害怕被卷进去了出不来。因为他来头不小，关系千丝万缕，却不能被乱麻缠住。今天是卞老碰到我，叫我不能不讲，不讲的话就是故意回避，逃避矛盾！所以我表明没有逃避矛盾，但不多讲，只稍微提几句，主要和国学结合起来，与商业炒作的“泡沫红学”不搭界。以上是我的开场白。

《红楼梦》与江南文化

下面要开始讲《红楼梦》和曹雪芹江南家世。

《红楼梦》一拿出来就有一个问题，就是《红楼梦》到底写的是南京还是北京。这是一开始讨论就要遇到的问题，这问题牵涉“南北文学不同论”，争论了几十年。我先讲我的看法，从大观园、林妹妹这些形象看，我认为《红楼梦》反映的是江南文化，特别是南京地区的文化。其他我们先不说，大家首先对林妹妹最感兴趣，而林妹妹就是南方文化的产物，绝对不是北方文化的产物。我们大家都知道，林妹妹住在潇湘馆，而潇湘馆的典型环境是一大片翠竹，非常地优雅漂亮。《红楼梦》里说贾宝玉到潇湘馆去的时候，那地方是“凤尾森森，龙吟细细”，凤尾喻竹，龙吟喻声，风一吹过来，发出的声音很好听。这些景色都是我们江南的特征。大家都知道，六朝时刘义庆写的《世说新语》里文人对竹子都非常敬仰，东晋王羲之第五个儿子王徽之对竹子更是极为热爱，宁可不要别的，但不能不看到竹子，“不可一日无此君”。当时的文人都热爱竹子，所以出现了“竹林七贤”。竹子不仅代表我们中国高雅的文化（被称为“岁寒三友”之一），而且它有节操，代表一个人的气节。所以林妹妹的潇湘馆里要有竹子，这样就把林妹妹的节操衬托出来了。而竹子在我们江南长得比较好。不是说北方没有竹子，我到北京去看了，北京当然有竹子，但它的长相没有江南漂亮。以前为了拍电视连续剧《红楼梦》，在北京城里一个叫“南菜园”的地方造了一座大观园，在潇湘馆里就种了竹子。我等了三年跑去，那些竹子还没长好。反观我们江南的竹子，你们到东郊风景区那个地方去，翠竹长了一片片，郁郁葱葱，真的是凤尾森森，龙吟细细。这是江南的一种文化气象。

我再举一两个例子。比如，《红楼梦》第四十九回写到的“琉璃世界白雪红梅”，讲到贾宝玉一早起来看到一大片雪，又看到妙玉的栊翠庵里红梅已经开了，这就是典型的南京气候。我在南京生活五十多年了，都是到了开春，等到梅花山的梅花都开了，一个寒潮来了马上就下雪。今年也是，下了一大片雪。因为我们南京的地势，西北方向是敞开的，而紫金山在长江南面，北面的寒流过来一下子就冲到南京。你们看这两天就很冷，三天以前还很热，28 摄氏度，今天就冷得要命。这就是“白雪红梅”和我们南京典型的自然环境。北京正月里，连梅花的芽都没有，“白雪红梅”更是不可能的。

《红楼梦》里第十七、十八回写的元妃省亲，元妃到大观园里来是正月十五日，她在大观园“下舆登舟”，乘了船，北京正月里能乘船吗？北海里的冰还结得很厚，要到二月里才慢慢地融化。所以根据这一点我们也能初步判断，《红楼梦》是以南方的风土人情为背景的。

那《红楼梦》为什么反映的是江南文化，这就和我们的作者有关系，因为作者曹雪芹是南京人。我认为大观园的生活背景在南京，这是历史现象。不过，周汝昌先生早就讲了：“大观园在北京。”大观园的南北之争可以百家争鸣，但是不能否认曹雪芹是南京人。因此我们可以从《红楼梦》讲到作者曹雪芹。

曹家在南京是这样的，在康熙二年，曹雪芹的曾祖父曹玺来到南京，到雍正五年曹頫被撤职，祖孙三代实任江宁织造 58 年（在任时间），雍正六年离开南京，曹家在南京生活的时间首尾共有 66 年。曹雪芹小时候是在南京长大的，所以对江南的文化是耳濡目染，另外他所接触的文人、文学作品，大都是江南的。当然他写作《红楼梦》是被抄了家回到北京以后，但他的生活基础是在南京。所以按照历史来讲，大观园真实的生活基础是在南京，当然作家写作是一种典型概括，因此我没有说“大观园在南京”，而是说大观园的“生活基础”在南京。这在文献中也有记载，清朝乾隆时期有名的诗人袁枚在他的《随园诗话》卷二（道光刊本）中说：“雪芹撰《红楼梦》一部，备记风月繁华之盛，中有所谓大观园者，即余之随园也。”经考证，随园原来是曹家的。周汝昌先生对此就提出异议，因为他认为大观园在北京，在北京的恭王府，是咸丰的弟弟恭亲王府第那个地方。但学术界对周先生之说有不同意见，京华何处大观园？这个问题至今仍争论不休。

对南京曹家史迹的考察

我们的同学以后大部分都会从事学术研究，并且都会接触到考证，下面我来现身说法，和大家讲讲我是怎样从事《红楼梦》作者家世考证的。

二十世纪七十年代后期，系里面要开一个“《红楼梦》研究”的专题课，这个任务落实到我的头上，由于教学的需要，老生常谈已经不能满足学生的求知要求，我就踏踏实实地开始研究《红楼梦》。先读原著，把《红楼梦》读了五遍，然后把周汝昌先生的《红楼梦新证》，以及有关《红楼梦》的书都看一遍，看了以后，我就大致了解了当时红学的研究状况，以及怎样提出新的问题和新的见解。这时我就想到曹雪芹家是在南京的，为什么不从南京的角度来研究《红楼梦》？我们以前的红学家都在北京，他们没有到南京来，而在南京讲《红楼梦》的人还是很多的，但专门研究曹雪芹家里情况的人却不多，因为这个要用考证的方法，而考证却是不容易的，不是随便讲讲的。不过，在南京考证《红楼梦》是得天独厚的，因为曹家就在南京。从这样的视角着眼，我写出了《曹雪芹江南家世考》和《曹雪芹江南家世丛考》（与黄进德先生合作）这样的作品。

另外我治学还有这样一些特点，就是首先要充分掌握文献资料，要对文献非常熟悉。这个是第一步。但我和别人还有个不同特点，就是还要和实地考察结合起来，要到实地去考察的。我们在南京，既然曹雪芹家也在南京，我们就会寻问“曹雪芹家住在哪里？”这样的问题，并且也想跑到他的“家里”去走走。

下面我就把我实地考察的过程和结果讲出来。第一个问题是“曹雪芹家在哪”，先查南京地方志，查出来就是在大行宫。那个地名为什么叫“大行宫”呢？曹家和康熙皇帝的关系密切，曹雪芹的曾祖母是康熙皇帝小时候的保姆。所以在康熙二年，曹雪芹的曾祖父就被任命到南京督理江宁织造，而且是专差久任，子孙世袭。从曹玺、曹寅、曹颙（雪芹之父）到曹頫（雪芹之叔），世袭连任。康熙皇帝六次到南京，后四次住在曹雪芹祖父曹寅任职的江宁织造府里，那是由于保姆在那里，从小与康熙在一起，感情很深，当然要去看看保姆。古时皇帝住的地方叫做行宫，康熙住了多次，后来乾隆又在这里住了，当然是“大行宫”。行宫前面加个“大”是有来历的，别的地方都只有行宫，而南京却有“大行宫”。我把它们都考证出来，然后去那个地方跑了好多趟，并对当地的父老进行访问调查，把周围的地址都画出来。所以我的书都有示意图的，把东南西北的大致范围都画出来了。本来我的考证还没有实物来证明，到 1984 年，南京的大行宫小学有一块地要造房子，施工过程中挖掘出一些文物，出土的文物证实了我的考证。原来我只是作文献上的考证，现在成了实物的考证。我就这样把“江宁织造府—大行宫—曹雪芹家”这些问题大致研究清楚了。

第二个考的是江宁织造局。府和局不一样，府是办公的场所，前面办公，后面居家；局是织造的场所，织造局所在的地方在汉府街。

第三个比较重要的考证是明孝陵的“治隆唐宋”碑。以前南京很多人都是走马观花，都没有去推敲是怎么回事，我那一年下了个决心，到“治隆唐宋”碑那里去看了。那是康熙皇帝题写的，碑的两侧有两块卧碑，我就站在那里一个多钟头，从第一个字开始仔仔细细地看，碑文都是古汉语，而且没有标点符号，有的地方被尘土掩盖了，还要用手去摸。在那里一个多钟头，我看出了一些道理。上面讲得很清楚，在康熙三十八年，康熙第三次到南京。当时江南人的民族意识特别强烈，清朝初年的顾炎武每年都要到明孝陵祭扫。康熙皇帝知道了这事，了解到汉族的知识分子尊崇明太祖，自己作为满族统治者，为了继承华夏正统，所以也去明孝陵，并且讲的话超过了顾炎武他们对明太祖的评价，写出了“治隆唐宋”这四个字。这四个字的气度也真的了不起，这样一写，江南的知识分子都只能服气，他们赞扬了明太祖的许多英明之处，讲话的气度还不及康熙皇帝的这四个字。很奇怪的是康熙写完了这四个字，既没有交给两江总督也没有给江苏巡抚，而是给了江宁织造曹寅去制匾立碑。当时地方上最大的官都在，皇帝却把这四个字给了江宁织造郎中曹寅，那曹寅的地位就大大地提高了。这就是说康熙在表示：曹寅是我的亲信，以后要办什么事要找江宁织造曹寅。康熙为什么要表这个姿态，那是要曹寅及曹家在江南做民族团结的工作。满族人做民族工作的手段很高明，努尔哈赤能靠那么小的地方统一整个中国，靠的就是八旗，他先后建立起满洲八旗、蒙古八旗、汉军八旗，把蒙古族人和汉族人都吸收进他的统一战线中去了。曹雪芹的家族本来是汉族人，但也参加了八旗，是汉军正白旗，所以得到康熙皇帝的信任，派他家到江南维护民族关系。曹寅到江南处理民族关系有两个有利条件。第一他是汉族人，第二他又是汉军正白旗。因此具备双重身份，既能被汉族知识分子接受，又能受到皇帝的信赖。因此，康熙几次南巡都住在曹家。不过光有这些条件还不够，江南知识分子的文化水平很高，因此派来维持民族关系的官员文化水平也不能差，而曹家人的文化水平都不低。曹家的成员不仅通识经史子集各种学问，而且对于诗词曲赋、琴棋书画无一不精，家庭的文化水平是第一流的，因此能获得汉族知识分子的认同。

此外，我还考察了随园、香林寺、鸡鸣寺、水月庵、万寿寺等与曹家有关的遗迹。

曹雪芹家世与《红楼梦》

就曹寅本人来说，不仅书画一流，而且还能培养昆曲戏班，能编写曲本。大家把《红楼梦》翻出来，里面提到的戏大都是昆曲。《红楼梦》第二十三回“《西厢记》妙词通戏语，《牡丹亭》艳曲警芳心”，专门写到林黛玉那天听到梨香院昆曲戏班演习《游园惊梦》时，被戏文所感“心动神摇”的情景。曹雪芹就生活在这样一种歌舞升平的文化氛围中，你叫别的人是写不出《红楼梦》这样的作品的。

还有刚才我们讲大行宫，是由于康熙曾经在曹寅任期内的江宁织造府住过四次，这个我们看《红楼梦》第十六回赵嬷嬷大吹特吹：“江南的甄家……独他家接驾四次……”曹雪芹这样写不是没有现实基础，康熙皇帝就真的到过他们家四次。

这样我讲《红楼梦》和曹家研究就搭上钩了，你们看《红楼梦》里的衣食住行哪一家能达到这样的水平？在中国封建社会，位列皇帝之下的就是宰相，但哪个宰相能有这样的气派？贾府里面有各种各样的舶来品、进口货（自鸣钟、玻璃镜、孔雀裘之类），当时谁能有这样的格局，只有曹家，因为他家里接待皇帝，曹家拥有各种奇珍异宝，这个气派是再也没第二家能有，这都体现在《红楼梦》的贾家中了。另外在饮食上，贾府的餐饮也极为奢靡，做个茄鲞要多少多少的鸡肉和香油，螃蟹都是七八十斤买的，哪个家里是能这样吃的？仔细一想，《红楼梦》作者家里是四次接待皇帝的，皇帝来还不烧最好的给皇帝吃吗！

我这里想说明的是曹家有特殊的情况，所以《红楼梦》也只有曹雪芹能写得出。这是因为创作需要生活经验作前提，要发挥想象虚构也是需要以现实为基础的，而只有曹家有这样的基础。

当然我们又觉得奇怪了，像曹家这样厚实的家底怎么一下子就败落了呢？这个问题也有意思，因为他们家完全是靠了康熙皇帝，《红楼梦》里有句话很有意思：“拿着皇帝家的银子往皇帝身上使。”是羊毛出在羊身上。曹家这样大吃大喝，俸禄根本不够，就到康熙那儿去“报销”。等到雍正皇帝上台，对吏治进行整顿，一整顿查出曹家亏空 36 万两银子。到雍正五年十二月，当时做江宁织造官的是曹頫（曹雪芹的叔父，或说即雪芹之父），曹頫护送龙袍晋京，在山东长清县驿站里多吃多占，被山东巡抚揭发。当月雍正连下两道上谕，第一道是撤职查办，抓回北京；第二道是抄家，抄家主要抄南京的家。试想曹家若没有这样的亲身经历，《红楼梦》里的抄家怎么写得出来。

如果曹雪芹一直安逸地过下去，或许写不出《红楼梦》这样的不朽巨著；现在家被抄了，曹家在南京生活不下去，在雍正六年二月份左右举家迁到北京，之后又迁到北京西山旗地，生活非常困顿凄苦。在西山的生活阶段，曹雪芹回忆当年在南京生活时，感叹江南女孩子聪明灵秀，自惭"风尘碌碌，一事无成，忽念及当日所有之女子，一一细考较去，觉其行止见识，皆出于我之上。何我堂堂须眉，诚不若彼裙钗哉？"。想到不能埋没她们，要把南京的这些女孩子写出来，因此曹雪芹写的《红楼梦》原名是《金陵十二钗》。

所以说曹雪芹写作《红楼梦》有各种条件。第一，他们家四次接待皇帝，有这样的生活基础；第二是他家里的文化水平又高，诗词曲赋、琴棋书画无所不通，才写得出这么有文采的作品；第三就是遭此家难变故，增加了对生活的体验和阅历。

但曹雪芹还没写完就死去了，只留下前八十回，现在通行版本的后四十回是由高鹗、程伟元整理完成的，但他俩却否认这是由他们续写的，说是在旧货摊上觅得的原稿，与原八十回接续起来，就是现行的一百二十回本。这个问题有待进一步研究。

曹雪芹家世新材料的发现

把以上问题都弄清楚后，我觉得光这些材料还不够，关于曹家还有没有什么新的材料，下面我就来讲讲我是怎样发现《红楼梦新证》及其他红学著作中没有发现的新材料。我治学的特点除了喜欢进行实地调查外，还比较关注历史地理，按传统的讲法又叫“沿革地理”。像我们南京，从春秋战国以来曾有金陵、秣陵、建业、建康、白下等六十二个名称。人们大都知道清代南京称为江宁，于是红学研究者都去查《江宁府志》《江宁县志》，但却没有什么创获。我是有着实地考察经历的，带着地图到江宁织造府一看，曹雪芹家根本不在江宁县，而在上元县（当时江宁府一共有七个县，旁边的有句容、高淳、溧水，江北有六合、江浦，城里有两个县，上元县和江宁县，而且上元县是首县）。明确了曹雪芹家在上元县，我当然去查《上元县志》，正好我们南大图书馆里有乾隆十六年的《上元县志》，我在第十五卷的人物传里发现一篇重要的材料叫《曹玺传》。根据这条材料考证，曹家的老祖宗曹世选是辽东辽阳人，是沈阳中卫行政长官。天启元年，努尔哈赤打到沈阳，将曹世选俘虏；到世选儿子曹振彦参加八旗，跟着多尔衮进山海关立了军功，到了北京就进了内务府，成了为皇室服务的人。所以康熙皇帝小时候要找保姆，就找到内务府曹玺的夫人（姓孙），孙夫人成了康熙的保姆，这样开始，曹家和康熙皇帝的关系就很密切。在康熙二年，曹玺被派到南京督理江宁织造，子孙世袭。当时我在南京只见到乾隆时期的《上元县志》，我也知道有康熙年间的版本，康熙本当然更重要，我到复旦大学图书馆去查到了。我发现《上元县志·曹玺传》以后，又在康熙、乾隆年间的《江都县志》中发现两篇《曹寅传》，于是发表了《关于曹雪芹家世的新资料》一文（原载《南京大学学报》1976年第2期，现已收辑于本书中），在曹雪芹家世研究方面迈进了一大步。

由于时间已到，我今天的演讲到此为止，谢谢国学讲堂里的同学们！

（2006年4月14日晚间演讲，由张晓梅、武黎嵩记录）

原载《明清小说研究》2006年第4期

《香林寺庙产碑》和曹寅的《尊胜院碑记》

我在《关于曹雪芹家世的新资料》一文中，曾以《香林寺庙产碑》为例说明曹寅与佛家的关系[1]，但只提及一笔，语焉不详，所以有必要在这里另作专题探讨。此外，安徽来安县文化馆又发现了曹寅的《尊胜院碑记》，颇有参考价值，正好一并介绍。

《香林寺庙产碑》初探

香林寺大殿在今南京太平门内佛心桥 37 号，其方位坐东朝西。《庙产碑》原砌于厢房壁间，1975 年倾倒于地，南京博物院的王少华同志发现后即移归博物院收藏。碑高 77 厘米，宽 71.5 厘米，厚 19 厘米。碑文共 22 行，每行 21 字或 20 字不等，字迹略有残缺，兹抄录校点如下：

欽命江南通省鹽法分巡江寧兼管水利道陞貴州按察使

1 原载《南京大学学报》1976 年第 2 期，现已收辑于本书中。

司加十級記録十次方，憲準：今香林寺現住持僧贖回前僧典賣各處寺産，嚴禁嗣後毋再私相典賣碑。

一香林寺奉

前織造部堂曹大人買施：秣陵關田貳百柒拾餘畝，和州田地壹百伍拾餘畝。

檀越李公天士佈施：江寧鎮田地貳百壹拾畝，六合縣田地玖拾餘畝。

本寺自置：全椒縣田地伍拾伍畝零。

以上共計香火田柒百柒拾餘畝。

乾隆五十四年，前僧當江寧鎮田肆拾捌畝零於傅懷道名下，當價貳百捌拾兩。五十五年，前僧賣秣陵關田肆拾三畝零於常明發名下，賣價叁百貳拾兩。五十六年，前僧當江寧鎮田地貳拾肆畝於陳文□名下，當價壹百伍拾兩。五十八年，前僧當江寧鎮田地陸畝零於徐天位名下，當價叁拾捌兩。

嘉慶元年，現住持僧法慧查明寺田原額及典賣畝數，禀□巡憲方，堂斷：贖田歸寺，以符原額。并發給印簿二□，一行江邑立案，一貯本寺備查。再有典賣者，即干盗買盗賣之咎。達禪遵示勒石。

嘉慶三年九月吉旦立。

开头 63 字是此碑的题目，因为太长，南京博物院收藏登记时改称为《香林寺禁止私相典卖田亩碑石》，简称为《香林寺庙产碑》。立碑的年代是清仁宗嘉庆三年（1798），查道光《上元县志》卷九，当时任江南盐法道的官员姓方名昂（同治《上江两县志》列入《名宦传》）。

南京香林寺庙产碑——南京博物院藏碑
（箭头所示，系碑记中叙述织造部堂曹大人买施香火田事）

此碑的历史价值在于记载了香林寺最大的施主是“前织造部堂曹大人”，用尊称而不指其名，而第二个施主李天士就直呼其名，这是身份地位大不相同的缘故。据道光时甘熙《白下琐言》卷四记载，李天士是南京板巷人，乾隆二十四年时是“生员”（秀才），没有功名，当然比不上前代江宁织造府的曹家。另外还有一点不同，李家是“布施”，是用现有的田产施舍的；而曹家是“买施”，是花费巨资，派人到秣陵关与和州两地去买了庄田再布施的。秣陵关属江宁县，距南京城 64 里，在那边买了 270 余亩田产，和州（今安徽和县）在长江北岸，距南京城 148 里，在那边买了 150 余亩田产，共计“买施”420 余亩田产。这说明了曹家的豪富阔绰和有权有势。

然而，这个挥金如土的“曹大人”究竟是谁呢？考曹家在南京任江宁织造共 58 年，祖孙三代中有曹玺、曹寅、曹颙和曹頫 4 人。我查阅了一些文献资料，从几个旁证中了解到，作为香林寺施主的“曹大人”，应是康熙南巡时“接驾有功”的曹寅。理由是：香林寺创建于明代，原名兴善寺，属江宁府上元县，清圣祖于康熙三十八年第三次南巡时曾游此地，并亲笔题额，改名为香林寺。据乾隆《上元县志》卷十二《祠祀志·寺观》记载：

> 香林寺在太平门内，明时建，国朝康熙三十八年圣祖南巡改今名，方丈内赐御书“觉路”二字匾额。

又据光绪《续纂江宁府志》卷八《名迹志》记载：

> 香林寺：明曰“兴善”，圣祖改赐今额。

经查考，玄烨于康熙三十八年四月初十日抵上元，以江宁织造府为行宫，住在曹家，而且还接见了曹寅的母亲孙氏（玄烨幼时的保姆），在祭奠明孝陵时，又题“治隆唐宋”四字交与曹寅制匾勒石[1]。曹寅是玄烨的亲信，每次接驾他都是主持者和陪同者。他联络

1 据乾隆《上元县志》卷首《南巡志》，冯景《御书萱瑞堂记》和张玉书《驾幸江宁纪恩碑记》等文献记载。

南京城内著名的佛寺，也都跟康熙南巡有关。例如，他作《重葺鸡鸣寺浮图碑记》，是因为康熙四十六年第六次南巡时玄烨曾题“鸡鸣古迹”四字（见《楝亭集·楝亭文钞》）。他请画家陈凯绘制佛像送给古林寺，也跟康熙四十二年第四次南巡时玄烨曾题“古林律院”的事有关[1]。——由此可见，康熙三十八年玄烨到香林寺，“买施”420余亩田地的“曹大人”应是曹寅。

今南京市佛心桥的香林寺文物保护碑

1　据陈作霖《金陵通传》卷二十八记载：“陈凯，字肃乐，号清溪，精人物山水楼阁，工细不差累黍，尝为曹寅画水陆变相，施古林庵，寺僧宝之。”又据《新京备乘》记载，古林寺在南京定淮门内，梁僧宝志创建，名观音庵。“清康熙四十二年，赐名古林律院。”按：古林寺今已不存，唯用其名新建了古林公园。

二十世纪六十年代初香林寺的头门和大殿内的佛像

现存康熙时的香林寺大殿（2008年8月4日摄）

《尊胜院碑记》考释

尊胜禅院又名吉祥庵，俗称大安寺，在今安徽省来安县舜山公社大安大队。1978 年春，来安县文化馆在该寺遗址上发现了曹寅撰文的一块碑刻，碑额篆书“普门示现”四字，高 200 厘米，宽 76 厘米。碑文共 16 行，每行 40 字或 30 字不等，第一行是题目“尊胜院碑记”，第 15 行有曹寅的署名，并有篆刻印章二方，一为阳文“荔轩”二字（曹寅别号），一为阴文“曹寅私章”四字。兹将碑记抄录校点如下[1]：

尊勝禪院去來邑之北二十五里，踞舜歌山之麓，創自元至正間。後因吉祥寺僧駐錫，故又以吉祥名院，猶天竺永寧之有上下内外也。數百年來所歷興廢，自難概述。迨明天啓初，靈谷超然師來主焚修，魏國徐公手爲緣引，得一理葺。繼聞古吳善士處造觀音大士栴檀聖像初成，四衆爭奉，師亦懷香奔往，預衆參請，紛議未决。至鳴公得龜鬮，方果所願。於奠安後，歲即大豐，士民愈增焚頂，地涌甘泉，飲可愈疾。殿後石壁微裂，又現紫竹數莖，靈异感通，略無虚日。自是人遠事异，日就傾圮，一切建置，多委荒煙茂草矣！

丁未年，闔邑士庶寢食憂之。訪聞次哲法師者，戒品森嚴，法眼明徹；遠承賢首正脈，近躡普德芳蹤；勇於舍己，擅荷重任。率衆往請，得蒙飛錫。法筵龍象，霧湧雲

1 《尊胜院碑记》的原刻中有一些误字，现据文意作了校改（“略无虚日”的略原作毘，“弥久就湮”的湮原作煙）。

集；堂合香燈，永輝不夜；拓摭前基，大竪法幢；臺殿兩廡，掘石成構。一切規模，幾如大刹。況彼甘泉涸而再溢，階前兩桂，枯後重花，若非志愜天人，善根濃厚，詎意臻此！師於癸酉西歸，復得上足，以公偉孫適南。一整未了，再振前猷；兩構藏文，昭示聖諦；更拓膏腴，庶充禪悦；丹扆翼翼，白葉兢兢，洵亦僧中所僅見者。兹又退慮盛舉彌久就湮，爰托貞珉，乞言垂誡，用示來兹云爾。

欽命内兵部督理江寧等處工部事織造府曹寅撰。

菱湖葉約書丹，住持了叡始立，和陽梅芃鎸。

康熙歲次壬寅仲吕月既望。

查曹寅有《楝亭集》传世[1]，其中《楝亭文钞》一卷，是他死后门人收集辑录而成，这篇《尊胜院碑记》不在内，当是曹寅的一篇佚文，将来重印《楝亭集》时，正可作为“补遗”收录，但这里首先要解决一个问题，那就是碑文最后所署的年月是“康熙岁次壬寅仲吕月既望”。按《礼记·月令》，“仲吕”是四月，“既望”是十六日；“壬寅”在康熙时期曾岁值二次，一次康熙元年，曹寅仅五岁，不可能撰写此文，另一次是康熙六十一年，而曹寅已死十年了（曹寅死于康熙五十一年七月二十三日）。这个矛盾现象怎么解释呢？——我认为碑上第16行所署“壬寅”当然是指康熙六十一年（1722），但这不是曹寅撰文的年代，而是后来勒石立碑的年代。因为这是脱离正文另立的一行，而且是跟“菱湖叶约书丹，住持了叡始立，和阳梅芃镌”三种附加名目一样，都不属于正文的范围。

1 曹寅的《楝亭诗钞》八卷，《楝亭诗别集》四卷，《楝亭词钞》一卷，《楝亭词钞别集》一卷，《楝亭文钞》一卷，有康熙五十一年和五十二年的原刻本，1978年12月上海古籍出版社影印出版时合称为《楝亭集》。

再从《楝亭文钞》录存曹寅其他碑文的惯例来看，凡是标举年月都在正文以内，而没有在正文之外的，如《重葺鸡鸣寺浮图碑记》的题款是“康熙五十年正月二十六日钦差江宁织造巡视两淮盐漕通政使司通政使曹寅谨记”，而有些碑文不署年月也是常例，如《重修二郎神庙碑》，就没有标举写作年代。这样看来，《尊胜院碑记》应是曹寅生前写就的，未署写作年月，等到曹寅死后过了相当长一段时间，住持僧了叡才开始勒石。所以“康熙岁次壬寅仲吕月既望”是表明碑刻完成时的年月，而不是曹寅自题的写作年代（康熙六十一年正当曹頫继任江宁织造期间）。

关于尊胜禅院的情况，道光《来安县志》卷二在“吉祥庵”的名目下有记载：

> 吉祥庵：县北舜歌山，创自元至正二年，倚山壁构殿，两旁禅室斋堂，悉自上而下，因势为台砌。中殿侧为山门，标题“尊胜禅院”。游者取道舜歌山脚地藏庵前，迤西竹树盈十亩，苔茵草径，履籍无声。殿前桂二株，可荫数亩。殿后石壁峭立，古树槎枒，下有泉，大旱不竭。

足见其正式名称确实是尊胜禅院，而后来通称为吉祥庵了。以此与曹寅的《尊胜院碑记》相印证，情况是完全符合的。《碑记》的主旨在于宣扬佛法，作者对该寺的历史沿革和自然环境都很熟悉，其中叙述了康熙丁未（六年）该寺复兴，以至于康熙癸酉（三十二年）以来佛事继续发展的盛况。这说明曹寅是亲自到过这里的，如果坐在南京只凭传闻，是不可能写得这样具体细致的。尊胜禅院距南京城145里，而且是在一个僻远的山村地区，曹寅这个声势煊赫的贵族士大夫，怎么会跑到这里来的呢？关于这个问题，当地的老农讲，这里原来是曹家的田庄[1]。这一口碑传说提供了十分重要的线索。按《曹家档案史料》记载，曹頫在雍正五年底被撤职后，隋赫德在雍正六年二月曾查明曹家的房地产，《奏折》中说："细查其房屋并家人住房十三处，共计四百八十三间；地八处，共十九顷零六十七亩。"[2]那么，尊胜禅院附近有曹家的田庄是可能的，说不定就是八处中的一处。

还有一点值得注意，《碑记》中曹寅的署衔是"钦命内兵部督理江宁等处工部事织造府"，这也有些特别。曹寅是内务府正白旗包衣人，康熙委任他的官职是"江宁织造"，后来又兼任"两淮巡盐监察御史"，而"内兵部督理江宁等处工部事"的头衔是少见的。据康熙《上元县志·曹玺传》记载，曹寅曾升为"内少司寇"，即内务府慎刑司郎中，但"内兵部"的含义与此不同，应是指内务府的军职。按张伯行《祭织造曹荔轩文》所述，曹寅青年时代曾当过皇帝的"仪正"（侍卫官），《八旗通志·旗分志》也说他曾任"正白旗包衣第五参领第三旗鼓佐领"，是旗兵中显贵的军官，这应是"内兵部"的来历。至于"督理江宁等处工部事"的称呼，则说明他的职权范围很广，并不限于织部和盐务。从《曹家档案史料》中可以看到，曹寅替皇帝管理的事务很多，从土木建筑到采办物资，无所不能。例如，修理明孝陵，采购铜斤、乐器，开办刻书局，承

---

1 南京博物院的金琦同志曾去实地考察，他返宁后跟我说，听当地的老农讲，那处原来是曹家的田庄。承来安县文化馆陈永庆同志指点，我也亲自去来安舜山南麓参观了尊胜禅院的遗址，并目验了原碑。见到碑阴还刻有《事要附刊》，内容是记载该院的范围和庙田的细目。陈永庆同志对我说，舜山以东有一个地方叫炮嘴，是古代南北交通的要道，当年曹寅可能曾路过此地，应寺僧之约而撰写碑文。他认为金琦同志所听到的传闻不能作为定论。因此，曹寅到这里来究竟是交通方面的原因还是经济方面的原因，尚需进一步调查研究。

2 江宁织造隋赫德奏《细查曹頫房地产及家人情形折》，见故宫博物院明清档案部编《关于江宁织造曹家档案史料》第 187 页（中华书局 1975 年 3 月出版）。

包西花园的修造工程。所以“督理江宁等处工部事”这个职衔是名副其实的，而且是康熙委派他的实职，不是虚衔。这一点在当时文人的作品中也有所反映，如邵长蘅有《御书萱瑞堂诗为工部臣曹寅恭赋》，姜宸英有《赠曹工部》诗等，但过去的研究工作者没有把它看作曹寅的正式官职，现在《尊胜院碑记》提供了曹寅的自署，终于明确了这个职称的概念。

小　结

综上所述，《香林寺庙产碑》和《尊胜院碑记》的发现，对于曹雪芹家世研究有一定的参考价值。

第一，这两块碑记具体地说明了一个事实：曹家好佛，与寺院的关系很深。在《尊胜院碑记》中，曹寅曾表彰该寺能“庶充禅悦”。曹寅对佛学禅宗是很有研究的，他的《楝亭书目》“释藏”类就有禅宗方面的藏书二十多部。这种谈禅好佛之风，在清初的贵族统治阶级中是普遍现象。《红楼梦》作者生活在这样的家庭环境里，也曾通过自己的感受概括地反映了这种社会风习。例如，第十五回“弄权铁槛寺”写道：“铁槛寺原是宁荣二公当日修造，现今还是有香火地亩布施，以备京中老了人口，在此便宜寄放。”这也是封建社会中现实生活的写照。张毕来同志在《清初士大夫禅悦之风与〈红楼梦〉的关系》和《红楼佛影》的专著中，曾深入地论述了《红楼梦》佛道思想的社会根据，而今《香林寺庙产碑》和《尊胜院碑记》的新发现，为我们进一步研究这个课题提供了具体的材料。

第二，曹家的活动范围很广，过去我们只注意曹寅在江苏南京、苏州、扬州和仪征的事迹，现在从两块碑记看来，安徽也属于曹家的势力范围，留有他们的踪迹。考曹家祖孙三代任江宁织造，驻地江宁府城（今南京市）是江南省的省会，而清初的江南省是江苏与安徽的合称（见道光《来安县志·舆地志》），怪不得《辽东曹氏家谱》径称曹玺为“江南织造”。的确，驻节省城的“江南织造”，其势力范围包括安徽和江苏。据《曹家档案史料》记载，织造府的钱粮俸银就规定是由安徽巡抚发放的，而且曹家在安徽含山县有田200余亩，在芜湖有田100余亩[1]。今从两块碑记来看，曹家到安徽和州买了150余亩田地施舍给香林寺，而曹寅又到来安县为尊胜禅院撰写碑文，可见安徽确是曹家权势所及之区。这为我们今后收集曹雪芹家世资料大大地拓宽了视野！

第三，曹家不惜捐赠巨额资金，给香林寺共“买施”了420余亩香火田，可见曹家与香林寺的关系非同小可；另外，尊胜禅院附近的农民反映，那里原是曹家的田庄。这两件事都为探究《红楼梦》作者的家庭历史提供了重要的线索，很有进一步调查研究的价值。

原载上海古籍出版社1980年版《红楼梦研究集刊》第2辑

1 《关于江宁织造曹家档案史料》，第3页《巡抚安徽徐国相奏销江宁织造支过俸饷文册》，第11页《巡抚安徽陈汝器奏销江宁织造支过俸饷文册》，第131页《江宁织造曹頫复奏家务家产折》。

苏州织造府与曹寅、李煦

《红楼梦》开卷第一回是从苏州写起的，“金陵十二钗”中的黛玉和妙玉本是姑苏人氏，而大观园里 12 个女伶组成的昆曲戏班，也是从苏州来的。由此可见，作者曹雪芹对苏州的社会风貌有相当的了解。事实上的确如此，曹家在江苏的生活经历中，除了南京、扬州等地外，苏州的历程也是十分重要的。

曹家和苏州结缘，实始于雪芹的曾祖曹玺，他在康熙二年任江宁织造后，曾多次到苏州活动，结交社会名流。据《宋诗钞》的编者吴之振写给曹寅的《题曹子清工部楝亭图》诗注说：“两晤尊公于胥关，谈饮甚畅。”“尊公”就是指寅父曹玺，“胥关”指苏州胥门的驿馆，是专门接待宾客的地方[1]。吴之振诗中描绘两次交游的情况是：“画舫听歌记夜分，深怀絮语蔼春云。”形象地反映了曹玺和江南文人诗酒相会、赏曲畅叙的可亲风度。

跟苏州的关系更为密切的是雪芹的祖父曹寅和舅祖李煦。曹寅于康熙二十九年四月由内务府广储司郎中出任苏州织造，在苏州二

1 据乾隆《吴县志》卷三十二《驿馆志》记载：“姑苏驿，即宋姑苏馆旧址，在胥门城内河，下傍百花洲。”“康熙九年颓废，十三年巡抚都御史马祐重建。”

年半，后调南京；接着是曹寅的妻兄李煦继任苏州织造，长达30年之久（康熙三十二年至六十一年）。他们两家均为内务府正白旗包衣人（曹家为汉军正白旗，李家为满洲正白旗），曹寅的母亲孙氏和李煦的母亲文氏都曾做过康熙幼年的保姆，所以他俩同时成了皇帝的亲信。康熙后四次南巡，经南京时住在江宁织造府曹家，经苏州时住在苏州织造府李家，他俩共同担当了“接驾”的重任。曹寅死后，雪芹的父辈曹颙、曹頫继任江宁织造之职，都是由李煦提携照应的，南京与苏州的亲眷也时有往来。关于曹、李在苏州的事迹，周汝昌同志的《红楼梦新证·史事稽年》有详细的考述，徐恭时同志的《那无一个解思君》又对李煦的史料作了新探[1]。1981年11月，我到苏州参与“昆曲传习所”成立60周年纪念活动时，曾在周、徐两位同志的研究著作启发下做了两件事：一是探讨了苏州织造府掌管戏班供奉内廷的情况，二是考察了苏州织造府和南局北局等附属机构的遗址。目的是想从这两个方面入手，寻访曹雪芹及其家庭在江南的史迹。当然，雪芹本人的材料仍无消息，结果是查到了一些家世资料的线索。这里把有关曹寅、李煦的部分写出来，不当之处，还请大家指正。

苏州织造府掌管戏班的情况

苏州自明代以来，一直是昆曲戏班的大本营。不仅社会上演习

1　周汝昌《红楼梦新证》（增订本），1976年4月人民文学出版社出版；徐恭时《那无一个解思君——李煦史料新探》，载于《红楼梦研究集刊》第五辑（1980年11月上海古籍出版社出版）。

成风，而且士大夫往往蓄有“家乐”（家庭戏班）[1]；不仅演员是苏州人，而且出现了一批苏州派戏曲作家[2]。清代康熙年间是昆曲的极盛时期，康熙三十年编纂的《苏州府志》卷二十一《风俗志》说：“吴人善讴，其习已久。古乐府有《吴趋行》，《文选》注云：‘趋，步也，吴人歌其土风也。’晋陆机因著为词以道吴地之淑美，起曰：‘楚妃且勿叹，齐娥且莫讴，四座并请听，听我歌吴趋。’则吴趋之音，固擅于天下矣。”“今则古调不作，竞为新声，竹肉相间，音若丝发，世传昆腔，昆山人魏良辅创为曼声，梁伯龙制为艳曲，传习日益工耳。”清人沈朝初的《忆江南》词也说：

> 苏州好，戏曲协宫商，院本爱看新乐谱，舞衣不数旧霓裳，昆调出吴阊。[3]

随着戏剧事业的繁荣，在苏州又产生了艺人的行会组织和管理机构，据清代吴县人顾禄的《清嘉录》卷七记载：

> 老郎庙，梨园总局也。凡隶乐籍者，必先署名于老郎庙，庙属织造府所辖，以南府供奉需人，必由织造府选取

1　见徐扶明《红楼梦与家庭戏班》，载于《红楼梦研究集刊》第四辑（1980 年 9 月上海古籍出版社出版）。

2　见吴新雷《论苏州派戏曲家李玉》（《北方论丛》1981 年第 5 期）。按：《红楼梦》第十八回写元春点戏，其中《豪宴》就是出于李玉《一捧雪》传奇的折子戏。

3　见清代“啸园丛书”本《清嘉录》卷七第八叶。《清嘉录》作者顾禄又著有《桐桥倚棹录》，记载了苏州虎丘各种精美的工艺品，如“自走洋人”“塑真捏相”等。俞平伯先生指出，《红楼梦》第六十七回“见土仪颦卿思故里”，写薛蟠从苏州带来虎丘的“自行人”和泥捏的小像等，可据此书作注释（见上海古籍出版社排印本《桐桥倚棹录》第 176 页）。

故也。[1]

这确切地说明了苏州织造府掌管戏曲事务的原因和史实。原来，清"南府"的戏班戏衣等，规定是由苏州织造府供奉的，所以历届苏州织造有一项特别任务，必须为皇家选取、培养、进献演剧人才，因此，这就不能不把梨园子弟置于自己的管辖之下，以便开展这方面的工作。

苏州织造府所属的戏曲行会，其外在形式叫作"老郎庙"，内在形式称为"梨园公所"，实际上就是戏曲艺人聚会的地方。它的地点原在"府城隍庙"旁边（武状元坊内），雍正末乾隆初移至镇抚司前（长阳巷）扩建。乾隆四十八年（1783），织造员外郎四德把昆曲比为天乐，而天乐总司的星象属二十八宿中的翼宿，于是又把老郎庙改名为"翼宿神祠"[2]。1956年，江苏省博物馆在祠内查到雍正十二年和乾隆元年以后的碑刻15块。这些碑文都记载了苏州织造府管理戏曲事务的情况。可惜没有发现康熙年间的碑刻，原因是康熙朝的老郎庙在"府城隍庙"边上，已无遗迹可寻。据《吴县志》卷三十三"吴县坛庙祠宇"项下著录：

---

1 见清代"啸园丛书"本《清嘉录》卷七第八叶。《清嘉录》作者顾禄又著有《桐桥倚棹录》，记载了苏州虎丘各种精美的工艺品，如"自走洋人""塑真捏相"等。俞平伯先生指出，《红楼梦》第六十七回"见土仪颦卿思故里"，写薛蟠从苏州带来虎丘的"自行人"和泥捏的小像等，可据此书作注释（见上海古籍出版社排印本《桐桥倚棹录》第176页）。

2 见乾隆四十八年十一月苏州织造四德所写《翼宿神祠碑记》(《江苏省明清以来碑刻资料选集》第281页）。按：苏州有两个梨园公所。老郎庙（翼宿神祠）是昆弋班的梨园公所，1981年11月9日，我曾前去访问，看到现在是长阳巷16号，办起了苏州湖笔厂，已无遗迹可寻。另一个是京戏的梨园公所，叫作"苏州梨园祖师庙"，创立于晚清同治年间，1931年至1935年由上海伶界联合会重修，地点在阊门外三六湾义慈巷12号。

> 翼宿星君庙在镇抚司前，俗名老郎庙，梨园弟子祀之，相传神为唐明皇，向在郡庙旁，清乾隆初移建今所。（1933年苏州文新公司排印本卷33，第23页）

可见老郎庙并非乾隆时才有，康、雍时期早已有之，只是地点不同罢了。从现存的碑文中，我们仍可以看出苏州织造府供奉戏班的一些情况，如乾隆元年的《梨园公所永名碑记》就载有康、雍间“内廷供奉”的39位艺人的姓名，嘉庆三年的《苏州织造府禁止演唱淫靡戏曲碑》和《翼宿神祠碑》记载：“向来苏郡止有昆、弋两腔”，“其乱弹等戏，俱系外来之班所演”，“嗣后除昆、弋两腔，仍照旧准其演唱，其外乱弹、梆子、弦索、秦腔等戏，概不准再行唱演”。[1]这反映出苏州织造府提倡的是昆腔，其次是弋腔，此外各种地方戏均在排斥之列。而这种态度，实出于封建统治阶级的偏见，最终是跟皇帝的习尚有关。康熙南巡，苏州织造接驾演戏，欣赏的是昆、弋两腔，而“南府”的设立，也是从康熙王朝开始的。

南府是清宫内廷管理戏曲艺术的专职机构，雍正七年曾改名和声署，乾隆初恢复南府，道光七年又改称升平署。近几年来，故宫博物院整理懋勤殿旧藏的《圣祖谕旨》，发现其中有南府的材料。例如，有一件“谕旨”说：“问南府教习朱四美，琵琶内共有几调，每调名色原是怎么起的？”“倘你们问不上来，叫四阿哥（后来的

1　见江苏省博物馆编《江苏省明清以来碑刻资料选集》第280、297、296页（三联书店1959年5月出版）。

雍正帝）问了写来。”这证实了“南府”始设于清圣祖康熙朝[1]。这批档案中还反映出康熙皇帝本人崇尚昆、弋两腔，有一件“谕旨”说：

> 魏珠传旨：尔等向之所习者，昆弋丝竹，各有职掌，岂可一日少闲，况食厚赐，家给人足，非常天恩，无以可报。昆山腔，当勉声依咏，律和声察，板眼明出，调分南北，宫商不相混乱；丝竹与曲律相合而为一家，手足与举止睛转而成自然，可称梨园之美何如也。又弋阳佳传，其来久矣，自唐霓裳失传之后，惟元人百种世所共喜，渐至有明，有院本北调不下数十种，今皆废弃不问，只剩弋阳腔而已。近来弋阳亦被外边俗曲乱道，所存十中无一二矣。独大内因旧教习，口传心授，故未失真。尔等益加温习，朝夕诵读，细察平上去入，因字而得腔，因腔而得理。[2]

这表明康熙帝爱好的是昆、弋两腔，而且非常内行。所以李煦自畅春苑总管出任苏州织造后，赶紧物色昆曲女伶，接着又急忙地培养弋阳腔的戏班，而且康熙还特派弋腔教习来苏州帮忙，这一事实见于康熙三十二年十二月的李煦奏折：

> 念臣叨蒙豢养，并无报效出力之处，今寻得几个女孩

1 见朱家溍《清代内廷演戏情况杂谈》（《故宫博物院院刊》1979年第2期第19、20页）。按：1934年王芷章编《清升平署志略》（商务印书馆出版），在第二章第一节中，曾推测“南府”之得名在乾隆五年至十九年，现经朱家溍据懋勤殿旧藏《圣祖谕旨》档案查考，否定了该项推断，证实南府创立于康熙朝（此谕旨未署年月，故具体日期不明）。

2 见朱家溍《清代内廷演戏情况杂谈》（《故宫博物院院刊》1979年第2期第19、20页）。

> 子，要教一班戏送进，以博皇上一笑。切想昆腔颇多，正要寻个弋腔好教习，学成送去，无奈遍处求访，总再没有好的。今蒙皇恩特着叶国桢前来教导，此等事都是力量做不来的，如此高厚洪恩，真竭顶踵未足尽犬马报答之心。[1]

据故宫博物院所藏《南府花名册》记录，内廷承应的演员分二类：一类是太监学戏，称为“内学”；另一类便是由苏州织造府选送的优秀人才，有教习，有学生，称为“外学”。南府的地点有两处：一在南长街南口的南花园（今北京市第六中学），另一处在景山观德殿后，与景山官学邻近。清代吴长元《宸垣识略》卷十六记载：“景山南垣西北隅，有连房百余间，为苏州梨园供奉所居，俗称苏州巷，总门内有庙三楹，祀翼宿，前有亭，为度曲之所，其子弟亦延师受业，出入由景山西门。”“南花园今改名南府，为梨园子弟所居，称南府学生。”这些资料都说明了苏州织造府与南府的关系。由于南北交流，相互影响，苏州除盛行昆腔外，也引进了弋腔，所以老郎庙成了昆弋班的梨园公所。

考昆腔发源于元朝末年的昆山地方，至明代嘉靖年间，经魏良辅革新后便风行起来，以苏州为中心，传播到南北各地。魏良辅在《南词引正》中指出，元明间五大声腔有海盐腔、余姚腔、弋阳腔、杭州腔和昆山腔，“惟昆山为正声”，其他诸腔渐趋消亡。江西的弋阳腔起源于宋元之间，比昆腔更为古老，它在昆腔兴起后本来也已衰落，但它传到北方后一变而为高腔（以河北高阳为根据地），比昆曲通俗、热闹，易于入耳；清兵入关后，得到满人赏识，因此传入内廷。清代震钧《天咫偶闻》卷七引《藤阴杂记》

1 见故宫博物院明清档案部编《李煦奏折》第5号（中华书局1976年5月版第4页）。

说："后乃盛行弋腔，俗呼高腔，仍昆腔之辞变其音节耳。内城（指北京内城）尤尚之，以之为得胜歌云。相传国初出征得胜归来，军士马上歌之，以代凯歌。故于《请清兵》等剧，尤喜演之。"所以欣赏"南昆北弋"，成了清初宫廷贵族的时尚，而苏州织造府也就忙着为此供奉、进呈了。在这样的情况下，曾任苏州织造的曹寅和李煦，自然而然地养成了对戏曲的爱好，并有突出的造诣和事迹。

曹寅在苏州二年半，对昆曲甚为熟习，不仅自备家庭戏班，而且还从事戏曲编剧。现存曹寅创作的《北红拂记》《表忠记》《续琵琶》《太平乐事》四个剧本，其中《北红拂记》就是任苏州织造时写成的，当时苏州的戏曲家尤侗曾为此剧写了"题记"，而曹家的昆班则在拙政园内演出尤侗编的《李白登科记》，一时传为佳话[1]。《太平乐事》共十出，卷首有《长生殿》作者洪昇在康熙四十二年十二月写的序文，第九出《卖痴呆》附有评家的批语说："宾白半出曲师王景文，景文侍柳山先生（曹寅号柳山）十年，后搦笔能诗古文辞，年未五十以病殒。"可见曹家不但有优伶，而且有曲师，还能直接帮助曹寅编写剧本。

李煦在苏州30年，他的戏剧排场更为豪奢。《圣驾五幸江南恭录》记他为康熙四十四年（1705）第五次南巡安排的演剧活动是："三月十七日午刻，进苏州阊门，泊舟。织造李奏准……沿途河边一带数里，设戏台演戏恭迎。过街五彩天篷，张灯结彩，由大街至苏州织造府内，备行宫驻跸。"四月十二日，自杭州回，午刻抵苏

1　见尤侗《四堂余集》"自撰年谱"，康熙三十一年小重阳，"严公伟弘大戎园中赏菊，兼观女乐，度曲赠之。织部曹荔轩亦令小优演予《李白登科记》"。据顾公燮《消夏闲记摘抄》卷上记载："拙政园在娄、齐二门之间。……康熙十七年改为苏松道署，道台祖道立葺而新之，缺裁，散为民居。有王皋闻、顾壁斗两富室分售焉。其后总戎严公伟亦居于此。"（商务印书馆《涵芬楼秘笈》本卷上第23叶）可见曹寅自备戏班在严氏园中演剧，其地实即拙政园也。

州……未时进葑门，抵达新建行宫驻跸，又织造府李进宴演戏。”[1]李煦还选拔寒香班著名的净角演员陈明智供奉内廷，据王载扬《书陈优事》说：“时郡城之优部以千计，最著者惟寒香、凝碧、妙观、雅存诸部，衣冠谦集，非此诸部勿观也。”“圣祖南巡，江苏织造臣以寒香、妙观诸部承应行宫，甚见嘉奖。每部中各选二三人，供奉内廷，命其教习上林法部，陈特充首选。”[2]正因为生活在这种歌吹沸天的环境里，曹、李两家都长年养着优伶曲师，李煦的儿子更是沉溺迷恋，不仅亲自参加演出，还花费巨额资金添置服装、行头，此事见于顾公燮的《顾丹五笔记》：

> 织造李煦莅苏三十余年，管理浒墅关税务，兼司扬州鹾政。恭逢圣祖南巡四次，克己办公，工匠经纪，均沾其惠，称为李佛。公子性奢华，好串戏，延名师以教习梨园，演《长生殿》传奇，衣装费至数万，以致亏空若干万。吴民深感公之德，惜其子之不类也。（见道光《苏州府志》卷一百四十八“杂记四”第 18 叶）

像这样的戏迷，对曹、李两家的子弟和亲戚是会有所影响的。己卯本《脂砚斋重评石头记》第十八回龄官拒演《游园惊梦》的脂批说：“余历梨园子弟广矣，各各皆然，亦曾与惯养梨园诸世家兄弟谈议及此。”“与余三十年前目睹身亲之人现形于纸上，使言《石

---

1 引自徐恭时《那无一个解思君》（见《红楼梦研究集刊》第五辑第 380 页）。《圣驾五幸江南恭录》载于《振绮堂丛书》初集。

2 见焦循《剧说》卷六（《中国古典戏曲论著集成》第八册第 199—201 页）。按：据《书陈优事》文中所署康熙的年代推算，这是指康熙三十八年接驾的事，则文中的“江苏织造臣”是李煦。

头记》之为书，情之至极，言之至恰，然非领略过乃事，迷陷过乃情，即观此茫然嚼蜡，亦不知其神妙也。”庚辰本第二十二回批语又说：“凤姐点戏脂砚执笔事，今知者聊聊矣。”我们知道，脂砚斋和曹雪芹的关系极其亲密，对曹家旧事十分熟悉，从这几段批语看来，他对戏班梨园有丰富的阅历和切身的体会，很可能就是曹、李家族中的人物（不是曹家就是李家）。雪芹跟这些亲朋好友在一起，生活在这样的家庭环境中，很自然地养成了对戏曲的热爱。据善因楼刊本《批评新大奇书红楼梦》的批语记载，曹雪芹本人也曾“放浪形骸，杂优伶中，时演剧以为乐”[1]。正因为这样，《红楼梦》在描写家备童伶女班和演出剧目等情况时，都能出色当行，事事贴切，如第十六回写贾蔷“下姑苏请聘教习，采买女孩子，置办乐器行头”；第二十二回写“贾母内院搭了家常小巧戏台，定了一班新出的小戏，昆弋两腔俱有”。书中反映的戏曲演出，也确是昆弋班流行的剧目。特别是第五十四回还通过贾母之口说道：“他爷爷有一班小戏，偏有一个弹琴的，凑了《西厢记》的《听琴》，《玉簪记》的《琴挑》，《续琵琶》的《胡笳十八拍》，竟成了真的了。”其中《续琵琶》曲本，就是曹寅的作品。由此可见，曹雪芹创作《红楼梦》绝非凭空杜撰，而是有现实生活的深厚基础并富有时代感的。曹、李两家在苏州的梨园经历，可能就是他汲取素材的源泉之一。

苏州织造府有关遗迹的考察

查康熙《苏州府志》卷首的府城图和沿革表，确知清初的苏州

1　引自徐恭时《那无一个解思君》（见《红楼梦研究集刊》第五辑第 378 页）。

城区分治为两县。自阊门、胥门至盘门以内的西半部属吴县，自齐门、娄门至葑门以内的东半部属长洲县。清世宗雍正二年，又将葑门内一带从长洲辖区划出，分置元和县。这样按图索骥，便明确了曹寅、李煦当时的苏州织造府是在长洲县，但雍正二年以后又属于元和县了。同治《重修苏州府志》卷二十二《公署志》记载：

> 织造府在元和县葑门内带城桥东，明时以内监兼理苏、杭，于天心桥东局中为馆舍，往来无常。国朝顺治三年，命内工部侍郎陈有明总理其事，即明嘉定伯周奎故宅改建，康熙十三年始专为苏州织造衙门。左为行宫，六次南巡驻跸之所。其总局改于孔副使巷。咸丰十年毁于兵，同治十年，织造德寿重建。（见冯桂芬等编刊本卷 22“公署二”第 41 叶）
>
> 南局在总局后孔副使巷，国朝顺治十年，织造侍郎周天成建，又于洞桥内设南新局，咸丰十年毁。
>
> 北局即旧织染局，在长洲县天心桥东，明洪武初建，为内监董理织染之所。洪熙中先后增饰，万历中益加整丽，撤停后渐圮。国朝顺治三年，织造侍郎陈有明重修，周天成设南局后改名北局，在天心桥——旧于顾家桥西设北新局，康熙中，李煦即北新局改建为侍郎孙岳颁赐第，移北局于今所——咸丰十年毁。（同上第 59 叶）

这简要地阐明了苏州织造府和织造局的变迁概况。我们再参考康熙二十五年（1686）孙珮编的《苏州织造局志》（江苏人民出版社 1959 年排印本），对它的历史情况便了解清楚了。早在明代，苏州就成了全国丝织业的中心，明王朝为了榨取民财，曾派遣太监常驻苏州，当时的机构称为“织染局”，地点是在天心桥东堍。清初统一江南后，改派内务府旗人管理织造事务。顺治三年，陈有明到任，一方面修理天心桥的旧织染局，继续用作机房工场，一方面选定带城桥东边原周奎故宅，兴建了新的“苏州总织局”。顺治十年，周天成到任，把带城桥这边的总局称为“南局”，把天心桥那边的旧局称为“北局”；为适应织机的扩充发展，又在府城东南隅的洞桥地方设“南新局”，在府城东北隅的顾家桥地方设“北新局”。到了康熙十三年（1674），划定带城桥总局的南半部为苏州织造府（办事机构的衙门），北半部为织造局（工场），府与局之间以孔副使巷为界。康熙南巡时，辟织造府西花园为行宫。曹寅和李煦任苏州织造时，管理的就是这几个地方。

到了康熙四十年（1701），李煦奉旨给礼部右侍郎孙岳颁建造第宅，把顾家桥的北新局占用了。《李煦奏折》中说：“又奉旨赐与孙岳颁房屋，今将织造衙门无用旧局空地一块，现在备料兴工，盖造门房厅堂厢房后楼，共五进计三十七间。”[1]至于其他各局，在太天平国革命战争中都毁坏了，南新局和北新局已荡然无存；天心桥地方则至今还保留了“北局”的历史名称，现有“北局”“北局一弄”“北局二弄”三条街道，在今苏州市人民商场对面和开明大戏院附近。

再说带城桥的苏州织造府，因为同治十年至十一年曾加修复，所以至今遗迹尚存。1963年7月，苏州文物管理委员会在孔副使巷北面的织局故址内发现了一块《苏州总织局图》石碑[2]，这是顺治四年（1647）陈有明建成总织局后刻制的，现存放在苏州博物馆展览

1　据康熙四十年三月李煦的奏折（见中华书局版《李煦奏折》第17号）。

2　见廖志豪《苏州发现清织造局图》，载于《文物》1964年第9期第52页，但图版误题为“江南织造局图”，本文正名为“苏州总织局图”。

厅内，碑高158厘米，宽86厘米，四周镌刻二龙抢珠的图案，上有题识：

> 按姑苏岁造，旧时散处民间，率皆塞责报命，本部深悉往弊，下车之后，议以周戚畹遗居堪为建局。具题得旨。今创总织局前后二所，大门三间，验缴厅三间，机房一百九十六间，外局神祠七间，绣缎房五间，染作房五间，灶厨菜房二十余间，四面围墙一百六十八丈，开沟一带，长四十一丈，厘然成局，灿然可观。画图立石，以垂永久。顺治四年十二月□□日立。

从图面上看，局内的屋舍鳞次栉比，连成一片。前后两所之间有一条巷道隔开（后来《苏州府志》说的孔副使巷），后所门上刻“局门”二字，内为织机房，并有园池，前所门外有一排照壁，图上刻有字样的依次为“大门”“大堂”“后堂”“楼房”，朝南的“机房”三排，朝西的“机房”二排，机房后有“祖师堂”，堂西有“绣缎厅”，厅南为内院住房和库房，厅西为园圃空地（后来新建行宫之处）。碑下右侧又刻有题款说：“此房乃明时周戚畹遗产，本部具题，奉旨改建衙宇、机房。”可见当初兴建时是将办事的衙门和织机工场合在一起的（江宁织造府与织造局是分在二处建造的），而陈有明《建总织局记》也说：“以前朝周戚畹遗宅具题，得请兴工修改，得堂舍百有余间，机房以居工作，库司以贮成物；中设厅事后堂，以驭群户、慎赏罚，稍有定止。第东西夹处民居，犹未舒展，复与督抚周公，相度本署北偏褚氏废圃空地，别购旧屋，更市新材，聿命匠石，昕夕卒事。今得总织局前后二所，大门三间，验缎厅三间，机房一百九十六间，铺机四百五十张（见《苏州织造局志》卷三）。”这说明“北所”是另外在“褚氏废圃”上建造的。至康熙十三年，“南所”专用为织造衙门，“北所”专用为织造工场，府、局从此分开，所以到康熙南巡时，织造府才有条件作为皇帝的住处。康熙后四次南巡是在三十八年、四十二年、四十四年和四十六年，正当李煦任苏州织造之时。李煦竭力奉承，在织造府中再三修饰行宫，博得了皇帝的欢心。康熙曾赐“修竹清风”匾额，据张云章给李煦写的《御书修竹清风图记》说：

> 公（指李煦）之始至苏，以其署为上之所驻跸，加辟而增新之，敞以亭阁，延以廊庑，翠竹碧梧，交荫于庭，清风徐引，则飒然衣袂间。三十八年，驾果复幸，圣心怡悦，因题“修竹清风”四字为额，以锡诸公。四十二年，其地建为行宫，复改筑焉。（见《朴村文集》卷十一第11、12叶）

足见康熙住在苏州织造府李家时，开始只是利用原有的花园修饰一下，但到康熙四十二年（1703），李煦好大喜功，在原地重新改筑，正式建造了新的行宫。后来乾隆游江南时，也就是住在这座行宫里的。

1981年11月7日，我去访问了苏州织造府遗址，看到它的大门在今带城桥下塘街，前临葑溪。此地在辛亥革命以后曾办了振华女中，1949年后改为江苏师范学院附属中学，现为苏州市第十中学（中学的校门在孔副使巷6号）。遗迹可见者有：

（一）南边大门外残损的石狮一对。（二）头门和仪门尚完整。头门三间，西壁有顺治四年（1647）陈有明立的《织造经制记》碑，东壁有顺治十年（1653）周天成立的《重修织造公署碑记》。

（三）多祉堂，在仪门后西北侧，东壁有顺治九年（1652）为纪念陈有明而立的《钦命督理织造少司空灿翁陈公去思碑》，以及乾隆三十一年（1766）苏州织造陈宏谋立的《多祉堂记》碑；西壁有同治十一年（1872）苏州织造德寿立的《重建苏州织造署记》碑（何绍基书）。堂上高悬一匾，是1947年10月所制，大书“多祉轩”三字，题跋中称：“振华女学在清织署故址，树石幽秀，颇擅胜致。”（四）行宫花园的遗址，在织造府西部，即多祉堂西北方。据张云章给李煦写的《御书修竹清风图记》叙述，李煦在康熙四十二年曾在苏州织造府内为新筑行宫而大兴土木。当时所建假山和园池至今尚在。至于池中矗立的太湖石“瑞云峰”，则是后来乾隆四十四年从东园中移置过来的[1]。我在1975年来访时，曾见西面围墙上还嵌有祝枝山等人的书法碑刻，这次看到围墙新修，碑刻未见，可能文管部门已妥为收藏了。（五）雕花石础四个，摆在仪门后新造楼房的北墙下，石础四周有花鸟龙凤浮雕，非常精致，可能是织造府行宫的遗物。

至于孔副使巷（曾改名前进巷）北面的苏州织造局（南局）遗址，我也去看了。其范围在今前进巷与东小桥弄下塘之间。1949年后，这里是新苏师附属小学，现为苏州市沧浪区实验小学。那块《苏州总织局图》石碑，就是1963年在该校操场南边靠孔副使巷的墙下发现的。如今我去访问时，还有一块大石碑倾覆在墙下，看不到文字，其他机房等遗迹，早已不复存在。

---

1 著名的太湖石瑞云峰，高三丈多，是宋徽宗时“花石纲”的遗物，至今仍保存完好。关于瑞云峰的历史，顾禄《桐桥倚棹录》卷八记载，明万历时徐时泰筑于阊门外东园中，“旧闻此石每夜有光烛空，故名”。清代乾隆六次游江南，也住在织造府原康熙行宫内，当时修建行宫花园，将此石由东园移来。据道光《苏州府志》卷一百四十八“杂记四”第8页引《顾丹五笔记》说：“瑞云峰玲珑高耸，宋朱勔凿成，由太湖运石船覆……徐置之半边街东园中，百余年来，园废为踹坊，乾隆四十四年迁于织造府西行宫内。”

与苏州织造府有关的，还有一个相王庙。据《吴县志》卷三十五“元和县坛庙祠宇”项下记载：

> 赤阑相王庙在府治东南赤门内，相传王为吴阖闾筑城，死而为神。唐时建。清康熙四十四年，织造使者李煦重建，奏请加封护国忠显王。道光元年，织造使者嘉禄率绅民重建，并请编入祭册，为织造衙门香火，咸丰十年毁，同治四年重建。（见 1933 年苏州文新公司排印本卷三十五第 3 页）

查嘉禄写的《相王庙记》说：

> 赤阑相王，苏郡城东南隅之里社神也。织造驻扎其地，故宫廨中亦奉之为香火神。……我朝百数十年以来，每遇旱潦疠疫，祷于神，辄著灵应。康熙四十四年，圣祖仁皇帝南巡，驻跸苏州，特允前织造李煦之请，加封神为护国忠显王，颁赐龙袍御盖。洎我高宗纯皇帝翠华屡幸，又有御香卤簿之赐，至今葑江父老，与织署之老吏役，尚有目击其事者。城南旧有神庙，土人以其地湫隘，复于庙南一由旬地，廓巴家园故址为相王行祠，缭以周垣，布以廊榭，又于其旁塑花神，树竹林，为游观所，盖非一日矣。（见道光《苏州府志》卷三十五第 22 页）

这说明相王庙从清初就成了苏州织造府的专用祠堂，按照历史时代来看，跟它有关的苏州织造，当然包括康熙年间的曹寅和李煦，而李煦重建相王庙并请康熙封神，更是有明文记载的。查《江苏省明清以来碑刻资料选集》中的《未收碑刻简目》，得知1956年时庙内尚有石碑四块[1]：（一）苏州织造署重修相王巷石塘闾里姓氏碑（康熙五十五年六月）；（二）苏州新修相王行祠志（嘉庆二十四年二月）；（三）苏州织造署相王庙建头皂班房记（光绪十四年八月）；（四）重修苏州相王庙记略（光绪三十四年二月）。为此，我也特地前去访问。此处离带城桥的织造府不远，只有二站路，地点是在葑门内东烧香桥以北和友谊路以南的相王弄内（曾改名解放里），今归苏州市第八中学。我去访问时，获悉园中旧有戏台一座，已经拆掉，北面的殿宇则至今尚存，用作仓库和厂房。经过仔细查勘，找到了两块石碑。一块砌在西面围墙上，是康熙五十五年六月所立的《重修相王巷石塘闾里姓氏碑》，没有什么史料；另一块嵌在大殿内西壁，是嘉庆二十四年二月刻制的《新修相王行祠志》，兹引录其中与苏州织造有关的第一节文字如下：

> 赤阑相王行祠，坐治城南、东烧香桥，元邑仁一图、天字圩内。向有苏州织造笔帖式巴公、讳世武，为习射之圃，继因升任江宁织造司库，故将此隙地亩余舍捐庙内。续有境中各善社等捐资，陆续建造亭台殿阁回廊处，将次完工，渐成名胜之区，古名曰巴家园也。斯园共有官册田七亩九厘七毫，空地一分二厘，岁输粳米一石四斗四合。

1 见《江苏省明清以来碑刻资料选集》第667、668、673页，只记碑名，未录碑文。又：此书选录了苏州织造府内陈有明、周天成和德寿立的碑文。另外还录有《江苏织造府所辖机户姓名碑》，编者说明“原碑在苏州南石子街十号总织局旧址”，这地方我也访问了。我曾向苏州博物馆的廖志豪同志请教，得知此处是晚清时期南局的一个支局，与曹、李无关。南局是总织局，这里的支局不应称“总织局”。

有了这段碑文，巴家园的来历也就清楚了。园主巴世武，曾任苏州织造府的笔帖式（机要秘书），他的年代，据康熙五十五年《闾里姓氏碑》中记有“织造巴府”，则应该是清康熙间的人。再根据《闾里姓氏碑》已称“相王巷”，康熙三十年编的《苏州府志》中也载有此庙，何况地点又靠近织造府，所以这里应是李煦在康熙四十四年重建的相王庙故址[1]。按清朝前期八旗世家的祖训，要求子弟勤于骑射。我们从巴家园本是苏州织造笔帖式的“习射之圃”想起，曹寅是“好射”的人[2]，《楝亭诗集》卷二录有他在苏州时写的《射堂晨霁》等诗，可见曹家是有“习射”之风的。《红楼梦》第二十六回写贾兰“拿着一张小弓”“演习骑射”，庚辰本的畸笏叟批语还说“惜卫若兰射圃文字迷失无稿”；第七十五回写贾珍“以习射为由，请了几位世家弟兄及诸富贵亲友来较射”，连宝玉、贾兰等也“跟着贾珍习射一回”。把这些情况联系起来看，曹雪芹关于“习射”和“射圃”的描绘，也是那个时代现实生活的反映。

原载《红楼梦学刊》1982 年第 4 辑

1　据《吴县志》卷三十三和卷三十五记载，洞庭西山销夏湾和葑门外接官亭也有相王土地庙，那么，苏州共有三个相王庙了。查康熙三十年编纂的《苏州府志》卷三十六《祠祀志》说：“赤阑相王庙在府治东南赤门内”，“神姓桑名湛”，“兄弟三人并有灵迹，故居民立祠”。这就是出现三个相王庙的来由。但与李煦有关的应是赤门内相王弄的这个相王庙。

2　见清代张维屏编《国朝诗人征略》卷二十《曹寅小传》：“曹子清好射，以为读书射猎，自无两妨。”

| 卷五 |

《朴村集》所反映的曹家事迹
——兼考曹雪芹的生年和生父

引　言

周汝昌先生在初版《红楼梦新证·史料编年》中，曾引录了张云章《朴村诗集》跟曹寅有关的诗篇。我读后深得启发，便在南京、上海等地寻访《朴村集》的全本，看到《朴村诗集》之外尚有《朴村文集》，其中如《祭曹荔轩通政文》就足资考证，我曾写入《谈〈红楼梦〉研究中的两个问题》(《南京大学学报》1975年第3期)，当然，周先生也已经收集到《朴村文集》的材料，在1976年新版《红楼梦新证·史事稽年》中作了增补，只是诗文系年尚欠确切，对张云章和曹寅的关系未及深究。为了进一步探索曹家的事迹，我把《朴村集》又看了几遍，有一些新的认识：我注意到张云章贺曹寅得孙的一首律诗，认为曹寅的这个长孙可能就是《红楼梦》作者曹雪芹。今不揣谫陋，依次写成三章，提出来和大家讨论。

张云章和曹寅的关系

张云章（1648—1726）字汉瞻，号朴村，嘉定县人，曾入国子监为太学生，康熙二十三年在京中师事王士祯，与姜宸英、查慎行等同学。但他没有考取功名，以布衣之士终其一生。他为生计而奔波，常游于达官贵人之门。或为幕客，呈诗献赋；或做馆师，讲学论道。刑部尚书徐乾学曾请他校勘《宋元经解》，都察院左都御史李柟又聘他校注《南北史》，因此颇有声誉。“其后诸公贵人考订文史，必以相属”[1]，得到嘉定知县陆陇其、苏州知府陈鹏年和江苏巡抚宋荦的赏识，当时名流朱彝尊、赵执信、查嗣瑮、张伯行等都曾跟他结交。苏州织造李煦和江宁织造曹寅也曾招之入幕。他死后，方苞为之撰《张朴村墓志铭》，《清史列传》卷六十七列入《儒林传》（《清史稿》未收）。他的《朴村集》有康熙五十三年的序刻本，但后来遭禁（详情见本文末尾的小结），传世甚少，今南京等地虽有藏本，均欠完整，只有上海图书馆善本部藏有全帙，计《朴村文集》二十四卷，《朴村诗集》十三卷，附刻《橘社唱和集》与《冷吟集》一卷。

据《朴村集》自序，得知张云章的诗文集是他自己编定的。文集按杂著、书信、序跋、记事、祭文等分类，诗集分古诗、律诗和杂诗三类，每一类都以写作时间的先后顺序排列。特别是诗集的编年较为清楚，我们可以从题目或诗注所署的年月确定其时限，没有标明年月的也能从前后的次序考见各诗的创作时期。

细阅《朴村集》以后，确知张云章曾受聘于苏州织造李煦，而

1　引文见方苞《望溪先生文集》卷十《张朴村墓志铭》。本文所述张云章的生平，是根据《朴村集》中的有关材料综合而成。如师事王士祯的记载，见文集卷十二《题所书送新城王先生序后》；与姜宸英等同学的事，见文集卷七《送魏禹平会试序》。

曹寅是李煦的妹夫，又同在扬州轮值盐差，所以张氏赋诗往往同时有呈献曹寅之作。据《朴村文集》卷四《与县尹书》说：

> 数年来以奉母家居，前任巡抚冢宰宋公，今尚衣大理李公，皆辱延致之。

可见宋荦和李煦曾先后延聘张氏为幕客。查李煦加衔为“大理寺卿”是在康熙四十四年闰四月，则张氏入李幕，当始于此后。张氏献诗有《题大理李公出猎图》《赠织造李公》，并有《赠曹鹾使子清》和《题仪真察院楼呈鹾使曹李二公》等作。据《朴村文集》卷十一《御书修竹清风图记》写明“康熙四十五年十一月谨书于李公之仪真署中”，又《朴村诗集》卷三《舞剑图歌》的引言说：“大理李公命吴郡吴生绘图，一美人拔剑舞于庭，二美人舞罢插剑侍左右，公坐观之，戏语余为言以弁其首。”这充分反映出张云章确曾随从李煦，代司笔札文牍之事。

至于张云章跟曹寅的关系，起初只是献诗表示仰慕之情，并未直接见面。他俩的正式交往，要到康熙五十年冬才开始。据《朴村文集》卷十八《祭曹荔轩通政文》说：

> 吾始谒公，辛卯之冬。我刺初入，喜溢公容，遍告座客：吾于天下士，独未识者此翁。云章则以方今公卿间得见者多矣，其未见者亦鲜遗憾，独憾疲暮而与公相逢。是时旌麾扬州之廨，风饕雪虐，余病而惫，公数扫径面迎败屦，传杯而听寒籁。险韵新诗，如爬痒疥，墨法瑰琦，冻毫飞洒，书便面以见贻，愈头风而清快。把琼瑶之盈握，愧报章之多颣，公则诏左右，以椟藏而保不坏。

这具体而细致地记载了张云章和曹寅初次会见的情况：时间是康熙五十年（辛卯）之冬，地点是在扬州两淮巡盐监察御史的公署中，张氏投刺（名帖）拜谒，曹寅热情接待，还当众呵冻挥笔，书写扇面送给他。从“愧报章之多颡”看来，张氏是应邀赴曹幕担当文墨之事的。在此期间，张氏游览了曹寅曾寄寓过的东园[1]，写了《扬州东园记》（《朴村文集》卷十一）。文中叙及曹寅为“东园八景”命名题咏：“其佳处辄有会心，则孰为之名，通政曹公，时方为鹾使于此游而乐焉，一一而命之也。”“通政之题其胜处，而各系之以诗。”按园林之题名，是我国造园艺术的传统手法，用匾额诗文装点湖山胜迹，往往能提升游客的观感，起到画龙点睛的作用。曹雪芹在《红楼梦》“大观园试才题对额”中的生动描绘，我们可以联系到曹寅为东园品题的事迹，说明这在曹家是有生活基础的。

《扬州东园记》篇末标明“康熙五十年十一月张云章书”，我们由此确定了曹、张结交的具体年月。当时曹寅正筹划赴京述职，十一月初一日有奏折说：“臣目下现在扬州造具钱粮销引各款清册，料理事竣，即星驰入都，叩觐天颜。”十一月二十日又有《视鹾期满查无举劾之员》的题本[2]，则曹寅进京当在十一月二十日以后。这时候忽从京中传来喜讯，家报得孙，张云章特赋诗祝贺，题为《闻曹荔轩银台得孙却寄兼送入都》。此后曹寅入都，张氏也离开扬州，于十二月三日自瓜洲渡江南归（据《朴村诗集》卷十《渡江寄沧洲使君》）。

张云章应邀至江宁织造府是在康熙五十一年仲夏，那时曹寅从北京回扬州后到了南京。据五月初三日《奏请圣安并进呈晴雨录

---

1 见卞孝萱《袁江东园图考》，载《文物》1973 年 11 期。

2 见中华书局 1975 年出版的《关于江宁织造曹家档案史料》第 80 号和第 82 号（故宫博物院明清档案部编），本文中简称为《曹家档案史料》，引证时用其编号的序数。

折》[1]和六月初三日《奉到御书恳请勒碑折》[2]所记，曹寅此时在江宁，张氏《祭曹荔轩通政文》说：

> 洎乎再见，清溪之滨，聚白下之名流，复谆谆而语之曰："吾晚年而得此嘉宾！"图史满前，谈辩纵横。……顾谓云章："列屋而偫，四库具陈，恣子所取，吾将共其讨论。"以予文之谬迂，嘉其浩博而悠长，惜缮录之未竟，致侍史之奔忙。开广筵而命乐，或清阕之闲奏，乐中宵之未央。悃款倾尽，而以十日之游为不足；结言申订，而恐后此之来或未遑。

这次曹寅款待张氏的礼节甚为隆重，开宴会，奏家乐。"清溪""白下"指南京，"四库具陈，恣子所取"是让张氏阅览楝亭藏书。从"缮录之未竟""侍史之奔忙"看来，曹寅是邀他来考订文史的，观之不足，还约他下次再来。在此期间，张云章曾有诗纪事，如《曹银台西堂张画竹三幅余为作歌》："不读五千卷，无由入此室，插架数万轴，过眼胸已悉。"这说明"西堂"就是楝亭藏书处，是江宁织造府西边的书斋。另有一首《奉陪曹公月夜坐柳下赋呈》，则反映了张氏就住在织造府里，晚上还陪曹寅在西花园内赏月，关系是十分亲近的。但因曹寅要准备到扬州去，他俩就从此分手了。据《李煦奏折》记载，曹寅是六月十六日离开南京到扬州书局料理刻

1　见《红楼梦学刊》1980年第1辑第333页，易管选辑《江宁织造曹家档案史料"补遗"》第64号。

2　见中华书局1975年出版的《关于江宁织造曹家档案史料》第86号。

工的，不幸于七月初一日感受风寒，至七月二十三日病逝[1]。张云章在嘉定家中猝闻噩耗，悲痛万分，因感曹寅知遇之恩，乃作《祭曹荔轩通政文》，在叙述扬州和南京的两次会见以后说：

> 孰谓凉暑之乍迁，笑言之甫隔，奄矣忽焉，而痛斯人之云亡！始讶且疑！既凶问之已审，恨走哭之非时，徒有泪而淋浪。呜呼！此特感公遇我之私也。而我能得公之深者，公之忠诚内结，岂尝须臾忘报国之思耶！

他很想亲往吊唁，但因生活穷困，苦无盘费而未能成行。他在《与沧洲先生》（陈鹏年字沧洲）的信中说道：

> 所辑宋文之难，略见于前矣。第一借书为难，银台曹公处有四十余种未见者，不意其遽至此，可痛可痛，欲一往吊哭，而裹粮无计，至今未遂。（《朴村文集》卷六）

本来，曹寅是约他再去南京看书的，不料生离死别，遽尔长逝。张氏由此丧失了经济上文化上支持他的幕主，查阅楝亭藏书的愿望也就不可再得了。

1　见中华书局1976年出版的《李煦奏折》第148号和第150号（故宫博物院明清档案部编）。

曹寅、张云章事迹系年

曹寅与张云章的交游情况既已探明，为使眉目清楚起见，特循周著《红楼梦新证》之例，把有关事迹比勘考订（李煦附列），在诗文系年方面对周著有所补正：

康熙四十四年（1705）乙酉

曹寅48岁，李煦52岁，张云章58岁。

清圣祖玄烨第五次南巡。曹、李因接驾有功，于本年闰四月分别加衔，给曹寅以通政使司通政使衔，给李煦以大理寺卿衔（据《曹家档案史料》第25号）。

> 按：通政使为九卿之一，汉代称为大银台（因司署设在宫内银台门），故张云章诗文中对曹寅尊称为“曹银台”或“银台曹公”。

曹寅和李煦轮值盐差。曹自去年十月十三日到扬州第一次兼任“巡视两淮盐课监察御史”，至本年十月期满；李于十月初九日自苏州动身，至十三日到扬州接任（据《曹家档案史料》第17号和《李煦奏折》第33号）。

张云章受李煦之聘（据《朴村文集》卷四《与县尹书》），游幕于苏、扬之间，有诗呈李煦并及曹寅：

《题大理李公出猎图》(《朴村诗集》卷三古诗)

> 按：此诗编次在卷三第5首，而第7首标明“乙酉仲

冬”，则可确定此诗作于本年十一月以前闰四月以后（李加衔为大理寺卿在闰四月中）。

《赠曹鹾使子清》（《朴村诗集》卷八律诗）
《赠织造李公二首》（《朴村诗集》卷八律诗）
《题竹村图》（《朴村诗集》卷八律诗，李煦曾自号竹村）

按：三诗的编次是卷八第 22、25、28 首，序列邻近，而《赠织造李公》诗注说：“时公兼巡盐御史，将按江北。”李煦是十月初九日自苏州启程赴扬的，可知这三题诗当作于本年十月前后。

康熙四十五年（1706）丙戌

曹寅 49 岁，李煦 53 岁，张云章 59 岁。

曹寅在扬州书局。李煦在扬州和仪真（今仪征）办理盐务。曹寅在《金唐诗》刻成后曾于十月中进京，至十二月才返回扬州接盐差任（据《曹家档案史料》第 32、35、36、39、40 号）。

张云章应宋荦之邀，于去年仲冬赴河南商丘宋家，本年早春离开商丘南归（据《朴村诗集》卷八第 51 题诗“丙戌早春余在商丘以念母乞归”）。途经仪真和无锡时，有诗呈曹寅和李煦：

《题仪真察院楼呈鹾使曹李二公》（《朴村诗集》卷九律诗）

按：此诗编次在卷九第 2 首，而第 1 首标明“丙戌春次韵贺王给事”，故知此诗系本年春自商丘南归经仪真时作。

《桃花泉次和曹鹾使韵》(《朴村诗集》卷三古诗)
《又一首呈李公》(《朴村诗集》卷三古诗)

按：这二首诗的编次是卷三第 13、14 首，而第 12 首《滁州早发梅香扑鼻感赋》，乃丙戌早春离商丘经滁州时所作，故知此二诗也是南归途中之作。

《桃花泉次和曹鹾使韵》诗云："我行惠山麓，眷此第二泉；屈指蜀冈井，犹列茶经先。"可见这诗是途经无锡惠山天下第二泉时作的。"蜀冈"指扬州，桃花泉就在扬州盐署中[1]。曹寅的《桃花泉》诗写于康熙四十四年五月（见《楝亭诗钞》卷五），张氏此诗用曹诗原韵，乃唱和之作。

张云章回嘉定后，曾于八月中出游昆山（据《朴村诗集》卷九第 10 题诗注"丙戌八月十六日拜观于昆山王编修之半枝园"）。
冬十一月，张云章应李煦之邀至仪真盐所，为之撰文赋诗：
《御书修竹清风图记》(《朴村文集》卷十一)

按：文末标明"康熙四十五年十一月谨书于李公之仪真署中"。文中有云："以监察御史督理两淮盐课，俾与江宁织造曹公分年兼领，所以宠任之者至矣。御史虽曰巡视两淮，实所统辖跨四省三十六府之地，商纲亭户，赋敛出入，舟樯往来，飞符走驿，常在江湖数千里外。"由此可见，曹寅和李煦执掌盐务的职权范围是很广的。据康熙

1 《红楼梦新证》误认桃花泉在"真州使院"（见旧版第 313 页，新版第 438 页），黄进德《曹寅与两淮盐政》一文辨明桃花泉在扬州使院内，今遗迹尚存（见 1980 年第 2 期《南京师院学报》。

《仪征志》卷六记载，仪真盐所的正式称谓是“淮南批验盐引所”，在仪征城南二里的运河边上，是扬州盐署的派出机构，叫作“仪征察院署”，或称“真州使院”“淮南使院”。

《舞剑图歌》（《朴村诗集》卷三古诗）

按：此诗编次在卷三第16首，而第15首作于丙戌“初冬”，故定此诗作于本年冬，亦当写于李煦署中。

康熙四十六年（1707）丁亥

张云章在嘉定家中，其母于六月二十九日病逝（据《朴村文集》卷二十《先妣李孺人行述》）。李煦曾遣使慰问，并致唁函和奠仪。

按：李煦遣使吊唁事见张氏作于次年的《上大理李公》：“阁下念野人之失恃，辱遣使者，远赐吊赙，加之手札，以抚存之。”

康熙四十七年（1708）戊子

春夏之交，青黄不接，农村饥荒严重，张云章上书李煦，请他和曹寅主持救灾：

《上大理李公》（《朴村文集》卷四）

按：起句说："去年夏，阁下念野人之失恃。"考张母卒于去年六月，故知本文作于康熙四十七年。文中有云："闻阁下之与曹公，旧有赈粜之举，又与各宪分行赈给，民间已歌诵之矣。然养之二载，不可弃之一朝，尤望终惠，以存此穷黎，并为国家弭未然之患，阁下其裁之。"

曹寅和李煦等于本年五月中捐银二万两，买米平粜（据《曹家档案料》第 47 号）。

康熙五十年（1711）辛卯

曹寅 54 岁，李煦 58 岁，张云章 64 岁。

曹寅在扬州第四次轮值盐差，至十一月二十日期满（据《曹家档案史料》第 82 号），由李煦接任。

张云章于本年冬自苏州经无锡至扬州，第一次应邀面晤曹寅，相见甚欢（据《祭曹荔轩通政文》"吾始谒公，辛卯之冬"），并有诗呈曹、李：

《为大理李公题碧梧翠竹图》（《朴村诗集》卷十律诗）

《题曹银台荔轩集后》（《朴村诗集》卷十律诗）

按：这二首诗编次在卷十第 23、24 首，而第 1 首标明"辛卯春正"，以下依时序编次，第 16 首"初冬登虎丘"（苏州），第 19 首《题惠山秦氏园》（无锡），第 22 首《盐道李公绎山招饮》（扬州），故知此二诗系本年冬抵扬后所作。张氏应邀到扬州曹幕的情况，见前文，此处不赘。

冬十一月，张云章游览曹寅寄寓之东园，并为作记：
《扬州东园记》(《朴村文集》卷十一)

按：文末标明“康熙五十年十一月张云章书”。据嘉庆《江都县续志》卷五记载：“东园，乔国桢辟，在城外东南六里，亭馆竹树皆极位置之工。曹通政寅巡视淮鹾时驻节仪征，至郡，必假寓之，遍为题咏。”据王士祯《东园记》，此园建于康熙四十九年。新版《红楼梦新证》520页误认“乔豫筑东园”，其实，乔豫在康熙三十八年已死，此乃其长子乔国桢（逸斋）所造。

十一月初一日，曹寅有“料理文册事竣即将入觐”的奏折，十一月二十日又有“视鹾期满查无举劾之员”的题本（据《曹家档案史料》第80、82号）。正当曹寅即将入都之时，喜从京中传来佳音，家报得孙，张云章特献诗祝颂致贺：
《闻曹荔轩银台得孙却寄兼送入都》(《朴村诗集》卷十律诗)

按：此诗编次在卷十第26首，而第24首《题曹银台荔轩集后》系辛卯之冬在扬州所作，第27首，《渡江寄沧州使君》引言说“十二月三日自瓜洲凌晨渡江”，可见张氏在曹寅启程进京后也即动身南渡回家，则此诗当作于康熙五十年十一月二十日与十二月三日之间。

康熙五十一年（1712）壬辰

曹寅55岁，李煦59岁，张云章65岁。

曹寅在北京宫中，正月二十九日随驾入侍鹿苑，二月初十日离京南归（据《楝亭诗钞》卷八第 6 首题诗）。

张云章于本年春三月在苏州游洞庭西山，三月初七日回嘉定家中，约在五月中应曹寅之邀到南京考订文史，为江宁织造府之座上客，曾有诗纪事：

《曹银台西堂张画竹三幅余为作歌》（《朴村诗集》卷四古诗）

《奉陪曹公月夜坐柳下赋呈》（《朴村诗集》卷四古诗）

按：诗集卷四第 7 首的编年时序是“壬辰上巳”，内容是写洞庭西山的“查山别业”。第 11 首记三月初七日自苏州回嘉定，“三月初八日次男初举一孙”。第 12、13 首即上列赋呈曹寅的这二首诗，而据诗集卷十第 31 首所记，本年六月初张氏已回到苏州，可知他在南京作客约在本年五月中。至于张氏在江宁织造府的情况，见前文的考述。又《奉陪曹公月夜坐柳下赋呈》一诗注说：“公以柳山自号。”由此得知曹寅别号柳山。

张云章本年六月中在苏州，曾用曹寅诗韵赋诗一首：

《周确斋属题画扇次曹银台韵》（《朴村诗集》卷十律诗）

按：此诗编次在卷四第 34 首，而第 31 首是本年六月三日在苏州所作，故知此诗为同时期作品。据《朴村文集》卷十二《题周确斋小影》说“确斋以余最契”，得知他俩乃是知交。

曹寅在本年六月十六日自南京到扬州书局料理刻工，于七月初一日感受风寒，至七月二十三日逝世（据《李煦奏折》第148、150号）。

张氏在家中遽闻凶讯，涕泪淋浪，感伤之极，作祭文一篇：

《祭曹荔轩通政文》（《朴村文集》卷十八）

按：张氏本想亲往吊唁，但苦无旅资，未能成行（据《朴村文集》卷六《与沧洲先生》）。

康熙五十二年（1713）癸巳

李煦60岁，张云章66岁。

曹寅死后，亲子曹颙奉旨继任江宁织造，于本年二月初二日在南京视事（据《曹家档案史料》第98、99号）。

李煦在扬州巡视盐课，适逢六秩寿诞，张云章有诗祝颂：

《大理李公六十初度祝词》（《朴村诗集》卷十一律诗）

康熙五十三年（1714）甲午

张云章编定《朴村集》付刻，卷首有苏州知府陈鹏年写于康熙四十九年的序文；又有“自序”和“自叙”，均作于本年十月。

按：张氏生于清世祖顺治五年，卒于清世宗雍正四年，终年七十九岁。

张云章“贺曹寅得孙诗”考辨

经过上述的比勘研究，我特别注意到《朴村诗集》卷十的七言律诗《闻曹荔轩银台得孙却寄兼送入都》（以下简称“贺曹寅得孙诗”或“得孙诗”）：

> 天上惊传降石麟（时令子在京师，以充闻信至），先生谒帝戒兹辰。俶装继相萧为侣，取印提戈彬作伦。书带小同开叶细，凤毛灵运出池新。归时汤饼应招我，祖砚传看入座宾。

前已探明，这首诗是张云章于康熙五十年十一月底在扬州时所写，是现存史料中提及“曹寅得孙”的最明确的记载，其重要性是显而易见的。那么，曹寅的这个孙子何在呢？

首先发现此诗的周汝昌先生在《红楼梦新证》中指出，这是“令子”曹颙所生，但周先生认为：

> 五十四年颙故，頫折云：“奴才之嫂马氏（颙室），因现怀妊孕，已及七月……将来倘幸而生男，则奴才之兄嗣有在矣。”据此知本年所生者旋即夭殇又无疑（引自 1953 年旧版《新证》第 384 页，另见 1976 年新版本第 51 页和第 504 页）。

由于周先生给曹寅的这个孙儿下了早死的判词，因此大家就不再问津了。然而，美国威斯康星大学的赵冈教授却对此质疑[1]，他在1975年出版的《红楼梦研究新编》中指出，这个孙儿没有死，因为李煦在康熙五十四年的奏折中有“养赡孤寡”之语。不过，曹頫的奏折与李煦的言辞有矛盾，这怎么解释呢？赵先生自己也提问说：“曹颙既有子，为什么后来还要让曹頫过继承祧？”赵先生研究的结果是：康熙五十年所生的是个女孩而不是男孩，所以不能承嗣，这个女孩便是脂砚斋的姐姐（脂批中曾一再提及抚育他的“先姐”）。赵先生认为，马氏所生的曹颙遗腹子是曹天祐，即脂砚斋，而张诗末句“祖砚传看入座宾”的祖砚，正是“脂砚”（1976年版《新证》第800页对“祖砚”即“脂砚”作了反驳）。

这项争论发人深思。我赞成赵冈先生的第一个意见（“得孙诗”中的婴儿没有死），但不同意赵先生的第二个意见（所生婴儿是女孩）。这里，仅就与张诗有关的两点谈谈我个人的看法。

关于第一点，赵先生在《红楼梦研究新编》中只笼统地提了李煦的说法，没有具体列举条目。为此，我查了中华书局1976年出版的《李煦奏折》，实有两次说了“养赡孤寡”的话。康熙五十四年正月十八日《安排曹颙后事折》说：

> 特命将曹頫承继袭职，以养赡孤寡，保全身家。

同年三月初十日《宣示曹頫承继宗祧袭职织造折》又说：“特命曹頫继宗祧，袭职织造，得以养赡孤寡，保全身家。”所谓“孤寡”，就是指“孤儿寡妇”，这有力地说明了曹颙死后确有“孤儿”留下

1　赵冈教授在1980年元旦前后来南京大学访问时，曾与笔者晤谈红学问题。本文所引他的论点，见其与夫人陈钟毅教授合著的《红楼梦研究新编》第127、128、132、134页（台北联经出版事业公司1975年出版）。

的，则张云章“贺曹寅得孙诗”中的婴孩并未夭折，至康熙五十四年时正当五岁，这样的幼儿不仅无法肩挑家政重担，而且有待抚育培养，所以急需另外挑选曹頫过继袭职，以担当“养赡孤寡，保全身家”的重任。因此，赵先生提出“曹顒既有子，为什么还要让曹頫过继”的问题也就迎刃而解，根本不必把“孤儿”当作女孩。

这里尚需辨明一个疑问，那是美国耶鲁大学的余英时教授提出的。他在1978年出版的论集《红楼梦的两个世界》中反驳了赵冈教授的论点（见台北联经出版事业公司本第94页），他指出，曹頫折中言其嫂马氏有孕，虽然尚未出世，“但已在母腹”，所以李煦奏折说的“养赡孤寡”也可能是指马氏腹中的“孤”，而不一定是“得孙诗”中的“孤”。——我认为余先生的反驳尚欠有力，难以成立。因为李煦奏折是在曹頫奏折之前（李折是正月十八日，曹折是三月初七日），他向皇帝陈辞不能凭空立言。李折所言应指现实生活中已经存在的“孤”，绝不能向壁虚造，把尚未出生的人拉出来充数。所以我仍然同意赵冈先生的论点，认为“得孙诗”中的孙子没有夭殇，确是李折中所指的“孤”。

关于第二点，赵先生推断那个孤儿是女孩，这是不对的。因为张云章的诗题很明确，而且诗中全是用的得子得孙的典故，完全可以肯定是男孩无疑。鉴于周著《新证》和赵著《新编》都没有对此诗作出具体的解析，所以我这里有必要逐句进行诠释，以便获得正确的理解和判断：

（一）“天上惊传降石麟”出典于《南史》卷六十二《徐陵传》：“母臧氏，尝梦五色云化为凤，集左肩上，已而诞陵。年数岁，家人携以候沙门释宝志，宝志摩其顶曰：‘天上石麒麟也！’”

（二）“时令子在京师，以充闾信至。”这是张云章自加的诗注，“令子”是对曹寅亲子曹顒（连生）的敬称。据康熙四十八年二月初八日曹寅的奏折称："臣有一子，今年即令上京当差。"故知此后数年中曹颙确在京师。又据康熙五十一年九月初四日曹连生奏折自称"奴才年当弱冠"，按《礼记·曲礼》，弱冠是 20 岁，则康熙五十年曹颙生子时是 19 岁[1]。"以充闾信至"是指曹颙派人把生了儿子的喜信送来了。"充闾"（光大门闾）是贺人生子的典故，语出《晋书》卷四十《贾充传》："父逵，魏豫州刺史，阳里亭侯。逵晚始生充，言后当有充闾之庆，故以为名字焉。"

（三）"先生谒帝戒兹辰。"前文据《曹家档案史料》考出，曹寅于康熙五十年十一月底进京述职，张诗题目"兼送入都"正是送行之意。"戒兹辰"，指今朝戒途登程。

（四）"俶装继相萧为侣，取印提戈彬作伦。"这一联采用曹家祖先的两个典故，对照甚妙。上句称颂曹寅的功业，可以和汉初继萧何为相的曹参相比；下句预祝新得的孙儿将如宋初曹彬一样志向远大（康熙《上元县志·曹玺传》记载，曹彬是其祖先）。"俶装"，语出张衡《思玄赋》"简元辰而俶装"，即清晨整装待发之意。"取印提戈"的典故见《宋史》卷二百五十八《曹彬传》："彬始生周岁，父母以百玩之具罗于席，观其所取。彬左手持干戈，右手取俎豆，斯须取一印，他无所视，人皆异之。"这曾成为封建贵族家庭望子成龙的典范，但曹雪芹在《红楼梦》第二回写宝玉周岁时，却与此大唱反调："政老爷试他将来的志向，便将世上所有的东西摆了无数叫他抓，谁知他一概不取，伸手只把些脂粉钗环抓来玩弄，那政老爷便不喜欢。"

（五）"书带小同开叶细，凤毛灵运出池新。"这一联对仗极

1　见《曹家档案史料》第 92 号《曹寅之子连生奏曹寅故后情形折》，据此知康熙五十一年时曹颙是 20 岁，则其生年是康熙三十二年，康熙五十四年死时是 23 岁，这可以纠正《红横梦新证》（增订本）第 504 页推算曹颙年龄之误。

工，引用的两个“得孙”典故也很有意思。上句用经学家郑玄和孙子郑小同的故事，下句用文学家谢灵运之孙谢超宗的故事。据《后汉书》卷三十五《郑玄传》：“玄唯有一子益恩，孔融在北海，举为孝廉，及融为黄巾所围，益恩赴难陨身，有遗腹子，玄以其手文似己，名之曰小同。”晋伏琛《三齐略记》叙郑玄居住的山下，“草为薤，叶长尺余，坚韧异常，土人呼之为康成书带草”。按：郑玄字康成，书带草今称沿阶草。又，《宋书》卷六十七《谢灵运传》：“灵运子凤，早卒。凤子超宗……好学有文辞，盛得名誉。……帝大嗟赏，谓谢庄曰：‘超宗殊有凤毛，灵运复出。’”谢灵运《登池上楼》诗有“池塘生春草”的名句，故张诗说：“凤毛灵运出池新。”

（六）“归时汤饼应招我，祖砚传看入座宾。”这是遥祝曹寅从京中带回孙儿举行周岁宴会，张氏希望自己能躬逢其盛，并在席间能看到曹寅的宝砚传给孙子一代。可惜不到一年曹寅就死了，这盛会终成泡影。按：古时庆贺小儿周岁称为“汤饼会”，语出《新唐书》卷七十六《玄宗皇后王氏传》：“陛下独不念阿忠脱紫半臂易斗面，为生日汤饼邪！”至于“祖砚”的意思，则是用文房四宝之一喻指诗礼传家，祝颂祖辈的文化传统将在孙子一代发扬光大。“祖砚”也是一个典故，据《晋书》卷九十四《隐逸列传》记范乔事迹说：“乔字伯孙，年二岁时，祖馨临终抚乔首曰：‘恨不见汝成人！’因以所用砚与之。至五岁，祖母以告乔，乔便执砚涕泣。”后世即以“祖砚”作为典故，喻指文化传统（如同佛家“衣钵相传”之意）。张云章《朴村集》中另有二篇贺人得孙的诗文，也用了这个词。所以赵冈先生把“祖砚”当成“脂砚斋”的“脂砚”是不对的。

综观上述的诗句解析，张云章“贺曹寅得孙诗”的内容非常重要，其含义十分清楚，这是一个孙男，毫无含糊之处，不容置疑，所以赵冈先生推之为孙女的论断是完全不能成立的。当然，《曹家档案史料》中确实存在着互相矛盾的记载，除了曹頫奏折与李煦的说法有抵触外，还出现曹寅另有一子曹颀的事情[1]。对于这些矛盾的记事，我认为应该进一步调查研究，既不能贸然判定“得孙诗”中的孙儿已死，也不能为了解决矛盾就把孙儿说成是孙女。

通过以上的考辨，我确认“得孙诗”中的孙儿是存在的。那么，曹寅这个生于康熙五十年的长孙是谁呢？我认为可能就是《红楼梦》的作者曹雪芹。考敦诚《寄怀曹雪芹》“扬州旧梦久已觉”诗注说：“雪芹曾随其先祖寅织造之任。”从前，袁枚在《随园诗话》中说雪芹是曹寅之子，但自从发现了敦诚《四松堂集》的这首诗以后，红学家便一致肯定雪芹是曹寅的孙子。然而，从胡适《跋红楼梦考证》到周著《红楼梦新证》，又偏要否定“曾随其先祖寅织造之任”这一点。《新证》认为雪芹生于雍正二年，根本接不上曹寅的时代。可是，我这里却要提出商榷，因为张云章“贺曹寅得孙诗”的含义既已逐句探明，那就证明了敦诚诗注“雪芹曾随其先祖寅织造之任”是不错的。“得孙诗”说“归时汤饼应招我”，曹寅进京述职后，是把曹颙家小带回南京的，据康熙五十一年九月初四日曹颙（连生）奏折说[2]：

奴才年当弱冠，正犬马效力之秋，又蒙皇恩怜念先臣

1 见《曹家档案史料》第126号《署内务府总管马齐奏请补放茶房总领折》中有“曹寅之子茶上人曹颀”之句。但第93号曹颙奏折中称曹颀为“堂兄”。

2 见《曹家档案史料》第92号《曹寅之子连生奏曹寅故后情形折》，据此知康熙五十一年时曹颙是20岁，则其生年是康熙三十二年，康熙五十四年死时是23岁，这可以纠正《红楼梦新证》（增订本）第504页推算曹颙年龄之误。

> 止生奴才一人，俾携任所教养，岂意父子聚首之余，即有死生永别之惨，乃得送终视殓者，皆出圣主之赐也。

“正犬马效力”是曹颙自指在京当差，“俾携任所”则是指康熙让曹寅把他带回江宁织造任所。曹颙既然南归，那新生的孩子也定然是跟着曹寅一起回南京的。所以“雪芹曾随其先祖寅织造之任”的记载是确实的。这两相印证，“得孙诗”中的孙子就是曹雪芹，他于康熙五十年十一月初在北京出生，康熙五十一年春随曹寅到南京，至雍正五年十二月家破时已 17 岁。他不仅经历过曹家的盛世，而且对贵族家庭的败落是亲眼看见的，有切身的体会，这就符合“秦淮风月忆繁华”和“扬州旧梦久已觉”的情况，才使他能写出《红楼梦》这样活生生的现实主义杰作。当然，我的这项推断跟“四十年华付杳冥”和“年未五旬而卒”的记载又会发生冲突。据甲戌本和夕葵书屋本《石头记》第一回脂批：“壬午除夕，芹为泪尽而逝。”知雪芹卒于乾隆二十七年，如按“得孙诗”生于康熙五十年，则雪芹终年为 52 岁，这跟 40 岁或 48 岁的说法都有抵触。因此，这个问题有待于进一步讨论。我认为，过去说曹雪芹是曹頫之子，是胡適在《红楼梦考证》中以“自传说”比附得来的一个假设，至今尚未找到任何史料根据，而 40 岁和 48 岁的两种说法又矛盾重重，大有可以争鸣的余地。至于假定雪芹是曹颙之妻马氏所生的遗腹子，那也很渺茫，因为马氏后来是否分娩顺产，究竟生的是男还是女，都毫无消息。所以只有张云章这首诗是明确记载曹寅得孙的。我便据此提出“曹雪芹生于康熙五十年，是曹颙之子”的观点，以便跟大家作一些新的探讨。

小 结

综上所述，《朴村集》对研究曹雪芹的家世是有参考价值的，它忠实地记载了曹寅晚年的一些活动事迹，反映了康熙年间江南的吏治民情。据上海黄裳先生家藏《朴村集》的题识说：

> 此集入禁网，清吴氏小残卷斋藏传抄军机处奏进《全毁书目》，此本在第十次奏进折中，其案语云："查《朴村集》系张云章撰，书中诗句有干碍处，应请销毁。"流传甚罕，直是故耳。

可见在清代文字狱的阵阵恶浪中，《朴村集》竟遭到了禁毁的厄运。按军机处始办于雍正七年，至雍正十年正式成立，封建统治阶级指责"书中诗句有干碍处"，未知是否与张氏颂扬曹、李有关，因为雍正五年李煦被定为"奸党"而充军，曹頫也被抄家查办，这恐怕是《朴村集》后来被禁的原因之一。

首先发现《朴村诗集》并引录其中有关曹寅的材料的，是周汝昌先生及其《红楼梦新证》。我受了《新证》的启发，进而研读《朴村文集》，探明了张云章和曹寅的关系，在《新证》的基础上重新做了诗文系年的工作，勾稽出曹家的有关史实。我认为值得重视的是：

第一，《祭曹荔轩通政文》反映了张云章应曹寅之邀游幕于扬州和南京的情况。尽管他俩的直接交往是从康熙五十年十一月才开始，但彼此一见如故，私人的交情很好。张氏入曹幕能登堂入室，与曹寅生活在一起，并与闻家事。他以布衣的身份得到曹寅的礼遇，衷心感激，认为是"平生知己"。所以他写的这篇祭文充满了感情色彩，深刻地描绘了曹寅礼贤下士的风貌。

第二，从《朴村集》中还可以看出，曹寅确是康熙皇帝的亲信。如《赠曹鹾使子清》说："帝重东南简使臣，碧幢红旆转江津。裁成云雾天章焕，控制河淮国赋均。"《祭曹荔轩通政文》也说："惟帝曰作朕股肱耳目，岂徒南国之力臣。"而《题仪真察院楼呈鹾使曹李二公》中"呼吸会能通帝座"的诗句，更是生动形象地概括了曹寅和康熙的关系。

第三，《闻曹荔轩银台得孙却寄兼送入都》是特别重要的一首诗，我研究《朴村集》的最终目的，就是探索曹寅的这个长孙究竟是谁。根据现有的材料来考究，我认为这可能就是《红楼梦》的作者曹雪芹。当然，各项材料之间还存在矛盾抵触，但愿大家共同努力，进一步调查研究，希望今后能有新的论据和新的结果。

原载上海古籍出版社 1982 年版《红楼梦研究集刊》第 6 辑

曹学小札

曹雪芹的生父究竟是谁?

《红楼梦》是中国文学史上最优秀的长篇章回小说，是中华民族传统文化的结晶和瑰宝。可是，创造这瑰宝的作者曹雪芹，由于他背叛贵族家庭，抨击封建制度，因而被封建统治阶级所遗弃，流落荒郊，贫病而死，以至于有关他的生平事迹，竟没有留下多少具体的记载。“五四”以来，经过许多专家的探索考证，陆续发现了一些曹雪芹的家世资料，但雪芹的生父、生年、卒年都难于定论，成了三大悬案!

雪芹的生父究竟是谁呢?一说是曹頫，一说是曹颙，这至今仍是存在争议的问题。

胡適在《红楼梦考证》中曾指出《随园诗话》卷二说雪芹为曹寅之子是误传，他引用杨钟羲《雪桥诗话续集》卷六的记载，证明曹雪芹名霑，是曹寅的孙子。1922 年 4 月，胡適获得了雪芹友人敦诚的写本《四松堂集》，其中《寄怀曹雪芹》“扬州旧梦久已觉”诗注云:“雪芹曾随其先祖寅织造之任。”据此，江宁织造曹寅是雪芹祖父的论断得到了证实。

曹寅（1658—1712），字子清，号荔轩，又号楝亭。其母孙氏是康熙帝玄烨幼年的保姆，所以曹家深得玄烨的信任。康熙二年（1663），玄烨就特派曹寅之父曹玺到南京，督理江宁织造，专差久任，世袭其职。曹玺死后，曹寅在康熙三十一年（1692）继任。曹寅在康熙五十一年病故死后，由其子曹颙继任。曹颙在康熙五十三年（1714）病亡后，玄烨指定寅弟曹荃（原名曹宣）第四子曹頫过继在曹寅寡妻名下，作为曹寅次子而袭职。那么，雪芹是曹颙之子还是曹頫之子呢？胡適在《红楼梦考证》中曾经作了一个大胆的假设，但他不是从史料中作出推论的，而是把《红楼梦》作为雪芹的自叙传，把贾宝玉看成是曹雪芹。因宝玉是贾母史太君第二子贾政之子，而曹頫正好是曹寅遗孀的第二子，于是，他就把雪芹说成是曹頫之子。胡適把贾府的世系和曹家的世系两相比附，完全等同，他的结论是："我们可以认为贾政即是曹頫；因此，贾宝玉即是曹雪芹，即是曹頫之子。"胡適的这种推测，曾一度为学界所接受。俞平伯、周汝昌等都认同了。但胡適以小说的描述作为考证的根据是不科学的，经不起质询和推敲。

1955 年 7 月 3 日，《光明日报》发表了王利器的《重新考虑曹雪芹的生平》。文中提出了新的论据和论点，认为曹雪芹是曹颙的遗腹子，生于康熙五十四年（1715）。王利器引证了曹頫在康熙五十四年三月初七日的奏折，奏折中说："奴才之嫂马氏，因现怀妊孕，已及七月，恐长途劳顿，未得北上奔丧，将来倘幸而生男，则奴才之兄嗣有在矣。"因此，王氏便认为这个遗腹子可能就是曹雪芹。他后来又写了《马氏遗腹子・曹天祐・曹霑》一文，进一步申述说：

雪芹之母马氏，于"恐长途劳顿，未北上奔（其夫颙

之）丧”之后，不久，即生曹雪芹于江宁；雪芹出生后，仍随其叔曹頫于江宁织造之任。（见《红楼梦学刊》1980年第4辑）

王氏此说得到了一部分红学研究者的首肯，但其不足之处在于这也只是一种假设，同样缺乏实证。因为马氏后来是否分娩顺产、究竟生的是男还是女，以后的文献记载中都毫无消息。而且据张云章《闻曹荔轩银台得孙却寄兼送入都》诗中显示，曹颙在康熙五十年（1711）十一月已得一子，是为曹寅之长孙；如果这个曹颙之子就是雪芹，则不必说雪芹是康熙五十四年出生的遗腹子。另外，即使承认雪芹是曹颙的儿子，也还有一个矛盾很难解决，那就是乾隆九年序刻本《八旗满洲氏族通谱》卷七十四和同治年间《五庆堂重修辽东曹氏宗谱》第四房所列名单中，在曹颙名下都列有“现任州同”的曹天祐（《宗谱》作“佑”）。两个谱上都说明曹颙确是有儿子的，但不叫曹雪芹，而名为曹天祐（佑）。刘梦溪在《红学·拥挤的红学世界》（1990年文化艺术出版社出版）中指出，要解决这个矛盾，就必须证明曹天祐和曹雪芹是一个人。雪芹名曹霑，与曹天祐在名字上不无关合之处，王利器即举出《诗经·小雅·谷风·信南山》“上天同云，雨雪雰雰，益之以霡霂，既优既渥，既霑既足，生我为谷……曾孙寿考，受天之祐”，证明两者“义取相应”。但大部分《诗经》版本此诗的“祐”字都作“祜”，郑玄笺也说：“祜，福也。”只有“明监本”“毛本”“闽本”的“祜”误作“祐”。因此还须证明曹家人看到的《诗经》只能是作“祐”的本子，真是麻烦之至。而且《五庆堂重修辽东曹氏宗谱》列曹天祐为十五世，注明“颙子，官州同”。如果曹雪芹即曹天祐（佑）能够“官州同”，他怎么会流落到北京西山“举家食粥”贫病而死呢？显然，王利器的这个说法也有待补证。

总之，曹雪芹究竟是谁的儿子，尚需进一步探考。当前也有人避开南京曹家，另作标新立异之谈，但缺乏逻辑性，不足为据。

我在收入本书的论文《〈朴村集〉所反映的曹家事迹——兼考曹雪芹的生年和生父》中据张云章“贺曹寅得孙诗”考证，证见曹雪芹生于康熙五十年（1711），生父是曹颙。

号称“芹溪居士”的另一人

曹雪芹的名字别号，据其友人张宜泉《春柳堂诗稿·题芹溪居士》诗注说：“姓曹名霑，字梦阮，号芹溪居士。”但清代康熙初年传奇戏《天宝曲史》稿本的署名竟题为：“苏门啸侣填词，芹溪居士校订。”此本现藏北京图书馆，《古本戏曲丛刊》三集已予影印（1957年文学古籍刊行社出版）。剧本共二卷28出，演述唐明皇与梅妃、杨妃的故事。卷首有康熙十年（1671）作者孙郁的自序，知其籍属魏博（河北大名），自号雪崖主人，居室题为漱玉堂，因慕阮籍、孙登在苏门山仰天长啸之襟怀，乃别署“苏门啸侣”。考其生平事迹，获悉他在康熙三年（1664）考取进士，康熙十二年任桐乡知县，工诗文戏曲，曾创作了南曲剧本《绣帏灯》《双鱼佩》《天宝曲史》，合称《漱玉堂三种传奇》。至于为《天宝曲史》校订曲律的芹溪居士，则毫无记载可寻。如果以此与乾隆年间创作《红楼梦》的曹雪芹相比，则时代差距甚大，两不相涉。古来同名者颇多，如明末清初苏州戏曲家李玉亦曾别署“苏门啸侣”，孙郁与之重号。这康熙中的“芹溪居士”当然不是曹雪芹，而是另一文人。

曹寅与画家石涛的关系

曹雪芹从小生活在富有文学美术气氛的家庭里，这对他的文化素养是有决定性的影响的。周汝昌在《红楼梦新证》中曾勾勒曹家的美术环境，记其祖父曹寅于康熙三十八年春在京为博尔都所藏石涛《百美图》题写跋语，并指出“石涛久居扬州，疑与寅亦有交游”。但周氏未暇进一步探究，存疑待考。我如今读了张光福《中国美术史·四大高僧与金陵八家》和郑拙庐《石涛研究》等书，理出其交游历程如下：

石涛是封于桂林的明宗室靖江王的后裔，生于明崇祯三年（1630），姓朱，名若极，又名道济，字石涛，有大涤子和苦瓜和尚等十多个别号。他早年生活在桂林、全州、梧州一带，明亡后游历全国各地，成为“借古开今”的山水画大家，与弘仁、髡残、八大山人齐名，是“四僧”中成就最著者。清康熙十九年至二十六年，他寓居南京，在长干里一枝寺住持八年之久。康熙二十三年十一月，玄烨第一次南巡抵达江宁后，他曾在长干里接驾。康熙二十八年春玄烨第二次南巡到扬州，他在平山堂接驾，得到皇上传见，作有七律纪事诗二首。当时辅国将军博尔都随驾至扬，得以与石涛结识并求画，这就是《百美图》的来历（见博尔都《百美图·小识》）。后来，石涛曾云游北京等地，晚年南归，从康熙三十一年（1692）秋开始，一直定居在扬州。这期间，曹寅正任江宁织造，并从康熙四十三年（1704）起兼理两淮盐政，所以与石涛有直接的交往。最明确的证据是：石涛在扬州画《对牛弹琴图》，曹寅是在画上题诗的第一人（原图现藏故宫博物院，天津人民美术出版社1976年版《石涛书画全集》已予影印，题诗收录在曹寅《楝亭诗钞》卷五：《题朱赤霞画对牛弹琴图》），而卷末石涛自和诗中，有专题“和曹”的一首；另外，石涛的《蓬莱仙境图》也有曹寅的题跋，足证他俩的关系是密切的。

曹家曲师朱音仙

《红楼梦》中描写的家庭戏班是有其生活基础的。早在康熙三十年前后，曹寅在苏州就自备家班，演出了自编的《北红拂记》；到南京继任江宁织造后，其家庭昆班的演艺活动更加兴盛。张大受《赠曹荔轩司农》诗云：“有时自傅粉，拍袒舞纵横。”可见曹寅曾粉墨登场，亲自参与演出。康熙四十三年（1704）暮春，曹寅让家班大演《长生殿》，邀约剧作者洪昇和南北名士共同观摩，凡三昼夜始毕（事载金埴《巾箱说》）。他又连续创作了《续琵琶》《虎口余生》《太平乐事》等剧本，自编自导。据《太平乐事》第九出批语说：“宾白半出曲师王景文。”可知曹家不仅蓄养优伶，而且还聘请曲师进行教习。有案可查的除王景文外，还有名家朱音仙。

曹寅《楝亭词钞·念奴娇》序云：“题赠曲师朱音仙，朱老乃前朝阮司马进御梨园。”经查考，朱音仙早年是阮大铖家班的昆曲名伶，曾被推举进宫，为南明弘光皇帝供奉演剧。龚鼎孳《定山堂诗集》卷三十六《口号四绝赠朱音仙》的题注也指出“为阮怀宁歌者”。又据顾启《冒襄研究》（江苏文艺出版社1993年出版）探考，朱音仙在明亡后流落到如皋，被聘为冒辟疆家班的教师。盖因崇祯十五年（1642）中秋日，冒辟疆带了董小宛曾在秦淮河亭看过阮氏家班演出《燕子笺》，他一方面痛恨阮大铖之为人，一方面赞赏阮家艺人的演技，与伶工曲师有交往。所以明亡后冒家收留朱音仙是可以理解的。清康熙十八年（1679）秋，内阁学士韩菼到如皋水绘园访冒，辟疆命家班演出李玉的《清忠谱》传奇，在场的佘仪曾写了长诗《往昔行》记其事，冒襄在诗后有跋语说："怀宁（指阮大铖）坠马死于仙霞岭已三十年矣，伊昔伶人复为吾家主讴。"（见《同人集》卷九）可见阮氏家中包括朱音仙在内的一批伶工都投奔冒家了。康熙三十二年（1693）十二月初五日，冒襄以 83 岁的高龄病逝，韩菼《挽如皋冒征君巢民》六章之五云："善才不死轻投迹，贺老犹存久擅场。"自注说："贺老，谓朱音仙。"这明确地点出了朱音仙在冒家的史实。韩菼是苏州人，与曹寅深有交谊，曾为《楝亭图》题跋。从韩诗中可以证明，朱音仙从如皋回到南京受聘为曹家的曲师，当在康熙三十二年冒襄逝世以后。这时候，朱音仙年事已高，所以曹寅《念奴娇》词称之为"白头朱老"，又说他"当场搬演，汤家残梦偏好"。可知朱音仙擅长演唱汤显祖的"临川四梦"，《牡丹亭》是他擅演的拿手戏。

又发现五种曹楝亭藏书

曹寅的藏书十分丰富，曾亲自编集《楝亭书目》四卷（有《辽海从书》本），凡 3287 种，曹家败落后，先归寅之外甥昌龄（昌龄字谨斋，是曹寅妹夫富察氏傅鼐之长子，原籍满洲长白，官编修），乾、嘉以后，逐渐流散于南北各地。《红楼梦新证 · 史事稽年》于康熙四十八年条下著录了楝亭所藏余怀稿本《玉琴斋词》，此书流入杭州丁氏八千卷楼，光绪三十三年（1907）售予江南图书馆，今藏南京图书馆古籍部。

又，雷梦水《琉璃厂掌故拾零》（《中国典籍与文化》1992 年第 3 期）记载北京书肆曾收得楝亭藏书多种，如南宋楼钥《攻媿先生文集》102卷，系宋刻本，今藏于北京大学图书馆。还有南宋陈仁子《牧莱脞语》20卷，《二稿》8卷，系影元钞本，钤有“曹楝亭”印记，原为山东临清州徐梧生收藏，1927年流入京中琉璃厂，后为天津藏书家周叔弢购去。而傅增湘《藏园群书经眼录》卷十三著录北宋朱长文《吴郡乐圃朱先生余稿》10卷，附编1卷，亦标明为楝亭藏书。还有王者悦见藏的《集验良方》6卷，首卷《养生篇》，也钤有“楝亭曹氏藏书”的篆体朱文印章。

1996年1月5日，我在南京大学图书馆查阅训诂学方面的古籍，又发现楝亭藏书四种，都钤有曹氏印记。当即与《楝亭书目》比勘，均见载于《楝亭书目·经部经类附》的条目中，现列举如下：

《释名》，汉沛国刘熙序撰，八卷四册。

《尔雅翼》，宋新安罗愿著，三十二卷十四册。

《广雅》，魏张揖撰，隋曹宪音解，十卷二册。

《埤雅》，宋陆佃撰，二十卷十册。

以上均为明嘉靖中新安毕氏刊本。按：新安毕效钦辑刊的《五雅》，其中应有《尔雅》，但《楝亭书目》中著录的《尔雅》不是毕氏刊本。可知曹寅收藏的毕氏《五雅》原来就缺了第一种《尔雅》，所以书目中只开列了上述四种。而这四种在二十世纪二十年代全数为金陵大学购得，今藏南京大学图书馆善本部。这四雅分装四函，共三十册，我仔细察看了全书，见到每册首页都钤有“楝亭曹氏藏书”和“长白敷槎氏堇斋昌龄图书印”的篆体朱文印章，的的确确是曹家原物。

2005年12月中，南大图书馆史梅同志相告，馆内还藏有一部曹家的古书，曾经历过长沙叶德辉之手，流入书肆而为金陵大学中国文化研究所购得。我看到此书是北宋赵抃的《赵清献公文集》（《楝亭书目》卷四《宋人集》著录），明嘉靖四十一年（1562）汪旦刻本，十卷八册，也钤有“楝亭曹氏藏书”和“长白敷槎氏堇斋昌龄图书印”的篆体朱文印章，后加“叶氏德辉鉴藏”、“观古堂”以及“金陵大学中国文化研究所印”图章。可知此书曾流经《观古堂书目丛刻》和《书林清话》的撰著者叶德辉之手，最终为金陵大学购进，今归南大图书馆善本部收藏。

曹寅《重修二郎神庙碑》小考

曹寅《楝亭文钞·重修二郎神庙碑》云：

> 金陵织使署西南有二郎庙，康熙四十九年，守祠道士林中檠募葳成，以记请于余。阅其碑，则明正德间南礼部尚书江澜为守备傅太监重修作也。……秦太守李冰命其子凿离堆以避沫水之患，功为大，民祀之。……予自六龄侍先公宦游于此，迨今齿五十有三，岁时恒具香楮拜谒于庙。而江宁之士民，趋走祭献者无虚日。

文中有三点值得注意：（一）二郎庙近在江宁织造府西南边；（二）奉祀的二郎神是李冰之子；（三）曹寅自述于康熙二年 6 岁时随父亲曹玺来金陵，到写碑文的康熙四十九年（1710）已 53 岁，仍时常进二郎庙敬香。

考二郎神原是秦昭王时蜀郡郡守李冰的次子，助其父在灌口兴修水利，凿离堆，穿三江，灌溉良田，有功立庙。宋元以来，灌口二郎神成了戏曲小说中的神话人物，在民间广为传诵。宋官本杂剧中有《鹘打兔变二郎》等三本名目，金院本中有《迓鼓二郎》等二本名目。元代杂剧有《灌口二郎斩健蛟》《二郎神锁齐天大圣》等。元明戏剧小说中又各有演变，如《锁魔镜》杂剧写二郎神姓赵名昱，隋时在嘉州剑斩蛟龙；《封神演义》写二郎神姓杨名戬，封清源妙道真君；《西游记》和《宝莲灯》（写二郎神是沉香的舅舅）中也都夸称他法力无边。另外，从唐朝的教坊开始，“二郎神”成了乐曲名称；宋代歌词和元明南北曲都有《二郎神》的词牌和曲牌；因此，二郎神又成了戏神（李渔《比目鱼》）。

至于奉祀二郎水神的庙宇，除了四川本地外，全国各地都有，南京的始建于明太祖洪武年间，据明刊本《金陵玄观志》卷四记载，金陵城内的二郎庙“国初建，正德三年（1508）重修”，“基址六亩”，有山门、二郎殿和道院等建筑。又据乾隆《上元县志》卷十一《庙宇志》记载：“二郎庙在西华门大街巷内，祈祷灵验。”同治《上江两县志》卷二十七《图说》标出二郎庙在大行宫西侧延龄巷口，则其方位确与曹寅所记“织使署西南”相符。此庙属于道观性质，一直存在，1935 年正中书局出版的《首都志》卷八记二郎庙内办起了私立湖南旅京小学。1936 年商务印书馆出版的《金陵古迹名胜影集》第 143 图还收录了朱偰拍摄的二郎庙照片，过去的史迹有案可查（此庙现已拆除）。

《雪桥诗话续集》记曹寅逸事补证

自从胡适《红楼梦考证》和周汝昌《红楼梦新证》引用杨钟羲《雪桥诗话续集》的有关资料后，杨氏诗话便受到了学术界的重视。杨钟羲（1865—1940），字子琴，号雪桥，原籍辽阳，汉军正黄旗人，清光绪十五年（1889）乙丑科进士，入翰林院任编修，后历任江宁知府、淮安知府，辛亥革命后寓居上海。他博览群书，潜心文史著述，1912年春至1913年冬写出《雪桥诗话》初集12卷，1916年夏写成续集8卷，1919年春写成三集12卷，1922年冬写成余集8卷，均由吴兴刘承幹刻入《求恕斋丛书》中。现有北京古籍出版社的校点排印本，1989年排印了初集，1991年排印了续集。

《雪桥诗话续集》卷三有关曹寅的记事说：

> 织造府计吏刘必晖灿臣，有《芦渡诗钞》，荔轩亟赏之。句如“垂垂萝薜下，天地一茅屋”“鸟啼江树月初落，马迹板桥人已行”。

可知刘必晖是江宁织造府的计簿官吏（掌财务会计或人事登记之职），有诗才，得到了曹寅的赏识。查光绪三十年（1904）刊本陈作霖《金陵通传》卷二十八记载：

> 刘必晖字灿臣，上元人，居芦渡桥侧，故又号芦渡。少试为吏，诗才渊雅，织造曹寅亟赏之，著有《芦渡诗钞》。（瑞华馆刊本第126册，第13页）

这可以补证《雪桥诗话续集》中的记事，说明杨钟羲讲的话不是无根之谈，而是均有来历的。

记“曹砝”

我在《南京曹家史迹考察记》和《考释〈如我谈〉有关江宁织造曹寅的新资料》二文中，都谈了雨花台曹寅祠的情况，现在看到清道光元年（1821）刊本《金陵览胜诗考》，又发现一项新的资料。该书作者是上元人周宝偀，字月溪，书中卷八《曹公祠》记述说：

> 公讳寅，康熙间任江南织造。先是机户差累甚重，公为奏免，今民间所用“曹砝”，皆公新制。（杏村书屋刊本，第24页）

砝码是确定天平重量标准的衡器，曹寅为了保护机户的权益，铲除弊端，公平交易，特地监制了准确的砝码，受到士民的欢迎，获得了“曹砝”的美称。足见曹寅在江宁织造的任期内，确实做到了“恤商惠民”，“善政颇著”（康熙、乾隆《江都县志·曹寅传》）。《金陵览胜诗考·曹公祠》还有作者咏及“曹砝”的一首题诗：

> 职不司民事，恩遍及庶黎。
> 称量皆有则，清正总无私。
> 余泽诗歌在，遗碑德政垂。
> 南国拜公像，和蔼想生时。

这诗赞颂曹寅清正和蔼，虽然不是民政官，但却恩惠遍泽百姓；“曹砝”的称量公平，是德政善举之一。《如我谈》记载曹公祠内奉祀“曹寅之像”，此诗中“南国拜公像”之句便是明证。

清代遗存的“曹砝”铜砝码之一

原载黑龙江教育出版社 2009 年版《曹雪芹江南家世丛考》

端木蕻良为写《曹雪芹》特访金陵

1981 年 5 月上旬暮春时节，著名作家端木蕻良先生（1912—1996）为创作长篇历史小说《曹雪芹》，特地南下金陵，邀我导游，以便寻访南京的曹家遗迹。承蒙先生抬举，称许我为“西园护花人”！我陪他在钟山淮水之间跑了三天，领略了曹雪芹“秦淮风月忆繁华”的红楼梦境，曾在桨声灯影里考察了秦淮河房，又踏勘了随园随家仓等故址旧迹，甚至还体验了六朝烟水气的市井生涯。5 月 10 日临别之夜，先生当场填词一首相示，调寄《青玉案》，题为《寻曹雪芹旧踪》：

石头城下桃林驻，胭脂井，桃叶渡，门是汉西桐叶路。随园遗址，红楼一角，昨夜嫦娥舞。　雀金云锦织千度，山庄还罩寒塘雾，北鹞南鸢忽失处。这番来也，芹溪何在？江上青峰数！

事后，先生给上海作家协会魏绍昌同志的信中写到了这次金陵游历的感受说：“在实地考察时，随时随地，相与陪同，使我得到很多东西。如小仓山和随家仓的方位，以及沿革及香林寺的概况，都使我得到深刻的印象。对桃叶渡和秦淮河实地考察中，现存的河房及桃渡石级，都在新雷同志的指点下历历在目，表现出对我写《曹雪芹》的热切关怀。”[1]为此，端木先生回到北京“小白楼”寓邸后，专门墨书条幅，赠我七言律诗一首，诗云：

遍觅残红欲驻春，西园得遇护花人。
六朝香堕钟山老，二水潮生白石贫。
叶落随家随步冷，云封故井井苔新。
借君双桨横塘露，洗我南行燕市尘！

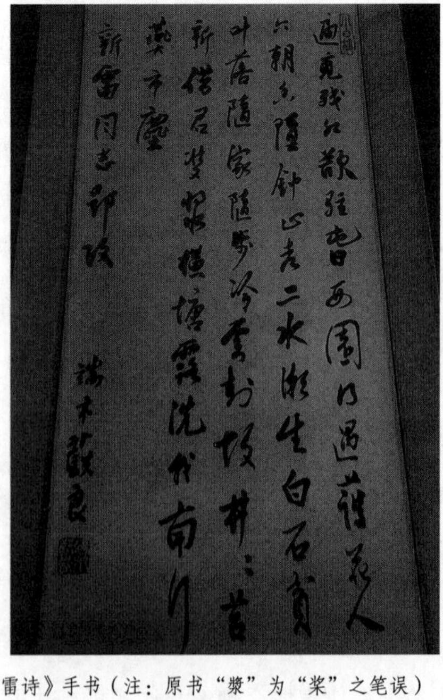

端木蕻良《赠新雷诗》手书（注：原书“槳”为“桨”之笔误）

1　王慧：《端木蕻良与〈红楼梦〉》，《红楼梦学刊》2020年第6辑，第149页。

那么，端木先生怎么会喜欢和我来往的呢？说来十分有趣！我初识先生是在1980年7月下旬，在哈尔滨松花江畔友谊宫成立中国《红楼梦》学会期间，我给先生的见面礼不是什么别的物品，而是唱起了他在重庆期间创作的抗战爱国名曲《嘉陵江上》，歌词是先生写的，由著名音乐家贺绿汀作曲，当时曾风传全国，我故乡江苏江阴农村贯庄小学的音乐老师教我们唱了《松花江上》以后，又教我们唱起了《嘉陵江上》！——我这么一说一唱，先生高兴极了！想不到他在重庆写的歌，竟传诵到远乡僻壤！想不到从异乡来的“泥腿子”，居然也能唱他的歌！这怎么不使他诧奇惊喜哩！所以先生在欣慰之余，对我特有好感，乐意与我结为“忘年交”！

先生早年曾肄业于清华大学历史系，文史功底深厚，所以在赠我的诗歌中灵活运用了一些典故。现将诗中三处涉及历史地理的出典解读如下。

（一）“二水潮生白石贫”

“二水”语出李白诗《登金陵凤凰台》。“白石贫”出典于东晋时建康有“白石陂”“白石垒”（见清人顾祖禹《读史方舆纪要》卷二十）[1]，乃濒临长江之军事要地。陶侃（陶渊明曾祖）带兵讨伐苏峻之乱时，以白石陂多白石，即以白石筑成战垒，一举平定叛军！至唐高祖武德九年（626）“改金陵为白下县”，所以南京又别称“白下”。诗中“白石贫”意指白石不见了（贫者少也，潮来没了），不

1 （清）顾祖禹：《读史方舆纪要》，《中国古代地理总志丛刊》，中华书局，2005年版，第940—941页。

会再以白石筑垒争战了，南京太平了！

（二）“随家随步冷”

清人明义《和随园自寿诗韵》十首之一说“随园旧址即红楼”，袁枚《随园诗话》声称“大观园者即余之随园也”，但经随步走访，当地仅空留“随家仓”地名罢了！至于乾隆时的江南第一名园，在历经沧桑之后，早已荡然无存、踪影冷落了！照理，这是袁枚的园林，应称袁家，然而，本地老百姓偏偏称为随家。诗中说叶落“随家”不是杜撰，是诗人亲自跑去踏勘，从民间得来的俗称。当地居民把随园中的仓库竟直白地叫作“随家仓”，谓予不信，现今南京市广州路西段仍有“随家仓”的地名牌子，可见证诗人之言不虚也。我曾据文献史料考证写了《随园与大观园的关系》一文，论证此地在康熙年间原是曹雪芹家的园圃。[1]

（三）“横塘”

非吴梅村《圆圆曲》中“横塘双桨去如飞”之苏州横塘。此横塘乃出典于左思《吴都赋》，是三国东吴时秦淮河南岸之堤名。[2]诗中

---

1 参见本书第 42 页。

2 （梁）萧统编、（唐）李善注《文选》卷五《吴都赋》：“横塘查下，邑屋隆夸；长干延属，飞甍舛互。”注云：“横塘在淮水南，近家渚，缘江筑长堤，谓之横塘。”按：赋中以横塘与长干对称，是因为横塘在内秦淮，长干在外秦淮，唐人崔颢《长干曲》云：“君家何处住，妾住在横塘；停船暂借问，或恐是同乡！”

"双桨横塘露"，乃喻意为"桨溅秦淮水，洗我燕市尘"是也！因我曾陪诗人乘上秦淮画舫游赏南岸的秦淮河房，所以诗人以文学象征笔法赋为"借君双桨横塘露，洗我南行燕市尘"，体现了深层次的诗情画意呵！

原载《中国古代小说戏剧研究》第十七辑

（学苑出版社 2022 年版）

| 卷六 |

曹雪芹评传

《红楼梦》是曹雪芹悲凉身世的血泪之作，甲戌本《脂砚斋重评石头记》“凡例”中曾说：“字字看来皆是血，十年辛苦不寻常！”戚序本第五十七回总批也说：“滴泪为墨，研血成字。”这都透露出曹雪芹是经历过坎坷不平和辛酸痛楚的遭遇的。但由于封建社会对这位天才作家的摧残埋没，有关他的生平事迹，没有留下多少具体的记载。这里只能根据一些零星的资料，探述他家由盛而衰的变迁轨迹，并结合其小说创作，评论他的文学成就。

一

曹雪芹出身于清朝初期的八旗世家，他曾祖曹玺、祖父曹寅、父亲曹颙、叔父曹頫，先后任江宁织造官达 58 年之久（家住江苏则历时 66 年），他是在贵族大家庭里成长起来的。

曹雪芹原名曹霑（约 1711—1763），号芹圃。“霑”是沾了天恩祖德的意思，语出汉代扬雄的《长杨赋》“仁霑而恩洽”。“芹圃”的含义是指雨霑恩泽沾溉园圃，语出《诗经 · 鲁颂 · 泮水》：

“思乐泮水，薄采其芹。”在科举时代，“入泮”“采芹”就是指望“学而优则仕”。但他长大后不喜欢这种俗套，便另外给自己起了“雪芹”这个雅号，语出苏轼《东坡八首》诗“泥芹有宿根”“雪芽何时动”，以及苏辙《同外孙文九新春五绝句》诗“园父初挑雪底芹”，这是象征洁白、耐寒的高尚情操，反映了他不同于流俗的审美理想。

曹雪芹的祖籍是辽阳，远祖曹锡远（字世选）原是汉族人，曾任明朝沈阳中卫的地方官。明熹宗天启元年（1621），清太祖努尔哈赤攻陷沈阳，曹锡远在战乱中被俘，沦为旗主的奴隶，其子曹振彦后来被编入汉军旗籍，任教官之职。到了清太宗皇太极天聪八年（明思宗崇祯七年），曹振彦又转入多尔衮统率的满洲正白旗，任“佐领”的军职，从此步步高升[1]。本来，“八旗”是我国满族的一种社会制度，是明代满族人民户籍、生产和军事合一的组织形式。明神宗万历二十九年以后，努尔哈赤和皇太极为了夺取政权，把我国境内自黑龙江流域到山海关以北的满、汉和蒙古等各族人民，以八种云龙图案和不同色彩的军旗作为标志，陆续编成了满洲八旗、汉军八旗和蒙古八旗。清兵入关时，曹振彦带领旗兵屡立战功。清世祖顺治六年，又追随摄政王多尔衮出征大同，留任山西平阳府吉州知府、大同府知府，一直升到浙江盐法参议使。据《八旗满洲氏族通谱》卷七十四记载：“曹锡远，正白旗包衣人，世居沈阳地方，来归年份无考。其子曹振彦，原任浙江盐法道，孙曹玺，原任工部尚书。”《五庆堂重修辽东曹氏宗谱》著录曹锡远的世系则说：“从龙入关，分入内务府正白旗。”由此可见，曹家原是旗主的“包衣”

1 见冯其庸《曹雪芹家世新考》第五章，上海古籍出版社 1980 年版第 94、95 页；文化艺术出版社 1997 年增订版第 101、105 页；该书卷首载有《五庆堂重修辽东曹氏宗谱》正本和副本的有关书影。

（满语“奴仆”之意），但由于“从龙入关”，护驾有功，受到了满族最高统治者的赏识，因此被分派到内务府，直接为皇帝服务，隶属正白旗包衣汉军，一般称为内务府汉军旗人。内务府是清朝定都北京后设立的皇家事务机构，专门管理皇室的财物、食用及各项生活琐事。《大清会典》规定，内务府人员均由正黄旗、正白旗和镶黄旗的包衣人充任，因为这三旗是直属皇帝管辖的，称为“上三旗”。正白旗曹家与皇室的特殊关系，便是由此形成的。

由于具备了这样的特殊条件，曹振彦的媳妇即曹玺的夫人被选入宫当上了康熙幼时的保姆[1]。等到康熙登基，曹玺便自然地成了亲信近臣。康熙二年（1663），皇上即派曹玺从北京来到南京，总管江宁织造的一切事务。“织造”这个职务，表面上是替皇家管理染织、采办物资，实际上负有更重要的使命，那就是替康熙皇帝了解江南的吏治民情，沟通满汉之间的民族感情，争取明末遗民，搞好民族团结，以巩固康熙王朝的封建统治。曹玺有一定的文化水平，既是汉人，又属旗籍，兼有双重身份，所以康熙指派他到南京“专差久任”，以便开展这方面的工作。据康熙《上元县志·曹玺传》记载，他在顺治时曾被选拔为皇室的侍卫，并与乃父曹振彦跟随摄政王在山西的战争中立有军功，因而提升为内务府工部郎中。到南京以后，他又两次进京，向康熙帝当面呈报江南的社会情况，提出中肯妥善的建议，博得了皇上的赞扬和嘉奖，由郎中晋升为尚书。官阶是正一品，待遇是：“诰授光禄大夫，妻封一品夫人，封赠三代，诰命四轴，俸银一百八十两。”（据《大清搢绅全书》）曹家的包衣身份本来算不上什么贵族的，但由于曹玺才能出众，在江南政

1　见周汝昌《红楼梦新证》第七章《史事稽年》，人民文学出版社 1976 年增订本，第 253 页。

绩卓著，康熙皇帝特加提拔，赏赉赐给正一品的尚书衔。因此，曹家的社会地位实际已进身为高层贵族官僚了。

南京是江南的政治中心，又是经济和文化中心。曹家的江宁织造府位于城内的利济巷大街，这里曾是曹玺、曹寅、曹颙和曹頫祖孙三代办公的官署，也就是曹雪芹少年时代生活过的府第（今南京市大行宫）。织造府里有个西堂和西花园，曹玺曾经手植楝树，并且造了一座楝亭，“命二子读书其下”。这二子就是雪芹的祖父曹寅和叔祖曹宣（又名曹荃）。到康熙二十三年（1684）夏，曹玺病逝，曹寅为了纪念他父亲，即以楝亭作为自己的别号，而且遍请当时的文人学士题诗作画。现存《楝亭图咏》4卷，有画10幅，题咏者计45家，这便是曹家与江南名流交往的历史见证。

曹寅和康熙皇帝玄烨的关系极其亲密。当他母亲做玄烨保姆时，他就跟在一起，做玄烨的“伴读”。到南京后，在16岁那年又被选进宫内任御前侍卫。因为曹玺已经在江南为曹家奠定了政治活动的基础，所以玄烨仍旧派曹寅回南方做民族团结的工作。康熙二十九年（1690），曹寅由内务府郎中出任苏州织造；三十一年（1692），正式继承父职为江宁织造；自四十三年（1704）起，又兼任两淮巡盐监察御史，到扬州督理盐政。由于康熙皇帝的特别宠信，曹寅在苏州、南京、扬州的23年间，成了曹家的鼎盛时期。

曹家的显赫局面，与康熙南巡有着密切的关系。玄烨六下江南，后四次“以织造府为行宫”，就住在曹家。时间是康熙三十八年四月、四十二年二月、四十四年三月、四十六年三月，正是曹寅任江宁织造期间。《红楼梦》第十六回中赵嬷嬷对王熙凤说：“嗳哟哟！好势派！独他家接驾四次，若不是我们亲眼看见，告诉谁谁也不信的。别讲银子成了土泥，凭是世上所有的，没有不是堆山塞海的。”作者曹雪芹的这番描述，就是以他祖父接驾的事实作为生活基础的。

曹寅博学多才，文化水平很高。他通过诗词歌赋、琴棋书画的文化交流，广泛联络汉族知识阶层的各方面人士。在促进满、汉之间的民族交往、消弭江南士人的对立情绪方面，为皇上竭尽犬马之劳。所以到康熙四十四年时，朝廷给曹寅加封了“通政使司通政使”的官衔，突出了他的社交地位。从《楝亭集》、《楝亭图咏》、《楝亭夜话图》和《关于江宁织造曹家档案史料》中查考，和曹寅交往的名士将近二百人。从《楝亭书目》中看到，他收藏的图书文物非常丰富。他在扬州天宁寺曾设立书局，选择家藏的宋元珍本，邀请一大批学者进行校刊，刻印了《楝亭五种》《楝亭十二种》等古籍；又主持编刊《全唐诗》和《佩文韵府》，得到文人学士的称赞和拥护。程廷祚在《青溪文集》卷十二中记载：“管理织造楝亭曹公主持风雅，四方之士多归之。”“及公辖盐务于两淮，金陵之士从而渡江者十八九。”这充分说明，曹寅的文化活动成绩显著，极为出色。雪芹后来能具有高度的文学美术的艺事素养，应该说是与他出身于这样的家庭环境分不开的。

二

由于缺乏文献记载，雪芹究竟生于哪一年，生父是谁，红学界有各种不同的见解，众说纷纭，莫衷一是。一种假设认为雪芹是曹頫的儿子，约生于雍正二年（甲辰，1724）；另一种推断认为雪芹是曹颙的“遗腹子”，约生于康熙五十四年（乙未，1715）。但从张云章“贺曹寅得孙诗”来考察，雪芹可能诞生于康熙五十年（辛卯

1711），生父应是曹颙[1]。

康熙五十年十一月，曹寅在扬州轮值盐差期满，准备料理一些杂务后进京向皇上汇报。这时候，恰巧嘉定的学者张云章来访，他便在公署中热情接待。这几年中，曹寅志得意满。他有二女一子，均已完婚成家。长女嫁给镶红旗多罗平郡王纳尔苏，次女也由皇上指婚给满族亲贵，都成了王妃。他唯一的儿子曹颙，按照包衣子弟成年后选送入宫的惯例，也已经在康熙四十八年"上京当差"。这次他在扬州招待张云章以后，正准备启程进京时，忽然从京中传来喜讯，家报得孙。张云章当即献诗恭贺，题目是《闻曹荔轩银台得孙却寄兼送入都》，首句"天上惊传降石麟"注云："时令子在京师，以充闾信至。"这里含有两个喜庆吉祥的故事：六朝时宝志和尚称赞文学家徐陵是"天上石麒麟"，魏晋时贾逵曾预言新生儿贾充必将光耀门楣（充闾之庆），张氏用这两个典故表示贺意，无疑是十分贴切的。曹寅进京后于次年二月南归时，便带领曹颙和孙儿一起回归江宁织造府。所以敦诚《寄怀曹雪芹》"扬州旧梦久已觉"诗注说："雪芹曾随其先祖寅织造之任。"这可以说是明确地反映了这一历史事实。

曹寅因操劳过度，于康熙五十一年七月病逝于扬州。玄烨对曹家关怀备至，特命曹颙继任江宁织造。不料曹颙在康熙五十四年正月又生病死了，玄烨非常痛惜，选定了曹宣（荃）的第四子曹頫，过继给曹寅的孀妻李氏为次子，接任了江宁织造的世职，以便"养赡孤寡，保全身家"。总之，康熙在位的61年中，曹家始终得到了特别优渥的照顾和宠遇。

雪芹的童年时代和少年时代都是在南京度过的。尽管他父亲曹

1　参见本书第149页。

颙早逝，但皇上“浩荡洪恩”，又命其叔父曹頫世袭，荣华依旧，所以他仍然是江宁织造府里的天之骄子，过着锦衣玉食、富贵温柔的生活。他继承了祖父曹寅的文才艺事，琴棋书画件件皆能，诗词曲赋无所不精。他祖父遗下的“楝亭藏书”有十多万卷，经、史、子、集样样都有。从《诗经》《楚辞》到《春秋》《史记》，从汉赋唐诗到宋词元曲，他都勤奋地熟读饱览。雪芹的艺术才能，还表现在对戏曲之道造诣很深。这种爱好，也是从祖父曹寅和舅祖李煦那里传下来的。曹寅不仅养有家庭戏班，而且擅长戏曲创作，写出了《北红拂记》、《表忠记》、《太平乐事》和《续琵琶》等剧本。康熙四十三年春，曹寅曾召集南北名流，举行了大规模的昆曲演出，连演了三天三夜的《长生殿》，并特邀剧作者洪昇到场指导。这些繁华的往事，雪芹成年后可能听到长辈们有声有色的追述，至少他是读过祖父的戏曲作品的。再说舅祖李煦任苏州织造 30 年，曾掌管戏班供奉内廷，其子李鼎能亲自“串戏”，“演《长生殿》传奇，衣装费至数万”[1]。像这样豪奢狂热的戏迷，对曹、李两家的亲属都会产生影响。这些江南时期风月繁华的生活经历，正好为雪芹写《红楼梦》积累了丰富的创作素材。例如，小说第十六回写贾府为了自备家庭戏班，特派贾蔷“下姑苏聘请教习，采买女孩子，置办乐器行头”，后来养成了梨香院龄官、芳官等 12 位昆曲女伶。第五十四回借贾母之口点戏说：“他爷爷有一班小戏，偏有一个弹琴的凑了来，即如《西厢记》的《听琴》，《玉簪记》的《琴挑》，《续琵琶》的《胡笳十八拍》，竟成了真的了。”此语泄露了天机，原来，《续琵琶》正是作者祖父曹寅的杰作。曹雪芹将家事融入小说中的蛛丝马

---

1 见清人顾公燮《顾丹五笔记 · 李佛公子》，江苏古籍出版社《江苏地方文献丛书》1999 年校点本第 178、179 页。按《李煦奏折》所载，其子名为李鼎。

迹，于此可以窥见一斑。

曹家的烈火烹油、鲜花着锦之盛，完全是康熙皇帝的特殊宠信造成的。曹頫继曹顒为江宁织造，依仗着皇恩祖德而一帆风顺。但到康熙六十一年（1722）十一月玄烨去世后，情况就发生了根本变化。清世宗雍正是在皇室内部激烈的政治斗争中爬上皇帝宝座的，他是皇四子，名胤禛，为了巩固已经取得的最高权位，对于跟他争夺皇位的兄弟允禩和允禟进行了凶残的迫害。凡是与允禩、允禟有瓜葛的人也都遭到撤职、监禁等处置。曹雪芹的家庭及其亲戚，在这场政治风云中受到了惨重的打击。雪芹的舅祖李煦因曾买过五个苏州女子送给允禩，于是被定为“大逆极恶”的“奸党”，于雍正五年二月二十三日由刑部判处死刑，后改为流放。曹頫被撤职查办，除了与“奸党”有牵连外，另有经济上的原因，那就是“行为不端”，“因亏空罢任”。

曹家的拖欠公款，从曹寅在世时就开始了。这个声势煊赫的贵族大家庭，衣、食、住、行都非常讲究，生活上豪华阔绰，糜费惊人。特别是康熙南巡，四次接驾的巨额开销，造成了曹家大量的亏空，背上了沉重的包袱。《红楼梦》第十六回作者借赵嬷嬷之口说：“只预备接驾一次，把银子都花的淌海水似的！”例如，康熙三十八年玄烨在南京时要到香林寺去，曹寅马上给该寺买施420多亩香火田；又如康熙四十四年玄烨到扬州住的三汊河行宫，是曹寅自己掏腰包兴建的。当时诗人张符骧在《竹西词》中评判说：“三汊河干筑帝家，金钱滥用比泥沙！”这使曹寅深深地陷入了债务的泥淖，到他临终时，果然遗下了亏空32万和26万多银两的两笔糊涂账。幸得康熙宽容，同意李煦以代管盐务的收入，协助曹顒逐步退赔。康熙曾说："曹寅、李煦用银之处甚多，朕知其中情由。"[1]真是"拿着皇帝家的银子往皇帝身上使"[2]，怪不得康熙心中有数，一再庇护。可是曹頫主持家政后，对饮食起居和日常用度仍不能省俭，架子大了收不起来。旧时的欠账尚未补完，新的亏空又接踵而至。偏偏康熙死了，失去了靠山。雍正登基后，对曹頫的态度十分严厉，要他三年内补完欠账，并将此事交由怡亲王允祥办理。胤禛在曹頫《恭请圣安》的折子上批示说："除怡王之外，竟可不用再求一人托累自己。为甚么不拣省事有益的做，做费事有害的事？因你们向来混账风俗惯了！"字里行间，充满了对曹頫的厌恶之感。雍正五年十二月初四日，山东巡抚塞楞额揭发曹頫运送龙衣途经长清县时，多索夫马、程仪和骡价等银两。因此，"骚扰驿站"成了曹頫被撤职抄家的直接原因[3]。雍正帝随即在同年十二月十五日和二十四日接连发出两道"上谕"，曹頫受到革职查办、"枷号"治罪的处分，南京的家产被查封抄没，"百年望族"的曹家从此败落！

三

曹家被抄没时，雪芹已经17岁了（如按生于乙未说，则为13岁），他对贵族家庭的安富尊荣和"树倒猢狲散"的惨状，都是亲眼看见的，是有切身体会的。曹家从繁华盛世的顶端跌落下来，真

---

1 见《关于江宁织造曹家档案史料》，中华书局1975年版第136页。

2 见《红楼梦》第十六回，人民文学出版社1982年版中国艺术研究院红楼梦研究所"新校注本"第217页。

3 见中国第一历史档案馆所藏清宫内务府满文汉文合璧的关于曹家的档案，已发表于《历史档案》1983年第1期。

是一落千丈，雪芹恰恰亲身经历了这种由盛而衰的剧烈巨变的生活道路。这对他的思想和世界观的形成，是有直接关系和深刻影响的。

据中国第一历史档案馆有关“曹頫获罪抄没缘由”的史料记载：“曹頫之京城家产人口及江省家产人口，俱奉旨赏给隋赫德。后因隋赫德见曹寅之妻孀妇无力，不能度日，将赏伊之家产人口内，于京城崇文门外蒜市口地方房十七间半，家仆三对，给予曹寅之妻孀妇度命。”在这种情况下，曹雪芹在雍正六年（1728）随同祖母等由南京移家到北京，生活当然是很困顿的。到了乾隆年间，更是潦倒不堪。他对封建社会黑暗的现实极为不满，蔑视科举仕途，但却乐意结交奇优名倡，客串演戏。据善因楼刻本《批评新大奇书红楼梦》第一回所录批语说：“曹雪芹，不得志，遂放浪形骸，杂优伶中，时演剧以为乐。”他又欢喜诵读《庄子》和佛学禅宗的书，因为向往魏晋风度，仰慕“竹林七贤”之一的阮籍，索性又给自己起了个“梦阮”的别号。

大致在乾隆十四年光景，雪芹在右翼宗学里当上了一名职员，称为“笔帖式”，做抄抄写写的文书工作。右翼宗学坐落在京城西单牌楼的石虎胡同内，是专为爱新觉罗的宗室子弟开办的。雪芹到这里当差后，结识了敦敏、敦诚兄弟俩。他们之间的情谊极深，经常在一起饮酒赋诗，互相唱和[1]。

敦敏（1729—1796）字子明，号懋斋，著作有《懋斋诗钞》。敦诚（1734—1791）字敬亭，号松堂，著作有《四松堂集》和《鹪鹩庵杂志》。据《爱新觉罗宗谱》记载，他俩是清太祖努尔哈赤第十二子英亲王阿济格的五世孙。他们本是天潢贵胄，但因阿济格在顺治初年争夺皇位失败，遭到抄家、赐死的处分，所以其后裔成了

1　见吴恩裕《有关曹雪芹十种》，中华书局上海编辑所 1963 年版。

破落的飘零子弟，名义上是宗室，实际上等于平民。敦敏、敦诚的年龄虽比雪芹小得多，但由于同病相怜，有着共同的思想感情，因此成了十分契合的“忘年交”。敦诚在《寄怀曹雪芹》诗中说“当时虎门数晨夕，西窗剪烛风雨昏”，表达了他们在虎门（指宗学）朝夕相处，常常在风雨黄昏的晚上挑灯夜话的情景。雪芹是个谈笑风生的人，凡是跟他接近的朋友，都被他妙趣横生的谈锋所吸引。裕瑞在《枣窗闲笔》中描绘他的风貌是：“身胖，头广而色黑，善谈吐，风雅游戏，触境生春，闻其奇谈，娓娓然令人终日不倦。”雪芹能诗善画，文笔惊人，敦诚赞不绝口地说：“爱君诗笔有奇气，直追昌谷（李贺）破篱樊。”又说他“接䍦倒著容君傲，高谈雄辩虱手扪”，生动地描绘了雪芹愤世嫉俗的傲骨狂形和蔑视权贵的突兀性格。雪芹善画山水奇石，而且富于个性，敦敏曾为此写过一首绝句《题芹圃画石》：

傲骨如君世已奇，嶙峋更见此支离；
醉余奋扫如椽笔，写出胸中磈礧时。

诗中用双关语作比喻，称颂雪芹是个铁骨铮铮的硬汉，绝不与豪门权贵同流合污，并赞美他大笔如椽，功力非凡。

乾隆十九年，右翼宗学改组，搬到宣武门内绒线胡同新址，雪芹大概在这个时候离开了宗学。由于生活没有着落，只得迁居西山旗地。那里是旗人获罪或无法生活以后的居留地，带有收容和救济的性质。雪芹迁移到西郊是在本身的正白旗区域内，就是香山的正白旗村。这时，雪芹的原配夫人跟他在一起，而且还生了一个男娃。

雪芹在西山期间，结识了一位村塾教师张宜泉（1720—1770），常在一起交谈，十分投合。张氏原属内务府汉军镶黄旗，比雪芹小 9 岁，也喜欢饮酒赋诗，有诗集《春柳堂诗稿》。七律《题芹溪居士》，就是张氏为雪芹而作的赞歌：

爱将笔墨逞风流，庐结西郊别样幽。
门外山川供绘画，堂前花鸟入吟讴。
羹调未羡青莲宠，苑召难忘立本羞。
借问古来谁得似？野心应被白云留！

这首诗称颂了曹雪芹在文艺创作方面的非凡才华，赞扬他像宋初的隐士陈抟一样，有着一种渴望自由的心胸。从诗中反映出，雪芹因为精于绘画，曾有内务府官员来请他到宫廷画苑里去，但他傲世抗俗，鄙弃功名富贵，不愿给皇帝当差。“野心”就是指他不受封建礼法拘束的心。这最后一句，正是对雪芹无比崇高的赞美。

雪芹困居西郊山村，家境十分穷苦，有时是卖画度日，有时是依赖郭敏、郭诚的接济。敦诚在《赠曹雪芹》诗中描绘他住的茅屋破败不堪，门前野草丛生，“满径蓬蒿”。吃不上饭，只能烧点儿稀粥糊口，喝酒也是欠账：“举家食粥酒常赊”，“日望西山餐暮霞”。敦敏《赠芹圃》诗中则说“卖画钱来付酒家”，“新愁旧恨知多少”；并说他“燕市哭歌悲遇合，秦淮风月忆繁华”，对雪芹的盛衰遭遇和飘零凄凉的身世，表示了极其深切的同情。哥儿俩常下乡探望雪芹，他也经常进城回访。有一次，敦诚在家中编写了一本《琵琶行传奇》的昆曲折子戏，特请他来看排演，他当场题诗一首，但现今只存下最后两句：

白傅诗灵应喜甚，定教蛮素鬼排场。

这是雪芹除《红楼梦》以外仅存的两句诗[1]，意思是对敦诚剧作的赞许。又有一次秋日的清晨，老天正下着淅淅沥沥的细雨，雪芹一大早到宣武门内槐园走访敦敏，恰恰敦诚来找乃兄，和他碰在一起，便立刻拉了他到附近的小酒店里欢饮畅叙。雪芹得此快遇，欣慰无比，甚至还敲着石头打拍子，琅琅地唱起曲子来，可是到付酒钱的时候，敦诚发觉身上并没有带钱，便毫不犹豫地解下佩刀，就拿它作为抵押品付了酒账。雪芹为了答谢，当场作了一首长诗送给敦诚，可惜原诗已失传，幸而敦诚唱和的三十二句古体诗《佩刀质酒歌》流传至今，使我们从诗中窥见了雪芹当年豪放不羁的神态和肝胆照人的画影！[2]

乾隆二十七年中秋时候，雪芹唯一的爱子害病死了。这使他陷入了极度的忧伤和悲痛之中，健康情况也就越来越糟。挨到这年的大除夕，雪芹终于在贫病交迫中溘然长逝，永别了人世。据甲戌本《脂砚斋重评石头记》第一回眉批说：

> 能解者方有辛酸之泪，哭成此书。壬午除夕，书未成，芹为泪尽而逝。

这说明曹雪芹确是病逝于乾隆二十七年壬午除夕（1763 年 2 月 12 日）[3]。雪芹离开人世后，敦诚曾到墓地去祭吊，并写了痛表悼念的诗歌《挽曹雪芹》，初稿是两首七律，定稿时合并为一首。其中提到

1 见敦诚《四松堂集》卷五《鹪鹩庵笔麈》，上海古籍出版社 1984 年影印本第 409 页。

2 《佩刀质酒歌》诗序云：“秋晓遇雪芹于槐园，风雨淋涔，朝寒袭袂。时主人未出，雪芹酒渴如狂。余因解佩刀沽酒而歌之。”诗中对雪芹的才情风貌作了酣畅淋漓的描绘：“曹子大笑称快哉，击石作歌声琅琅。知君诗胆昔如铁，堪与刀颖交寒光！”

3 关于曹雪芹卒年的推算，也有歧见。一说卒于乾隆二十八年癸未除夕（1764 年 2 月 1 日），又一说卒于乾隆二十九年甲申仲春（1764 年 3 月 20 日）。

"肠回故垄孤儿泣"，"孤儿渺漠魂应逐"，并注明："前数月，伊子殇，因感伤成疾。"可见他是因爱子不幸夭亡而哀痛成病的。诗中又说"泪迸荒天寡妇声"，"新妇飘零目岂瞑"，可知雪芹死时，遗孀是续娶的后妻，故称"新妇"。据说，这个新妇可能是他在乾隆二十五年重返南京时娶回的。

雪芹逝世以后，敦敏有《河干集饮题壁兼吊雪芹》诗，张宜泉有《伤芹溪居士》诗，对雪芹不幸早逝，身后萧条的情况深感无限的哀伤，对这位伟大作家表示了深切的悼念！

《红楼梦》是曹雪芹呕心沥血的作品，但他没有写完就死了。自他去世以后，《红楼梦》以脂砚斋加评的八十回本抄本在小范围内流传着。脂砚先生是曹家的族人，对曹家的情况十分熟悉，和雪芹的关系极其亲密。但这个人始终没有披露自己的真名实姓，只是用着书斋名称"脂砚斋"作为别号在《石头记》上多次加了许多评注和批语。从这些"脂评本"的批语里，我们可以了解到雪芹的一些创作情况：雪芹大概从乾隆六年（1741）开始创作，先用三年时间写成草稿《风月宝鉴》，脂砚先生指出"乃其弟棠村序也"。约在乾隆九年到十八年，雪芹在旧稿的基础上又重新创作了《石头记》，书中明确表白："后因曹雪芹于悼红轩中披阅十载，增删五次，纂成目录，分出章回。"曾题为《金陵十二钗》，或名《情僧录》，又题为《红楼梦》。脂砚先生在乾隆十九年（甲戌 1754）"抄阅再评"，是在《石头记》初稿写成以后。乾隆二十四年（己卯 1759）和二十五年（庚辰 1760），又传出了"脂砚斋凡四阅评过"的八十回抄本，中缺六十四、六十七两回，有些关目尚未定稿，如第十七回和第十八回还没有分开，第二十二回尚未补全，第七十五回缺中秋诗。雪芹迁居西山后这么多年中，他一方面对初稿反复推敲，进行加工修订，另一方面又着手创作八十回以后的章节。这时候，雪芹亲属中又有一位号称“畸笏叟”的长辈（可能是曹頫），也对雪芹从事创作表示同情和支持。据畸笏叟和脂砚斋的批语说，在雪芹病逝以前，全书基本上已写到一百一十回，他俩曾亲眼见到这“后卅回”的文字：有《证前缘》一回，写黛玉“泪尽”而逝，宝玉“对境悼颦儿”；有贾府被抄，子孙流散的情节，惜春入水月庵为尼，探春远嫁不归；妙玉被劫持到瓜洲渡口，流落风尘；史湘云嫁给卫若兰，不幸“白首双星”，两地分离；王熙凤罪孽深重，被抓去坐牢；贾宝玉也曾受到监禁之苦，有《狱神庙慰宝玉》一回，写茜雪和红玉去探监；末回是《情榜》，由警幻仙子归结金陵十二钗，公布了正、副册，再副册和四、五副册的“芳讳”（六十位奇女的名单）。——可惜这些稿子尚未最终完成，雪芹突然死去，从此就散佚迷失了。

到了乾隆末年，程伟元和高鹗两个文人因为激赏《红楼梦》，便在北京收集整理八十回的抄本，并续补了后面四十回，于乾隆五十六年（辛亥 1791）交由萃文书屋用木活字排印，第一次正式出版了一百二十回的《新镌全部绣像红楼梦》（今简称“程甲本”）。接着，在乾隆五十七年（壬子）略加修订，又出了重印本（今简称“程乙本”）。那么，“程高本”的后四十回是从哪里来的呢？一般认为是高鹗续补的，或者说是程伟元和高鹗合作续补的；甚或认为，是他俩觅得了雪芹的一些遗稿纂辑而成的。究竟如何，尚待进一步考察研究。

四

《红楼梦》的题材与作者的身世是密切有关的。曹雪芹家庭的盛衰变化、本人的遭遇和复杂曲折的生活经历，为他的创作提供了极其丰富的素材。然而，从生活到创作，有一个提炼和升华的过程，绝不是真人真事的照相式的记录。因此，作者把自己熟悉的人和事采写到作品中，把自己对生活体验和认识熔铸到作品中，都是借助典型化的艺术手段来表现的。我们绝不能把小说中的贾宝玉就看成是曹雪芹，也不能把书中的贾府与曹家完全等同起来。鲁迅说得好："纵使谁整个的进了小说，如果作者手腕高妙，作品久传的话，读者所见的就只是书中人，和这曾经实有的人倒不相干了。"（《且介亭杂文末编·〈出关〉的"关"》）这指出了文艺作品中反映出来的形象比实际生活更集中，更具有典型的意义，更带有普遍性。《红楼梦》对封建末世的现实生活作了巨大深刻的概括，从多方面揭露了清代前期的社会矛盾，它的历史价值和社会意义是千古不朽的。

《红楼梦》是一部具有强烈反封建精神的现实主义杰作。它以贾宝玉和林黛玉的爱情悲剧为主线，曲折地反映了封建社会末期的阶级矛盾，它暴露了封建社会的黑暗和腐朽，抨击了程朱理学的传统观念，控诉了封建礼教戕害青年的罪恶，揭示了封建制度必然崩溃、贵族阶级必然衰亡的历史命运。

《红楼梦》的时代背景是清朝康、雍、乾时期。那是中国封建社会的晚期，农民（包括奴仆）与地主的斗争仍然是最基本的社会矛盾。但在封建社会的母体内已孕育着资本主义生产关系的萌芽。随着这种资本主义因素的增长和发展，以及国际贸易带来了西洋科学技术的刺激，又必然引起社会经济结构和阶级关系的变化；新兴的市民阶层壮大起来了，就必定要求变革封建制度，冲决封建主义的樊篱。这反映到意识形态领域里，便表现为一种初步的民主主义思想，反对封建礼教和等级制度，反对封建的伦理道德和包办婚姻，追求恋爱自由和个性解放。曹雪芹正是在这样的历史条件下来创作《红楼梦》的。他继承了明代进步思想家李卓吾反权威反传统的文艺思潮，并接受清初民主主义者黄宗羲等人的思想影响，站在新兴的市民阶层立场上，在作品中打出了反封建的旗帜。

《红楼梦》反映的生活面极其广阔，揭示的社会矛盾又特别复杂，而作者写来却丝丝入扣，分毫不乱，层次分明，脉络连贯，其艺术才能就表现在运用了双线多头和网状形的结构技巧。小说创作一般有单线结构和双线结构两种，《红楼梦》是属于双线结构的作品。它的主线是宝、黛的爱情婚姻和生活命运的悲剧，副线是封建贵族家庭由盛而衰和彻底崩溃。作者通过刘姥姥三进荣国府的描写，又把这一明一暗的两条“故事线”拧结了起来，构成有机的整体。在《红楼梦》的总体结构中，头绪纷繁，纲领极多，从苏州写到扬州，从南京写到北京，从甄家写到贾家，从贾家又写到史、王、薛家；不仅揭露了贵族家庭的内部矛盾，也反映了农村和市井间的社会问题；上上下下的人物有 700 多个，一连串的变故层出不穷。真是千头万绪，错综复杂，如果安排不当，势必凌乱散漫，像《儒林外史》那样成为一个个断篇。然而，《红楼梦》却把多头的层次布置得井井有条，用网状形的体系，把众多的头绪提纲挈领地拉了起来，紧紧地围绕着反封建的主题，做到了多样的统一。所谓网状形的体系，是指活动于同一空间和时间的各种人物都是互相关联的，各种情节都是互为因果的，而所有枝枝节节的人事关系，又都是集中在主要人物贾宝玉和黛玉、宝钗、凤姐、贾母等周围来铺叙的，并且用主线和副线把多头人物的命运和各种矛盾冲突联结起来，贯穿始终，所以能组成一个宏大完善的整体，显出作者的匠心独运，其艺术构思是十分精确和奇妙的。

恩格斯在《致玛·哈克奈斯》的信中，提出了“真实地再现典型环境中的典型人物”的现实主义创作原则，明确地指出了“典型环境”对塑造“典型人物”的重要作用。我们以这个原则来评价《红楼梦》，不能不惊叹于曹雪芹在书中所创造的大观园了。作者根据中国园林在意境格调等方面的特点，运用丰富多彩的语言艺术，生动地描绘了一座富有民族特色和民族气派的大观园，使它成为全书主要人物活动的舞台和展开情节的背景场所；并借此刻画了诸般人物的思想和性格特征，让人物与环境相互映发，衬托出一个个鲜明动人的形象，收到了十分美好的艺术效果。

大观园是曹雪芹创造出来的理想世界，在这个人间仙境里，作者自由地驰骋他豪放不羁的才思，尽情地歌颂了宝、黛不受封建礼教束缚的叛逆精神。然而，大观园并没有游离于社会矛盾之外，作者始终联系现实生活，一方面刻画了宝钗、袭人的假道学行径，一方面也反映了那被损害与被侮辱的女奴们的反抗（如司棋、晴雯、鸳鸯等）。大观园的艺术价值，正表现在这种理想与现实相结合的内在的完整性上。

曹雪芹笔下的男主角贾宝玉，是大观园中娇生惯养的贵族宠儿，但他的思想行为与封建统治阶级却是背道而驰的。他反对科举制度，鄙弃功名利禄，蔑视程朱理学。他把那些追求“仕途经济”的士大夫骂为“禄蠹”“国贼”，不肯与这种人交往；他讨厌四书五经，却喜欢“杂学旁收”，搞异端邪说。他具有平等博爱的观念，同情被压迫的穷苦人。他反对男尊女卑，认为“天地间灵淑之气，只钟于女子，男儿们不过是些渣滓浊沫而已”。他是贵族家庭的叛逆者，是力图挣脱封建礼教束缚的具有“新思想”的典型人物。曹雪芹塑造贾宝玉这个艺术形象的哲理基础，占主要地位的是反封建的初步民主主义思想，另外也曾借用佛学禅宗作为对抗传统观念的武器。他汲取禅宗独立思考的精神，在一定程度上起到了批判程朱理学的积极作用。但他未能完全摆脱佛学的消极影响，流露了“色空”和“分离聚合皆前定”等宿命论观念，这决定了贾宝玉这个叛逆形象的归宿只能是出家为僧，只能是消极反抗，而未能有更积极的出路。

曹雪芹笔下的女主角林黛玉，是大观园中才情出众的贵族小姐，但她“孤标傲世”，不同流俗。虽然她出身于“钟鼎之家”“书香之族”，可是“父母双亡，无依无靠”，在贾府过着“旅居客寄”的生活。由于身世飘零，再加封建礼教的重压，造成了她的伤春悲秋、多愁善感、临风洒泪、孤寂多病的特性。作者写她与封建宗法的叛逆者贾宝玉同气相投，同声相应，憧憬着理想的天地，渴慕追求独立自主的爱情。但在黑暗的封建社会里，她美好的心愿遭到了沉重的打击和摧残，终于造成了“花落人亡两不知”的悲剧结局。

曹雪芹塑造的黛玉形象，体现了一种极其崇高的美学境界。作者描写她外形秀丽，内心坚贞；容貌才华出类拔萃，行止见识超越群芳。她住的是高雅幽静的潇湘馆，窗前有千竿翠竹。众所周知，竹子是中国传统文化中属于“岁寒三友”的雅品，正好象征着林黛玉风神灵秀的气度和高尚卓绝的节操：一尘不染，宁折不屈，虽处于风刀霜剑的寒风中而真情不移。另外，“泪滴湘妃竹”的神话故事，又隐喻黛玉寄人篱下的凄凉抑郁和伤怀多泪。这一竿竿翠竹，实际上是黛玉的化身和写照。在这里，典型环境和人物性格的刻画，达到了高度的协调和统一。

曹雪芹笔下的柳湘莲，是市民阶层的典型人物，是作为贾宝玉的陪衬而出现的。在《红楼梦》中，作者以浓重的笔墨描写了贾宝玉和林黛玉的恋爱婚姻悲剧，而柳湘莲和尤三姐的婚姻悲剧，则从不同的角度作了衬托和对照。尤三姐是大观园外试图突破封建礼防的新女性的代表，她要求恋爱自由和婚姻自主，什么金钱权势、功名富贵，在她眼里都视同粪土。她宁可爱上虽则贫穷但有才气的柳湘莲，而决不稀罕贾府中的纨绔子弟。她大胆主动地披露了自己的恋爱观："必得我拣个素日可心如意的人才跟他，要凭你们拣择，虽是有钱有势的，我心里进不去，白过了这一世！"（第六十五回）这绝不是官僚贵族的千金小姐能说得出来的，而只有社会上新兴的市民意识的体现者尤三姐才能有这样的口吻。可惜这种新思想的火花，被封建主义的高墙所阻挡，在黑暗的漫漫长夜中被扑灭。尤三姐的自主婚姻未能成功，她终于殉情而死！曹雪芹生活的那个时代，资本主义因素虽然已经萌芽，但封建专制主义仍然严酷地压制着人们的心灵。小说中反映了各阶层青年对爱情的追求，对自由幸福的向往，但这些美好的愿望都被封建势力扼杀了。社会上市民阶层的柳湘莲和尤三姐是如此，大观园内贵族阶层的叛逆者宝玉和黛玉也是这样。曹雪芹全面地深刻地写出了"历史的必然要求和这个要求的实际上不可能实现之间的悲剧性的冲突"（恩格斯《致斐迪南·拉萨尔》），充分显示了他卓越的现实主义创作才能。

原载中州古籍出版社 1993 年版《中国小说家评传》

曹雪芹别传

一、赫赫扬扬的八旗世家

“燕市哭歌悲遇合，秦淮风月忆繁华。”

这是曹雪芹的好友敦敏《赠芹圃》诗中的名句，它高度地概括了雪芹一生从南京到北京的盛衰遭遇，隐寓了多少伤感的往事旧梦，凝聚着无比悲痛的辛酸血泪！

关于雪芹的奇异身世，得从他曾祖父曹玺说起。

那还是清圣祖康熙二年（1663），皇上派曹玺从北京来到南京，总管“江宁织造”的一切事务。曹玺是内务府旗人，跟皇室的关系十分密切。他原籍辽阳，祖父曹锡远（原名曹宝，字世选）是汉族人，曾任明朝沈阳中卫的地方官。明熹宗天启元年（1621），清太祖努尔哈赤攻陷沈阳，曹锡远在战乱中被俘，沦为旗主的奴隶，其子曹振彦后来被编入汉军旗籍，任“教官”之职。到了清太宗皇太极天聪八年（1634），曹振彦又转入多尔衮统率的满洲正白旗，任“佐领”的军职，从此步步高升。本来，“八旗”是我国满族的一种社会制度，是明代满族人民户籍、生产和军事合一的组织形式。明神宗万历二十九年（1601）以后，努尔哈赤和皇太极为了夺取政权，把我国境内自黑龙江流域到山海关以北的满、汉和蒙古等各族人民，以八种云龙图案和不同色彩的军旗作为标志[1]，陆续编成了满洲八旗、汉军八旗和蒙古八旗。清兵入关时，曹振彦“扈从”多尔衮，屡立战功；清世祖顺治六年（1649），又追随摄政王多尔衮出征大同，历任山西平阳府吉州知州、大同府知府，一直升到浙江盐法参议使。据《八旗满洲氏族通谱》卷七十四记载：“曹锡远，正白旗包衣人，世居沈阳地方，来归年份无考。其子曹振彦，原任浙江盐法道。孙曹玺，原任工部尚书。”《辽东曹氏宗谱》著录曹锡远的世系则说：“从龙入关，分入内务府正白旗。”由此可见，曹家原来是“包衣”[2]，是奴仆的身份。但由于从龙入关，护驾有功，受到旗主的赏识，因此被分派到内务府，直接为皇帝服务，隶属正白旗包衣汉军，一般称为内务府汉军旗人。内务府是清朝定都北京后设立的皇家事务机构，专门管理皇室的财物、食用及各项生活琐事。《大清会典》规定，内务府人员均由镶黄旗、正黄旗和正白旗的包衣充任，因为这三旗是直属皇帝管辖的，称为“上三旗”。皇帝的侍卫仆役，也只有“上三旗”的“包衣人”才有资格入选。正白旗曹家与皇室的特殊关系，便是由此形成的。

由于具备了这样的特殊条件，曹玺的夫人曾被选进宫内，当上了康熙幼时的保姆。等到康熙登基，曹玺便自然地成了亲信近臣。他对内是皇家忠实的奴才，对外却能代表皇帝执行任务，一旦到地方上任职，便如同钦差大臣一般，俨然是贵族官僚。

曹玺担任江宁织造，表面上是替皇家管理染织、采办物资，

1　八旗的名称是：正黄旗、正白旗、正红旗、正蓝旗、镶黄旗、镶白旗、镶红旗、镶蓝旗。

2　全称“包衣阿哈”，满语的音译，是家奴、奴隶、奴仆、奴才的意思。

而实际上负有更重要的使命，那就是帮康熙了解江南的吏治民情，沟通满、汉之间的民族感情，争取明末遗民，搞好民族团结，以巩固康熙王朝的封建统治。曹玺有一定的文化水平，既是汉人，又属旗籍，兼有双重身份，所以康熙指派他到南方“专差久任”，以便开展这方面的工作。据《上元县志·曹玺传》记载，他在顺治时曾被选拔为皇室的侍卫，并跟随摄政王在山西的战事中立有军功，因而提升为内务府工部郎中。到南京以后，他又两次进京，向康熙奏报江南的社会情况，提出中肯妥善的建议，博得了皇上的赞扬和嘉奖，由“郎中”晋升为“尚书”，官阶是最高的正一品，待遇是：“诰授光禄大夫，妻封一品夫人，封赠三代，诰命四轴，俸银一百八十两。”这相当于内阁大学士或太师、太傅的地位。当时内务府仿中央六部的规制，也有工部（内司空）、刑部（内司寇）的称号，曹玺任工部尚书当然不是中央政权的实职，而是指“内司空”，即以内务府包衣领工部尚书的头衔。曹家的包衣身份本来算不上什么贵族的，但由于曹玺才能出众，在江南政绩卓著，康熙皇帝特加提拔，赏给正一品的尚书衔，因此，曹家的社会地位实际上已进身为最高层的贵族官僚了。

二、在南京的贵族大家庭

南京是江南的政治中心，也是经济和文化中心。它东倚紫金山，西傍石头城，既有龙蟠虎踞的山川形胜，又有六朝金粉的流风余韵，自古以来就是诗人墨客会集吟咏的地方：“江南佳丽地，金陵帝王州。”相传春秋时楚威王灭越，曾在石头山创建金陵邑，秦始皇游幸，又下令开掘了秦淮河，江山文物，绵延不绝。至明太祖朱元璋统一天下，“诏以金陵为南京”，设立应天府。清世祖顺治二年（1645），改应天府为江宁府，定为江南省（包括今江苏和安徽）的省会，府城分置二县，城南属江宁县，城北属上元县，中以四象桥、内桥一线为界。

曹雪芹家的江宁织造府是在上元县的利济巷大街，东临青溪，北对两江总督衙门。这里曾是曹玺、曹寅、曹颙和曹頫祖孙三代办公的官署，也就是雪芹少年时代生活过的府第（今南京大行宫）。织造府里有西堂和西花园，曹玺曾经手植楝树，并且造了一座楝亭，“命二子读书其下”。这二子就是雪芹的祖父曹寅和叔祖曹荃。到康熙二十三年（1684）夏，曹玺病逝，曹寅为了纪念他父亲，即以楝亭作为自己的别号，而且遍请当时的文人学士题诗作画。现存《楝亭图咏》4 卷，有画 10 幅，题咏者计 45 家，这便是曹家与江南名流交往的历史见证。

曹寅和康熙帝玄烨的关系极其亲密。当他母亲做玄烨的保姆时，他就跟在一边，当玄烨的“伴读”。到南京后，在 16 岁那年又被选进宫内任御前侍卫。因为曹玺已经在江南为曹家奠定了政治活动的基础，所以玄烨仍旧派曹寅回南方做民族团结的工作。康熙二十九年（1690），曹寅由内务府郎中出任苏州织造；三十一年（1692），正式继承父职为江宁织造；自四十三年（1704）起，又兼任两淮巡盐监察御史，到扬州督理盐政。由于康熙皇帝的特别宠信，所以曹寅在江南的二十三年间，成了曹家的鼎盛时期。

曹家的显赫局面，与康熙南巡有着密切的关系。玄烨六下江南，后四次“以织造府为行宫”，住在曹家，“独他家接驾四次”。时间是康熙三十八年（1699）四月、四十二年（1703）二月、四十四年（1705）三月、四十六年（1707）三月，正是曹寅任江宁织造期间。玄烨亲临江南，并非像一般帝王那样纯是游山玩水，寻欢作乐，而有着重要的政治目的——自清兵入关后，江南的汉族知识阶层“抗清复明”的意识一直非常强烈。而这个区域却又是天下财赋的枢纽之地，夏税秋粮、军费给养，都必须依赖于此，可以说关系到封建王朝的经济命脉。玄烨是满洲贵族统治集团中一位较有远见和作为的政治家，他多次到南方广泛接触汉族士人，争取明末遗民，其根本目的就是稳定江南的政治局面。康熙三十八年（1699）那一次，玄烨为了消除民族隔阂，特地亲自到南京祭奠明孝陵，并亲笔写了“治隆唐宋”的题词，称颂朱元璋统一全国的功绩超过了唐朝、宋朝。他为了向江南知识分子表示对曹寅的器重，曾当众宣布：“朕御书‘治隆唐宋’四大字，交与织造曹寅制匾，悬置殿上，并行勒石，以垂永远。”玄烨这样安排的意思，无非是突出曹寅的地位，便于他开展工作。而曹寅也的确没有辜负玄烨的期望，在促进满、汉之间的民族交往、消弭江南士人的对立情绪方面，为皇上竭尽了“犬马之劳。”所以到康熙四十四年（1705）时，朝廷给曹寅加封了“通政使司通政使”的头衔，官阶升到正三品，算是对他勤劳王事的报偿。

曹寅的文化水平是很高的。他通过诗词歌赋、琴棋书画的文化交流，广泛联络汉族地主阶级的各方面人士，取得了出色的成绩。从《楝亭集》、《楝亭图咏》、《楝亭夜话图》和《关于江宁织造曹家档案史料》中查考，和曹寅交往的名士将近二百人。从《楝亭书目》中看到，他收藏的图书文物非常丰富。他曾在扬州天宁寺设立书局，选择家藏的宋元珍本，邀请一大批学者进行校刊，刻印了《楝亭五种》《楝亭十二种》等古籍，又替玄烨主持编刊《全唐诗》和《佩文韵府》，得到文人学士的称赞和拥护。程廷祚在《青溪文集》卷十二中记载：“管理织造事楝亭曹公主持风雅，四方之士多归之。”“及公辖盐务于两淮，金陵之士从而渡江者十八九。”这充分说明，曹寅的文化活动相当频繁，而且卓有成效。雪芹后来能具有极高的文学美术的艺事素养，应该说与他出身于这样的家庭是分不开的。

康熙五十一年（1712）七月二十三日，曹寅病故，玄烨闻讯后十分伤悲，他对曹家关怀备至，特命寅子曹颙（小名连生）继任江宁织造。曹颙就是雪芹的父亲，他接任二年多，不幸在进京时得了病症，于康熙五十四年（1715）正月死亡，玄烨非常痛惜，传话给内务府总管说：

> 曹颙系朕眼看自幼长成，此子甚可惜。朕所使用之包衣子嗣中，尚无一人如他者。看起来生长的也魁梧，拿起笔来也能写作，是个文武全才之人。他在织造上很谨慎，朕对他曾寄予很大的希望。他的祖、父，先前也很勤劳。现在倘若迁移他的家产，将致破毁。李煦现在此地，著内务府总管去问李煦，务必在曹荃之诸子中，找到能奉养曹颙之母如同生母之人才好。

李煦是曹颙的舅父，曹荃是曹寅的胞弟。当时由于雪芹还只是五岁的孤儿，不仅无法肩挑家政重担，而且有待抚育培养。出于对曹氏一门的关心，康熙命李煦选定了曹荃的第四子曹頫，过继给曹寅的孀妻李太夫人为次子，以便接任江宁织造的世职，并担当一家之主，“养赡孤寡，保全身家”。

曹頫的生父曹荃，原名曹宣，字子猷，号筠石，曾任内务府司库，也是一个才艺出众、能诗善画的人，可惜早在康熙四十四年（1705）就死了。他留下四个儿子，曹寅曾带到南京抚养。由于皇上对曹家无微不至的关怀，他们祖孙三代在整个康熙年间，始终是处于繁华的盛世。

三、一个伟大作家的诞生[1]

曹寅到扬州兼理两淮盐政，是从康熙四十三年（1704）十月开始的，这是皇上赏给他的肥缺美差。从此以后，曹寅和妻兄李煦轮流担任这个职务，每隔一年轮值一次，每次都可以从盐课中取得大量的额外收入。所谓盐课，就是指盐务所收的各种捐税，它是清廷财政收入的重要来源，“损益盈虚，动关国计”。所以巡盐御史这个官职，实际上是为朝廷掌管经济命脉的财政大员。曹寅兼任的“巡视两淮盐课监察御史”，统辖江南、江西、湖广、河南四省三十六府的食盐供应，控制盐场产销和盐商转运的赋敛出入。其办事机构称为“盐漕察院”，在扬州城内开明桥东南（今为新华中学），前厅是公署，西院是住宅，后为园亭井台，并筑有“桃花泉书屋”，是曹寅与宾客赋诗唱和的地方。

扬州是淮南的第一大都会，由于大运河绕城而过，北上直入京师，南下可通苏杭，因而使它成了当时的交通枢纽和咽喉要道。随着手工业、商业、运输业，特别是盐业的发展，这个城市的经济和文化就更加繁荣了，真是“东南繁华扬州起，水陆物力盛罗绮”。其中最为富有的，当数垄断专利的盐商，他们在积资巨万以后，往往附庸风雅，广造园林，每当曹寅莅临维扬，总是歌管相迎，争相逢承。有一个叫作乔国桢的盐商，曾别出心裁地在城东建造了一座“郊野式”的园林，特邀曹寅品题了“东园八景”，用匾额楹联装点起来，一时传为佳话。

康熙五十年十一月，曹寅在扬州第四次轮值盐差期满，准备料

1 关于曹雪芹本人的生平事迹，文献记载极少。“五四”以来陆续发现的点滴资料，红学界又有各种不同的看法，争执不下。因此，本书所叙，只是笔者研读众说后表述的个人之见，有些地方则参用了传记文学的写法，不当之处，敬请大家批评指正。

理一些杂务后进京向皇上汇报。这时候，恰巧嘉定的学者张云章来访，他便在公署中热情接待，并请张氏游览了曹家的东园。张氏十分高兴，特地写了一篇《扬州东园记》，叙及曹寅寓居园中游赏赋诗的风雅韵事。那几年中，曹寅的心情比较愉快，他有二女一子，都已完婚成家，真所谓“男女之事毕矣”！心事已了，一身轻松。他的两个女儿是由皇上指婚，嫁给了满族亲王的王孙公子，都成了王妃。他唯一的儿子曹颙，按照包衣子弟成年后选送入宫的惯例，也已经在康熙四十八年（1709）“上京当差”。这次他在扬州招待张云章以后，决定于十一月底进京述职，顺便看看儿女们。正当他准备动身的时候，忽然从京中传来了特大喜讯，曹颙“早生贵子”了。这对曹寅来说，就是“家报得孙”！——报喜的人一出口，整个盐漕察院像开了锅似的沸腾起来了，不用说曹寅的心里是乐开了花，就连上上下下的幕客和差役们，也都奔走相告，“恭喜、恭喜”的呼声不绝于耳。这消息飞传到东园里，本来正埋头考订文史的张云章，也不禁欢欣雀跃，立即献诗祝贺，题目是《闻曹荔轩银台得孙却寄兼送入都》[1]，全诗是：

天上惊传降石麟（时令子在京师，以充闾信至），先生谒帝戒兹辰。俶装继相萧为侣，取印提戈彬作伦[2]。书带小同开叶细，凤毛灵运出池新。归时汤饼应招我，祖砚传看入座宾[3]。

1 “荔轩”是曹寅的别号，“银台”是通政使的尊称，“却寄”是赠诗的一种术语（以诗筒传送）。

2 曹彬是曹寅的远祖，“取印提戈”的典故，参见本书第 166 页。

3 “祖砚”的典故，参见本书第 167 页。

张云章这首贺诗的大意是：好音从天而降，在京中的令郎生了贵子。想到古代有两个喜庆吉祥的故事：六朝时宝志和尚称赞徐陵是“天上石麒麟”，魏晋时贾逵曾预言新生的儿子贾充必将光耀门楣（充闾之庆）。我现在就用这两个典故来表示贺意。恰好你今天正要动身赴京，准备向皇上面陈盐务和织造的详情，因此，我这首诗同时祝颂你一路平安、一帆风顺。你的功业可以和汉初继萧何为相的曹参相比，你的孙子将如宋初的曹彬，志向远大。我还要向你表示良好的祝愿，祝你这个孙子在学问方面像东汉时郑玄之孙郑小同一样渊博，在文学创作方面像晋宋时谢灵运之孙谢超宗那样高明。但愿你从北京把孙子带回来，到明年举行周岁宴会时，我希望能躬逢其盛，并预祝你家祖祖辈辈优秀的文化传统，将在孙子身上发扬光大！

那么，曹寅这个长孙究竟是谁呢？据说，这就是后来创作《红楼梦》的伟大作家曹雪芹[1]。他是曹颙的儿子，诞生于康熙五十年（1711）十一月初[2]。

曹颙是十七岁上京当差的，雪芹出世时他已十九岁，正碰上曹寅入都朝见皇上，父子得以团聚，免不了在京中的老宅内要欢庆一番。新春期间，皇上宣召曹寅进宫，在畅春苑“赐宴”，又“随驾入侍”。康熙五十一年（1712）二月初十日，曹寅离京南归，又蒙皇恩怜念他只有曹颙一个独子，便让他父子一起回转江宁织造的任

1　见《红楼梦研究集刊》第六辑第 382—389 页。

2　由于缺乏文献记载，雪芹是谁之子，生于哪一年，红学界有多种不同的见解，众说纷纭，争论不休。这里只是提出一种看法，并非定论。过去在学术界流行的见解主要有三种：第一种假设和推断，认为雪芹是曹頫的儿子，约生于雍正二年（甲辰 1724）；第二种假设和推断，认为雪芹是曹颙的“遗腹子”，约生于康熙五十四年（乙未 1715）；第三种是综合上述两种见解，各取其半，认为雪芹是曹頫之子，约生于康熙五十四年，但无根据，难以成立。

所，而生下三个多月的孙儿，也就在祖父的带领下到了南京。所以敦诚《寄怀曹雪芹》“扬州旧梦久已觉”的诗注记载：

> 雪芹曾随其先祖寅织造之任。

这可以说是确切地反映了这一段历史事实。可惜曹寅带雪芹回江南后不到半年就死了，他未能亲自主持雪芹的“周岁盛会”！

四、富贵温柔的生活

雪芹的祖父去世后，皇上提拔他父亲曹颙督理江宁织造。这一年，他父亲只有二十岁，却已经荣任这样的要职。于是，贵族家庭给年满周岁的孩子正式取名为曹霑，号芹圃。“霑”是沾了天恩祖德的意思，语出汉代扬雄的《长杨赋》“仁霑而恩洽”。“芹圃”的含义是指雨露恩泽沾溉园圃，语出《诗经·鲁颂·泮水》：“思乐泮水，薄采其芹。”在科举时代，“入泮”“采芹”就是指望“学而优则仕”。但他长大后不喜欢这种俗套，便另外给自己起了“雪芹”这个雅号，语出苏轼《东坡八首》“泥芹有宿根”“雪芽何时动”，以及苏辙《同外孙文九新春五绝句》“园父初挑雪底芹”，这是象征洁白、耐寒的高尚情操，含义极妙。

雪芹的童年时代和少年时代都是在南京度过的。尽管他五岁时父亲就死了，但皇上“洪恩浩荡”，又叫他叔父曹頫继任世职，并抚养孤儿。所以他仍然是江宁织造府里的天之骄子，过着锦衣玉食、富贵温柔的生活。他生性好动，有时还到江宁织造局去看看，习得了有关织锦的知识。织造局是丝织工人劳动操作的工场，位于织造府东北边的汉府街，那里有洋商洋货，可以大开眼界。他叔父是个“好古嗜学”的人，能祖述曹玺、曹寅和曹颙的遗志，为康熙王朝忠实服务。康熙自统一台湾后，即提倡学习西洋先进的科学技术。当时欧洲来华的传教士张诚、白晋等，受到康熙的赏识，应聘任职，不仅在宫廷内开讲《圣经》，而且还直接给皇上传授数学、天文、医药、化学、仪器等科技知识。由于海禁开放，中外贸易得到了恢复和发展。在“遣使通贡，互市不绝”的有利条件下，曹頫也曾结交来华的洋商。因此，在雪芹的家庭环境中，接触到各种名目的舶来品和洋货奇器，那就是很自然的事了。所以《红楼梦》中提到的通事官（翻译官）和许多珠光宝气的西洋物品，并非虚构或想象，他确实是有生活基础的。

不过，雪芹的文化教养和民族心理仍是中国汉族的传统。他继承了祖父曹寅的文才艺事，琴棋书画件件皆能，诗词曲赋无所不精。他祖父遗留下的“楝亭藏书”有十多万卷，经、史、子、集样样都有，从《诗经》《楚辞》到《春秋》《史记》，从汉赋唐诗到宋词元曲，他都勤奋地熟读饱览。织造府里有座“萱瑞堂”，厅上高悬着皇上御笔亲题的匾额，这是康熙接见他曾祖母时当场赏赐的。家里人常说，他曾祖母是皇帝的奶妈，所以有如此这般的“旷典奇恩”，又说皇帝四次住在他家里，他祖父接驾，忙得不亦乐乎！这些家世旧闻，使他听得津津有味，终身难忘。他家婢仆成群，排场很大，祖父在世时，还很讲究吃喝，而且编刊了食谱专书，叫作《居常饮馔录》，美味名菜，家法相传，使他也懂得了一些烹饪方面的道理。

雪芹见多识广，才气纵横。他熟悉南方的风土人情，到过苏州、扬州和镇江，眼界开阔。他的艺术才能，还表现在对戏曲之道造诣很深。这种爱好，也是从祖父曹寅和舅祖李煦那里传下来的。曹寅不仅有个家庭戏班，而且擅长戏曲创作，编写了《北红拂记》、《表忠记》、《太平乐事》和《续琵琶》等剧本。有一次，曹寅曾召集南北名流，举行了大规模的昆曲演出，连演了三天三夜，并特邀《长生殿》的剧作者洪昇到场指导。这些繁华的往事，雪芹成年后可能听到长辈们有声有色的追述，至少他是读过祖父的戏曲作品的，至于《西厢记》《牡丹亭》等传奇角本，他都早已看过了。再说舅祖李煦任苏州织造三十年，曾掌管戏班供奉内廷，其子李鼎能亲自“串戏”，“演《长生殿》传奇，衣装费至数万”。像这样豪奢狂热的戏迷，对曹、李两家的亲戚都会产生影响。相传雪芹曾随祖母李太夫人到过苏州李家，耳濡目染，进一步养成了对戏曲的挚爱。这些江南时期不平凡的生活经历，正好为他后来写《红楼梦》积累了丰富的创作素材。曹家被抄没时，雪芹已经十七岁了，他对贵族家庭的安富尊荣和崩溃败落，都是亲眼看到的，是有切身体会的。

五、从繁华盛世的顶端跌落下来

曹雪芹在江南所经历的风月繁华生活，由于雍正五年（1727）十二月被抄家而告终。本来，曹家的盛世完全是康熙的特殊宠信带来的，曹頫继曹颙为江宁织造，依仗着皇恩祖德而一帆风顺。但到康熙六十一年（1722）十一月玄烨去世后，情况就发生了根本的变化。清世宗雍正是在皇室内部激烈的政治斗争中登上皇帝宝座的，他是皇四子，名胤禛，为了巩固已经取得的最高权位，对跟他争夺皇位的兄弟进行了凶残的惩治。首当其冲的是皇八子允禩和皇九子允禟，先是圈禁，然后加以杀害。凡是允禩、允禟的党羽，也都遭到撤职、抄家、监禁、流放等处置。曹雪芹的家庭及其亲戚，在这场政治风云中受到了惨重的打击。雪芹的舅祖李煦，就是因此而家破人亡的。

李煦被抄家逮捕是在雍正元年（1723），先是清算挪用公款的事，“将其家物估价抵偿欠银”；然后经过长期审讯，揭出他在康熙五十二年曾买了五个苏州女子送给允禩，于是被定为“大逆极恶”的“奸党”，于雍正五年二月二十三日由刑部判处死刑，后改为流放。

曹頫被撤职查办，除了与“奸党”有牵连外，另有经济上的原因，那就是“行为不端”“因亏空罢任”。

曹家亏欠公款，从曹寅在世时就开始了。这个声势煊赫的贵族大家庭，在生活上穷奢极欲，挥霍无度，衣、食、住、行都非常讲究，豪华阔绰，糜费惊人。特别是康熙南巡，四次接驾的巨额开销，造成了曹家的大量亏空，背上了沉重的包袱。“只预备接驾一次，把银子花的淌海水似的！”例如康熙三十八年玄烨在南京时要到香林寺去，曹寅马上给该寺买施了420多亩香火田。又如康熙四十四年玄烨到扬州住的三汊河行宫，是曹寅自己掏腰包兴建的。当时诗人张符骧在《竹西词》中说得好：“三汊河干筑帝家，金钱滥用比泥沙！”这使曹寅深深地陷入了债务的泥潭，到他临终时，留下了亏空32万和26万多两的糊涂账。幸得康熙宽容，同意李煦以代管盐务的收入，协助曹颙补完这笔钱粮。康熙曾说：“曹寅李煦用银之处甚多，朕知其中情由。”真是“拿着皇帝家的银子往皇帝身上使”，怪不得康熙心中有数，一再庇护。可是曹頫主持家政后，对饮食起居和日常用度仍不能省俭，架子大了收不起来。因此旧欠未完，新的亏空又接踵而至。偏偏康熙死了，失去了靠山。雍正登基后，对曹頫的态度十分严厉，要他三年内补完欠账，并将此事交由怡亲王允祥办理。雍正二年（1724），胤禛在曹頫《恭请圣安》的折子上批示说："你是奉旨交与怡亲王传奏你的事的，诸事听王子教导而行。你若自己不为非，诸事王子照看得你来，你若作不法，凭谁不能与你作福。不要乱跑门路，瞎费心思力量买祸受。除怡王之外，竟可不用再求一人托累自己。为甚么不拣省事有益的做，做费事有害的事？因你们向来混账风俗惯了！"字里行间，充满了对曹頫的厌恶之感。到雍正四、五年，又查出江宁所织缎匹"粗糙轻薄"，御用褂面落色，曹頫因此被罚俸二年，而且巡盐御史噶尔泰还密报说："访得曹頫年少无材，遇事畏缩，织造事务交与管家丁汉臣料理，臣在京见过数次，人亦平常。"胤禛在"遇事畏缩"旁朱批"原不成器"，在"人亦平常"旁朱批"岂止平常而已"！足见雍正对曹頫极为不满，与康熙赏识曹頫的往事适成鲜明的对比。这主要是因为雍正怀疑他与"奸党"有特殊关系，所以总想找出岔子来整他。雍正五年十二月初四日，山东巡抚塞楞额告发：织造运送龙衣经过长清县时，多索夫马、程仪和骡价等项银两。因此，"骚扰驿站"成了曹頫被抄家治罪的直接原因，曹頫到京后即被扣留，并罚他赔银四百四十三两二钱。十二月十五日和二十四日，胤禛接连发出二道"上谕"，曹頫受到革职查办的处分，南京的家产被查封抄没，"百年望族"的曹家从此败落！

雍正六年（1728）二月初二日，新任江宁织造隋赫德到南京接管，并将清点抄家物资的情况奏报胤禛说：

> 窃奴才荷蒙皇上天高地厚洪恩，特命管理江宁织造。于未到之先，总督范时绎已将曹家管事数人拿去，夹讯监禁，所有房产什物，一并查清，造册封固。及奴才到后，细查其房屋并家人住房十三处，共计四百八十三间；地八

处，共十九顷零六十七亩；家人大小男女共一百十四口；余者桌椅床杌旧衣零星等件及当票百余张外，并无别项，与总督所查册内仿佛。又家人供出外有欠曹𫖯银连本利共三万二千余两，奴才即将欠户询问明白，皆承应偿还。

再，曹𫖯所有田产房屋人口等项，奴才荷蒙皇上浩荡天恩特加赏赉，宠荣已极。曹𫖯家属蒙恩谕少留房屋以资养赡，今其家属不久回京，奴才应将在京房屋人口酌量拨给。

由此可见，雍正把没收的财物和产业等全部赏给了隋赫德。这说明抄家的目的并不是将家产抵债或赔补亏空，实际上是对曹𫖯进行惩罚和打击。这年七月初三日，隋赫德向雍正奏报，在江宁织造衙门左侧的万寿庵内，查出曹𫖯替允禟寄存的镀金狮子一对。此事证明曹𫖯与“奸党”有来往，从而给这次抄家又涂上了一层政治色彩。

六、从南京到北京

清世宗雍正六年（1728）的秋天，十八岁的曹雪芹离开了可爱的南京，他陪伴着母亲、婶娘和奶奶等，从水西门外秦淮河边下船，身无长物，悄然而去。自从他家被查抄封门后，一家子都被扣押了起来，等候着遣返回京。偏偏叔父曹𫖯待罪京中，“审案未结”，不能到南方来接，皇上究竟怎样发落，又不得而知。从春天等到夏天，从夏天等到秋天，隋赫德几次三番地搜查讯问，连织造府旁边与曹家有关的万寿庵和水月庵都查过了，再也抄不出什么东西来了，这样才准许雇船遣发。动身的时候，场面是很冷清的，因为曹家有了罪，过去的亲朋故旧都不敢出城送别。雪芹对这一点倒没有放在心上，只是惦记着一百多个男佣女仆，不知他们被隋赫德夺去后是怎样的命运。眼下，秦淮河两边旖旎的风光，又使他依依不舍。旱西门过去了，石城门过去了，那不是天然奇势的石头城吗！他正在痴想的时候，船已从秦淮河进入长江了，但见大江东去，顿觉眼空天阔。晚上，他靠着船舷，心事重重，那秋江明月，又勾起了他无穷的愁思，往日的欢娱，眼前的凄清，使他对生活的巨变有了深切的体味！第二天，船到瓜洲渡口，这是万里长江与千里运河的交汇处，雪芹站在船尾，看到对岸金山上的七级浮图。那亭亭的塔影，依旧是当年游历过的情景，如今物是人非，真是不堪回首！别了，可爱的江南，不知何年何月，才能再来江南呢？当航船经过绿杨城郭的扬州时，他想起爷爷当年担任巡盐御史的盛况，不禁感慨万分。他清楚地记得，盐署中有祖父喜爱的桃花泉，保障河（今瘦西湖）边小金山下有祖父的祠堂，不知现在怎么样了。他很想上岸去看看，但是身不由己，只能望城兴叹——这一切也不去管它了，还是早日回京吧。

当时的皇都北京，是一派富丽堂皇、昌明隆盛的气象。它背靠燕山，东望辽海。京城周围长四十里，分内外二城，按八旗的方位划分为族人的住宅区，正白旗曹家的几座老宅是在东区。雪芹一行到达京城以后，才弄清楚曹頫因“骚扰驿站”案获罪，现正枷号。至于“奸党”一案，除了查到曹頫间接替允禟寄存一对镀金狮子以外，再也没有抓到别的把柄，更没有发现什么阴谋勾当，因此不再追究。为了安置家属的生活，隋赫德奉旨将已经抄没的广渠门内崇文门外蒜市口老宅十七间半和家仆三对，拨还给曹寅的孀妻李氏，以便赡养度生。

据中国第一历史档案馆所藏清宫内务府满汉合璧的档案记载，

曹𫖯被抄家后确是下狱治罪的，案情爆发的导火线是骚扰驿站，结果是新账老账一起算，判处“枷号”的刑罚[1]。所谓枷号，就是白天戴上木枷示众，从雍正六年六月开始到七年七月，曹𫖯披枷带锁地被惩罚了一年多才算了事。

随着时光的流逝和政治形势的变化，一度受到惨重打击的曹家，在亲戚朋友的接济和扶持下，境况渐渐地有所好转。首先是怡亲王允祥的照顾，他是康熙第十三子，在抢夺皇位的斗争中，他是靠拢胤禛集团的，所以胤禛即位后，他是唯一没有受到整治的兄弟，而且得到了胤禛的信任和重用。他管理过户部事务，还担任过议政王大臣。曹寅在世时，曾与他结交，颇有情谊。自从曹𫖯的案子交他办理后，他是有些庇护的。胤禛在曹𫖯《请安折》的批语中也说：“况王子甚疼怜你，所以朕将你交与王子。”正因为怡亲王的帮助，曹𫖯才没有一败涂地。

其次，曹𫖯的族兄曹颀和堂伯父曹宜，并未受到株连，仍然是有钱有势的。曹颀在宫内任侍卫，一直得到胤禛的宠信，屡次赏赐御书“福”字；曹宜则至雍正十一年晋升为内务府正白旗护军参领[2]。这对曹𫖯来说，也是会有助益的。

更重要的，雪芹家还有两门得力的亲戚：平郡王福彭和兵部右侍郎傅鼐。曹寅的长女是镶红旗多罗平郡王讷尔苏的妻子，婚后生有四子。长子福彭，于雍正四年七月袭爵，算起来正是雪芹的姑表兄，他在雍正十年正月任满洲镶蓝旗都统，颇得胤禛的好感，被提拔在军机处参与机要政务，十一年七月升任定边大将军。傅鼐是曹

1　见《历史档案》1983年第一期第38页。

2　参领：旗兵的上层军官，官阶是“从三品”。八旗的军制是：每三百人为一个基本单位，设一个佐领，五个佐领组成一个参领，五个参领组成一个旗，旗的司令官称为“都统”。

寅的妹夫，即曹頫的姑父，雍正九年（1731）十二月授军营参赞大臣。这两个王公显贵的照应，使曹家的处境有了改善。

雍正十三年（1735）八月，胤禛一命呜呼，他的第四子弘历继位，这就是乾隆皇帝。

新皇上台，照例有一番恩典，或封官赏爵，或赦免罪人。曹頫得到的好处是免除了一笔赔款，那就是雍正五年在山东长清县骚扰驿站被罚款一事，当时只付了银一百四十一两，还有银三百零二两二钱，一直无力交纳。现在按照新皇帝的谕旨，一概宽免。雪芹的叔祖曹宜，得到的好处更多，朝廷曾颁下诰命，追封曹宜之父曹尔正和祖父曹振彦为资政大夫，这是雪芹家族里的大喜事。再说傅鼐，更是官运亨通，乾隆元年（1736）三月升兵部尚书，乾隆二年又任内务府总管大臣兼满洲正蓝旗都统。而福彭和弘历的关系素称亲密，当弘历还是太子的时候，他俩就有交往，太子刻印诗作《乐善堂集》，福彭曾为之作序。乾隆元年三月，弘历任命福彭为满洲正白旗都统，成了曹家的顶头上司，扶持遮饰，定有照应。这一切都说明雪芹家里有可能恢复到“小康”的局面。

七、放浪、叛逆

北京的仲夏，是最迷人的季节。雪芹这天早上起来，见到窗外阳光灿烂，便情不自禁地跑到庭院里，去欣赏花木清荫的良辰美景。这住宅的西边是个小园子，走过悬香阁，现出一个月洞门，上面有一块石刻横额，大书“芷园”二字，那还是叔祖曹宜生前亲笔题署的。近来，他不欢喜读什么《四书五经》，却把祖父的《楝亭诗钞》翻来翻去，看看那里面是怎样吟咏这所祖传旧宅的：

“故园何所有，白石与苍苔……”

“千条兼万缕，长短故园中……”

他边走边吟，断断续续地背诵着《楝亭集》中的诗句。到了园子里，看到垂柳依依，桂树成行，春帆斋下的荷塘里，朵朵莲花，好像出污泥而不染的美人，在晨光中更见得绰约多姿。这使他想起了江宁旧院中那些出类拔萃的女子，不知道她们又怎么样了。

“西窗荷叶大如盘，烟雨寻常作画看……”他又吟起了祖父的诗句。他感到快慰的是，这所从曾祖手里传下的旧宅如今终于发还，使他们一家有了个安身立命的处所。但也有使他感到头痛的事，那就是家里的叔叔、祖母都催他去应试，逼着他读朱熹的《四书集注》。表兄也来督促，要他博取功名，认为只有科举是正路，又说曹家复兴，在此一举。他母亲更是望子成龙，心情迫切。

自从雪芹十八岁那年来到北京后，家里曾送他到内务府主办的景山官学读了几年书，官学规定的学龄是到二十三岁为止。他学满后一直闲在家里，作作诗，弹弹琴，风流自赏，无意于功名。倒是几门有权势的亲戚帮忙，硬是用推送的办法，举荐他为贡生[1]，算是取得了秀才的资格。大家都称赞他才学好，人品好，不怕中不了举人，说不定鲤鱼跳龙门，三年五年就考上个进士！可是这些美好的语言，都不能医治他心灵上的创伤，每当他回想起南京抄家时的光景，他就心惊肉跳。他有点儿看破红尘，觉得荣华富贵转眼成空，对“学而优则仕”不感兴趣了。他欢喜读《庄子》和佛学禅宗的书。因为向往魏晋风度，仰慕“竹林七贤”之一的阮籍，索性又给

1 清代梁恭辰《北东园笔录》四编卷四记载：“曹雪芹实有其人，然以老贡生槁死牖下。”

自己起了个“梦阮”的别号。

光阴似箭一般地飞逝，雪芹的年纪越来越大了，家里人都为他的前途着急，但他自己却处之泰然。他压根儿就不屑于仕进，依旧是过着吟诗作画、赏花舞剑、酌酒听曲的生活。他赞赏的是风雅名士，而不是达官贵人。他喜欢和唱戏的角儿来往，却不愿结交官宦子弟。在景山官学的时候，他有几个新相识的朋友，都是那些被人家瞧不起的戏子艺人。原来，景山观德殿西北角有一条苏州巷，苏州织造府为宫廷选送的演员都住在那里。按内务府规定，官学与苏州巷是不许交通的。但雪芹却私底下常去走动，尤其是在离开官学以后，更是无所顾忌了。他曾经发过奇想，干脆加入戏班，宁可做戏子而不愿去参加科试当官。在南京时，他祖父手里曾留下一班小戏子，平时厮混熟了，什么生、旦、净、末、丑诸般角色，都很熟习，他能弹会唱，多才多艺，在戏曲音乐方面具有丰富的知识。因此，他在京中认得苏州来的“奇优名倡”后，常背着家庭，暗暗地跟这些人来往，并且还客串演戏，粉墨登场。据乾隆时有人记载，雪芹“不得志，遂放浪形骸，杂优伶中，时演剧以为乐”[1]。这种“流荡优伶”的放浪行为，当然是讲究身份地位，热望科举功名的封建家庭所不允许的。“没有不透风的墙”，这秘密终于被家里人知道了，从叔叔到祖母，都气得发昏章第十一！连亲戚、族人都来指责他，说他不长进！不学好！但他就是不肯读经应试，反而以白眼对人。他叔父无可奈何，只得和大家商量了一个办法，腾出一间空屋子，把雪芹关了禁闭，下狠心要管教他。在这间空房里，所有的杂书都搜索净尽，包括他祖父的《楝亭诗钞》和词曲著作，统

1 善因楼版《批评新大奇书红楼梦》第一回过录乾隆间人的批语（见《红楼梦研究集刊》第五辑第 378、390 页。）

统都不许看；只放了一套《四书五经》，要他反反复复地熟读；另外也放了些笔墨纸砚，要他多练多写八股文章，以便下一次能去应试。这样一关竟关了三年之久，可是雪芹却无动于衷，既没有看出他有什么悔悟的表现，也没有看到他交出八股文来。只见他一天到晚乱涂乱抹，歪歪斜斜地写个不停。原来，他竟写起“没出息”的小说来了。清人赵烈文在《能静居日记》中有一段记载，说他“素放浪，至衣食不给。其父执某，钥空室中，三年遂成此书”。他写出来的是什么书呢？据说，那就是《红楼梦》最初的草稿《风月宝鉴》。雪芹有个兄弟叫棠村，私下里支持他，还偷偷地给《风月宝鉴》写了序言。雪芹开始创作的时间，在乾隆六年（1741）左右。就这样，他奋起如椽之笔，无情地揭露封建社会的种种丑恶现象。当然，这又犯了离经叛道的弥天大罪，为诗礼簪缨之族所不容。他忍无可忍，终于跟封建家庭决裂而出走。这一叛逆行为，引起封建族长的忿恨，把他从曹氏家谱中除了名，不承认他这个“不肖子孙”！

雪芹离家跑走后，浪迹于市井之间，历尽艰辛！“无衣食，寄食亲友家。”[1]可是，姑祖傅鼐家已渐没落，表兄福彭在乾隆十三年（1748）十一月也不幸病逝，故旧凋零，落魄无依。他在京城内外到处流浪，曾住广渠门内的卧佛寺，又在西单旧刑部街住过。在最困难的时候，甚至栖身于什刹海附近某王府的马房中。他继续进行着小说创作，“苦无纸，以日历纸背写书”。[2]不论是破屋还是草房，凡是住在那里写过书的地方，他都一概诙谐地称之为“悼红轩”，意思是悼念红楼中的痴男怨女。自从摆脱了封建家庭的羁绊以后，

1 据清人潘德舆：《金壶浪墨 · 读红楼梦题后》。

2 同上。

他就像一头没有被缰绳笼住的野马，无拘无束，自由自在。他广泛接触了下层的市民群众，深入了生活，拓宽了眼界，对整个封建社会有了更深刻的认识，从而推动了《红楼梦》的创作。

八、与敦敏、敦诚兄弟结为知交

大约在乾隆十四年（1749）光景，雪芹得到好友的帮助，谋到了一份差事，在右翼宗学里当一名职员，称为“笔帖式”，做抄抄写写的文书工作，总算能维持自己的生活，而且有了个安定的环境，有利于继续从事小说的写作。这时，他已是三十多岁的人了。

右翼宗学在西单牌楼的石虎胡同，这地方是个文化区。在同一条街道上，还有正黄旗义学，那是专门为家境清寒的八旗生童设立的。而宗学的性质则是造就皇室本族的人才，是专为爱新觉罗的宗室子弟开办的。按照八旗分左翼和右翼的制度，左翼宗学在东城，右翼宗学在西城。

曹雪芹到右翼宗学当差后，跟这里的教职工和同学们相处很好。教习中如卜宅三、黄克显、孙灏、徐培等；学生中如敦敏、敦诚、复斋、寅圃、立翁等，都乐于和他交往。雪芹最为高兴的，是结识了敦敏、敦诚。他们之间的情谊极深，经常在一起饮酒赋诗，互相唱和。

敦敏（1729—1796）字子明，号懋斋，著作有《懋斋诗钞》。敦诚（1734—1791）字敬亭，号松堂，著作有《四松堂集》和《鹪鹩庵杂志》。据《爱新觉罗宗谱》记载，他俩是清太祖努尔哈赤第十二子英亲王阿济格的五世孙。他们本来是贵族世家，但因为阿济格在顺治初年的政治斗争中失败，遭到抄家、赐死的处分，所以其后裔成了破落的飘零子弟，名义上是宗室，实际上过着平民般的生活。所以敦敏、敦诚的年龄虽比雪芹小得多，但由于同病相怜，同气相投，有着共通的思想感情，因此成了十分契合的“忘年交”。再说雪芹在宗学里虽是职员，但他能与学生们平等相处，不拘俗套，不拘形式，容易打成一片，这就使他们成了情长谊深的知心朋友。

敦敏、敦诚是在乾隆九年（1744）进宗学的，到乾隆十九年（1754）离校时，敦敏是二十六岁，敦诚是二十一岁。敦诚在《寄怀曹雪芹》诗中说“当时虎门数晨夕[1]，西窗剪烛风雨昏”，表达了当年他们在宗学朝夕相处，常常在风雨黄昏的晚上挑灯夜话的情景。雪芹是个谈笑风生的人，凡是跟他接近的朋友，都被他妙趣横生的谈锋所吸引。裕瑞在《枣窗闲笔》中描绘他的风貌是“身胖，头广而色黑，善谈吐，风雅游戏，触境生春，闻其奇谈，娓娓然令人终日不倦”。雪芹的才华风度，使敦敏、敦诚倾倒拜服。在一起相处久了，更进一步发现他是个了不起的天才：能诗善画，文笔惊人。敦诚赞不绝口地说：“爱君诗笔有奇气，直追昌谷破篱樊。”意思是：“我爱你的诗歌才气纵横，简直可以和唐代诗家李贺相比，甚至是超过李贺而有所创新。”每逢课后空闲的时候，他们经常在一起聚会。有时，雪芹还沽一点酒来，边吃边谈，醉了以后，往往露出愤世嫉俗的傲骨狂形，发表一些不合礼教的言论。敦诚的诗中说他“接䍦[2]倒著容君傲，高谈雄辩虱手扪”，生动地描绘了雪芹酒中傲

---

1 虎门：指宗学，《八旗文经 · 宗学记》：“即《周官》立学于虎门之外以教国子弟之义也。”数晨夕：经常在一起叙谈，语出陶渊明《移居》诗：“闻多素心人，乐与数晨夕。”

2 接䍦：头巾，古时的一种帽子。倒戴帽子的典故见《晋书 · 山简传》。虱手扪：捉虱子。据《晋书 · 王猛传》记载，王猛曾经穿着老百姓的粗布衣服去看征西大将军桓温，一边谈论时事，一边在身上捉虱子，旁若无人，毫无拘束。

世的狂态和蔑视权贵的突兀性格。

在右翼宗学的那么多年中，雪芹还和敦敏、敦诚一起出游，趁着清明节的大好春光，到北京东郊去扫墓。雪芹家的祖茔在东坝，敦敏、敦诚家的祖坟在水南庄，回来的时候，他们在通惠河边的庆丰闸酒楼碰头，然后再一同进城。十多年以后，敦敏旧地重游，曾写诗回顾了这段经历。

九、迁居西山

乾隆十九年（1754），右翼宗学改组，搬到宣武门绒线胡同新址去了。雪芹大概在这个时候离开了宗学，由于生活没有着落，只得迁居西山旗地。

西山是北京西郊山脉的总称，出西直门远望，只见峰峦起伏，重重迭迭，如玉泉山、香山、翠微山、卢师山、妙峰山等，都是它的支脉。清朝统治者入关以后，曾在各地圈占大量土地，分封给宗室和属员。皇室占有的称“皇庄”，官僚贵族占有的称“官庄”，而一般旗人所得的“分地”则称为“旗地”。在北京西山圈占的是旗地，按八旗的名称划分区域，每区都设有专人管理，称为旗营。属于哪个旗的人只能分在哪个旗的旗营内，称为“拨旗归营”。到乾隆时禁例松弛，才准许越旗居住和自由买卖。曹雪芹迁移到西郊，是在本身的正白旗区城内，就是现在香山的正白旗村，距离西直门约三十里。

西山的旗地，实际上是旗人获罪或无法生活以后的居留地，带有收容和救济的性质。雪芹初到香山时，按照旗营的规定，每月可以领到“月例银”四两，每个季度领一石七斗米，住三间草房。这时，雪芹的原配夫人跟他在一起，还生了个男娃。来到香山以后，他学着做些农活儿，单靠旗营发放的钱粮，经济上显然是很拮据的。可他并不理会家计的困难，仍然继续忙着写他的小说。到了乡下，开门见山，心旷神怡，而且又接触到许多勤劳朴实的农民，使他感到无比的欣慰。

日复一日，年复一年，雪芹的生活更形穷困了。他是阅历过大富大贵的人，但在饱经沧桑以后，深感人情冷暖、世态炎凉，已不再羡慕富贵。他不喜欢跟富人接近，又不愿意向亲朋好友们伸手，宁可在山村里过着清贫淡泊的生活，真是“高山流水诗千首，明月清风酒一船”，诗酒逍遥，成了他的习性和风尚。没钱买酒怎么办？他便拿起笔来画几幅画，把卖画得来的几个钱付给酒家。他固然已经很贫困，可还常常请乡下的穷哥们一起吃酒。当时有位住在镶白旗营的鄂比先生，人称醉鬼张三，非常佩服雪芹的气度和节操，过年的时候，专门写了一副对联送给他，上联是“远富近贫以礼相交天下少”，下联是“疏亲慢友因财而散世间多”，表示了对他的敬爱和推崇。

再说敦敏、敦诚在右翼宗学与雪芹分手以后，先是在家里闲住。他俩的父亲瑚玐是山海关的税务官，乾隆二十二年（1757）二月，瑚玐的公务忙不过来，便叫敦敏去分管锦州税务，叫敦诚分管喜峰口的松亭关税务。这时，敦诚才二十四岁，一个青年人初次出远门，未免想念故都的亲友，而特别难以忘怀的，是宗学旧交曹雪芹。雪芹的漂泊身世，使他无限同情，雪芹的音容笑貌，常萦回在他的脑际。这年秋天，他遏制不住自己的激情，提笔写下了十八句之多的古体诗《寄怀曹雪芹》，开头六句说：

少陵昔赠曹将军，曾曰魏武之子孙。

君又无乃将军后，于今环堵蓬篙屯。

扬州旧梦久已觉，且著临邛犊鼻裈[1]。

意思是：“杜甫当年写诗送给画家曹霸，曾经说他是魏武帝曹操的子孙，你虽然也是魏武帝的后代，如今却住在四周长满蓬蒿的荒郊山村。你在江南的繁华旧梦早已破灭，不再存在任何幻想；现今你像司马相如开小酒店时的模样，穿着土布短衣，甘居贫贱。”这诗的最后四句说：

劝君莫弹食客铗[2]，劝君莫叩富儿门。

残杯冷炙有德色，不如著书黄叶村！

可见敦诚对雪芹十分了解，极其关切，还特别鼓励说：“在秋山黄叶的村庄里，专心从事你的创作吧！”诗中提及的“著书”，当然包括《红楼梦》在内。据说，雪芹对原来的草稿《风月宝鉴》不够满意，便花了十年功夫重新改写成《石头记》，一部分初稿曾在至友亲朋间传阅，得到了大家的称赞，争相传抄。众人都说他写得好，若非亲见亲闻，怎能写得出来！其中有一位号称“脂砚斋”的评阅者，对曹家的情况很熟悉，对雪芹特别同情并大力支持。这个人在乾隆十九年以前就已经在抄本上加评加批了，到乾隆十九年（1754）的抄本里，正式题为《脂砚斋重评石头记》，为免节外生

1 临邛：今四川邛崃。《汉书 · 司马相如传》记载，他和卓文君结婚后，一起到临邛卖酒为生，自己劳动，自食其力。犊鼻裈：像牛鼻子一样的短脚裤。

2 铗：剑把。《战国策 · 齐策》记载，冯驩投奔大贵族孟尝君为食客，因为不被重视，曾弹铗长歌，抒发内心的苦闷和不满。

枝，他在批语中始终没有露出真名实姓来[1]。

雪芹迁居西山以后，和脂砚先生仍旧经常保持着联系。《石头记》初稿是不完整的，里面还有好多章节空着，有待于补完，究竟要写多少回，也需要细心斟酌。这期间，脂砚斋又帮他出了些主意。在西郊的山村里，雪芹专心致志地进行创作，希望能早日完成《石头记》的全稿。每当他写完一部分，脂砚斋就来拿去传抄校对，大约在乾隆二十一年（丙子，1756），脂砚斋进行了第三次评点。到了乾隆二十四年（己卯，1759）冬天，又传出了“脂砚斋凡四阅评过”的抄本，这消息被小怡亲王弘晓知道了，赶紧派人设法借去，在怡亲王府里组织了一班抄手，及时过录了一部。到乾隆二十五年（1760），又传出了一个“庚辰秋月定本”，已经写到八十回了。到西山后的这段时期，雪芹四十多岁，年富力强，精力充沛，艰难困苦的生活没有压倒他，反而激励他在文学创作中发出了灿烂的思想光辉。

十、和张宜泉等人的交游

曹雪芹隐居西山以后，结识了一位村塾教师张宜泉，他俩成了朋友，十分亲密。

张宜泉（1720—1770），内务府汉军镶黄旗人，比雪芹小九

1 脂砚斋究竟是谁？红学家纷纷考证，莫衷一是。归纳起来，大致有下列几种说法：（一）是雪芹的叔父；（二）是雪芹的嫡堂弟兄或从堂弟兄；（三）是雪芹自己；（四）是一位女性，疑为史湘云（周汝昌《红楼梦新证》），或即雪芹之妻；（五）是宝玉少年时代的模特儿，即曹寅之侄，可能名为曹硕（吴世昌《红楼梦探源外编》）；（六）是曹頫的遗腹子，或即雪芹之弟。

岁。他的祖先曾以“战功”授勋，家里有富丽堂皇的花厅和庭院，但后来逐渐败落。他十三岁时死了父亲，遭到哥哥嫂嫂的虐待，被迫离家分居，流落到西郊，在农村的私塾里做个教书先生，勉强糊口。他欢喜饮酒赋诗，有诗集《春柳堂诗稿》，在自序中曾不胜感叹地说：“家门不幸，书剑飘零，三十年来，百无一就。”在他的作品中，伤时愤世之情，跃然纸上，可见他也是一个具有叛逆性格的人。所以他和雪芹意气相投，一见如故。有时雪芹去看他，他就“破灶添新火，春灯剪细花”，直谈到明月西斜，还不肯睡觉；有时他去访雪芹，携琴载酒行，促膝话新诗。七律《题芹溪居士》，就是他为雪芹而作的赞歌：

爱将笔墨逞风流，庐结西郊别样幽。
门外山川供绘画，堂前花鸟入吟讴。
羹调未羡青莲宠[1]，苑召难忘立本羞[2]。
借问古来谁得似？野心应被白云留！

这首诗称颂了曹雪芹在文艺创作方面的非凡才华，赞扬他像宋初的隐士陈抟一样，有着一种渴望自由的心胸。从诗中反映出，雪芹因为精于绘画，曾有内务府官员来请他到宫廷画苑里去，但他傲世抗俗，鄙弃富贵，不愿给皇帝当差。“野心”就是指他不受封建礼法拘束的心，好像被天上飘荡的白云留在寂静的山中了！这最后一句，正是对雪芹无比崇高的赞美！

1　青莲：李白号青莲居士，唐玄宗召他为翰林学士，曾“以七宝床赐食，御手调羹以饭之”。

2　立本：唐代宫廷画家阎立本。有一次，唐太宗召他画鸟，他急得汗流浃背，回家后深感惭愧，告诫儿子说：“勿习此末技！”

有一次，雪芹和张宜泉曾相约同游。因为要爬山，他俩还带了拐棍，杖策而行。一路上，他俩欣赏了秀丽而幽僻的山水风景，穿过正白旗营的北上坡，经过老怡亲王允祥修建的十方普觉寺（俗称卧佛寺），和小怡亲王弘晓建立的退翁亭。在荒烟蔓草之间，他俩翻过五华山（又名寿安山），攀登到西岭的顶峰，游览了广泉寺[1]。这座寺院本来是很有名气的，康熙年间的诗人王士祯和宋荦都有题咏，但眼下是断壁颓垣，已经荒废，雪芹有感于世路的崎岖，写了一首七言律诗《西郊信步憩废寺》。可惜原诗已经失传，幸喜张宜泉的唱和诗保存在《春柳堂诗稿》中，使我们得以了解到他俩这段游历的事迹。张诗《和曹雪芹〈西郊信步憩废寺〉原韵》是这样写的：

君诗曾未等闲吟，破刹今游寄兴深。
碑暗定知含雨色，墙颓可见补云阴。
蝉鸣荒径遥相唤，蛩唱空厨近自寻。
寂寞西郊人到罕，有谁曳杖过烟林。

这首诗的大意是："你那伤时感世的诗篇不是随便写的，今天你游览这破庙而写的作品，寄托是多么地遥深！庙里潮湿的石碑预示着山雨欲来，而破败的垣墙没人修理，只有靠乌云来填补缺口。秋蝉的鸣声在荒山野林间互相呼应，连空寂的神厨里也有蟋蟀的叫声。这人迹罕到的偏僻的西郊啊，有谁会像我们两个一样，拖着拐杖穿过云雾弥漫的树林子呢？！"这反映了皇城西郊的破败景象，是对"乾隆盛世"的讽刺和揭露。他俩这次出游，不是一般的寻幽访

1 见《红楼梦研究集刊》第一辑第 427、428 页。

胜，而是吊古伤今，别有寄托。他俩的思想感情是共通的。

雪芹住在西山的时候，还帮助老弱病残的穷苦百姓学习各种手艺，给他们指引谋生的活路。据说，从乾隆十九年到二十三年，他曾救助跛足于叔度和病损双目的白姓老太等人。他编了一部《废艺斋集稿》，计有八册。第一册题为《蔽芾馆鉴印章金石集》，是讲刻制图章的。“蔽芾”是“弼废”二字的谐音，就是帮助残废人的意思；“馆鉴”是“管见”的谐音，是谦词。书中讲到选料、治印、章法、刀锋等技巧，并附有彩绘的图式。第二册题为《南鹞北鸢考工志》，是讲扎、糊风筝的，有各式风筝的彩图，又有用顺口溜写成的说明词（歌诀）。特别珍贵的是，还有雪芹写于乾隆二十二年（1757）清明前三日的自序，并附录敦敏的《瓶湖懋斋记盛》，其中透露出雪芹已迁居白家疃，和于叔度、白媪、董邦达等人常有来往，而且在太平湖畔的敦敏家里，有过一次热闹的聚会。第三册讲编织、印染，是为盲人习艺而编写的，其中谈到织物的原料和图案的样式。第四册讲脱胎工艺，先做阴阳模子，然后把纸浆放在这些模子里进行脱胎。第五册讲织补工艺，要求按料子的纹理，补得和原样一般。第六册讲雕刻竹制器皿和扇股。第七册讲园林建置和画扇，题为《岫里湖中琐艺》，是“袖里壶中”的谐音，意即“袖里乾坤大，壶中日月长”。其中论及绘画与光的科学关系，突破了传统的技法陈规。第八册讲烹调技术，题为《斯园膏脂摘录》。可惜这些材料的原件已经湮没，残存的抄稿又真伪莫辨，有待于进一步研究探讨[1]。

1　见吴恩裕《曹雪芹佚著浅探》和《曹雪芹丛考》。关于《废艺斋集稿》和雪芹的其他遗物（如笔山、图章、塑像、扇股等），红学界颇有争议。

十一、重到江南

乾隆二十三、二十四年，敦敏和敦诚先后放弃了小税吏的职务，回到了北京，曾和雪芹见过面。乾隆二十四年秋天，雪芹出门远游，未卜归期！

乾隆二十五年重阳节后的一天，敦敏到友人明琳的“养石轩”去玩，忽然听到隔壁有人在高谈阔论，那声音非常熟悉，一听就听出来是曹雪芹的口气和腔调，他赶紧跑过去看，果然是雪芹！他俩分手已一年多了，今天别后重逢，怎不教人格外高兴呢！于是，他把雪芹拉到养石轩里，连忙叫明琳摆起酒席，大家畅叙别情，共谈往事。明琳是镶黄旗贵族傅恒的侄儿，和曹家是有些亲戚关系的，跟敦敏又是老相识，所以大家在一起无所不谈。雪芹口若悬河，滔滔不绝地讲了一年来的所见所闻，敦敏听得津津有味，当场题诗送给雪芹：

赠曹雪芹

芹圃曹君霑别来已一载余矣。偶过明君琳养石轩，隔院闻高谈声，疑是曹君，急就相访，惊喜意外。因呼酒话旧事，感成长句。

可知野鹤在鸡群，隔院惊呼意倍殷。
雅识我惭褚太傅，高谈君是孟参军[1]。
秦淮旧梦人犹在，燕市悲歌酒易醺。
忽漫相逢频把袂，年来聚散感浮云。

---

1 据《世说新语·识鉴》记载，东晋时褚裒有识人之明，能在人群中认出名士孟嘉。太傅、参军：古时的官名。

这首诗充分地表达了敦敏对曹雪芹的真挚情谊，大意是："你有高尚的品德和突出的才能，就像野鹤挺立在鸡群中一样引人注目。今天从隔院传来你谈笑的声音，久别重逢，倍感亲切。惭愧的是，我没有褚太傅那样高明的识鉴，而你却像晋代的名士孟嘉，才气超人。你过去在南京的繁华生活如春梦般地消逝了，幸得旧人尚在，相依为命。如今你在京中慷慨悲歌，因感叹人世的艰辛而借酒浇愁。现在，我多少次抓住老朋友你的衣襟，以表示我心情的激动。因为我感到咱们时聚时散，就像那天上的浮云一样，飘忽不定。所以今天的意外相逢，是多么地令人欢欣！"敦敏的辞情是这样地诚挚恳切，可知这一年多的离别非比寻常。

同样，张宜泉也有一首《怀曹芹溪》的五言律诗，表示了别后的思念之情，其中说："似历三秋阔，同君一别时；怀人空有梦，见面尚无期。"——那么，雪芹究竟到哪里去了呢？据说是到南京去了。[1]

大约是在乾隆二十四年雪芹四十九岁的时候，他完成了将近八十回的《石头记》修订稿，便交给脂砚先生去传抄。正好南京有人请他去游玩，他对江南十分怀念，而且准备为创作收集补充材料，于是便欣然应邀。他这次动身，仍是沿运河南下。到了瓜洲渡口，突然天气变化，封江停航。适逢瓜洲镇上有一位沈姓大户，久仰曹家之名，主动招呼雪芹，热情款留。临别时，他为了答谢沈家，特地画了《天官图》和《鲤鱼图》相赠[2]。到了南京以后，真是"废馆颓楼梦旧家"（敦诚《赠曹雪芹》），他对本家十三处故居

1 见周汝昌《红楼梦新证·史事稽年·乾隆二十五年》（修订本）第 733 页。又见严云受《曹雪芹南游金陵说再考辨》（《红楼梦学刊》2020 年第 3 辑）第 15 页。

2 见江慰庐《关于曹雪芹〈天官图〉的传说》（沈阳师范学院中文系编印《曹雪芹生平家世资料》1979 年版）第 259 页。

一一重访。他看到织造府已经翻成乾隆皇帝的专用行宫，门禁森严，不准入内。他又走到乌龙潭东面本属曹家所有的小仓山，这里美景如画，自从被隋赫德接管后，称为“隋织造园”。隋赫德被撤职后，“性灵派”著名的诗人袁枚在乾隆十三年买了下来，改名“随园”。裕瑞在《枣窗闲笔》中《〈后红楼梦〉书后》中说：“闻袁简斋家随园，前属隋家者，隋家前即曹家故址也。”明琳的堂兄明义也曾说过：“曹子雪芹出所撰《红楼梦》一部，备记风月繁华之盛。盖其先人为江宁织府，其所谓大观园者，即今随园故址。”（《题〈红楼梦〉诗序》）明义是亲自到过随园的，他赠袁枚的诗中甚至提出“随园旧址即红楼”的话头，袁枚在《随园诗话》中也就公开宣称：“所谓大观园者即余之随园也。”到了弁山樵子写《红楼梦发微·曹雪芹先生传》，甚至这样说：“尝至江宁，适袁枚罢官，为之擘画随园，居园中者数月，亭台之布置，花石之点缀，先生实指挥之。”这便是雪芹重返南京的传说和遗闻逸事了。

据说，雪芹的原配夫人在西山病逝了，雪芹到南京后，便寻访当年江宁织造府里的“旧人”。她们在曹家败落时都被隋赫德夺了去，但隋赫德于雍正十一年也被撤职查办。这批旧人因此离散。几经察访，其中有一位雪芹少年时候熟识的丫头，如今沦落在秦淮市井之间，孤苦伶仃。雪芹十分同情她，没有世俗的门第观念，便聘为续弦夫人。为纪念这次秦淮奇缘，雪芹根据南曲《西厢记·佛殿奇逢》中“花前邂逅见芳卿”的名句[1]，给这位新夫人取名为“芳卿”。他俩结婚的时候，朋友们曾送了一对书箱作为贺礼。书箱的正面刻着对称的两小丛兰花，第一只书箱的兰花旁刻有一块石头，在兰石的上面还刻有《题芹溪处士句》：

---

1 见《六十种曲》本《南西厢》第五出，昆曲折子戏称为《游殿》。邂逅：意外巧遇。

并蒂花呈瑞，同心友谊真；
一拳顽石下，时得露华新。

第二只书箱的开板上刻有两行小字："清香沁诗脾，花国第一芳。"并有"乾隆二十五年岁在庚辰上巳"的题署。上巳是三月初三，这就是雪芹续婚的日期。

芳卿心灵手巧，精于工艺美术，能自编自绘织锦的图样。这套本领，是当年从织造局里学来的。雪芹欢喜得不得了，回北京后便用这对书箱专门替芳卿存放图稿，而且还在第二只书箱开板的背面，亲自用墨笔写下了五行楷书：

为芳卿编织纹样所拟诀语稿本
为芳卿所绘彩图稿本
芳卿自绘编锦纹样草图稿本之一
芳卿自绘编锦纹样草图稿本之二
芳卿自绘织锦纹样草图稿本

可见雪芹也曾帮她绘制彩图，编写口诀，他俩曾共同研究织锦工艺，写成书稿[1]。

雪芹回京的时间大致是在乾隆二十五年夏秋之交，敦敏诗中所说"秦淮旧梦人犹在"，这"旧梦人"可能就是指的芳卿。

1 这对书箱是 1977 年在北京发现的，书箱的照片见《人民画报》1979 年第 8 期第 25—27 页，但红学界对它的真伪问题有争议。

十二、潦倒终生

曹雪芹晚年住在北京西山期间，一方面整理《石头记》的旧稿，一方面继续创作八十回以后的新篇，并以卖画得来的钱维持最低限度的生活。

雪芹的书法和绘画都极其精工，这方面的艺术才能，完全得力于少年时代的家学。雪芹善画山水奇石，而且富于个性，不同流俗。敦敏曾经为此写过一首绝句《题芹圃画石》：

傲骨如君世已奇，嶙峋更见此支离[1]，
醉余奋扫如椽笔[2]，写出胸中磈礧时[3]。

诗中用双关语作比喻，称颂雪芹是个铁铮铮的硬汉，绝不与豪门权贵同流合污；并赞美他大笔如椽，功力非凡。

乾隆二十六年（1761）初秋，敦敏想起雪芹长久没有进城了，便与弟弟敦诚相约，一起来到西郊看望雪芹。这时，他的家境越发穷困了，真个是“蓬牖茅椽，绳床瓦灶”，吃不上饭，只能烧点儿粥糊口，喝酒也是欠账。住的茅屋破败不堪，门前野草丛生，满目凄凉。哥儿俩亲眼见到这种景象，不胜感慨之至，各自都写了一首诗送给雪芹，以表示对他的同情和慰问。敦敏的诗是《赠芹圃》：

碧水青山曲径遐，薜萝门巷足烟霞。

1　嶙峋、支离：形容山石突兀奇峭。

2　如椽笔：《晋书・王珣传》记载，王珣曾梦见有人给他一支如椽子般的大笔，于是文才大进。

3　磈礧：众石高低不平，比喻郁积在胸中的不平之气。

寻诗人去留僧舍，卖画钱来付酒家。

燕市哭歌悲遇合[1]，秦淮风月忆繁华。

新愁旧恨知多少，一醉酕醄白眼斜[2]。

大意是：“我走完弯弯曲曲的小路，终于找到了你的茅庐；虽然门外长满了蔓草葛藤，幸喜四面有绿水青山，还可以欣赏那天上的云彩。为了文学创作，你往往出门构思，甚至留宿佛寺，终宵不归。卖画得来的银钱啊，已统统还了那欠下的酒账。你在京中慷慨悲歌，感叹着自己的遭遇不幸；你的梦魂老是萦绕着锦绣江南，反复地回忆着繁华浪漫的往事。你的新愁旧恨究竟有多少呢？当你狂饮大醉的时候，你便以白眼来鄙视那势利的庸人！”

再看敦诚的诗《赠曹雪芹》：

满径蓬蒿老不华，举家食粥酒常赊。

衡门僻巷愁今雨，废馆颓楼梦旧家。

司业青钱留客醉[3]，步兵白眼向人斜[4]。

何人肯与猪肝食[5]，日望西山餐暮霞！

---

1 燕市：今北京（战国时是燕国的都城。辽代称为燕京，以其北有燕山而得名）。

2 酕醄：大醉的样子。

3 司业青钱：杜甫《戏简郑广文虔兼呈苏司业源明》诗：“赖有苏司业，时时乞酒钱。”唐人郑虔有才学，但生活穷困，苏司业常借钱给他买酒吃。

4 步兵：晋代竹林七贤之一的阮籍，曾任职步兵校尉，故称阮步兵。《晋书·阮籍传》说他见到权贵或儒生时，往往以白眼对之。

5 猪肝食：据《后汉书》卷五十三记载，闵仲叔住在山西安邑地方，是个很有气节的人，因年老家贫，无钱买肉，只能每天买猪肝一片，店主嫌麻烦，不肯卖给他。这事被安邑的县官知道后，便指令役吏照顾他。但他不愿为生活琐事而牵累别人，竟离开了安邑，迁居异乡。

意思是说："你门前的路上长满了干枯的蓬草，家中缺粮，只能吃粥，而且又常常欠下酒债。你虽然身居茅屋，却关心着穷人的疾苦；豪华的旧家虽已败落，但是你广阔的胸怀和气概依然如故。你穷到这般地步，竟还借钱沽酒，热情地招待来客，吃醉了便像阮籍一样以白眼来藐视人世，决不乞求权贵的施舍。现在，有谁能来关心你艰难困苦的生活呢？你足以自豪的，是终日能饱览西山的风景，洞察那秋云晚霞的变换！"这两首诗反映出雪芹晚年的穷愁潦倒，也写了他孤高不屈的顽强精神。诗中用了闵仲叔的典故，感叹当时的官僚们还不及东汉时的安邑县令。只有敦敏、敦诚等几位好友来关心雪芹的困苦处境，时常给予接济。

这年冬天，敦敏又曾来访，不巧雪芹外出，没有见到。他便写了一首绝句诗《访曹雪芹不值》：

> 野浦冻云深，柴扉晚烟薄。
> 山林不见人，夕阳寒欲落。

当时正是天阴日暮，一片野水寒云，凄冷的落日快要下山，雪芹的住处萧疏沉寂。他把眼前这种荒凉的景物与雪芹悲惨的身世联系起来，诗意深沉，凝结着无比深厚的情谊。

时光过得真快，转眼又到了乾隆二十七年。这时敦敏、敦诚早已成家立业，都有了自己的小家庭。敦敏的家叫槐园，敦诚的家叫西园，均有花木亭台的胜境。敦诚的西园有梦陶轩、拙鹊亭、宜闲馆、葛巾居和四松堂，客人来时，就在园里招待饮酒，欢呼浩歌。他家里还养了个小戏班，自编自演，自得其乐，他曾经以白居易的《琵琶行》为题材，编成昆曲的折子戏，排演的时候，敦敏和雪芹都来看了，而且都当场在敦诚的《琵琶行传奇》剧本上题了诗。雪芹所题是七言八句的律诗，但现今只传下最后两句：

白傅诗灵应喜甚，定教蛮素鬼排场。

这是雪芹除《红楼梦》以外仅存的两句诗。意思是："如果白居易在天之灵有知，该当欣喜万分，一定会唤出心爱的歌女小蛮和樊素，让她俩亲自排演一番。"这是对敦诚剧作的高度赞美，同时也显出雪芹的诗歌是新奇隽永的。

敦敏、敦诚很赏识雪芹的诗才和诗胆，敦诚在《佩刀质酒歌》中曾说："知君诗胆昔如铁，堪与刀颖交寒光。"意思是："我深知你的诗歌很有胆气，能够同刀锋一起闪耀着锐利的光芒。"敦诚的所谓诗胆，实际上就是赞扬雪芹诗作的斗争性。雪芹能够以诗歌作武器，像匕首一样揭露时弊，反映现实，正如张宜泉说的"君诗曾未等闲吟"。可见雪芹的创作是很严肃认真的，绝非随便写的。从《佩刀质酒歌》的诗序中，我们得知雪芹曾有一首长诗送给敦诚。他俩之所以互相赠答唱和，其中还有一段戏剧性的插曲。大约是在乾隆二十七年秋日的一个清晨，老天正下着淅淅沥沥的细雨，北方的秋风不比江南，已是寒意逼人。雪芹一大早到宣武门内槐园走访敦敏，可是主人还没有起身。这时候，恰恰敦诚来找哥哥，和雪芹碰在一起，彼此都惊喜异常。雪芹衣衫单薄，敦诚看到他渴望饮酒御寒的样子，便立刻拉了他到附近的小酒店里，也不管酒质的好坏，拼命地狂饮起来。雪芹的愁怀本来难于排遣，现在得此快遇，高兴得手舞足蹈，三杯下肚，精神大振，所有的烦恼都一扫而光。甚至还敲着石头打拍子，琅琅地唱起曲子来了。可是到付酒钱的时候，两人发觉身上都没有带钱。雪芹是囊空如洗，一文不名，敦诚除了随身的一把佩刀以外，也没有带什么值钱的东西。怎么办呢？

敦诚毫不犹豫地解下佩刀，就拿它作为抵押品付了酒账。雪芹为了表示衷心的谢意，当场作了一首长诗送给敦诚。可惜原诗已经失传，幸得敦诚所赋三十二句的古体诗《佩刀质酒歌》流传至今，使我们从诗中窥见了雪芹当年豪放不羁的神态和肝胆照人的面影！

十三、贫病而逝

乾隆二十七年中秋节的时候，雪芹唯一的爱子害病死了。这男孩是迁居西山后前妻所生，长得乖觉伶俐，讨人喜爱。怎奈病魔夺去了他小小的生命，这使雪芹陷入了极度的忧伤和悲痛之中。他借酒浇愁，常常狂饮沉醉，身体情况也就越来越糟。

冬天来了，饥寒交迫，雪芹病倒了。由于贫穷无医，再加柴米不继，挨到这年的除夕，雪芹终于溘然长逝，永别了人世。正当爆竹声声，家家户户过年守岁的时候，远在西山的雪芹故居里，却只有芳卿一个，面对着破壁残灯！雪芹是死了，《红楼梦》八十回以后的章节尚未完稿，一些零碎的片段，散在亲友手中，也就从此无形地迷失了。脂砚先生在《石头记》重评本第一回上，曾经加了一条批语说：

> 能解者方有辛酸之泪，哭成此书。壬午除夕，书未成，芹为泪尽而逝。余尝哭芹，泪亦待尽！

这说明雪芹确是死在乾隆二十七年（壬午）的除夕，相当于公元

1763 年 2 月 12 日，终年约 52 岁[1]。

雪芹逝世以后，敦诚曾到墓地去祭吊，并且写出了痛表悼念的诗歌《挽曹雪芹》，初稿是两首七律，定稿时合并为一首。其中提到“肠回故垄孤儿泣”，“孤儿渺漠魂应逐”，并注明：“前数月，伊子殇，因感伤成疾。”可见雪芹是因为爱子不幸夭亡而哀痛成病的。诗中又说“泪迸荒天寡妇声”，“新妇飘零目岂瞑”，可知雪芹死时，遗孀是续娶的后妻，故称“新妇”。据说，这个新妇名叫芳卿。

雪芹死后的一年春天，张宜泉到雪芹的故居来吊唁。他看到雪芹生前心爱的琴剑还挂在墙壁上，可是这位才华盖世的英杰已长眠地下。他睹物怀人，触景生情，顿时泪如雨下，无限悲痛，乃赋《伤芹溪居士》七律一首，对这位伟大作家表示了深切的悼念：

谢草池边晓露香，怀人不见泪成行。
北风图冷魂难返[2]，白雪歌残梦正长。
琴里坏囊声漠漠，剑横破匣影铓铓。
多情再问藏修地[3]，翠叠空山晚照凉。

意思是：“池塘边春草茂密，从晨风中吹来了一阵阵香气，我所怀念

1　由于文献记载的歧异，关于雪芹卒年的推算，红学界有多种不同的说法：（一）认为卒于乾隆二十八年癸未除夕（1764 年 2 月 1 日），以生于雍正二年计算，终年四十岁（据敦诚《挽曹雪芹》诗“四十年华付杳冥”）；（二）认为卒于乾隆二十七年壬午除夕，以生于康熙五十四年计算，终年是四十八岁（据张宜泉《伤芹溪居士》诗注“年未五旬而举”）；（三）认为卒于乾隆二十九年甲申仲春（1764 年 3 月 20 日），以生于康熙五十四年计算，终年是五十岁。

2　北风图：据张华《博物志》记载，东汉桓帝时，刘褒画《北风图》，能使见者遍体生凉。这里是喻指雪芹的名画。

3　藏修地：语出《礼记·学记》，这里是指雪芹读书写作的地方。

的故人啊，再也不能见面！我悲从中来，泪珠滚滚沾湿了衣襟。你留下了精美的绘画，魂魄飞散而不再回来；你终止了高雅的歌声，永远沉睡在悠悠的梦乡。用旧布袋包裹着的古琴，已不再发出优美的音声，那破匣中横卧着的宝剑，却是寒光闪烁，锋芒依旧。今天我从早到晚在你住过的地方凭吊了一天，虽然只有夕阳残照着凉风中空寂的青山，但我们这些多情的故友，永远不会把你忘怀！”这位和雪芹十分相知的老朋友，对雪芹不幸早逝，身后萧条的情况深感无限的哀伤，诗情极为沉痛，真切动人。

此外，敦敏也曾有诗吊唁，题目是《河干集饮题壁兼吊雪芹》。那时，敦敏和朋友们在东郊通惠河边的庆丰闸酒楼上聚饮[1]，想到从前也曾和雪芹到这里游赏，不禁感叹伤怀，诗中说：

逝水不留诗客杳，登楼空忆酒徒非。

大意是：“我登上酒楼，回忆从前和你在这里饮酒赋诗的盛况，但你已像流水一样，不留踪影地走了，你再也不会回来了。”“诗客”“酒徒”是指雪芹，“杳”和“非”是指渺茫无迹，人事已非。这表现了对雪芹的依恋和怀念，也说明了他们之间的情谊是何等地深厚！

雪芹虽然死了，但他作品中强烈的反封建精神却感动了无数的读者。乾隆三十三年（1768），宗室诗人永忠因为看了《红楼梦》，对作者钦佩之至，写下了三首绝句，题目是《因墨香得观〈红楼梦〉小说吊雪芹》，第一章说：

---

1 见《红楼梦研究集刊》第二辑第 327、329、332 页。

传神文笔足千秋，不是情人不泪流。

可恨同时不相识，几回掩卷哭曹侯！

意思是：“你生动感人的作品真足以流传千古，天下有情的人谁不产生强烈的共鸣！遗憾的是咱们生在同时却不曾相见，我一边读着一边流泪，一次次地掩卷痛哭，深深地怀念你！”永忠是在雪芹死后才认识敦敏、敦诚的，他从敦敏、敦诚的叔父墨香那里借到了《红楼梦》，读后大受震动。他把雪芹引为知己，只是相知恨晚，为一代才人的早死而无限伤怀！雪芹是死了，但他的精神没有死，他是永垂不朽的！

原为江苏人民出版社 1983 年版中国历代名人传丛书之一，

收入本书时略有修订增减

| 卷七 |

南京云锦与曹雪芹《红楼梦》

南京云锦是富有地方特色的丝织锦缎，与四川蜀锦、苏州宋锦并称为我国三大名锦。江南的织锦工艺发源于六朝时代，东吴和东晋的建康手工业者，已开始织制龙凤花纹的绸缎，元代在此地设立了官办的染织提举司，明代开办了“内织染局”和“神帛堂”，清代名为江宁织造局，专门为皇室和百官织造用料讲究的龙袍锦衣。因图案花纹丰富多样，宛若天上的云彩，所以历来称为云锦。1957 年 12 月成立的南京云锦研究所，就是继承并开发传统云锦工艺的专门机构。

南京云锦的产品分库锦、库缎、织金（花纹用金线或银线织成）、妆花四类，是以传统的大花楼木织机，由拽花工和织手两人上下配合，通过手工操作织造出来的，它代表了织锦技术的最高水平，体现了民族工艺的智慧和创造力，包蕴了文化、科技和艺术的审美内涵。其中木机妆花手工织造技艺已于 2006 年入选首批国家级非物质文化遗产名录，并于 2009 年 9 月 30 日由联合国教科文组织评议通过，列入《人类非物质文化遗产代表作名录》。

南京云锦在历史上与曹雪芹创作的《红楼梦》有着内在的关系，因为作者曹雪芹是南京人，恰恰就出身于江宁织造的簪缨世家。他以南京曹氏家族的生活形态作为创作素材，在小说中描写了有关云锦的织造服饰。

据《续纂江宁府志·秩官表》记载："织造一员，以内务府郎中、员外郎为之，掌造作缣、帛、纱、縠之事。"曹雪芹的曾祖父曹玺原是北京内务府郎中，康熙二年（1663）被派到南京担任江宁织造官，定为专差久任，子孙世袭。从曹玺、曹寅到曹颙，曹頫，祖孙三代四人在南京督理江宁织造前后共计58年之久。曹寅是曹雪芹的祖父，曹颙是他父亲，曹頫是叔父。由于曹寅的母亲孙氏是康熙皇帝幼年的保姆，所以曹家与皇室的关系十分亲密。康熙南巡有四次住在曹寅任内的江宁织造府里，以织府西园为行宫。织造府（或称织造署）是衙门府第，前面是办公的衙署，后面是住家的府第和花园，其遗址在今南京市大行宫。江宁织造局是染织工场，其遗址在今南京市汉府街。织造局里的主要产品是妆花织锦、贡缎龙衣等传统的云锦。局内有染坊、机房、织机，设备齐全。据《总管内务府现行则例·广储司册》卷二记载：

> 康熙四年十一月呈准，大红蟒缎、大红缎、片金、折缨等项，派江宁织造处承办。

每年织造的绫罗绸缎和御用贡缎龙衣，由缎库房拟定图案花样和五彩颜色，派令织造局照式承办后解送皇宫内廷。

曹雪芹是在江宁织造府里成长起来的，他从小耳濡目染，对于南京云锦镶金嵌银的色泽纹样是有所感知的。在《红楼梦》灿烂的艺术境界中，曹雪芹发挥灵性的象征手法，表现了织造世家的感悟智能。例如《红楼梦》第三回记荣国府正堂的对联有一句是"堂前黼黻焕烟霞"，其中黼黻是指华丽的服饰花纹，恰好隐喻了声势煊赫的织造世家。

至于《红楼梦》中描写贾宝玉和金陵十二钗等各种人物的衣衫服饰，更显示了花样翻新、色泽靓丽的锦缎风采。即以云锦工艺的做工技术来看，书中就出现了四十多种术语，如“掐金挖云”“锦边带墨”“累丝嵌宝”“盘锦堆纱”“缕金百蝶”“五彩刻丝”“宫制堆纱”“盘金彩绣”“挖云鹅黄金里”“青金闪绿双环四合”“二色金百蝶穿花”“江牙海水五爪坐龙”“靠色三镶领袖秋香色盘金五色绣龙”等，真是金翠耀目，美不胜收。在用料方面，书中还揭示了“云缎”“妆缎”“蟒缎”“羽缎”“羽纱”“彩绣”等名目，缎、纱都是织金的底料。第二十八回写王熙凤叫宝玉记下库房里有“大红妆缎四十匹，蟒缎四十匹，上用纱各色一百匹”，这披露了贾府藏有供奉皇上的贡品，拥有数量惊人的上等云锦，凸显了豪门的荣华富贵之态。关于“妆缎”，冯其庸、李希凡主编的《红楼梦大辞典》解释如下（文化艺术出版社，1990 年，第 116 页）：

> 妆缎即妆花缎，是云锦中最华丽最具代表性之传统品种。为重纬提花丝织物，在缎地上起五彩花纹。配色可多至二十余色。主花多用扁金纹边。妆花花纹部分用小梭子局部织造施彩，称为“挖花”，故相邻花纹可任意换色，织出色彩丰富之织品。

红楼中的主角贾宝玉确实是穿了云锦——妆缎，这见于《红楼梦》第五十二回，曹雪芹写他穿了用“妆缎”做的大褂子，全称是：大红猩猩毡盘金彩石青“妆缎”沿边的排穗褂。书中还描写宝玉穿了“蟒缎”服装：“秋香色立蟒白狐腋箭袖”（第八回），“大红金蟒狐腋箭袖”（第十九回）。曹雪芹以他的灵性妙悟之笔，写出了红楼人物穿用云锦服装的特色。这里据胡文彬《红楼梦与中国文化论稿》

所述服饰（中国书店，2005年，第433—473页），再举数例如下：

林黛玉的服装是："外面罩着大红羽缎对襟褂子"（第八回），"腰下系着杨妃色绣花锦裙"（第八十九回）。

薛宝钗的服装是："玫瑰紫二色金银线的坎肩儿"（第八回）。

王熙凤的服装是："身上穿着缕金百蝶穿花大红云缎窄褙袄，外罩五彩刻丝青银鼠褂"（第三回），"身上月白缎子袄，青缎子掐银线的褂子，白绫素裙"（第六十八回）。

史湘云的服装是："里头穿着一件半新的靠色三镶领袖秋香色盘金五色绣龙窄褙袄小袖掩衿银鼠短袄，里面短短的一件水红妆缎狐肷褶子"（第四十九回）。

袭人的服装是："身上穿着挑红百花刻丝银鼠袄，葱绿盘金彩绣锦裙，外面穿着青缎灰鼠褂"（第五十一回）。

除了用料名贵、做工精细的各种衣服外，书中第三回还写到王夫人东房内"正面设着大红金钱蟒靠背，石青金钱蟒引枕，秋香色金钱蟒大条褥"，都是云锦制品。所谓"金钱蟒"，就是指蟒缎中织上一寸大小的小团龙纹样的云锦图案，显得典雅高贵。

上述第二十八回中写到供奉皇室内廷的"上用纱"，而第四十回中写凤姐身上穿的一件大红袄儿，贾母也与"上用内造"的贡品相提并论，这正巧反映了江宁织造供奉内廷的历史影子。而第十九回写万儿的母亲做了一个梦，"梦得了一匹锦，上面是五色富贵不断头的卍字花样"，恰好现今南京云锦研究所还保存着"江南织造局制"的卍字金锦可以印证。由此可见，南京云锦与《红楼梦》有着密不可分的亲近关系，是值得我们细细品味研究的。

原载中国人民大学国学院主编，上海古籍出版社

2013年版《国学的传承与创新》

《抛红豆》诸曲的红学公案

《红楼梦学刊》1982年第1辑发表了李湛生《〈抛红豆〉等曲出处在哪里？》，文中说：

> 《红楼梦》第二十八回写贾宝玉在冯紫英家里的酒席上唱了“滴不尽相思血泪抛红豆……”一曲。按此曲名《抛红豆》，见王悠然辑《荡气回肠曲》，署名清无名氏。席上冯紫英唱的曲子是：“你是个可人；你是个多情；你是个刁钻古怪鬼灵精；——你是个神仙也不灵。我说的话儿你全不信，只叫你背地里细打听，才知道我疼你不疼！”此名《可人曲》，亦见《荡气回肠曲》，署清无名氏，中间“你是个神仙也不灵”一句，原作“你只有一桩儿不算灵”。

按照李君此文的结论，《抛红豆》诸曲不是曹雪芹自己创作的，而是从清代无名氏的时曲中“经过仔细选择”得来的。对于这个问题，我曾进行调查研究，发觉李君此论是颠倒了因果关系造成的误解。其实，《荡气回肠曲》收录的《抛红豆》和《可人曲》是从《红楼梦》中抄来的，并非源出无名氏的时曲；原作者是曹雪芹，而不是别的什么人。这里，我把考查所得写出来，以澄清事实真相，免得以讹传讹。

《荡气回肠曲》是元明清散曲的选集，南京大学图书馆有藏本。此书的编者是散曲专家任二北先生的夫人王悠然女士，由上海大江书铺初版于1931年。上卷选录了清代无名氏《抛红豆》，即《红楼梦》第二十八回贾宝玉所唱“滴不尽相思血泪抛红豆”一曲。外集中选录了清代无名氏《百媚娇》和《可人曲》，即《红楼梦》第二十八回中蒋玉菡和冯紫英所唱之曲；又载另一首无名氏《抛红豆》“说什么亲亲热热都甘罢”，则是《红楼梦》中所没有的。——这些曲子究竟是从哪里选来的呢？编者没有说明依据。查看卷首序文，也没有提及。但作序者署名“二北”，我便想到了任二北先生的巨献《散曲丛刊》（1930年中华书局出版），从任先生所撰《曲谐》中找到了来历。

《曲谐》是一部谈曲的札记，是曲话性质的专著。卷一第五十四叶《红楼梦内小曲》说：

> 余最喜诵怡红公子所唱曰滴不尽相思血泪抛红豆……外翁友庚公捐馆舍后，曾遗悼红轩原本此书一部，余什袭宝之，时一展玩。偶于其中发见一研红小笺，端楷写《抛红豆》一曲，读之，盖即谱前调也。作者大约亦未能查订前调为南九宫内何名，所以即拈原唱起句中之三字名之，顾已甚雅称矣。其词曰：说什么亲亲热热都甘罢，且做个妹妹哥哥像一家……书中蒋玉菡所唱，亦允推上选……仿前例，以《百媚娇》名其调。……再次当为冯紫英所唱你是个可人，你是个多情……“你只有（一桩儿不算灵）”句，依藏本之改笔如此，确较原文为胜（原文作“你是个

> 神仙也不灵”）……改笔与红笺上书法一致，绝非外翁手泽，究不知出何人耳。此调类〔集贤宾〕，而亦非当，即以《可人》二字名之。

任先生在《曲谱》中讲得很清楚，三支曲子均出于《红楼梦》原本，只有“说什么亲亲热热都甘罢”一曲，是从他外祖父藏本的“砑红小笺”上抄来的无名氏作品。因其格调全仿宝玉所唱之曲，且“砑红小笺”上题为《抛红豆》，所以即仿此例，“拈原唱起句中之三字名之”，为蒋玉菡和冯紫英所唱的曲子代拟了《百媚娇》和《可人曲》的题目。至于“你只有一桩儿不算灵”并非原作，而是“与红笺上书法一致”者在原本上的改作。明乎此，《抛红豆》诸曲来历之谜便迎刃而解了。问题出在王悠然女士手上，她把抄自《曲谱》中的四支曲子选进《荡气回肠曲》时，不分青红皂白，一概说成是清代无名氏的作品，因而造成了一桩红学公案。

为了彻底解决问题，我专门给任二北先生写了一封信，谈了我查阅《曲谱》和《荡气回肠曲》的结果，婉转地指出了任夫人的失误，请他判定是非；并提出想看一看他所藏的“悼红轩原本”。任老很认真地给我回了信，信中答道：

> 王悠然书所载《抛红豆》等四首，乃本于拙编《曲谱》（有《散曲丛刊》本），《曲谱》所据，乃先外祖顾公所藏清中叶旧本《红楼梦》内之夹页所题，来源不明。尊断“《抛红豆》实本于《红楼梦》，并非《红楼梦》之插曲本于《抛红豆》”是稳准可靠的。顾公藏书，我本视为珍秘，不幸于日寇犯南京占扬、镇后，弟家旧宅被其师团据为司令部。弟方在栖霞山乡村师范工作，家姊又避地里

下河一带，宅内藏书家具，全部被掠，言之痛心。《抛红豆》原写本纸质甚旧，随原书而化去，恨不能检贡诸君子鉴订，有负期望，无可奈何！

真是“解铃还靠系铃人”，任老十分谦逊坦率地把这桩公案判明了，终于使真相大白。任老是扬州人，他外祖父顾友庚所藏“悼红轩原本”是清代中叶的旧本，可惜原书已在战乱中散失。否则，将可得见这一珍贵的《红楼梦》版本，从中找出那张题为《抛红豆》的“研红小笺”，研究其源流。

任二北先生原名讷（1897—1991），又名中敏，笔名二北、半塘。他是“五四”以来中国散曲学的开创者和奠基人，辑有元明清三代散曲作家专集三十多种，并编纂《新曲苑》和《敦煌歌辞总编》，著有《散曲概论》《词曲通义》《唐戏弄》等专书。曾任四川大学教授，因怀乡而常吟“人生只合扬州死”之唐诗，晚年终得回归，担任扬州师范学院（今扬州大学）词曲研究室主任。——我曾到扬州拜访他，任夫人也在座，晤谈甚欢，不以我之“质询”为忤，坦承《荡气回肠曲》之失误。今适逢92年中国国际《红楼梦》研讨会在扬州举行，谨将此事公之于同好，奉作海内外红友切磋之资。任老泉下有知，亦当谈笑相迎也。

任老平生喜读《红楼梦》，晚年在扬州曾和我多次谈论红学。他认为曹雪芹是精通曲学的作家，所制散曲极为清新，而时下评注《红楼梦》中诗词曲赋的著述，仅着眼于第五回的一个套数和第二十二回的一支《寄生草》，却把第二十八回的五支散曲当成了寻常酒令。按照任老的观点，那五支散曲虽未标举曲牌名称，实为南曲小令之变体，是曹雪芹为刻画人物形象而创造的自度曲。“滴不尽相思血泪抛红豆”是仙吕宫［解三醒］的变体，“你是个可人”脱胎于《集贤宾》，“可喜你天生成百媚娇”脱胎于［剔银灯］；甚至于云儿唱的“两个冤家”和“豆蔻开花三月三”，也属于曹氏小令的创格。任老在《曲谐》中对“滴不尽”一曲推崇备至，赞赏不已，他评论说：“气举凌云，声锵掷地，风飞水涌，荡漾无穷，真百诵而不厌也。”“此阕工夫直尔到此，方之词中，乃似入而沉郁之极，语语凝重；而又出而清灵之极，不著痕迹者。”“盖皆为曲苑新裁，艺林雅制，而必不可废者矣。”由此可见，任老真是雪芹的知音啊！

为了进一步体察任老在《曲谐·红楼梦内小曲》一节中的见解，今将其所述“砑红小笺”上的清无名氏《抛红豆》全曲引录如下：

> 说什么亲亲热热都甘罢，且做个妹妹哥哥像一家。谁承望姑娘人大心还大，陡怪我心中有着了他。只如今偏共旁人闲磕牙，倒对我三朝四日无回话。你苦的没了亲妈，我恨的有个狠爷。唉！忍教我白费了一番牵挂，有冤枉向何处嗟呀！

任老的评语说：“初读之，亦但喜其文字沉着缠绵而已，尚不知有他也。乃吟讽一二过后，颇觉词内境况，与本书中人物情事，似乎相仿。再为一一细按，则全词宛然为宝、黛立言者，而‘有着了他’之‘他’，则指钗也。且‘谁承望’句于本书中似又为习见者。因穷力检之，忽恍然有得，盖全阕即概括书中二十八回，埋香塚后怡红院前宝诉黛语一段也。《抛红豆》等曲，亦即在此一回内冯紫英席上所歌，此阕为概括书中原语，盖无可疑矣。”这就完整地反映了任二北先生对《抛红豆》诸曲的评介情况，故不嫌其烦地引述如上，以便读者进一步研讨。

原载《红楼梦学刊》1993 年第一辑

红楼梦影宝黛情

引　子

清代乾隆十九年（1754）前后，北京出现了一部惊世骇俗的长篇章回小说《石头记》，又名《红楼梦》。书中曲折地描写了贾宝玉和林黛玉为追求恋爱婚姻自主而遭到封建家族压制摧残的种种情状，笔锋犀利，动人肺腑，这故事完全是作者曹雪芹的独创，内容新奇，震撼人心。据文献记载，曹雪芹的家原在南京，他的父祖辈历任江宁织造，与康熙皇帝的关系极其密切，但到雍正五年，由于政治和经济两方面的原因被革了职，抄了家。曹雪芹少年时代是经历过“秦淮风月忆繁华”的生活的，岂料家遭巨变，荣华富贵的梦影转眼成空。他后来流落到北京，“燕市哭歌”，悲愤潦倒，真的是过着“蓬牖茅椽、绳床瓦灶”的穷困生活，挨到乾隆二十七年除夕（1763 年 2 月 12 日），终于在饥寒交迫中贫病而死。他饱含辛酸血泪创作的反封建杰作《红楼梦》，只写成八十回，以抄本流传于世。到了乾隆五十六年（1791），酷爱此书的程伟元和高鹗续补了后四十回，完成了宝、黛恋爱的悲剧结局，以一百二十回本全璧的形式付印出版，使此书得以广泛传播。

关于《红楼梦》中宝、黛的爱情故事，且听在下细细道来，慢慢讲评。

一、贾宝玉与林黛玉一见倾心

话说江南金陵石头城内，素有贾、史、王、薛四大家族，他们世代联络做亲，互相扶持，各有照应。其中权势最盛的要数贾家，当年宁国公贾演和荣国公贾源都是开国功臣，兄弟俩出入朝廷，官运亨通。皇上还特地在京城里为他俩敕造了宁国府和荣国府，封赠有加。如今单说荣国公死后，长子贾代善袭了官，娶金陵世勋史侯家的小姐为妻，生了两个儿子，长子贾赦，次子贾政。如今代善已经去世，贾母史太君尚在。这贾政官居工部员外郎，夫人也出于金陵大族，是王家的小姐。头胎生了公子贾珠，二十岁时就病故了。第二胎生了一位千金，取名元春，因贤举才德，已被皇上选入宫中。第三胎又生了一位公子，一落胎胞，嘴里便衔下一块五彩晶莹的美玉来，因此就取名为宝玉。现今长大了，虽然淘气异常，但其聪明乖觉处，百个不及他一个，说起话来也是稀奇古怪的。如说“女儿是水作的骨肉，男人是泥作的骨肉，我见了女儿便清爽，见了男子便觉浊臭逼人！”又认为：“人为万物之灵，凡山川日月之精秀，只钟于女儿，须眉男子不过是些渣滓浊沫而已！”因此，他最喜在内帏与姐妹丫鬟们厮混，怕读经书，不通世务；行为偏僻，不守礼法。贾宝玉的这种表现，实际上是对“男尊女卑”传统观念的挑战，是对封建礼教的反叛。

话分两头，再说宝玉有位姑妈贾敏，出嫁苏州探花林如海。这如海人品方正，为官清廉。今次得到皇上赏识，派到扬州担任巡盐御史。膝下只有一个女儿，芳名黛玉，姿容俊美，风神灵秀，夫妻爱之如掌上明珠。不料贾氏夫人染病仙逝，贾母念及外孙女无所依傍，乃差遣仆役把黛玉从扬州接来京都。这黛玉小时候常听母亲说过，她外祖母家与别人家不同，吃穿用度，豪华无比，且有个表兄，乃衔玉而生，顽皮得很，因外祖母溺爱，竟无人敢管。今至其家，倒要见识见识。

这一天，林黛玉抵达神京荣国府，进入上房，只见两个人搀着一位鬓发如银的老太太迎上来，黛玉便知是她外祖母了。正欲下拜，早被外祖母一把搂入怀中，“心肝儿肉”叫着大哭起来。当下两旁侍立之人，无不掩面涕泣，黛玉也哭个不住。一时众人慢慢解劝住了，贾母便对黛玉说：“我这些女孩儿，所疼的独有你母亲，今一旦先我而亡，不得见面，怎不伤心！”说着，又搂住黛玉呜咽起来，众人忙都宽慰解释方才止住。当下贾母对着众人，一一与黛玉介绍：大舅妈邢夫人，二舅妈王夫人，珠大嫂子李纨，表姐妹迎春、探春、惜春；还有大舅之子贾琏的媳妇王熙凤，恰巧就是二舅妈的内侄女，贾母说她是泼辣货，黛玉忙赔笑见礼，以嫂嫂呼之。到了吃过晚饭后，忽听外面一阵脚步响，丫鬟进来笑道：“宝玉来了！”黛玉心中便犹疑起来：“这个宝玉不知是怎生个惫懒人物！”及至进来一看，却是位年轻的公子，面若中秋之月，色如春晓之花；鬓若刀裁，眉如墨画；面如桃瓣，目若秋波。颈项上挂一根五色丝绦，系着一块美玉。黛玉一见，便吃一大惊，心下想道：“好生奇怪，倒像在那里见过一般，何等眼熟！”而宝玉进屋时，也早已看见多了一个姐妹，便料定是林姑妈之女，忙来作揖。细看黛玉时，只见她“两弯似蹙非蹙罥烟眉，一双似喜非喜含情目。态生两靥之愁，娇袭一身之病。泪光点点，娇喘微微。”宝玉看了笑道：“这个妹妹我曾见过的！”贾母听了笑道：“可又是胡说，你又何曾

见过他？”宝玉笑道：“虽然未曾见过他，然我看着面善，心里就算是旧相识。今日只作远别重逢，亦未为不可！”（第三回）

从上述宝、黛初次会面一见倾心的情状来评析，这是作者通过双方视觉眼光和心理活动描绘出来的互相爱慕的初恋美感，正应着俗话说的情人眼里出西施。“这个妹妹我曾见过的”，更说明了黛玉是合乎宝玉理想的意中人。这句话表面看来不合情理，是疯话，但就是这句疯话，却深刻地反映出了宝玉潜在的美学意识和他心目中的美人风范。同样，从黛玉的视觉眼光看宝玉，也好像“在那里见过一般”，这表明宝玉也是黛玉的意中人，是理想中的如意郎君。由此可见，宝、黛真是一对心心相印的亲密情侣。

二、“木石前盟”与“金玉良缘”的纠葛

且说林黛玉自到荣国府以来，贾母万般怜爱，寝食起居，一如宝玉，迎春、探春、惜春三个亲孙女倒且靠后；便是宝玉和黛玉二人之亲密友爱处，亦自较别个不同。日则同行同坐，夜则同息同止，真是言和意顺，似漆如胶。老祖宗贾母看着这一对宝贝的热络情景，乐得笑口常开，赞赏不已。却不道日子久了，宝黛鬓边厮磨的儿女之情渐渐地滋长，那爱情的根芽便自然而然地萌生起来了。

关于宝、黛的姻缘，其中有一段“木石前盟”的神话故事在内。它象征着少男少女追求自由恋爱的美好憧憬。但在封建社会里，却必然遭受磨难和摧残，难以避免悲剧式的命运。

据《红楼梦》第一回考述，贾宝玉脖子上挂着的“通灵宝玉”是大有来历的，那是女娲补天时剩下的一块顽石变幻而成的。此石自经煅炼，灵性已通，因见众石俱得补天，独自己未被入选，便自

怨自叹，不胜悲愤。后来不知过了几世几劫，思想上豁然开朗，便落得逍遥自在，到处游玩。一日来到太虚幻境，被警幻仙姑留在赤霞宫中，封为“神瑛侍者”。他看见灵河岸上三生石畔有棵“绛珠仙草”，十分娇娜美丽，便引发了爱心，天天以甘露浇灌，使之脱却草胎木质，幻化成了女体。这“绛珠仙子”成形后，衷心感恩，对神瑛侍者怀着一段缠绵不尽之意，力图报答他的灌溉之德。于是两人在警幻仙姑案前提出双双下凡的要求，绛珠极愿以一生所有的眼泪来还他，以了结这段儿女情缘。因此，神瑛侍者投胎为贾宝玉，绛珠仙子化身为林黛玉。那“通灵宝玉”象征了男主人公的聪明天赋，是“木石前盟”的历史见证，也是补救情天情海，追求自由恋爱的标志。却不料在恶浊的封建社会里，宝、黛的美好愿望没有得到封建家长的理解和尊重，一切都被歪曲颠倒了，神话破灭了。封建的世俗观念甚至还把“通灵宝玉”作了歪曲的解释，曲解为一定要有一个带金的姑娘来作配偶。“金”代表了金钱权势和门阀地位，于是产生了父母之命包办婚姻的“金玉良缘”，硬是破坏并拆散了“木石前盟”。

《红楼梦》中关于贾、史、王、薛四大家族制造“金玉良缘”的情节，正如恩格斯在《家庭、私有制和国家的起源》中所指出的那样：在古代的封建社会中，“结婚是一种政治行为，是一种借新的联姻来扩大自己势力的机会，起决定作用的是家世的利益，而绝不是个人的意愿。在这种条件下，关于婚姻问题的最后决定权怎能属于爱情呢？”，“决定这个问题的绝对不是他个人的意愿，而是家庭的利益”。——以此来评论《红楼梦》中“金玉良缘”的意蕴，这问题就迎刃而解了，在宝玉的恋爱、婚姻问题上，元妃、贾母、王夫人和王熙凤等人顽固地从家族的利益出发，坚持四大家族联络做亲的陈腐观念，偏在金陵皇商薛家中选出对象，看中了一个戴有金锁的符合封建规范的典型人物薛宝钗，硬是造出了“金玉良缘”的舆论。

请看书中的描写：

> 这薛家原系金陵一霸，且领着皇商钱粮，家中有百万之富。寡母王氏，与荣国府贾政的夫人是一母所生的姊妹。有子薛蟠，性情奢侈，言语傲慢，混名“呆霸王”，最是天下第一个弄性尚气的人。还有一女宝钗，生得肌骨莹润，举止娴雅，读书明理，较之乃兄，竟高十倍。近因薛蟠为争买小妾出了人命案，为了逃避罪责，便带了母妹即日离开南京，投奔都中贾家，住进了荣国府。（源出第四回）

再说黛玉与宝玉随同贾母一处坐卧，亲密无间，十分和谐。

> 不想如今忽然来了一个薛宝钗，年纪虽大不多，然品格端方，容貌美丽，人人都说黛玉不及。那宝钗却又行为豁达，随分从时，不比黛玉孤高自许，目无下尘，故深得下人之心；就是小丫头们，亦多和宝钗亲近。因此黛玉心中便有些不忿。（第五回）

有一天，宝玉因想起宝钗近日略有小恙，就亲自前去问候。到她住的院子，掀帘起去，但见宝钗坐在炕上做针线，唇不点而红，眉不画而翠，脸若银盆，眼如水杏。

> 宝玉一面看一面问：“姐姐可大愈了？”宝钗抬头见

> 宝玉进来，连忙起身含笑答道："已经大好了，多谢惦记着。"一面说着，一面看宝玉项上挂着的"通灵宝玉"，并笑道："成日家说你的这玉，究竟未曾细细的赏鉴，我今儿倒要瞧瞧。"说着便挪近前来。宝玉也凑了上去，从项上摘了下来，递在宝钗手内。宝钗托于掌上，只见大如雀卵，灿若明霞，莹润如酥，五色花纹缠护。这就是大荒山中青埂峰下那块顽石的幻相。宝钗细看正面有两行篆字，口里念道："莫失莫忘，仙寿恒昌。"（第八回）

有趣的是宝钗有个贴身丫头，名叫黄金莺，在《比通灵金莺微露意》中扮演了穿针引线的重要角色。当宝钗念出玉上的两行篆字时，她马上心领神会地贯彻主子的意图，点出了"金玉良缘"的主题。宝钗叫她去倒茶，她不走，却见机行事地向宝玉提示姑娘的金锁，为主子撮合凑趣。莺儿嘻嘻地笑道："我听这两句话，倒像和姑娘的项圈上的两句话是一对儿。"宝玉听了，忙笑道："原来姐姐那项圈上也有八个字，我也赏鉴赏鉴。"宝钗被缠不过，因说道："也是个人给了两句吉利话儿，所以錾上了，叫天天带着。"一面说，一面解了排扣，从里面大红袄上将那珠宝晶莹、黄金灿灿的金锁摘出来。宝玉忙托着锁看时，果然一面有四个篆字，两面八字："不离不弃，芳龄永继。"宝玉念了两遍，又念自己的两遍，因笑问："姐姐这八个字倒真与我的是一对。"莺儿听到这里，立即插嘴，机灵地进一步撮合说："是个癞头和尚送的，他说必须錾在金器上——"宝钗不待她说完，便嗔她不去倒茶。其实，宝钗的内心是十分受用的，只是嗔怪她不要说得太露骨。原来，薛姨妈早就炮制了"金玉良缘"的舆论，在家里跟上上下下的人都说过，而且还跟王夫人说："金锁是个和尚给的，等日后有玉的方可结为婚姻！"薛蟠跟宝钗斗气时也曾说："从先妈和我说，你这金要拣有玉的才可正配，你留了心，见宝玉有那劳什子，你自然如今行动护着他。"莺儿平时听在耳内，记在心里，一有机会就露出头角来，向贾宝玉灌输"金玉良缘"的思想意识。宝钗与她配合默契，主仆二人一唱一和，表演了一出鼓吹"金玉良缘"的双簧剧。自此以后，金玉之论传扬开来，元妃、贾母、王夫人和王熙凤等都随声附和，竭力赞成。在强大的封建势力控制下，父母包办的"金玉良缘"成了既定方针。这当然干扰破坏了自主意识的"木石前盟"，对林黛玉造成了严重的威胁和致命的打击。

然而，贾宝玉在两者之间究竟是什么态度呢？《红楼梦套曲》[终身误]明确地宣布说：

> 都道是金玉良缘，俺只念木石前盟！

贾宝玉毕竟是一个敢于冲决封建主义罗网的叛逆者。他虽然在一个时期里也曾迷惑于薛宝钗妩媚动人的外貌，但在长期的生活实践中，他看透了宝钗封建教条的卫道面孔，而深感只有林黛玉才是志同道合的终身伴侣，毅然选择了木石姻缘。当封建家庭把"通灵宝玉"歪曲为金玉之证，硬要套住他时，他便气得摔玉丢玉，死命地要抛弃砸碎那个劳什子，表示了他对包办婚姻的坚决反抗。《绣鸳鸯梦兆绛芸轩》这一回中，宝玉梦中吐真言，当着宝钗的面彻底否定了金玉之论：

> 这里宝钗只刚做了两三个花瓣，忽见宝玉在梦中喊骂说："和尚道士的话如何信得？什么是金玉姻缘，我偏说是木石姻缘！"薛宝钗听了这话，不觉怔了。（第三十六回）

可见宝玉对黛玉的爱情是坚定不移的，是任何封建势力所不能动摇的，他最终肯定的是建立在共同的反封建基础上象征自由恋爱的“木石前盟”，而绝不是符合封建秩序包办婚姻的“金玉良缘”。

三、宝、黛自由恋爱的深层历程

宝、黛以心相许的贞洁恋情，在大观园仙境般的生活中得到了纯正微妙的发展。

大观园的来历是这样的：元春进宫后，博得了皇上的欢心，被封为凤藻宫尚书，加封为贤德妃，恩准回家看望父母，于是贾政等忙着在荣国府与宁国府之间盖造了省亲别墅。元妃游幸时赐名大观园，回宫后特命众姐妹搬进园中居住，林黛玉自己选中了潇湘馆，宝玉住进了怡红院，宝钗住了蘅芜院，其他姐妹也都各有安置。

大观园是《红楼梦》作者曹雪芹创造出来的理想世界，在这个人间仙境里，作者自由地驰骋他豪放不羁的才思，尽情地歌颂了宝、黛不受封建礼教束缚的叛逆精神。然而，大观园并没有游离于社会矛盾之外，作者始终联系现实人生，一方面细致入微地刻画了以思想认识一致为基础的宝黛恋情，一方面也揭示了封建势力对自由恋爱的干扰和压制。

宝、黛在大观园沁芳闸畔同读《西厢记》（第二十三回），开始暴露了他俩的恋爱意向和互相爱慕的情窦。元人王实甫的《西厢记》，是歌颂张生和莺莺冲破封建礼教追求自由恋爱的名剧，宝玉和黛玉读后引起共鸣，而且沟通了心思。这奠定了他俩进一步发展密切关系的思想基础，也成了发展恋情的动力。

以此为引线，在“潇湘馆春困发幽情”（第二十六回）中，黛玉因为读了《西厢记》杂剧后，情意绵绵，思念宝玉，不禁吟起了“每日家情思睡昏昏”的曲词。但当宝玉真的闯入她房中来时，碍于封建礼教和少女的羞涩心理，她又不敢一吐衷情。宝玉也把炽热的爱苗遮盖起来，同样是不敢吐露衷肠。这种复杂的恋爱心理，引起了一连串误会和波折。由于难以明言，双方便互相试探摸底。言语不合时未免有求全之毁、口角之争。三日不理，四日不见；三日好了，二日恼了。“求近之心，反弄成疏远之意。”

黛玉“秉绝代姿容，具希世俊美”（第二十六回），但由于慈母早逝，接着父亲林如海也死在扬州。真是父母双亡，身世飘零。她依栖贾府，寄人篱下，心理上有沉重的负担和压力：“步步留心，时时在意，不肯轻易多说一句话，多行一步路，惟恐被人耻笑了他去。”所以她爱恋宝玉之情，无论如何也不敢表露出来，只能深深地埋在心底，郁积于胸。这便造成了她最严重的心病：“总是不放心的原故，才弄了一身病。”“无事闷坐，不是愁眉，便是长叹，且好端端的不知为了什么，常常的便自泪道不干！”自从金玉之论插入后，她身负精神重压，更是疑虑重重，临风洒泪，多愁善感，缠绵于病榻床第之间。有一回，黛玉到怡红院看望宝玉，晴雯拒不开门。偏偏院门响处，只见薛宝钗出来了。黛玉错疑宝玉对己无情，伤心到了极点。次日恰逢饯花之期，她见园中满地落花，勾起了无限的愁恨，吟出了著名的感伤主义杰作《葬花吟》：

> 花谢花飞飞满天，红消香断有谁怜？游丝软系飘春榭，落絮轻沾扑绣帘。
>
> …………
>
> 一年三百六十日，风刀霜剑严相逼；明媚鲜妍能几时，一朝飘泊难寻觅。

…………

侬今葬花人笑痴，他年葬侬知是谁?

…………

一朝春尽红颜老，花落人亡两不知！（第二十七回）

这是黛玉感伤身世的痛苦悲歌，是对冷酷现实的血泪哀诉，表露了她是遭到封建礼教压制的受害者。宝玉听到以后，也心碎肠断，立刻恸倒在山坡上。当他俩沟通心曲，解开误会后，相逢一笑，彼此的情爱又更深地进展了一层。

在第二十九回“痴情女情重愈斟情”中，作者将宝、黛恋爱的心理活动作了十分细腻的描写：

原来那宝玉自幼生成有一种下流痴病，况从幼时和黛玉耳鬓厮磨，心情相对；及如今稍明时事，又看了那些邪书僻传，凡远亲近友之家所见的那些闺英闺秀，皆未有稍及林黛玉者，所以早存了一段心事，只不好说出来，故每每或喜或怒，变尽法子暗中试探。那林黛玉偏生也是个有些痴病的，也每用假情试探。因你也将真心真意瞒了起来，只用假意，我也将真心真意瞒了起来，只用假意，如此两假相逆，终有一真。其间琐琐碎碎，难保不有口角之争。即如此刻，宝玉的心内想的是：“别人不知我的心，还有可恕，难道你就不想我的心里眼里只有你！你不能为我烦恼，反来以这话奚落堵我。可见我心里一时一刻白有你，你竟心里没我。”心里这意思，只是口里说不出来。那林黛玉心里想着：“你心里自然有我，虽有‘金玉相对’之说，你岂是重这邪说不重我的。我便时常提这‘金

> 玉’，你只管了然自若无闻的，方见得是待我重，而毫无此心了。如何我只一提‘金玉’的事，你就着急，可知你心里时时有‘金玉’，见我一提，你又怕我多心，故意着急，安心哄我。”

看来两个人原本是一个心，但因为平时缺乏谈心的渠道，反而多生枝节，多出些小心眼，弄出误会，于是在情海中掀起了一次又一次的波澜。在这种特殊情况下，书中采用上述内心独白的艺术刻画，显示了两颗被爱情炽热而痛苦着的心灵的碰撞，这一回因金玉之说而宝、黛拌嘴，宝玉是赌气砸玉，黛玉是大哭大吐。惹得贾母恨恨地说：“不是冤家不聚头！”这话传入宝、黛二人耳内，竟好似参禅般大彻大悟，都细嚼此话的滋味，都不觉潸然泣下。真是人居两处，而情发一心。

宝、黛的自由恋爱是不断发展不断深化的。自从经历了拌嘴的风波后，他俩反倒因此探得了彼此深爱的真心。到了第三十二回“诉肺腑心迷活宝玉”，作者的笔触便从内含逐渐外露，把单纯的情感作用进一步写成两人具有共同的反封建的思想基础了。书中写宝玉的表妹史湘云劝导他说：“还是这个情性不改。如今大了，你就不愿读书去考举人进士的，也该常常的会会这些为官做宰的人们，谈谈讲讲些仕途经济的学问，也好将来应酬世务，日后也有个朋友。没见你成年家只在我们队里搅些什么！”宝玉听了道：“姑娘请别的姊妹屋里坐坐，我这里仔细污了你知经济学问的。”袭人道：“云姑娘快别说这话。上回也是宝姑娘也说过一回，他也不管人脸上过的去过不去，他就咳了一声，拿起脚来走了。这里宝姑娘的话也没说完，见他走了，登时羞的脸通红，说又不是，不说又不是。幸而是宝姑娘，那要是林姑娘，不知又闹到怎么样，哭的怎么样呢！”宝玉听了分辩道：

> 林姑娘从来说过这些混帐话不曾？若他也说过这些混帐话，我早和他生分了。

这话正巧被走过来的黛玉听到，黛玉不觉又喜又惊。所喜者，果然自己眼力不错，素日认他是个知己，果然是个知己。所惊者，他在人前一片私心称扬于自己，其亲热厚密，竟不避嫌疑。于是，她和宝玉走出来互诉肺腑，表明心迹。宝玉对她说了一番知心话，她听了如轰雷掣电，细细思之，竟比自己肺腑中掏出来的还觉得恳切。

在叛逆与卫道的斗争中，薛宝钗一直劝宝玉“留意于孔孟之间，委身于经济之道”，而黛玉从来不说这种混帐话。所以宝玉与宝钗逐步分道扬镳，而与黛玉则越来越贴心了。宝玉反对封建科举的那一套，深恶“仕途经济”，斥之为“国贼禄蠹”的“饵名钓禄之阶”。他离经叛道的行为，激怒了贾政，遭到了一顿毒打（第三十三回）。从宝玉被打后宝钗与黛玉的不同表现来看，宝钗毕竟仍是站在卫道者的立场上说话：“早听人一句话，也不至今日。”而黛玉对宝玉的倾心相爱是从叛逆思想出发的，她使自己的爱情化成一股叛道性的能量，支持并鼓励宝玉继续走着反封建的道路。

在第三十四回“情中情因情感妹妹”中，宝玉因惦记黛玉，让晴雯给林妹妹送去两条自己用过的半新不旧的手帕，这标志着宝黛爱情又步入了一个新阶段。黛玉接得手帕后，立即体会出宝玉对她的爱心，不觉神魂驰荡，满意欢喜，便在帕上题诗。赠帕是传递爱情的信息，题帕是记录爱情的心声。这一段历程层层推进，充分表现了两人已达到心灵相通的境地。自此以后，宝黛之间不再吵嘴闹别扭了。发展到第四十五回“宝玉夜探”，两颗心便结成了一个心。宝玉到潇湘馆嘘寒问暖，问黛玉今儿吃了多少饭？吃了药没有？一面说，一面举起灯来，向黛玉脸上照了一照，觑着眼瞧了又瞧。黛玉会心地微笑起来，感到了获得爱情的幸福。爱情已把他俩凝结为一体，爱情给双方带来了欢乐和慰藉！

四、宝、黛爱情的悲剧结局

《红楼梦》中的宝、黛之恋，是高尚的精神之恋，是思想境界达到高度一致的纯情之恋。他俩的爱情蝉蜕浊秽，净化无尘，没有丝毫功利色彩，完全超越了“金玉之论”的世俗观念。

贾宝玉本来是一个泛爱主义者，往往是见了姐姐忘了妹妹，见了妹妹忘了姐姐。但在与黛玉长期的恋爱过程中，在思想上达到了高度的共识，他的爱心终于专注于黛玉一个人。他深刻地体认到，唯有林妹妹才是值得他挚爱的知音。这种爱苗的成长越来越明显，越来越突出。第五十七回“慧紫鹃情辞试忙玉”，便入木三分地写出了宝玉对黛玉剔肤见骨的热爱之情。紫鹃是贾母给黛玉的侍婢，黛玉对她平等相待，形同姐妹，竟比苏州带来的雪雁还好十倍。紫鹃坚定忠诚地站在黛玉的立场上，“一片真心为姑娘”。她衷心希望宝黛的自由恋爱能够成功，便再三试探宝玉，故意说林姑娘要回苏州去。惹得宝玉将玩话当真，急痛迷心，狂疾大作，直露地表明了他爱林妹妹已达到难舍难分的热恋程度。他“把心迸出来”说：“活着，咱们一处活着；不活着，咱们一处化灰化烟。”宝玉完全敞开心扉，把话说到了底。紫鹃探得这个真情以后，便去告诉黛玉说：“万两黄金容易得，知心一个也难求！”“趁早儿老太太还明白硬朗的时节，作定了大事要紧。”她热盼宝黛的婚事能公开地肯定下来，却不料老太太、王夫人和凤辣子等一帮人，对黛玉的态度已经完全变了。宝、黛恋爱的形迹没有外露以前，以贾母为首的封建家长对黛玉倒也关怀备至。但在爱苗露出以后，非但没有得到她们的珍视和保护，却反而导致了排斥和破坏。早在宝、黛“诉肺腑”（倾诉衷情）那一次，袭人觉察后认为“将来难免不才之事”，“心下暗度如何处治方免此丑祸”，竟去向王夫人告密献策，要王夫人变个法儿让宝玉搬出大观园去住，离间宝、黛的感情。而这次宝玉为黛玉发狂后，封建家长十分恐慌，她们不满黛玉已成与宝玉一样的叛逆性格，对黛玉的态度是外热内冷，先热后冷，越来越冷。她们从封建家族的既得利益出发，坚持“金玉良缘”的观点，感情早已倾斜到薛宝钗那里，形成了一边倒的趋向。因此在议及宝玉终身大事的时候，她们便以宝钗作为预定人选，而把黛玉完全排斥在外了。

先从元妃的态度来看，她一开始就倾向薛宝钗。在端午节赏赐礼物时，独宝钗与宝玉的相同。为此，宝玉还提出疑问说：“这是怎么个原故？怎么林姑娘的倒不同我的一样，倒是宝姐姐的同我一样，别是传错了罢？”袭人答道：“昨儿拿出来，都是一份一份的写着签子，怎么就错了！”（第二十八回）事实就是元妃有偏心，她通过送礼为金玉相配定下了框架和调子。从此以后，贾母便开始赞赏起宝钗来了。如第三十五回写薛姨妈带了宝钗到怡红院，恰逢贾母、王夫人、王熙凤一帮人都在。宝钗乘机向贾母讨好说：“凤丫头凭他怎么巧，再巧不过老太太去。”贾母听了非常高兴，便自称年轻时比凤姐儿还能干，然后补充说：“凤儿嘴乖，怎么怨得人疼他！”宝玉便有意把话题接过来说：“若是单是会说话的可疼，这些姊妹里头也只是凤姐姐和林妹妹可疼了。”宝玉的原意是想勾着贾母来称赞黛玉的，岂料贾母反倒赞扬宝钗说：“提起姊妹，不是我当着姨太太的面奉承，千真万真，从我们家四个女孩儿算起，全不如宝丫头。”王夫人在旁立即帮腔作证说：“老太太时常背地里和我说宝丫头好，这倒不是假话。”这表明扬钗抑黛是封建家族早已定下的方针，无疑是对宝、黛之恋投下了巨大的阴影。

封建家族这种咄咄逼人的气势，使黛玉受到了沉重的压力，黛玉想到宝钗家有母有兄，有房有地，有钱有势；而自己一无所有，吃穿用度、一草一纸，都得依靠贾府，最关键的是没有人能为自己出面作主。这番思虑，在第八十二回“病潇湘痴魂惊恶梦”中刻画了出来：

> 想起自己身子不牢，年纪又大了。看宝玉的光景，心里虽没别人，但是老太太、舅母又不见有半点意思。深恨父母在时，何不早定了这头婚姻。……

她心内七上八下，辗转缠绵，竟像辘轳一般。叹了一回气，掉了几次泪，竟和衣倒下做了一场“宝玉剖心”的恶梦。这场恶梦是她追求爱情的热望和爱情即将破灭的预感交织在一起的复杂心理的反映。她怕失去宝玉，而且已预感到贾母即将抛弃她。在梦中，她抱着老祖宗的腰哭喊道：

> 老太太，你向来最是慈悲的，又最疼我的，到了紧急的时候怎么全不管！不要说我是你的外孙女儿，是隔了一层了，我的娘是你的亲生女儿，看我娘分上，也该护庇些。

黛玉的预感是不差的，贾母等人的冷酷无情，后来都成了事实。在第八十四回“试文字宝玉始提亲”中，凤辣子揣摩并迎合贾母的意向，正式打出了“金玉良缘”的旗号：

> 凤姐笑道："不是我当着老祖宗太太们跟前说句大胆的话，现放着天配的姻缘，何用别处去找。"贾母笑问道："在那里？"凤姐道："一个'宝玉'，一个'金锁'，老太太怎么忘了。"

发展到第九十六回"瞒消息凤姐设奇谋"中，贾宝玉因迷失"通灵宝玉"而发病后，贾母便提议娶金命的人来冲喜，这事交由王夫人和王熙凤去办。但袭人深知宝玉爱的是黛玉而不是宝钗："若是如今和他说要娶宝姑娘，竟把林姑娘撂开，除非是他人事不知还可，若稍明白些，只怕不但不能冲喜，竟是催命了！"这样考虑下来，袭人为了保主人宝玉的命，便索性去跟王夫人说穿了。王夫人和王熙凤也明知宝玉心爱的是黛玉，但她们硬是不让宝、黛结合。王熙凤甚至卑劣恶毒地想出了一个"掉包的法子"。那就是欺骗宝玉，假意说让他和林妹妹结婚，而实际上却把新娘换成薛宝钗。这个偷梁换柱的掉包计，彻底毁灭了"木石前盟"，把黛玉送上了绝望的死路。

当凤辣子伤天害理的诡计暗暗通知过来时，薛姨妈竟一口答应，连薛宝钗本人也居然默认了。然而，这个机关被傻大姐无意间泄露了出来。当黛玉得知奥秘后，误会成宝玉背叛了自己，悲愤之极，气得吐血昏迷。她为了一探究竟，拖着病体径自走到宝玉那里。两个人缄默地也不问好，也不说话，也无推让，只管对着脸傻笑起来。黛玉忽然问道："宝玉，你为什么病了？"宝玉笑道："我为林姑娘病了！"宝玉不知掉包计，还以为真的要和林妹妹成亲，又恐黛玉怕羞，所以当面没有多说。而黛玉不知其中底细，以为宝玉是虚与委蛇，内心的疙瘩并未解开，所以返回潇湘馆后一病不起。在这紧要关头，贾母非但不怜惜黛玉，却反而说出了十分绝情的话头：

> 孩子们从小儿在一处儿顽，好些是有的。如今大了懂的人事，就该要分别些，才是做女孩儿的本分，我才心里疼他。若是他心里有别的想头，成了什么人了呢！我可是白疼了他了。
>
> 咱们这种人家，别的事自然没有的，这心病也是断断有不得的。林丫头若不是这个病呢，我凭着花多少钱都使得。若是这个病，不但治不好，我也没心肠了。（第九十七回）

这是为维护封建礼教而扼杀自由恋爱的陈词滥调，暴露了贾母等卫道者全无心肝的势利、狠毒面目。

黛玉过去生病时，从老祖宗直到众姐妹，都是争先恐后地常来问候的。但这次病倒后，上上下下都不过来，连一个问讯的人也没有。睁开眼，只有紫鹃在旁，自料万无生理。在昏沉迷茫中，她找出平日积累的诗稿，特别要找出那块题诗的旧帕。这诗帕浸渍着她对宝玉铭心刻骨的相思泪，题写着她深深眷恋宝玉的儿女情。然而，往事如梦，过去的美好理想已成泡影。这诗稿与诗帕都已毫无存在的价值，她绝望地把它们投入火盆，让本来极为珍贵的爱情纪念品统统付之一炬，让自己宝贵的青春和生命随着劫灰飘然而逝！

在林黛玉焚稿断痴情（第九十七回）以后，她的病情越来越沉重。就在宝钗出嫁宝玉的那日，黛玉白天已昏倒几次。到了晚间，一边是吹吹打打，热闹非凡；一边却是凄凄惨惨，冷清异常。黛玉在临终前，表示了“质本洁来还洁去”的少女纯洁心怀，最后直声呼叫：“宝玉、宝玉，你好……！”说到“好”字戛然而止，黛玉气绝，玉殒香消（第九十八回）。这个“好”字，极其含蓄而凝练地表达了黛玉对宝玉“爱又不是，恨又不是”的复杂矛盾的心态，笔法极妙，这幕悲剧的环境气氛也描写得出神入化，夺人魂魄。黛玉谢世之时，正是宝玉与宝钗举行婚礼的辰光，紫鹃等大哭起来，忽听得远远一阵音乐之声，侧耳一听，却又没有了。探春李纨走出院外再听时，唯有竹梢风动，月影移墙，好不凄凉冷清。此情此景，真是催人泪下，令人心碎！作品中采用了两个场面冷热对比的手法，产生了极为强烈的艺术感染力。

再说宝玉成婚那晚，满以为娶了黛玉为妻，真乃天上人间第一件畅心适意的乐事，身体觉得康健起来。但一揭开新娘的盖头，才发现不是黛玉而是宝钗，顿时目瞪口呆，病情再发。他口口声声要找林妹妹，表明他对黛玉的爱情是始终如一、坚贞不渝的。

宝钗深知宝玉之病实因黛玉而起，且知黛玉已死，竟趁势以毒攻毒，向宝玉说破，使其一痛决绝，再暗下针砭，试图挽回颓局。但她的如意算盘未能奏效，结果是落得竹篮打水一场空。

当宝玉听到宝钗告知林妹妹已经亡故的噩耗后，哭得死去活来，痛不欲生。他急着到潇湘馆招魂哭灵，想起从前何等亲密，今日死别，屋在人亡，怎不更加伤感（第九十八回）。

至于薛宝钗，虽然在封建势力的支持下登上了宝二奶奶的高座，但由于并未得到宝玉的爱情，那夫妻的名义只是徒具形式罢了。这说明包办婚姻是没有好结果的，强扭的瓜儿是不甜的。

最后，贾宝玉因痛恨封建家族扼杀了他和黛玉的自由恋爱，便愤而出走：悬崖撒手，做了和尚。他光着头，赤着脚，身上披着一领大红猩猩毡的斗篷，在雪地里飘然而去（第一百二十回），与封建家庭表示了彻底的决裂。所谓“金玉良缘”的包办婚姻，实际上害苦了宝钗。真是枉费了意悬悬半世心，一场欢喜忽悲辛。

《红楼梦》是一部具有强烈反封建精神的现实主义杰作，它以贾宝玉和林黛玉的爱情悲剧为主线，抨击了不合理的封建制度，揭露了封建社会的黑暗，控诉了封建礼教残害青年的罪恶，发出了反对包办婚姻歌颂自由恋爱的民主思想的光辉！

原载哈尔滨出版社 1991 年版《中国历代爱情文学系列赏析辞典》

以红楼人物比拟京中名伶

清代嘉庆道光年间，由于《红楼梦》小说的风行，北京戏曲界便以书中人物来评比剧坛名伶。当时有广东嘉应州人杨懋建，字掌生，别号蕊珠旧史，于道光十一年进京，官国子监“学正”（相当于府学教授），性喜昆曲，遍交徽班、昆班中的各色艺人，于道光十七年（1837）写成《长安看花记》，叙述嘉、道间成名的男伶事迹。其中记春台班旦角范秀兰，擅演昆戏《瑶台》《题曲》，“拟之《石头记》中人，大似蘅芜君（薛宝钗），天香国色，艳冠群芳”。又记三庆班旦角潘玉香，擅演《掬月》《藏舟》诸剧，回翔旋折，飘飘欲仙，“目为槛外人妙玉，可谓神情毕肖”。三庆班另一位旦角陈玉琴，“拟之《石头记》中人，极似宝琴”。又记四喜班旦角钱双寿，“论者拟之以邢岫烟，神情态度，幽闲典雅，庶乎近焉”。又记嵩祝班旦角翠霞，竟以金陵十二钗中的秦可卿相比。这些名伶除了演出《牡丹亭》《玉簪记》等传统剧目外，并能排演新编的红楼戏。常演的是荆石山民《红楼梦散套》中的《黛玉葬花》和《宝玉乞梅》二折。擅场的演员是翠霞的师父吴桐仙和钱双寿（字眉仙），书中记载：

眉仙尝演《红楼梦·葬花》，为潇湘妃子，珠笠云肩，荷花锄，亭亭而出，曼声应节，幽咽缠绵。至“这些时拾翠精神都变做了伤春症候”句，如听春鹃，如闻秋猿，不数一声“河满”矣。余目之曰幽艳。尝论红豆村樵《红楼梦传奇》盛传于世，而余独心折荆石山民所撰《红楼梦散套》为当行作者。（中国戏剧出版社 1988 年版《清代燕都梨园史料·长安看花记》第 311 页）

足见当时演出昆曲红楼戏采用的是两种改编本：一是江苏泰州人红豆村樵仲振奎编的传奇剧《红楼梦》，计 32 出，嘉庆四年（1799）绿云红雨山房刊行；二是江苏太仓州人荆石山民吴镐编的杂剧本《红楼梦散套》，计 16 折，嘉庆二十年（1815）蟾波阁刊行。

原载《红楼梦学刊》1997 年第二辑

《红楼梦》书名出自唐诗"惊破红楼梦里心"

唐宋诗词中有不少"红楼"名句，如李商隐《春雨》诗："红楼隔雨相望冷，珠箔飘灯独自归。"韦庄《长安春》诗："长安春色本无主，古来尽属红楼女。"《菩萨蛮》词："红楼别夜堪惆怅，香灯半卷流苏帐。"史达祖《双双燕》词："红楼归晚，看足柳昏花暝。"——其中含意，无非以"红楼"喻指豪门富家罢了。而曹雪芹把"红楼"与"梦"字相连，用作小说的书名，既是他的独创，也是对传统文化的继承和发扬。关于这一点，清代乾隆四十九年（1784）梦觉主人在《红楼梦》"甲辰本"的序言里阐释说："辞传闺秀而涉于幻者，故是书以'梦'名也。夫梦曰'红楼'，乃巨家大室儿女之情，事有真不真耳。"并指出"红楼富女，诗证香山"。于是，《红楼梦鉴赏辞典》和《红楼梦大辞典》都根据梦觉主人的提示，认为《红楼梦》书名源出白居易（号香山）的《秦中吟·议婚》诗："红楼富家女，金缕绣罗襦。"但我细阅白氏全诗，并未见及"红楼"与"梦"字连称。如果追溯语源，该当另有来历。

经探讨考索，真正连用"红楼梦"三字的，实出于晚唐诗人蔡京的《咏子规》诗。这是徐州师范学院已故的吴汝煜教授在《蔡京小传》中提出的（江苏古籍出版社 1990 年出版《唐诗大辞典》

第 472 页）。蔡京（？—863）是山东郓州人，早年曾为僧徒，后还俗，唐文宗开成元年（836）登进士第，官至岭南西道节度使。吴汝煜为其作传说：“《咏子规》‘惊破红楼梦里心’，为著名小说《红楼梦》取为书名。”但吴氏只说了这么一句话，没有作出诠释，也没有另写专文加以论述。我查了曹寅主持编刊的《全唐诗》卷四百七十二，见到《咏子规》原诗是一首七律：

千年冤魄化为禽，永逐悲风叫远林。
愁血滴花春艳死，月明飘浪冷光沉。
凝成紫塞风前泪，惊破红楼梦里心。
肠断楚词归不得，剑门迢递蜀江深。

子规就是杜鹃鸟，诗中着力刻画“杜鹃啼血”的凄凉意境：“永逐悲风”“愁血滴花”，勾勒出了一幅声声血泪的画面。曹雪芹很可能是读了这首诗得到启发，在小说中描绘贵族大家庭的没落，有如《咏子规》诗中“春艳死”“冷光沉”的局面，千红一哭，万艳同悲，正是红楼女儿悲剧命运的传神写照。而“凝成紫塞风前泪，惊破红楼梦里心”，也很符合林黛玉的形象特征和“字字看来皆是血”的创作内情。由此可见，曹雪芹最终取“红楼梦”为书名，不是出于白居易“红楼富女”之句，而是源出晚唐蔡京的《咏子规》诗。

原载《红楼梦学刊》1997 年第二辑

［导读］《红楼梦》的艺术魅力

吴新雷　丁波

《红楼梦》是一部具有深广文化内涵的奇书，是中华民族五千年传统文化的高度综合和体现。在艺术上，它达到了中国传统文艺作品艺术成就的巅峰。

（一）艺术真实和反映社会生活的深广丰富性

《红楼梦》创作艺术最大的特色就是前所未有的真实性，这种真实来源于作者独特的生活经历，来源于作者对艺术真实和历史真实的正确把握，直接体现于作品所塑造的人物形象和反映的丰富深广的社会内容。

对现实主义创作方法的自觉把握

艺术源于生活，《红楼梦》非曹雪芹不能写，自然是与曹雪芹独特的经历有关，曹雪芹家庭的盛衰变化，本人复杂曲折的生活经历，为他的创作提供了极为丰富的素材，为作品所反映的内容真实可信奠定了得天独厚的条件。然而，艺术真实并不等同于生活真实。从生活到创作，有一个提炼和升华的过程，而不是真人真事的照相式的记录。所以，我们绝不能把小说中的贾宝玉看成是曹雪芹，也不能把书中的贾府与曹家完全等同起来。正如鲁迅先生所言：

> 纵使谁整个的进了小说，如果作者手段高妙，作品久传的话。读者所见的就只是书中人，和这曾经实有的人倒不相干了。例如《红楼梦》里贾宝玉的模特儿是作者自己曹霑，《儒林外史》里马二先生的模特儿是冯执中，现在我们所觉得的却只是贾宝玉和马二先生，只有特种学者如胡適之先生之流，这才把曹霑和冯执中念念不忘地记在心儿里，就是所谓人生有限，而艺术却较为永久的话罢。（《且介亭杂文末编·〈出关〉的“关”》）

对于这个道理，喜欢在《红楼梦》字里行间猜谜、发掘史事的索隐家们不知道，而《红楼梦》作者本人却是清楚的。《红楼梦》的真实性首先来自作者对现实主义创作方法的自觉把握：

> ……至若佳人才子等书，则又千部共出一套，且其中终不能不涉于淫滥，以致满纸潘安、子建、西子、文君，不过作者要写出自己那两首情诗艳赋来，故假拟出男女二人名姓，又必旁出一小人其间拨乱，亦如剧中之小丑然。且鬟婢开口即者也之乎，非文即理。故逐一看去，悉皆自相矛盾、大不近情理之话，竟不如我半世亲睹亲闻的这几个女子，虽不敢说强似前代书中所有之人，但事迹原委，亦可以消愁破闷；……至若离合悲欢，兴衰际遇，则又追

踪蹑迹，不敢稍加穿凿，徒为供人之目而反失其真传者。（第一回）

古人云“天然图画”四字，正畏非其地而强为地，非其山而强为山，虽百般精而终不相宜……（第十七至十八回）

在第五十四回中，作者又借批评“女先儿”（说书艺人）之事，对当时叙事文学虚假失实的积习流弊再次进行抨击，从而表明了曹雪芹自己要力破陈套，写出真实人生的创作态度。

然而，“不敢稍加穿凿”写出人生的真实感，并不等于拘泥现实，而是要用典型化的方法，对生活进行提炼，并精心选用各种艺术表现手段将其再现，达到艺术真实。这就是后人所总结的现实主义的创作方法，即：抛弃拘泥于生活细节真实的自然主义的写作方法，通过对能够反映生活本质，具有审美意义的细节和事件的再现，从而艺术化地、历史化地反映现实生活的真实性。曹雪芹自然没有受过现实主义创作理论的专门训练，也没有对此作过系统、完整的理论总结，但在书中借助书中人语，多次出现相关议论，显然，他对其中真谛是有充分领悟的：

……若云无朝代可考，今我师竟假借汉唐等年纪添缀，又有何难？但我想，历来野史，皆蹈一辙，莫如我这不借此套者，反倒新奇别致，不过取其事体情理罢了，又何必拘拘于朝代年纪哉！（第一回）

作者反反复复、明白无误地告诉读者，写作《红楼梦》的最终目的不是传事，而是“取其事体情理”。作者追求的是用典型化的手法，写出社会生活的普遍意义和历史真实。第四十二回薛宝钗论作大观园图，第四十八回香菱谈读诗的体会，所要表达的都是这一创作规律：

> 你就照样儿往纸上一画，是必不能讨好的。这要看纸的地步远近，该多该少，分主分宾，该添的要添，该减的要减，该藏的要藏，该露的要露。（第四十二回）
>
> 诗的好处，有口里说不出来的意思，想去却是逼真的。有似乎无理的，想去竟是有理有情的。……“渡头余落日，墟里上孤烟”：这“余”字和“上”字，难为他怎么想来！我们那年上京来，那日下晚便湾住船，岸上又没有人，只有几棵树，远远的几家人家作晚饭，那个烟竟是碧青，连云直上。谁知我昨日晚上读了这两句，倒像我又到了那个地方去了。（第四十八回）

这些地方通过论画（曹雪芹本人就是画家）、论诗，既反映了作者淹通艺术，更反映其一贯的审美理想和创作方法。为了更好地反映出艺术和历史的真实，曹雪芹在现实主义创作方法基础上，融入了浪漫主义的创作手法。青埂峰、太虚幻境，神瑛侍者和绛珠仙草的神话，都是现实生活中没有的，但它们对作品主题的体现和人物形象的塑造却又是需要的，它们对于作品内容在时间和空间方面的拓展，对于人物、情节浪漫情调和悲剧气氛的营造是必不可少的。

真实的人物形象和丰富的社会生活内容

《红楼梦》可以说是一部百科全书式的长篇小说，它以一个贵族家庭为中心展开了一幅广阔的社会历史图景，对社会生活的各个方面、各个阶级和层次都作了生动的描绘。全书有名有姓的人物就有好几百，各种类型的人物，从皇妃王公，至贩夫走卒，都获得了生动的描画。日常生活的饮食起居，家具器皿、服饰摆设、车轿排场等都有真实细致的描写，对于今人考察过去的生活，颇具研究参考价值。《红楼梦》还体现了作者对烹调、医药、园艺、建筑和诗词、小说、绘画、音乐、戏曲等各种文化艺术的丰富知识和很高的艺术造诣。作者的笔触还深入封建社会各个深层领域，对封建家长制度、科举教育制度、婚姻制度、蓄奴制度，封建礼教思想和皇权意识、宗教观念，政治体制和经济结构，以及哲学、道德、宗教等作了准确的观察，提出了自己精到的见解。《红楼梦》反映社会生活内容的博大精深在世界文学史上是罕见的，所以，它曾被称为“封建社会的百科全书”。

《红楼梦》所展现的社会生活内容既十分丰富深广，又十分可信，其基本的写作方法是“如实描写”（鲁迅语），叙述语言虽简洁、朴实，但作者所要描绘的对象、所要表达的内容却十分准确、可信。如贾府众人迎接元妃回家省亲一节：

> 一时传人一担一担的挑进蜡烛来，各处点灯。方点完时，忽听外边马跑之声。一时，有十来个太监都喘吁吁跑来拍手儿。这些太监会意，都知道是“来了，来了”，各按方向站住。贾赦领合族子侄在西街门外，贾母领合族女眷在大门外迎接。半日静悄悄的。忽见一对红衣太监骑马缓缓的走来，至西街门下了马，将马赶出围幕之外，便垂手面西站住。半日又是一对，亦是如此。少时便来了十来对，方闻得隐隐细乐之声。……（第十七至十八回）

没有任何渲染、夸饰，也看不到人物的情绪反应，用的只是简朴甚至有些单调的叙述，然而读来却感到森严肃穆，气势逼人。

《红楼梦》人物形象的真实可信，除了人物言行符合各自身份，更主要的是写出了人物思想性格的复杂。好人不全是好，坏人也不全是坏。林黛玉平素给人的印象是倨傲，但她辅导香菱作诗，却又循循善诱，诲人不倦，显得比宝钗还有耐心，还要平易近人。其他如：史湘云的“咬舌”，贾宝玉爱吃胭脂；王熙凤阴险毒辣，但又伶俐能干；赵姨娘似乎一无是处，但也能培养出探春这样聪明的女儿。即便是贾雨村这种次要角色，作者也不让他仅仅走个过场，既写出了他善于投机钻营，贾府得势时为虎作伥，贾府失势时落井下石的丑恶嘴脸，也写出他相貌堂堂，颇具吸引力。他与娇杏艳遇，如果细细写来，似乎也可以再作一出《红拂记》。……这类的构思和描写，不仅无损于人物形象的整体意义，反而使人物性格更加丰满，更富有立体感。

《红楼梦》之所以取得了空前的艺术真实感，关键在于作者写出了社会生活的自然情理。曾有批评者认为，曹雪芹对宝黛情感纠葛的细腻刻画和生活细节的铺陈，表现了作者对贵族青年精致而又空虚的情感生活和封建贵族奢侈生活方式的欣赏和留恋。其实，曹雪芹对封建贵族思想观念的落后陈腐，生活方式奢侈腐朽是鄙视和批判的，这在书中对荣宁二府贾赦、贾政、贾琏、凤姐、王夫人等人的描写中十分明确地表露了出来。但是，一方面青春、爱情、园林、诗画以及服饰、珍肴之美是客观存在的，是人类物质精神生活和文明发展的成果，正像我们今天游览故宫、颐和园，不能因为它曾是封建帝王的宫殿而否定其建筑艺术本身的美，欣赏宋徽宗的画，不能因为作者是有名的“昏君”而否定其艺术作品的价值。

另一方面，这种略近铺陈、极为精细的描述方式，也是文学作品真实反映社会生活，塑造人物形象的表现方法之一。作为宝黛这样的生活在封建礼教重重禁锢中的青年男女，他们衣食无忧，不承担任何社会义务和责任，爱情是他们精神生活的唯一内容，但是他们爱情的成长和发展又不断遭受周围环境和封建家长的阻碍和反对，他们的情感交流与生活在今天的人们相比，有着许多无法想象的困难，因此，他们的情感只能用一种曲折方式表达，并在行为上表现出一种孤傲和“好使小性儿”的怪僻。即所谓“求近之心，反弄成疏远之意”（第二十九回），思想和行动上也常常出现错位。情感所受到压抑越是强烈，主观上越想掩饰，行动上则越为乖张，这正是当时情形的真实写照，符合生活的自然情理，而这种表达方式所反映情感主体的纯洁、纤细、哀婉和深深的感恨，也正是宝黛爱情美学特征的独特体现。

（二）复杂而又完整的结构布局

在中国古典小说中，《红楼梦》最为突出的艺术成就，集中体现于作品所反映的社会生活内容的多面性、整体性和联系性，体现于作品紧密而富有张力的结构，笼贯全书的整体诗意和戏剧性的情节发展方式。

富于艺术张力的多头网线结构

《红楼梦》全书一百二十回，其情节结构可分为四大段落。从第一回到第五回是序幕，暗示创作意图，介绍主要人物，为故事情节的展开作准备。第一回是从苏州写起的，序幕拉开时，出场的引线人物是甄士隐、贾雨村，谐音意为把真事隐去，用假语村言写出来。表明这本小说是艺术创造，不是真人真事，而且这样写还可以避免触犯封建统治阶级的禁忌，不至于遭到当时日益频繁和日趋险恶的“文字狱”的迫害。第二回通过贾雨村和冷子兴的一席对话，介绍了即将出场的贾府人物，点明了贾府中充满矛盾的现状。第三回从贾雨村引出女主角林黛玉进入荣国府，主要人物纷纷出场，并巧妙地安排了宝玉和黛玉的初次会面，两人一见钟情，拉开了宝黛爱情悲剧的序幕。第四回笔锋一转，用“护官符”点出贾、史、王、薛四大家族的来历，揭示了封建社会的阶级关系和政治关系，引出薛宝钗进入贾府，埋下了政治联姻的伏线。第五回用浪漫主义的象征手法写“太虚幻境”，通过“金陵十二钗”正册的判词和套曲，点出“色空”“情灭”等悲剧性主题概念，预示了主要人物的性格特征和悲剧结局。

从第六回到二十三回是第二个大段落。小说的故事情节是从刘姥姥一进荣国府正式开始的。对照前五回的序幕来说，刘姥姥的出场才是正剧的第一幕。作者是把刘姥姥作为四大家族衰亡史的见证人来写的，她在小说中三进荣国府，正好经历了贾府由盛而衰的全过程，在艺术结构上贯穿始终，起到了纲举目张的作用。对此，小说中作了这样的叙述：

> 按荣府中一宅人合算起来，人口虽不多，从上至下也有三四百丁；虽事不多，一天也有一二十件，竟如乱麻一般，并无个头绪可作纲领。正寻思从那一件事自那一个人写起方妙，恰好忽从千里之外，芥豆之微，小小一个人家，因与荣府略有些瓜葛，这日正往荣府中来，因此便就此一家说来，倒还是头绪。（第六回）

这个纲领和头绪，便是通过刘姥姥引出一系列主要人物和各种事变。由王熙凤到秦可卿，由秦可卿之死到王熙凤弄权，接着写元妃省亲，然后写宝玉和众姐妹搬入大观园，从宝玉与黛玉、宝钗、湘云等人的纠葛中理出了爱情关系的线索。

从第二十四回到七十四回是第三个大段落，写了宝、黛爱情的发展，也写了四大家族由盛而衰。宝玉和黛玉的爱情是在层层矛盾中逐步滋长起来的，这条主线由四组矛盾交错构成：一是宝玉和黛玉初露心迹后的相互试探，“每每或喜或怒”，“将真心真意瞒了起来”，“求近之心，反弄成疏远之意”；二是受到薛宝钗的干扰和牵制，产生了“金玉良缘”和“木石前盟”的冲突；三是袭人的破坏，她代表四大家族的利益，对宝、黛爱情的发展进行监督和阻挠；四是王夫人和贾母的直接干预，压制了婚姻自主的美好理想。通过这些爱情纠葛，小说中还同时反映了家族内部的你争我夺和叛逆者的反抗斗争。如第二十五回写赵姨娘暗害宝玉和凤姐，三十二回写金钏投井，三十三回写宝玉被打，四十六回写鸳鸯抗婚。第五十三回写乌庄头交租，反映了农村的凋敝，也说明贵族家庭坐吃山空，陷入了经济危机。从此以后，四大家族的内部矛盾公开化，探春和生母吵翻了，司棋又大闹厨房，王熙凤逼死了尤二姐，尤三姐被迫殉情。“三春过后诸芳尽，各自需寻各自门”。第七十四回“抄检大观园”，便是贾府走向衰亡的标志。

从七十五回到一百二十回是第四个大段落，宝、黛的爱情由于受到封建势力的摧残而被扼杀，贾府的内外矛盾到了总爆发的境地，主要人物也都归结为悲剧结局。如七十七回写晴雯之死，八十三回写元妃病危，九十七回写黛玉焚稿，一百零五回写贾府被查抄，一百一十回写贾母寿终，一百一十四回写王熙凤死去，最后是贾宝玉与封建家庭决裂，随和尚出走。

在《红楼梦》的总体结构中，头绪纷繁，纲领极多，从苏州写到扬州，从南京写到神京，从甄家写到贾家，从贾家写到史、王、薛家；不仅揭露了贵族家庭的内部矛盾，也反映了农村和市井间的社会问题；四大家族上上下下的人物有七百多个，一连串的变故层出不穷。真是千头万绪，错综复杂。如果安排不当，势必凌乱散漫，像《儒林外史》那样成为一个个片段。为适应于生活形态的多样化和反映内容的复杂性，《红楼梦》的情节结构与《三国演义》的平行线格式、《水浒传》《西游记》的人物情节连环式不同，主要表现为“双线多头网状形”的结构技巧，与其他情节结构方式相比，这种结构写作难度很大。（以上参见王敬文《谈谈〈红楼梦〉的艺术结构》）而《红楼梦》作者写来却丝丝入扣，分毫不乱，层次分明，脉络连贯。《红楼梦》中的爱情悲剧与家世衰落这两大主脉几乎是不辨主副地交织在一起，情节相互生发，逻辑互为因果，表现了作者驾驭情节结构的高超艺术才能。例如，第五十二回写贾宝玉正与黛玉说事，话说了一半，被赵姨娘打断，情节便由此岔开，给读者留下了一个闷葫芦，直到第五十七回紫鹃想起来再问，才由宝玉娓娓道来，补出宝玉为黛玉安排燕窝，滋补身体一事，解了前面的悬念，随即又因“慧紫鹃情辞试忙玉”，宝玉弄出一场惊天动地的情感爆发。又如第五十一回写晴雯患病煎药时，宝玉说：“药气比一切的花香果子香都雅。”到了第五十二回，黛玉说：“我一日药吊子不离火，我竟是药培着呢，那里还搁的住花香来熏？”这就补交代出为什么宝玉前番特别为宝钗冷香丸所吸引（第八回），为什么觉得药香“雅”，原来，宝玉这一特殊的审美趣味竟是长期与黛玉在一起被“熏”出来的。这种传统文艺创作论中所说“草蛇灰线”的情节构造之法，在《红楼梦》中有完美的体现。

笼括全书的整体诗意

《红楼梦》给人的总体感受，一是结构缜密，二是欣赏接受过程中所感受到的美和浓浓的诗意。这种美感和诗意来源于作者思想倾向和审美观念的自然流露，来自描述过程中从五官感受到思想境界为读者所提供的整体美。

首先是景物的美，《红楼梦》的景物描写，最引人注意的便是对大观园的营造。大观园是曹雪芹创造出来的理想世界，是一个“唯美”的世界。从宝玉“大观园试才题对额”，黛玉“心里想着潇湘馆好”，正和宝玉的“主意一样”等处看来，大观园体现了宝黛二人共同的审美情趣，在此，他们思想情感的产生与发展得到了一个相对的自由空间；同时，众多青春靓女的衣香鬟影，处处绽放的姹紫嫣红又使它成了充满美感的人间仙境。

为了凸现大观园的美，作者安排了鲜明对照的两个世界：大观园是以贾宝玉、林黛玉和一群处在被压迫地位的丫鬟为主，包括年轻的小姐们在内，是一个自由天真、充满了青春的欢声笑语的女儿国。自然风光，旖旎多姿；人物形象，美丽动人。黛玉葬花，宝钗扑蝶，湘云醉卧花裀，龄官画蔷，海棠赛诗，雪庭联句等。而与之对立的男子世界，则在权威和礼教的外衣下，处处都是贪婪、腐败和丑恶，这男子世界以男性统治者为中心。作者把这两个世界对比着写，美的更美，丑的更丑。

行动于《红楼梦》所设定的花团锦簇的时空中，目之所见、耳之所闻、手之所触、足之所践……无一不美。仅从嗅觉来讲，时时香气缭绕。如秦氏房中，“至房门，便有一股细细的甜香袭人而来”，令“宝玉眼饧骨软，连说‘好香’”（第五回）。宝玉梦中进入的太虚幻境“但闻一缕幽香，竟不知其所焚何物”（第五回）。刘姥姥初进大观园，“才入堂屋，只闻一阵香扑了脸来，竟不辨是何气味，身子如在云端里一般”（第六回）。……更特别的还有宝钗服了丸药，身上散发出“凉森森甜丝丝”的“冷香”（第八回）；当然，最著名，最令人称绝的是“黛玉袖中发出，闻之令人醉魂酥骨”的“奇香”（第十九回）。

显然在曹雪芹笔下，这种美越是内在的，越是包含真情，越是显得品格高雅、超群脱俗，写来也越是富于诗意。这从作者对黛玉和宝钗两人的描写中体现得十分明显：林黛玉的“奇香”发自体内，薛宝钗的“冷香”虽比其他“花香果子香”要“雅”，仍为进补所生，故落第二；“木石前盟”是宿世姻缘，“金玉良缘”则是一个精心设计的婚姻广告，是薛家自己挂上的招牌。宝钗读书不比黛玉少，但是黛玉的才气和悟性高，心中追求情爱自由的愿望十分强烈。因此，艺术鉴赏力、创造力和作品的格调就高于薛宝钗。第七十回“偶填柳絮词”，黛玉以柳絮感叹自己身世飘零；可是薛宝钗却写道：“好风凭借力，送我上青云。”表现了一心想借助封建家族势力，获取“宝二奶奶”位置的个人打算，一改娴静安分的常态，热衷急切之状，溢于言表。又，宝钗对昆曲剧目十分熟悉，正如宝玉所说是“无书不知”，“色色都知道”，但所得体会不过是“排场又好，词藻更妙”（第二十二回）。黛玉“素习不大喜看戏文”，但是偶尔听人演习《牡丹亭·游园》，却能引起强烈的情感共鸣：

> ……偶然两句吹到耳内，明明白白，一字不落，唱道是：“原来姹紫嫣红开遍，似这般都付与断井颓垣。”林黛玉听了，倒也十分感慨缠绵，便止住步侧耳细听，又听唱道是：“良辰美景奈何天，赏心乐事谁家院。”听了这两

> 句，不觉点头自叹，心下自思道："原来戏上也有好文章。可惜世人只知看戏，未必能领略这其中的趣味。"想毕，又后悔不该胡想，耽误了听曲子。又侧耳时，只听唱道："则为你如花美眷，似水流年……"林黛玉听了这两句，不觉心动神摇。又听道"你在幽闺自怜"等句，亦发如醉如痴，站立不住，便一蹲身坐在一块山子石上，细嚼"如花美眷，似水流年"八个字的滋味……仔细忖度，不觉心痛神痴，眼中落泪。（第二十三回）

正因为如此，黛玉性格颇多弱点，身体欠佳，才干和人缘不及宝钗，但她富于诗意、充满悲剧色彩的形象魅力，总是能征服更多的读者。

为了保持作品完整的诗意，作者即使对所要批评的对象下贬语，有时也以靓语出之：如用李商隐的诗"宝钗无日不生尘"，微讽宝钗尘凡习气重，满脑子利害俗念，不及黛玉清高（第六十二回）。作者对腐朽丑恶的现象也"不涉污秽"，"多用曲笔"。如说多浑虫夫妻生活不检："满宅内便延揽英雄，收纳材俊，上上下下竟有一半是他考试过的。"（第七十七回）因此，《红楼梦》与《金瓶梅》相比，有是非，有哲理，更多了一种难得的诗意和抒情，从而提升了作品的格调，达到了极高的美学境界。

戏剧化的情节转换技巧

《红楼梦》在情节结构中并不存在可以一条条贴上"标签"的"情节主线"，作品的内容是同实际生活一样真实丰富、浑然无间的，这种最佳艺术效果的取得来自作者高超的情节转换手法。

1. 移步换景式的场景自由转换

作者借助于不同场景的转换，或通过自然景物的更替，带来人物感情的不断流动和情节发展。如第二十三回，宝黛同坐沁芳闸桥边，共看《会真记》(《西厢记》)，爱情初萌。正当宝玉黛玉心犀相通，沉浸在缠绵的爱恋中，恰值袭人到来，喊走宝玉。黛玉颇觉无趣，转向归去，进入另一场景——走过梨香院听戏，情景由“共读西厢”转入“艳曲警芳心”。当偶然几句唱词吹入耳内，敏感的黛玉为之感慨缠绵，点头叹息，接着听到“则为你如花美眷，似水流年……”等句时，“亦发如醉如痴，站立不住”，又联想起诗词曲中相关意境，“仔细忖度，不觉心痛神痴，眼中落泪”。从而借助于不同场景的自然转换，勾勒出不同景态氛围中人物的不同心理状态。

与此相类似，场景变化不仅带来人物情感变化，往往还引出新事件的产生，从而激发新的矛盾冲突出现。例如，第四十四回写凤姐过生日，贾母等众人为她攒金庆寿，气氛热烈欢闹，凤姐亦洋洋自乐，颇为得意，但因应酬过多，凤姐恐致沉醉，于是抽空脱身。先是在穿廊上站着的丫头见她即跑，继又发现贾琏与鲍二媳妇的隐情，凤姐大闹一场，贾琏恼羞成怒，倚醉壮胆，提剑追杀凤姐……这段情节中，随着凤姐在贾母处的极乐，至逃席回家后的极怒，再至逃回贾母处的极悲，从而写出了不同生活场景的变化带来的新的矛盾纠葛，自然而然地达到揭示社会真相，展开情节的目的。这种方法，我们不妨称之为“情（人物情感或情节）随景迁”。

2. 矛盾关系触发的戏剧冲突

我们可以发现《红楼梦》的情节发展很有戏剧性，很注意情节冲突安排的冷热调剂，一会儿是“风乍起，吹皱一池春水”，一会儿是“一石激起千层浪”。而这一切并不是为冲突而冲突，为热闹而热闹，都是社会生活情理自然引发的结果。在戏剧性的冲突中更容易集中体现人物多面的感情世界和错综复杂的矛盾纠葛，从而通过精心刻画不同人物的心态转变自然引出事件发展和情节的转变。如第三十三回写贾政痛笞宝玉的情节。事件因宝玉同父异母弟贾环打小报告所引发，由兄弟关系中的嫡庶矛盾所产生；起初贾政痛笞宝玉，父子关系更多体现为封建制度和道德的承继关系；到王夫人闻讯赶来，父子矛盾又纠结上夫妻在子女教育问题上的矛盾，结果不但未能制止殴打，反而因贾政念及王夫人对宝玉纵容，“板子越发下去的又狠又快”；王夫人以贾母健康、夫妻情分苦苦相求，趴护在宝玉身上大哭，又引出了贾母与贾政、王夫人与宝玉的母子关系，贾政长叹一声，跌坐在椅子上，“泪如雨下”；当王夫人由宝玉的不肖，想到死去长子，哭喊出贾珠的名字，又引得宝玉寡嫂李纨放声痛哭，“贾政听了，那泪珠更似滚瓜一般滚了下来”。此时的母子、夫妻、父子关系更多地体现为家族血缘关系，宝玉也就由开始时贾政必欲勒死的封建制度叛逆，成了承继贾府家族香火的骨肉，板子自然就打不下去了。这一节中，矛盾关系的递变，对人物心境转换和事态变化起了决定性作用。

3. 自由的时空转换和虚实处理

《红楼梦》没有具体的朝代纪年可考，也没有可以完全实证的地点，时间从女娲补天至宝玉出走；空间则一会儿是太虚幻境，一会儿是神京中的贾府，一会儿是南京石头城内的贾府，一会儿是江南的甄府，一会儿是阴间，一会儿是阳世……昆曲演出的频繁，“草蛇灰线”，像路标一样不时指出人物的结局。这一切使得故事发生的时间和地点泛化，使得书中描述的一切成为一种象征，具有了普遍的意义。

《红楼梦》实写而不浅露，虚写而不晦暗，有虚有实，虚实相互照应、相互补充，“假作真时真亦假”，创造出一个含蓄深沉，又颇有意趣的艺术境界。第十六回写鬼判勾秦钟之魂一段，看似游戏闲宕之笔，若与书中其他情节对照来看，作者揭露批判之意也就十分清楚了：

> （秦钟临终时，因心多挂记，故求鬼判慢些将自己勾走。）无奈这些鬼判都不肯徇私，反叱咤秦钟道：“亏你还是读过书的人，岂不知俗语说的：‘阎王叫你三更死，谁敢留人到五更。’我们阴间上下都是铁面无私的，不比你们阳间瞻情顾意，有许多的关碍处。”
>
> （但当秦钟报出宝玉后）都判官听了，先就唬慌起来，忙喝骂鬼使道：“我说你们放了他回去走走罢，你们断不依我的话，如今只等他请出个运旺时盛的人来才罢。”众鬼见都判如此，也都忙了手脚，一面又报怨道：“你老人家先是那等雷霆电雹，原来见不得‘宝玉’二字。依我们愚见，他是阳，我们是阴，怕他们也无益于我们。”都判道：“放屁！俗语说的好，‘天下官管天下事’，自古人鬼之道却是一般，阴阳并无二理。别管他阴也罢，阳也罢，还是把他放回没有错了的。”众鬼听说，只得将秦魂放回。（第十六回）

此段写的是阴间的鬼人鬼事鬼话，却让人感到全是人世间的真人真事真话：鬼判起初的慷慨陈词，与第四回刚上堂断案的贾雨村，第九十九回刚赴粮道上任的贾政所言何其相似，而与在此之后的上下合谋，徇私枉法也如出一辙。这种对贪官污吏的无情嘲弄，对所谓“清官”的辛辣讽刺，入木三分地揭露了封建政治体制的腐败本质。无需“自古人鬼之道却是一般，阴阳并无二理”这样的提醒，读者也能准确地把握作品的含义。

作为虚实转换艺术特色的一个重要方法，引述戏曲对情节的处理起到了独特的作用。《红楼梦》中的戏曲描写，有时是为了营造诗意，如第二十三回宝黛于沁芳闸桥边共读《西厢记》；有时是为了刻画人物性格，如第三十回宝钗用《负荆请罪》打趣宝黛矛盾的和解，第四十四回黛玉批《荆钗记·男祭》暗喻宝玉私祭金钏。这些描写突出的效果使情节有了张力和弹性。常言道：“天地大舞台，舞台小天地。”戏曲的象征性、隐喻性和间离效果，使读者情感和思考能跳出具体的情节，打破规定情境对时间和空间的束缚，产生了虚实相生的最佳效果：

> 你站在桥上看风景，看风景人在楼上看你。明月装饰了你的窗子，你装饰了别人的梦。（卞之琳《断章》）

这首诗可以形象地说明戏曲引用在情节处理上的特点和优势。台下人看台上人演戏，而台上所演恰好是台下的故事。贾府的戏曲演出往往在家族有重大喜庆活动时举行，是家族狂欢活动的一项重要内容。小说中通过戏曲演出的剧目，一方面预示人物命运和情节的发展，暗发悲音；一方面又为即将发生乐极生悲的情节转换埋下伏线，从而加深了作品的悲剧色彩和梦幻感、历史感。例如，第二十九回神前拈点的三本戏《白蛇记》《满床笏》《南柯梦》，暗示了贾府由盛而衰的过程。第十七至十八回元妃所点四出戏，如脂批所言：《一捧雪·豪宴》“伏贾家之败”，《长生殿·乞巧》“伏元妃之死”，《邯郸记·仙缘》“伏甄宝玉送玉”，《牡丹亭·离魂》“伏黛玉之死”。这四出戏埋下的伏笔，成了全书的“大过节、大关键”。

（三）典型环境中的典型人物

人物是小说的灵魂,《红楼梦》小说容量最直观的体现就是人物众多。在《红楼梦》里有名姓称谓的人物共七百三十二人，无名姓者还有二百四十三人，总数达九百七十五人之多。上至皇妃亲王、公侯太监、夫人小姐、公子士人、世族权豪，下至平民百姓、丫鬟村妪、僧尼巫道、相士医家、市井无赖、艺人门客……三教九流，无所不包，一应俱全。在这些人物中有鲜明个性的艺术形象就有近百人之多，如贾宝玉、林黛玉、薛宝钗、王熙凤、贾母、史湘云、李纨、香菱、袭人、晴雯、紫鹃、鸳鸯、芳官、妙玉、尤二姐、柳湘莲、尤三姐、贾政、王夫人以及贾雨村、贾琏、贾蓉、夏金桂等。正是这些人物的生活言行，构成了《红楼梦》丰富多彩的生活画面，一步一步地揭示了全书的主题。特别是作者在大观园的典型环境里，出色地塑造了宝、黛、钗等典型生动的人物形象。

贾宝玉形象

1. 贾宝玉形象的反封建倾向

贾宝玉是《红楼梦》中最主要的中心人物。作为荣国府嫡派子孙，他出身不凡，又聪明灵秀，是贾氏家族寄予重望的继承人。但他的思想性格却促使他背叛了他的家庭。他的叛逆性格的形成不是偶然的，小说充分描写了造成他性格的生活环境和具体境遇的特点，深刻揭示了他性格成长的主客观原因。一方面，以男子为中心的贵族社会是那样虚伪、丑恶和腐朽无能，使他因自己生为男子而感到终生遗憾；另一方面，少女们的纯洁美好又使他觉得只有和她们在一起才称心惬意。他也曾被送到家塾去读四书、五经，家塾的内涵和风气是那样的腐朽败坏，那些循着这个教育体制培养的老爷少爷是那样地庸陋可憎，他对于封建教育的一套，在感情上就格格不入。而围绕在他身边的一群美丽聪慧少女，她们情感的深挚、品质的纯洁和精神的自由不羁，与他所见到的一些世俗男女的虚伪、肮脏和愚蠢猥琐形成了鲜明对照。因此，他虽是封建贵族家庭养尊处优的宠儿，但他的思想行为与封建统治阶级是背道而驰的。他反对科举制度，鄙弃功名利禄，蔑视程朱理学。他把那些追求“仕途经济”的士大夫骂为“禄蠹”“国贼”，不肯与这种人交往；讨厌四书五经，却喜欢“杂学旁收”，搞“异端邪说”。他具有平等博爱的观念，同情被迫害的穷苦人。他反对男尊女卑，认为：“天地间灵淑之气，只钟于女子，男儿们不过是些渣滓浊沫而已。”他将大观园视作逃避封建家长束缚自己的世外桃源。他尽力逃避家长安排的正统学业和社交活动，只求能和大观园中的姐妹们在一起。她们绚烂的青春、纯真的情感和她们不幸的遭遇，使宝玉受到深深的感染，并逐渐形成了自己的爱憎观念，最终与林黛玉产生强烈的思想共鸣，并视她为自己情感的寄托和生命的全部。

贾宝玉的叛逆性格并不是一开始就定型了的，作品着力描写了他性格发展成长的历史。他生活在罪恶腐败的贵族环境里，不可避免地沾染着一些贵族公子的恶劣习气和腐朽观念，这些坏的东西和他性格中好的倾向并存着。但随着生活中他所见所闻的重大事件给予的刺激和教育，随着他在卷入现实矛盾时精神上所受的挫折和打击，他的思想品格里一些腐朽恶劣的东西就慢慢减少了，净化了，他叛逆的思想性格渐渐坚定了，成熟了。

2. 贾宝玉的形象特征是情感的真挚

起初，贾宝玉对姐妹们的好感更多地出于“慕色”，他的情感表现很有点“泛爱”的味道，他对待身边的女孩子们的态度，同情和亲爱始终是主导的方面，虽然深爱着林黛玉，但遇着温柔丰韵的薛宝钗和飘逸洒脱的史湘云，却又不能不眩目动情，所谓“见了姐姐，就忘了妹妹”。有时也带有一些低俗的成分，对于丫鬟们不时也暴露出一些封建主子的暴戾作风和贵族子弟的轻薄之态，撵茜雪，踢袭人，训晴雯等。随着反封建思想倾向逐步确立，随着情感经历中的悲剧日益增多，使他开始认识到在男女关系方面尊重与玩弄、纯洁与腐朽、美好真挚与罪恶虚伪的区别，从此他对两性关系逐渐表现出严肃态度，特别是在经历了金钏之死、晴雯被撵、鸳鸯抗婚等一系列事件之后，以及黛玉以血泪和生命对他不断地施加影响，使他从苦痛的体验中逐步摆脱社会势力和贵族恶习对他的纠缠和吸引，使他的性格趋于纯化，头脑趋于清醒，感情趋于专注与坚定。他对被压迫、被糟蹋的女孩子的同情体贴之心，更为深切周到、无微不至；并在对女性的社会地位和命运认识加深的基础上，进而对她们不同的思想性格的实质有了理解，从而在态度上有了分明的取舍，如对于林黛玉和薛宝钗、史湘云，对于晴雯和袭人、麝月，心里有了亲疏的区分。

宝玉的情感真挚和对个性自由的追求集中表现在爱情婚姻方面。封建的婚姻要听从父母之命，取决于家族的利益。可是贾宝玉一心追求真挚的思想情谊，毫不顾忌家族的利益。他爱林黛玉，因为林黛玉的身世处境和内心品格突出，集中地使他感动，使他感到林妹妹亲切的外在形式和主观内容最为鲜灵动人。他和林黛玉的相爱，是以含有深刻社会内容的思想感情为基础的。反之，这种爱情与封建主义的矛盾，又成为他步步克服自身劣点和弱点，日益发展为他思想性格的主要支持力量和推动力量。

这个以叛逆思想为内核的爱情，必然遭到封建势力日益严酷的压迫。这种压迫是伴随宝黛情爱发展全过程的，从宝玉被打，抄检大观园，逼死晴雯，撵走芳官、四儿，直至用“掉包计”彻底埋藏宝黛爱情。爱情越是发展，情感越是专注热烈，压迫和打击也就越加猛烈，直到宝黛的爱情被彻底摧毁。而黛玉含恨而逝，宝玉因此精神失常，最后出走，为宝黛爱情悲剧落下了哀婉动人的结局，也为刻画人物性格，体现情感真挚的形象特点画上了圆满的一笔。最终宣告的是：尽管以爱情为基础的“木石前盟”可以被依仗封建权势的“金玉良缘”所取代，然而真挚浓烈的爱情是不可战胜的。

3. 贾宝玉的性格弱点和悲剧意义

贾宝玉在思想和行动上是想摆脱贵族社会桎梏的，但成长于贵族家庭所造成的寄生性，再加他的日常生活又不能不依赖封建家庭，这就使他思想的自由和行为的艰难具有悲剧性的严重矛盾。他的理想无疑是对封建生活的否定，但他新的追求的全部内容仅仅是自由恋爱，一方面他步步发展自己的叛逆思想，他坚持着与林黛玉的爱情，迫切要求婚姻自主；另一方面由爱情关系最后步入婚姻关系这个过程中，封建势力的反对是他们无法逾越的障碍。因此，他要一再地表述他不信“金玉良缘”，“只念木石姻缘”，这种声明如此纤弱乏力，以至于成了向封建势力的乞求。而这种乞求的效果，只能使封建势力加快扼杀爱情的步伐，宝玉虽不如黛玉认知明确，但也是有预感的。因此，贾宝玉思想和情感上带有浓厚的伤感和幻灭色彩。他对封建家庭思想情感上的叛逆和物质生活上的依赖，使他失去了行动的能力，他的出路在现实中是不存在的，最后只能到虚无缥缈的超现实世界中去。（本节部分内容参考或引自《中国大百科

全书·中国文学》“红楼梦”条）

林黛玉形象

如果说宝玉的种种不肖和“情痴”形象的基础主要建立于思想的独立，那么，林黛玉形象则更多地体现了一种悲剧的美和优秀传统文化的诗意。

1. 林黛玉形象的悲剧美

林黛玉出身于一个业已衰微的封建家庭。祖上曾封列侯，到她父亲手里便已不能袭爵，只能从科举出身，做官做到巡盐御史。林家支庶不盛，黛玉没有兄弟姐妹，门庭单薄。母亲的早逝使她从小失去母爱，同时也使她没有像一般大家闺秀那样从母亲那里受到礼教妇德的熏陶和训练。父亲请了家塾先生教她识字读书，又因她身体怯弱，课读也就不甚严格。封建礼教和世俗功利对她的影响十分有限，她保持着纯真的天性，爱憎分明，我行我素，很少顾及后果得失。这种性格最不宜寄人篱下，可是她因父母相继去世，偏偏不得不依傍外祖母家生活，只好寄居在声势显赫的荣国府里。环境的势利与恶劣，使她自矜自重，警惕戒备；使她孤高自许，目无下尘；使她用真率与锋芒去抵御、抗拒侵害势力，以保卫自我的纯洁，免受轻贱和玷辱。

在这个冷漠的环境中，她遇到热心、真诚的贾宝玉。在他们第一次见面的瞬间就彼此有了默契，他们都在对方的身上发现了自己，在自己心灵上照见了对方。他们由青梅竹马顺其自然地发展成爱情，林黛玉和贾宝玉的恋爱经历了初恋、热恋和成熟三个阶段。初恋时的缠绵和抵牾都还带着孩童的幼稚和单纯。自林黛玉扬州奔丧回来，他们的恋爱进入热恋时期，他们爱情的思想原则逐渐明晰和自觉起来。林黛玉从她孤苦无依的身世、处境和高洁的思想品格出发，执着而强烈地向贾宝玉要求着彼此“知心”，要求情感的严肃和专一。她或喜或悲，为的是弄清贾宝玉是否对自己真心，两人情感一旦得到确认，她的感情便趋于平静，由对贾宝玉的不放心转而对恶劣环境的深沉的忧虑。

林黛玉和贾宝玉的恋爱注定是一个悲剧。这个恋爱在三个方面与封建势力发生不可调和的矛盾：首先，它违背了“父母之命，媒妁之言”的封建婚姻制度；其次，恋爱的情感基础——叛逆思想——又与整个封建制度相对立；最后，林黛玉已经衰败的家庭背景和本人个性、健康状况，也绝不可能为讲究“门当户对”、满脑子利害打算、竭力从婚姻关系中追求政治和经济利益的封建家长所接纳。因此，他们爱情的结局必然是悲剧。敏感多病的林黛玉挣扎着，一心想得到幸福自由的生活，但环境是那样地虚伪和险恶，她的幻想破灭了，眼泪流尽了，终于怀抱纯洁的爱和对环境的怨恨永远地离开了尘世。

2. 林黛玉“愁、泪、病、瘦”的形象特征所蕴含的审美理想

曹雪芹塑造的林黛玉形象，体现了一种极高的美学境界。这种美学境界显示了两方面的内容：一是黛玉形象本身的悲剧美，二是通过这个形象反映出来的作者的艺术情趣和审美理想。可以这么说：曹雪芹笔下的林黛玉，既是封建社会名门淑女悲剧命运的现实写照，又是中华民族文化优秀传统所涵养出来的艺术典型。

人物的外表神态与内在素质的一致，是曹雪芹在《红楼梦》中塑造黛玉形象的美学准则。书中极力描写黛玉的容貌才情出类拔萃，行止见识超越群芳。她外形秀丽，明艳动人，内心坚贞，不同

流俗。与封建教条“女子无才便是德”相反，她绝顶聪明，文才出众。对她的美，作者一方面通过内心描写和行动来显示，另一方面也借书中人宝玉的主观视角和感受来描绘，感情色彩很浓。如第三回写宝玉初见黛玉的美感是：

> 宝玉早已看见多了一个姊妹，便料定是林姑妈之女，忙来作揖。厮见毕归坐，细看形容，与众各别：两弯似蹙非蹙罥烟眉，一双似喜非喜含情目。态生两靥之愁，娇袭一身之病。泪光点点，娇喘微微。闲静时如姣花照水，行动处似弱柳扶风。心较比干多一窍，病如西子胜三分。宝玉看罢，因笑道：“这个妹妹我曾见过的。”

这段叙述除了极力表现林黛玉外貌的美丽，点出她娇弱的身体状况和略带悲切的情感特征外，更从“这个妹妹我曾见过的”这一句看来不合情理的“疯话”中，挑明了黛玉就是宝玉理想中的意中人，深刻地反映出宝玉（同时也是作者）潜在的美学意识和心目中的美人范型。

黛玉形象的悲剧色彩首先是因为伤悼身世造成的，寄人篱下，心理上的沉重压力，在贾府“步步留心，时时在意，不肯轻易多说一句话，多行一步路，惟恐被人耻笑了他去”（第三回），真是惴惴然有临渊履冰之忧。随着宝黛恋情的发展，封建牢笼下的爱恋相思之苦更加重了她的忧愁。因此，她对自己和宝玉的爱情所受到的压力更为敏感。“总是不放心的原故，才弄了一身病”（第三十二回）。这两种心病交织在一起，使她身负精神重压，缠绵于病榻之间，“无事闷坐，不是愁眉，便是长叹，且好端端的不知为了什么，常常的便自泪道不干的”（第二十七回）。作者还通过林黛玉的吟诗填词，进一步抒发这种感伤情调，例如，第二十七回的《葬花吟》、第三十四回的《旧帕题诗》、第七十回的《桃花行》等。正如宝玉的评论：只有“曾经离丧”的黛玉，才会“作此哀音”。作者正是通过这些个性化的伤悼语句，将人物形象诗意化，从而进一步开拓了悲剧形象的美学境界，显示了黛玉愁、泪、病、瘦的形象特征。

黛玉的泪是炽烈情感化成的，生活的不幸和爱情的磨难，使她不堪承受。因此，形象特征表现为情感上的多愁、身体的多病、容貌的消瘦，集中体现则是黛玉“秋流到冬，春流到夏”的泪，泪是她的形象符号和生命象征，这既是跟第一回绛珠仙草对神瑛侍者“还泪”的神话相呼应，同时也是爱情受到环境压迫而产生的痛苦和忧伤。愁、泪、病、瘦的形象特征，既是悲剧美的外在表现形式，又预示着她在人生道路上中途夭折的悲剧命运。这就使她的形象具有了反封建的社会内容，她的美更具有了崇高的悲剧意义和美学价值。

曹雪芹关于愁、泪、病、瘦的审美观念，是中国古典美学的重要组成因素，它的形成主要是受了婉约派词风的影响，婉约派词风的特点是以婉转雅丽的笔调细诉缠绵悱恻的情思，或写伤春悲秋的愁恨，或写离别相思的苦楚，显得十分惆怅柔弱。这种风格的发端是南唐亡国之君李煜，其后的代表作家有晏殊、晏幾道、柳永、秦观和女词人朱淑真、李清照等。与曹雪芹时代最近，并与曹雪芹祖父曹寅私交甚好的大词人纳兰性德，其诗词的艺术风格也是与婉约词一脉相承的。他们的一些词作都表现了愁、泪、病、瘦的艺术情趣。这种意境，曹雪芹有所借鉴，并通过对林黛玉的形态描写和行为表现一一显现出来。

按照婉约派的美学观念，瘦是由愁、泪、病的感伤情绪造成的，“瘦”几乎成了“多情”“相思”的同义语，所谓“愁病相仍”“雪清玉瘦”；“帘卷西风，人比黄花瘦”（李清照《醉花阴》）。而在戏曲艺术中，凡是追求理想，为爱情身受重压以致付出巨大代价的男女主人公，都带有这种多情、多愁、多泪、多病的形象特征，如《西厢记·长亭送别》中的崔莺莺、《寄简》中的张君瑞，《牡丹亭》的《寻梦》《闹殇》中的杜丽娘，《玉簪记·问病》中的潘必正。

然而与以往的人物形象相比，“玉瘦”的审美内容并不局限于“多情”和“相思”这一审美层次，林黛玉形象以清瘦为美的美学思想还源于魏晋风度，是傲世抗俗的一种意识形态。在魏晋时期，形成了自然与雕琢、秀美与华丽、清瘦与肥胖的对立的审美概念，“瘦”象征孤傲清高，“肥”则象征流俗富贵。从而清瘦成为人品风韵的审美标准，而颂瘦贬肥也成为六朝名士派的美学原则：

> 昭略字茂隆，性狂俊，不事公卿，使酒仗气，无所推下。尝醉，晚日负杖携家宾子弟至娄湖苑，逢王景文子约，张目视之曰：“汝是王约邪？何乃肥而痴。”约曰：“汝沈昭略邪？何乃瘦而狂。”昭略抚掌大笑曰：“瘦已胜肥，狂又胜痴，奈何王约，奈汝痴何！”（《南史》卷三十七《沈昭略传》）

这一美学原则对后世产生了巨大影响，文学、美术、书法普遍存在贱肥贵瘦的倾向。曹雪芹正是基于这一美学原则来塑造人物形象的。例如，第二十七回“滴翠亭杨妃戏彩蝶，埋香冢飞燕泣残红”，这种以杨妃和赵后来喻指宝钗和黛玉外形的肥和瘦，表面上是承继了苏东坡“短长肥瘦各有态，玉环飞燕谁敢憎”的诗意，似乎认为两人不分轩轾。而扑蝶与葬花的情节对比，“扑蝶”虽也天真烂漫，但与“葬花”的高雅凝重相比，终是有些轻飘，人品艺趣，高下自见。

黛玉形象审美理想的体现，除了人物形象本身所蕴含的审美意念，还有特定的环境衬托。黛玉所住潇湘馆的千竿翠竹，也隐喻了黛玉伤怀多泪的形象特点和悲剧风韵。当大观园内海棠诗社成立时，黛玉有一个别名雅号是“潇湘妃子”。在中国古典文学中，“湘妃”和“湘妃竹”皆是有特定的悲剧美学含义的；它源自上古娥皇、女英痛悼爱人虞舜的早逝，泪下沾竹，竹身形成泪斑的动人传说。曹雪芹为了塑造林黛玉的悲剧形象，特地把她安排在潇湘馆的美学境界内，用湘妃竹来衬托她对景感怀、扶栏垂泪的忧伤面影，取得了互为表里、相得益彰的艺术效果，从而成功地塑造了典型环境中的典型人物。

作为一种美学境界，潇湘馆的千竿翠竹还是黛玉风神灵秀和坚贞不屈的情操象征。在中国的历史文化传统中，“竹”素来被视为清高的雅品，以反抗世俗礼法著称的魏晋名士阮籍、嵇康等“常集于竹林之下，肆意酣畅，故世谓竹林七贤”（曹雪芹极其推崇阮籍而自署“梦阮”）。在诗词曲赋中，竹子因有节，耐寒，常作为坚贞不屈、不媚流俗、孤高耿直等优秀品质的象征。因此，潇湘馆内的竹子，正是主人纯洁、不带世俗功利、坚贞不渝的爱情的象征。

这种以愁、泪、病、瘦为特征的传统的、潜在的美学意识，曹雪芹在塑造林黛玉悲剧形象时是有所继承和借鉴的。更为重要的是它们已经积淀于人们的非自觉的潜意识中，成为民族的审美心理，既影响了曹雪芹的创作意识，又影响了读者的接受意识。从而形成了林黛玉悲剧形象历久不衰的艺术魅力。

薛宝钗形象

1. 薛宝钗的婚姻悲剧

薛宝钗出身在一个豪富的皇商家庭，母亲是金陵王家的小姐，外公曾主管皇家外事贸易，舅舅王子腾从京营节度使做到九省都检点，是朝中拥有军权的势要人物。薛家是商人与贵族的结合，经济上拥有特权，是封建制度的既得利益者，既有注重实利的商人市侩习气，又有崇奉礼教、维护封建统治的自觉倾向。薛宝钗幼年丧父，兄长薛蟠是个没有出息的酒色流氓。薛家虽富却不贵，薛蟠打死人命要逃脱法网，不能不依仗贾家、王家政治势力的庇护。薛家由于后继无人，和贾家一样也面临着败落的危险。出身于这样一个家庭，薛宝钗秉赋着与林黛玉截然不同的性格特质。她们同样都博览诗书，才思敏捷，但林黛玉一心追求美好丰富的精神生活，薛宝钗却牢牢把握着现实的利益："好风凭借力，送我上青云。"

薛家母子三人在贾家长期住下，其用意是要实现薛宝钗与贾宝玉的"金玉良缘"。薛宝钗深知自家的境况和母亲良苦的用心，而贾宝玉的人品和才情在一般王孙公子中是十分难得的。所以，薛宝钗对宝玉的追求，既是出于功利的目的，但也不排除有真情实意的成分。她在初次和贾宝玉单独相处时，是那样热衷于贾宝玉脖子上的"通灵宝玉"，是那样急切地让贾宝玉认识自己项上的金锁，想以此吸引宝玉的注意（第八回）；她去探视被贾政打伤的宝玉时压抑不住内心的爱怜之情（第三十四回），甚至有一次忘情地坐在午睡的贾宝玉身边，绣起了象征爱情的鸳鸯（第三十六回）。

薛宝钗理想的丈夫是功名富贵中人，她比贾宝玉的父母更敏锐地感受得到宝玉离经叛道的危险倾向，因而不断地以自己少女的妩媚和婉转的言辞，从正面和侧面规谏贾宝玉改弦易辙，劝他"留心功名仕途”，“走上正路”。这种规谏总是使贾宝玉对她顿生反感，对她的认识更加清晰，逐渐冷淡了对她的感情。

薛宝钗得不到贾宝玉的爱情，但却握有实现婚姻的可能：在封建社会中，婚姻的缔结不在当事人，而取决于家长之意志。薛宝钗宁愿伤害贾宝玉的感情也不忤逆家长的意志，她的性格为人，早已获得贾家上下的普遍赞许；她又格外用力地取悦贾府的统治者。元春从宫里送出的灯谜本不新奇，她故意说难猜；贾母要她点戏点菜，她就迎合贾母口味，专点热闹戏文和甜烂食品；金钏被逼自杀，她为了安慰王夫人，反说金钏糊涂……薛宝钗以她善于逢迎的品性和才干逐渐成为封建家长心目中“宝二奶奶”的最佳人选，加上薛家拥有贾家所急需的财富，她所追求的婚姻势在必成。然而“金玉良缘”只是徒具形式的婚姻，这种婚姻的成功意味着她的悲剧的开始，随着宝玉的出走，另一个为封建婚姻制度殉葬的女性形象产生了。

2. 薛宝钗形象的认识意义

薛宝钗的形象是作为林黛玉形象的对照而出现的，其目的正如著名学者王昆仑所言：“使人理解到在正统风格以外，还有更优越的灵魂存在。”（王昆仑《红楼梦人物论》）

曹雪芹是有意识地将薛宝钗作为符合封建社会正统标准的典范女性来塑造的。她的博学聪明令人钦佩欣羡，美丽的风韵令人醉心倾倒。她雍容娴雅，性格随和，举止得体，颇具大家风范。她还有治家理财的管理才能，因而深得封建家族中长者的器重，在许多方面她甚至比林黛玉更为出色：书不比黛玉读得少，脾气比黛玉好，巧于避祸，工于算计，善于承欢，长于管理，特别是她能博得几乎所有人的好感，受到众人普遍推崇，这更是林黛玉无法做到的。因此，她确实是封建家庭贤妻良母的最佳候选人。在今天推崇实用、强调利益的市场经济氛围下，虽然追求自由的林黛玉可能仍是人们心目中理想的梦中情人，但贤淑能干的薛宝钗似乎更容易成为人们的贸易伙伴和模范妻子。若仅从这方面考虑，“兼美说”和“钗、黛合一论”似乎也不是无稽之谈。然而，如就书中人物形象作完整的分析，曹雪芹于林、薛二人是含有褒贬的，其“尊林贬薛”的主观倾向是通过客观的描写自然流露的。这在宝、黛、钗三人的情爱纠葛中表现得很清楚：“黛玉是以心上的血、眼中的泪向宝玉一个人倾泻，而宝钗却只是以智慧与手腕向着宝玉周围做工夫。”（王昆仑《红楼梦人物论》）黛玉与宝玉情爱的思想基础是对世俗的反抗，对权势的憎恶；而薛宝钗对封建权势的一心向往，对封建家长的一味迎合，企图使宝玉“迷途知返”“浪子回头”的不懈努力，正是她与宝、黛思想冲突和情感冲突的根本原因。至于其他方面，即使以儒家正统道德评价标准来衡量，宝钗也难说“道德无亏”。她的“小惠全大体”，她的“不干己事不开口，一问摇头三不知”她所得到的具有广泛群众基础的“好评”，正是被孔子痛斥为“德之贼”的“乡愿”行为（用今天的话说，就是以“媚俗”为特征的道德滑头主义）。她最得人心并受到最广泛推崇的地方是对下人的宽厚，然而，这种“宽厚”与宝玉具有平等观念的“博爱”是有本质区别的。王夫人因逼死金钏而内疚，宝钗出来解劝，并对金钏的死表现出了无比冷漠的态度，此时她对凶手的宽恕，正是对被欺凌、被迫害者的残忍。宝钗的思想情感和行动范围是绝不会超出自己所属的封建贵族立场的。

当然，薛宝钗以封建正统标准来衡量，毕竟是那个制度中最优秀的人物，同时，她也是封建制度的牺牲品。正如王昆仑所言：

> 宝玉黛玉违反时代的威力，自然是悲剧的主人翁；但另一方面，有些代表正统力量制造别人悲剧的人物，自己所立足的队伍，也在动摇，破裂，而同归于尽。玩火的王熙凤受了惩罚，无能而固执的贾政到老毫无出路，抢上岗位的薛宝钗也被牺牲：这样才表现出概括时代的全面悲剧。(《红楼梦人物论》)

作为体现《红楼梦》悲剧主题的一个重要组成部分，薛宝钗形象意义的深刻性和复杂性都是最为突出的。因此，作者对她的态度多少显得有些矛盾，一方面对她的思想和行为有所批判，另一方面又不忍抹杀她的青春美貌、博学聪明等可取之处，所以，仍将她与林黛玉一起归入太虚幻境中的“薄命司”，列入《金陵十二钗正册》。于是，自《红楼梦》问世以来，读者和研究者中，一直就存在着“拥林”和“拥薛”两派不同的意见，两派常常为此争论得面红耳赤。这也成了《红楼梦》欣赏和研究领域内一道特殊的风景线。亲爱的读者，如果你读了《红楼梦》，你对林妹妹和宝姐姐的评价又是如何的呢?

塑造人物形象的艺术表现手法

在刻画人物性格上，中国小说的传统写法是：通过人物的行动和对话来表现，通过人物的生活经历表现人物性格的成熟过程。这个创造典型的民族特点，就具体作品不同的内容而有不同的表现手法。如《三国演义》《水浒传》等，写人物采取浪漫主义方法，加以夸张、理想化，把人物放在惊心动魄的场景下，显示英雄性格。从描写现实生活的深度上来剖析，《水浒传》超过了《三国演义》；

到《金瓶梅》一变，由浪漫转为现实，完全通过生活细节，通过人物一般的日常生活，来刻画人物性格。但《金瓶梅》所写的生活细节，欠缺选择提炼，描写的人物性格不是都有意义的；更严重的是，人物性格前后分裂，矛盾不统一，这又大大落在《水浒传》后边。曹雪芹吸取了《金瓶梅》失败的教训，从中找到一些经验，又继承了前代小说的传统写法，再加上他对诗、词、戏曲、绘画及各种艺术表现手法的综合利用，创造了刻画人物的丰富多彩的方法。

1. 按照实际生活塑造人物，是《红楼梦》描写手法的基本特征

《红楼梦》描写人物不以奇取胜，而是通过大量的生活细节和人物一般的日常活动来刻画人物性格。它的叙述和描写就像生活本身那样丰富、深厚、逼真、自然。其主要技法有：

“如实描写”：曹雪芹笔下的人物都植根在社会生活环境和各自具体境遇之中，都活动在纵横交错的复杂的社会关系之中，其性格受着多种客观因素的影响和牵制，表现出多方面的特点，但是这种性格的多样性又有机地统一在主导方面。这种与环境交融的性格不会是凝固的，它在主导方面的支配下随着环境的变化而发展着。那环绕着贾宝玉、林黛玉和薛宝钗的大大小小不同阶层、不同年龄和性别、不同姿容和性格的几百个人物，人物相互之间的众多事件，以及事件之间互相勾连又互为因果的复杂关系，都描写得浑然天成，一点不见人工斧凿的痕迹。例如，第九回中“顽童闹学堂”一节，好像电影拍摄技巧中“长镜头”的运用，“镜头”过处，人物形象逐次一一出现，异常生动完整地展现了社会生活中的各种人物。

传神：与现代小说相比，《红楼梦》中很少有人物容貌的具体描写，但在每一个读者心目中又似乎都有一个个生动的形象。这就在于《红楼梦》虽然没有将人物眉眼一一描绘，但作者很善于抓

住人物最鲜明、最本质的特征，也就是写得传神。对史湘云的“咬舌”，脂砚斋曾有一段著名的评论：

> ……真正美人方有一陋处，如太真之肥，飞燕之瘦，西子之病，若施于别个不美矣。今见“咬舌”二字加之湘云，是何大法手眼，敢用此二字哉！不独见其陋，且更觉轻俏娇媚，俨然一娇憨湘云立于纸上，掩卷合目思之，其“爱”“厄”娇音如入耳内。（“庚辰本”《石头记》第二十回脂批）

第三回中凤姐的出场也是常常为评论者所乐道：先用“未见其人，先闻其声”的手法表现凤姐性格的活跃，后在众人的簇拥下出场，体现她的威势，再通过细致的形象描绘显示其容貌出众和富丽华贵，其后一连串明快流利的言语和行动，表现她的机敏和世故。短短五百余字，便使得王熙凤这个“泼辣货”的形象特征十分鲜明地展现在人们面前。又如，第七十四回用“趁势作脸，越众向前”八个字，写尽天下所有“王善保家的”那副谄上欺下的奴才嘴脸。

“春秋”笔法：书中第四十二回宝钗说黛玉的嘴“促狭”，爱用“‘春秋’的法子”。其实，曹雪芹比黛玉更善用“春秋”笔法。所谓“春秋”笔法，从创作方法而言，就是不破坏观察者角度的客观性，但又更准确地反映生活本质，寄寓作者的态度。也就是说，作者爱憎倾向和对人物褒贬态度并不直接告诉读者，而是在客观写实的描写和作品情节前后联系中，通过读者自己的价值判断和审美判断，与作者取得共鸣。这成为一种独特的写实方法，如第三十一回黛玉对袭人说：“你说你是丫头，我只拿你当嫂子待。”袭人尽管善于伪装，但她能骗得了王夫人，却瞒不过聪慧敏感、对周围环境和形势的认识比宝玉清醒的黛玉。又如写薛宝钗在金钏之死、尤三姐之死、柳湘莲出走时的态度，都是无一贬词而情伪毕现。不过这种“春秋”的笔法与直写其行为可鄙、面目可憎的方法相比较，多少还是体现了作者对人物形象“怨而不怒”的一丝温情。

值得注意的是，作者的“春秋”笔法似乎只用在女性身上（有所褒贬但又心存怜惜），而对男子却是秉笔直书的。如对薛蟠之粗俗、贾环之猥琐、贾赦之贪财好色、贾琏之皮肉滥淫，均直笔贬损，毫不留情。作者大致是：首先，不破坏宝玉对女子“举止皆在男子之上”“看着清爽”的总体评价，完成“千红一哭”“万艳同悲”的悲剧，完整地体现作品的悲剧美；其次，又将自己对男性反派角色的憎恨厌恶之感明白无误地告诉读者，从而使作品的认识作用得到了充分的发挥。

2. 对比、映衬的方法

此类方法主要分三类：

“两山对峙”法：主要通过双向并举人物的形象和性格的明显差异，显示人物性格、思想的特点。如第六十五回兴儿向尤二姐说，自己见了林黛玉和薛宝钗不敢出气，“是生怕这气大了，吹倒了姓林的；气暖了，吹化了姓薛的”。

作者还常常通过书中人物对同一问题、同一事件的不同看法的对比，显示他们的不同。如第四十五回宝钗探望病中的黛玉，一番甜言蜜语，说得黛玉十分感动，并请求宝钗“晚上再来和我说句话儿”。傍晚，天下起雨来，黛玉约好的宝钗没有来，宝玉却不邀而至。再有通过一个人对两件事的不同态度对比，显示人物思想和性格：王熙凤生日庆典，贾宝玉却偷偷跑出城外祭奠金钏，在贾宝玉的观念中，祭奠一个屈死的丫头要比庆祝王熙凤寿辰重要得多。作者运用对比十分自然，在对比中揭示人物灵魂深处的隐秘，表达作者的爱憎倾向。

“背面傅粉”法：作者对个性存在明显不同的人物，分别进行描写，从而映带出对方的特点。例如，写林黛玉的天真率性，映衬出薛宝钗的老练世故；写晴雯的傲骨锋芒，映带出袭人的奴颜婢膝。

“烘云托月”法：通过对思想感情、外貌和性格相似的人物形象的刻画或细微差异的点染，“相犯不犯”，使得人物各自的形象特点更加鲜明。如黛玉与晴雯，宝钗与袭人，她们的思想倾向有相同的一面，写黛玉时，同时也是在写晴雯，第七十四回王夫人詈骂晴雯，句句映在黛玉身上。同一回中探春的丫头侍书抢白王善保家的，凤姐感叹“真是有其主必有其仆”，既写了侍书，同时也是写了探春；刘姥姥初进大观园将平儿错当作凤姐，当丫头的已经如此体面，其主人的风光也就不言而喻了。

通过人物形象互相对比、映衬，相得益彰。这便是“两山对峙”和“背面傅粉”“烘云托月”等方法的妙用。人物形象的对比手法与《红楼梦》一书情节的网络状结构相应，它在同一层次人物之间有着对照补充，上下层之间也有着广泛的对照补充，形成一个横向上完整、纵向上发展的整体系统。这种方法开拓了文学的表现领域，节省了时间且拓宽了空间。更主要的是这种方法凸现了人物复杂深奥的气质情态，如黛玉见解敏锐但性格笃实，宝钗在持重背后却表现出深谋机心；黛玉尖刻中见温柔，宝钗平和中藏冷漠。《红楼梦》中许多身份地位大体相同的人物，各自有各自的形象特点，无一雷同。这主要得益于人物形象写作中对比方法的运用。而人们对《红楼梦》人物评价不一、褒贬无定，原因之一就是作者借助于对衬法则写出了人物形象的复杂性。

3. 冲突法

即善于从矛盾冲突的旋涡之中，显示人物各自的思想活动和性格特征。第三十三回“宝玉挨打”，第七十四回“抄检大观园”，对于出场人物均有出色的描绘和点染，从人物的怒与哭及语言、神态均可看出他们的思想活动和性格特征。这里再举“鸳鸯”抗婚中的一节：

（当听鸳鸯哭诉后）贾母听了，气的浑身乱战，口内只说：“我通共剩了这么一个可靠的人，他们还要来算计！”因见王夫人在旁，便向王夫人道：“你们原来都是哄我的！外头孝敬，暗地里盘算我。有好东西也来要，有好人也要，剩了这么个毛丫头，见他待我好了，你们自然气不过，弄开了他，好摆弄我！”王夫人忙站起来，不敢还一言。薛姨妈见连王夫人怪上，反不好劝的了。李纨一听见鸳鸯的话，早带了姊妹们出去。

探春有心的人，想王夫人虽有委屈，如何敢辩；薛姨妈也是亲姊妹，自然也不好辩的；宝钗也不便为姨母辩；李纨、凤姐、宝玉一概不敢辩；这正用着女孩儿之时，迎春老实，惜春小，因此窗外听了一听，便走进来陪笑向贾母道：“这事与太太什么相干？老太太想一想，也有大伯子要收屋里的人，小婶子如何知道？便知道，也推不知道。”犹未说完，贾母笑道：“可是我老糊涂了！姨太太别笑话我。你这个姐姐他极孝顺我，不像我那大太太一味怕老爷，婆婆跟前不过应景儿，可是委屈了他。”薛姨妈只答应“是”，又说：“老太太偏心，多疼小儿子媳妇，也是有的。”贾母道：“不偏心！”因又说道：“宝玉，我错

> 怪了你娘，你怎么也不提我，看着你娘受委屈？”宝玉笑道：“我偏着娘说大爷大娘不成？通共一个不是，我娘在这里不认，却推谁去？我倒要认是我的不是，老太太又不信。”贾母笑道：“这也有理。你快给你娘跪下，你说太太别委屈了，老太太有年纪了，看着宝玉吧。”宝玉听了，忙走过来，便跪下要说；王夫人忙笑着拉他起来，说：“快起来，快起来，断乎使不得。终不成你替老太太给我赔不是不成？”……贾母又笑道：“凤姐儿也不提我。”凤姐儿笑道：“我倒不派老太太的不是，老太太倒寻上我了？”贾母听了，与众人都笑道：“这可奇了！倒要听听这不是。”凤姐儿道：“谁教老太太会调理人，调理的水葱儿似的，怎么怨得人要？我幸亏是孙子媳妇，若是孙子，我早要了，还等到这会子呢。”贾母笑道：“这倒是我的不是了？”……贾母笑道：“你带了去，给琏儿放在屋里，看你那没脸的公公还要不要了！”凤姐儿道：“琏儿不配，就只配我和平儿这一对烧糊了的卷子和他混罢。”说得众人都笑起来了。（第四十六回）

此一节中，短短几句对话，场上气氛便由剑拔弩张至波平浪静。其间“老祖宗”贾母的信口开河，王夫人的小心翼翼，薛姨妈的尴尬，探春的聪明，宝玉的以退为进，凤姐的口里尖快，一一展现。贾母的形象最为突出，她就是这场戏中最高明的导演，先是借题说事，敲山震虎，警告所有的人不得觊觎自己的利益，随后一番借坡下驴式的自我批评，既给了亲戚的面子，又点出了自己对小儿媳妇、宝玉的格外恩宠，安抚稳定人心；最后唤出凤姐，调度小花面上场，博人一笑，彻底缓和气氛。

4. 心理描写

运用各种艺术手段来描写人物的心理，揭示人物的精神面貌。第二十九回对宝玉、黛玉两人心理活动的描写，是直接剖析的手法；第八回“探宝钗黛玉半含酸”，对黛玉含酸带妒的心理描写，是通过人物的行动和影射的语言来表现的；第八回“比通灵金莺微露意”，是通过宝钗、莺儿喜认宝玉佩带的“通灵宝玉”的描写，以“超以象外”“不写而写”的空灵活脱的手法，来揭示隐藏在人物心理深处的奥秘。这种方法似乎更为作者所青睐，书中之例比比皆是。

5. 环境烘托（大观园典型环境中的典型人物）

《红楼梦》中的景物描写，充分运用了典型化的艺术方法。那就是，用不同的环境来烘托人物的气质和性格，映射人物的心理。恩格斯在《致玛·哈克奈斯》的信中，提出了“真实地再现典型环境中的典型人物”的现实主义创作原则，明确地提出了“典型环境”对塑造“典型人物”的重要作用。

我们以这个原则来评介《红楼梦》，不能不惊叹于曹雪芹在书中所创造的大观园了。作者根据中国园林在意境格调等方面的特点，运用丰富多彩的语言艺术，生动地描绘了一座富有民族特色和民族气派的大观园，使它成为全书主要人物活动的舞台和展开情节的背景场所。这个环境不但是美的，而且作者借此刻画了诸般人物的思想和性格特征，让人物和环境相互映发，衬托出一个个鲜明动人的形象，收到了十分美好的艺术效果。例如写林黛玉住的潇湘馆：

> 我（黛玉）心里想着潇湘馆好。爱那几竿竹子，隐着一道曲栏，比别处更觉幽静。（第二十三回）

说着，顺着脚一径来至一个院门前，只见凤尾森森，龙吟细细：举目望门上一看，只见匾上写着“潇湘馆”三字。宝玉信步走入，只见湘帘垂地，悄无人声。走至窗前，觉得一缕幽香从碧纱窗中暗暗透出。（第二十六回）

一进门，只见两边翠竹夹路，土地下苍苔布满，中间羊肠一条石子漫的路。（第四十回）

这里对竹林的环境描写，丰富和深化了人物的性格。我们知道，竹子是中国传统文化中属于“岁寒三友”的雅品，正好象征着林黛玉高尚的节操：一尘不染、宁折不屈，虽处于风刀霜剑的寒风中，而不改其坚贞的品质。另外，“泪滴湘妃竹”的神话故事，又隐喻着黛玉寄人篱下的凄凉身世：多愁善感，抑郁忧伤，在封建礼教的摧残下奄奄一息。这一竿竿翠竹，实际上就是黛玉的化身和写照。在这里，典型环境和人物性格的刻画，达到了高度的协调和统一。

又如写怡红院的富丽堂皇，切合贾宝玉娇生惯养的特性；写稻香村的朴素无华，突出了心如死灰的李纨形象。至于写秋爽斋，则另有一番景象：

探春素喜阔朗；这三间屋子并不曾隔断，当地放着一张花梨大理石大案，案上磊着各种名人法帖，并数十方宝砚，各色笔筒；笔海内插的笔如树林一般；那一边设着斗大的一个汝窑花囊。插着满满的一囊水晶球儿的白菊。西墙上当中挂着一大幅米襄阳《烟雨图》。左右挂着一副对联，乃是颜鲁公墨迹。（第四十回）

这深刻地刻画了“才自精明志自高”的探春的性格特征，她争强好胜，气魄大，而又风雅自命，与众不同。再看对蘅芜院的描绘，寥寥几笔，就写出了薛宝钗矫揉造作的特性：

> 及进了房屋，雪洞一般，一色玩器全无。案上只有一个土定瓶，瓶中供着数枝菊花，并两部书，茶奁茶杯而已。床上只吊着青纱帐幔，衾褥也十分朴素。（第四十回）

这室内的摆设，竟是出人意料的俭朴，谁会想到它是“金陵一霸”的千金小姐的绣房呢！这个精通翰墨，也曾读过《西厢记》等多种曲本的蘅芜君，为了掩人耳目，居然闺房内只有两本书供着，并无文房四宝，更无其他玩器，装出循规蹈矩，恪守封建礼教“女子无才便是德”的模样，以博取“贤淑”的美名，怪不得贾母看后随即赞叹说“这孩子太老实了”，以此和潇湘馆“案上设着笔砚”“书架上放着满满的书”相对比，就活现出宝钗的虚伪和矫情。

除了通过环境反映人物形象的个性特点外，通过环境映衬人物的心理活动和情绪变化，也是《红楼梦》环境描写的一个特色。如第七十五回贾珍中秋赏月一段：

> 那天将有三更时分，贾珍酒已八分。大家正添衣饮茶，换盏更酌之际，忽听那边墙下有人长叹之声。大家明明听见，都悚然疑畏起来。贾珍忙厉声叱咤，问：“谁在那里？”连问几声，没有人答应。……只听得一阵风声，竟过墙去了。恍惚闻得祠堂内槅扇开阖之声。只觉得风气森森，比先更觉凉飒起来；月色惨淡，也不似先明朗。众人都觉毛发倒竖。（第七十五回）

由于地段紧靠祠堂，很容易让人联想到这是祖宗的幽灵发出的不祥警告。家族日益衰败的现实早已在众人的心底里埋下了阴影，从而勾起贾珍等人因种种不肖而产生的对祖宗的深心愧疚，身处这阴森可怖的场景中，心理上很容易诱发大祸临头的恐惧之感。这便是《红楼梦》艺术笔法的精到之处！

（四）语言艺术

《红楼梦》语言艺术的出色成就，代表了我国古典小说语言艺术的最高峰。其基本特色是个性化、质朴自然、富于诗意和哲理性。

个性化

言为心声，人物语言是显示人物个性最为直接的方法之一：

> （张道士送宝玉一个金麒麟）宝钗笑道："史大妹妹有一个，比这个小些。"贾母道："是云儿有这个。"宝玉道："他这么往我们家去住着，我也没看见。"探春笑道："宝姐姐有心，不管什么他都记得。"林黛玉冷笑道："他在别的上还有限，惟有这些人带的东西上越发留心。"宝钗听说，便回头装没听见。（第二十九回）

此间就这么个小玩意儿，一人说一句，句句切中人物个性。宝钗自己在这方面就玩过花头，贾母则是对娘家人湘云偏爱，宝玉一心想着黛玉，对别人（包括宝钗、湘云）不加注意，探春了解宝钗心思却不点破，黛玉最恨别人借物说事，故必欲揭露之而后快。

个性化的语言不仅反映了人物性格，也带来了普遍的情趣。小说中，以凤姐“口里尖快”的特点最为鲜明，最能搞笑，故有凤姐在场，人物语言所产生的情趣也最多。再有是宝玉和黛玉、宝钗之间的爱情纠葛的文字，如第十九回“意绵绵静日玉生香”，第三十回“宝钗借扇机带双敲”都是这类饶有意趣的典型文字。

质朴自然

质朴自然，既是《红楼梦》整体的艺术特点，也是作者的叙述语言和书中人物语言的基本风格。如鸳鸯骂嫂子道：

> 什么“好话”！宋徽宗的鹰，赵子昂的马，都是好画儿。……怪道成日家羡慕人家女儿作了小老婆，一家子都仗着他横行霸道的，一家子都成了小老婆了！看的眼热了，也把我送在火坑里去。我若得脸呢，你们在外头横行霸道，自己就封自己是舅爷了。我若不得脸败了时，你们把忘八脖子一缩，生死由我。（第四十六回）

鸳鸯的话说得很直白，但却犀利有力，个性鲜明。

《红楼梦》对俗谚的改造和运用一直为人称道。《水浒传》《金瓶梅》都善于运用俗谚，《红楼梦》则更上一层，它更加贴切，更能反映人物性格，更符合人物的身份和事物的本质。如刘姥姥形容贾府的财势就用了“瘦死的骆驼比马大”“拔根寒毛比我们的腰还粗”（第六回），第十六回凤姐粉饰自己是“人家给个棒槌，我就认作‘针’”，说那些“管家奶奶们”是“……‘坐山观虎斗’，‘借剑杀人’，‘引风吹火’，‘站干岸儿’，‘推倒油瓶不扶’，都是全挂子的武艺”。

诗词曲赋的运用和诗意化

《红楼梦》中插入的诗词曲赋，不仅艺术成就很高，更主要的大都符合人物的身份、精神气质和性格特征，成为表现人物的重要艺术手段，又是构成全书诗意的有机组成部分；同时，作者借书中人物抒发对生命体验的感慨，对人生命运的哲理性进行思考，营造作品整体的诗意，体现作品的悲剧主题。如《好了歌》（第一回），《红楼梦》套曲十二支、“金陵十二钗”判词（第五回），以及描写黛玉外貌所用的“赞”，宝玉追悼晴雯所用的“诔”……毫无疑问，《红楼梦》称得上我国唯一一部真正“文备众体”的小说，书中的诗词曲赋，共计两百多篇，其数量亦为中国章回小说之冠。

借诗词曲赋来刻画人物的性格是曹雪芹的大手笔。他在书中描写了擅长诗词曲文的各种人物，其中最为突出、形象最具诗意的是林黛玉。林妹妹以《葬花吟》（第二十七回）、《秋窗风雨夕》（第四十五回）、《桃花行》（第七十回）等为代表的诗词，每一首都是她纯洁聪慧的灵性体现，她短暂的一生是诗词创作的一生。从她前后期的诗词作品，可以清楚看到她思想情感发展的轨迹，她用一首首凄切的诗词谱就了她抵抗压迫、不堪重负的悲歌。

富于哲理意味

哲理性的语言，形象、隽永，具有隐喻、指代等特点，是从生活经验中提炼而成的，是人们思想的结晶。这种语言，往往能以浅显的俗话说明深刻的道理，因而具有普遍的意义和持久的生命力。例如，“百足之虫，死而不僵”（第二回），“天下老鸹一般黑”（第五十七回），“不是东风压了西风，就是西风压了东风”（第八十二回），如此等等。这些含有哲理意味的名言，给人以生活经验和自然规律的智慧启迪，“话虽是淡的，回想却有滋味”，自然也增加了阅读的趣味性。如第三十一回湘云与丫鬟翠缕对“阴阳”的解说：

> （翠缕）“……我只问姑娘，这阴阳是怎么个样儿？”湘云道：“阴阳可有什么样儿，不过是个气，器物赋了成形。比如天是阳，地就是阴；水是阴，火就是阳；日是阳，月就是阴。”翠缕听了，笑道：“是了，是了，我今儿可明白了。怪道人都管着日头叫‘太阳’呢，算命的管着月亮叫什么‘太阴星’，就是这个理了。”湘云笑道：“阿弥陀佛！刚刚的明白了。”翠缕道：“这些大东西有阴阳也罢了，难道那些蚊子、虼蚤、蠓虫儿、花儿、草儿、瓦片儿、砖头儿也有阴阳不成？”湘云道：“怎么没有阴阳的呢？比如那一个树叶儿还分阴阳呢，那边向上朝阳的便是阳，这边背阴覆下的便是阴。”……翠缕又点头笑了，还要拿几件东西问，因想不起个什么来，猛低头就看见湘云宫绦上系的金麒麟，便提起来笑道：“姑娘，这个难道也有阴阳？”湘云道：“走兽飞禽，雄为阳，雌为阴；牝为阴，牡为阳。怎么没有呢！”……翠缕道：“这也罢了，怎么东西都有阴阳，咱们人倒没有阴阳呢？”湘云照脸啐了一口道：“下流东西，好生走罢！越问越问出好的来了！”翠缕笑道：“这有什么不告诉我的呢？我也知道了，不用难我。”湘云笑道：“你知道什么？”翠缕道：“姑娘是

阳，我就是阴。”说着，湘云拿手帕子握着嘴，呵呵的笑起来。翠缕道：“说是了，就笑的这样了。”湘云道：“很是，很是。”翠缕道：“人规矩主子为阳，奴才为阴。我连这个大道理也不懂得？”湘云笑道：“你很懂得。”（第三十一回）

这一段对话，闲闲写来，把湘云的娇憨和小丫鬟翠缕的天真都生动地描绘出来。语言很风趣，对话的方式很像相声“抖包袱”，而对话内容则还含有阴阳贵贱的哲理：阴阳本为一气，本来没有什么贵贱，由此生发，世间万事、万物，包括男女、主仆都不应有什么贵贱。然而封建社会人为地“规矩”了男女、主仆的贵贱，翠缕幼稚可笑地错认主奴为阴阳，实际上将阴阳分了贵贱，这种愚昧的认识，正是封建礼教男尊女卑等级观念的哲学基础，小丫鬟的幼稚可笑的思维方式，正是封建统治阶级人为制造贵贱等级的愚民哲学造成的。

结　语

《红楼梦》继承了中国古代伟大文学作品的优秀传统，作者受诗词艺术的影响很深，书中表现的审美概念、审美心理和审美境界，实从中国古典文化传统而来；在社会生活批判、人物形象塑造、故事情节安排等方面，批判性地继承了古典小说和戏曲创作的经验。因此，《红楼梦》是中国古典文学创作艺术的集大成者，是中国古典文学发展的顶峰。正如作家王蒙所说：“（《红楼梦》）真正发挥了长篇小说的优势，开掘了长篇小说的可能性，突破了其他

样式文学体裁的局限性，这才是地地道道的长篇小说。”（《红楼启示录》）

同时，《红楼梦》又是中国文化的百科全书，它的博大精深在世界文学史上是罕见的，所以它不仅深受中华民族所有成员的喜爱，也成了世界人民了解中国，了解中国历史文化的捷径。据不完全统计，《红楼梦》迄今已有 18 种文字 60 多种译本，在世界各国发行，它是当然的世界文学第一流的精品。正因为如此，《红楼梦》对于人们，特别是今天的青年人了解中国的过去，了解、学习和继承中国传统文化有着不可替代的作用。不可否认，《红楼梦》既然产生于中国封建社会末期，也就必然存在着那个时代的局限。我们今天来读《红楼梦》时，应该有分析，有鉴别，剔除其消极落后的因素，正确地对待历史上的文化遗产，吸取其中有益的成分作为借鉴，来发扬社会主义精神文明。

原载江苏古籍出版社 2000 年版《〈红楼梦〉导读》

论林黛玉形象的美学境界及其文学渊源

伟大作家曹雪芹在《红楼梦》中塑造的林黛玉形象，体现了一种极其崇高的美学境界。这种美学境界显示了两方面的内容：一是黛玉形象本身的悲剧美，二是通过这个形象所反映出来的作者的艺术情趣和审美理想。曹雪芹出身在清代一个富有文艺气氛的贵族家庭里[1]，具有深厚的文化艺术素养。虽然他的家庭后来遇到了灾难而败落，但他的才识都经历世变而增长了。他笔下的林黛玉形象，既是名门淑女悲剧命运的现实写照，又是中华民族文化传统所涵养出来的艺术典型。

一

人物的外表神态和内在素质的一致，是曹雪芹在《红楼梦》中塑造黛玉形象的美学准则。书中写黛玉的容貌才情出类拔萃，行止见识超越群芳。她外形秀丽，明艳动人："秉绝代姿容，具希世

1　雪芹祖父曹寅遗下的藏书有十多万卷，从现存《楝亭书目》（有《辽海丛书》本）可以看出，其中经、史、子、集包括唐诗宋词和小说戏曲的各种文籍，品类大备，版本精良。

俊美”（第二十六回）。而内心坚贞，不同流俗：“孤高自许”（第五回），“孤标傲世”（第三十八回）。作者没有按照封建的伦理道德标准来规范她的言行，而是破除了“女子无才便是德”的封建教条，写她绝顶聪明，诗词书法无所不精，甚至还能识曲审音。她住的是高雅幽静的潇湘馆，窗前有千竿翠竹，房里“设着笔砚”，架上“磊着满满的书”（第四十回）。但她不同于一般的贵族小姐。虽然她也出身于“钟鼎之家”“书香之族”（第二回），可是“父母双亡，无依无靠”（第二十六回），在贾府过着“旅居客寄”（第七十六回）的生活。由于身世飘零，再加封建礼教的重压，造成了她的伤春悲秋、多愁善感、“临风洒泪”（第二十九回）、孤寂多病的特性。作者在初步的民主主义思想启导下，写她与封建礼法的叛逆者贾宝玉同气相投，同声相应，憧憬着理想的天地，渴慕追求独立自主的爱情。但在黑暗的封建社会里，她美好的心愿遭到了压制和摧残，终于造成了“花落人亡两不知”的悲剧结局。

关于林黛玉形象的悲剧美，作者一方面通过摹写她的内心和行动来显示，另一方面也借书中人宝玉的主观视角和主观感受来描绘，感情色彩很浓。如第三回写宝玉初见黛玉的美感是：

> 宝玉早已看见多了一个姊妹，便料定是林姑妈之女，忙来作揖。厮见毕归坐，细看形容，与众各别；两弯似蹙非蹙罥烟眉，一双似喜非喜含情目。态生两靥之愁，娇袭一身之病。泪光点点，娇喘微微。闲静时如姣花照水，行动处似弱柳扶风。心较比干多一窍，病如西子胜三分。宝玉看罢，因笑道：“这个妹妹我曾见过的。”[1]

1 引文据人民文学出版社 1982 年版《红楼梦》新校注本，以下同。

这是通过宝玉的视觉眼光和心理活动反映出来的美感，正应着俗话说的“情人眼里出西施”。“这个妹妹我曾见过的”，更说明了她是宝玉理想中的意中人。这句话表面看来不合情理，是疯话，但就是这句疯话，却深刻地反映出了宝玉潜在的美学意识和他心目中的美人风范。作者文笔之妙，就在于擅长引用史事典故来作隐喻和象征，这里便是借比干的聪明和西施的美貌来形容黛玉，在史籍上都是有出典的。《管子·小称》篇说：“西施，天下之美人也。”《庄子·天运》篇描绘其特征是“西施病心而矉其里”。“矉”字同“颦”，意指心疼时紧蹙眉头。所以书中写宝玉送给黛玉的表字叫“颦颦”，宝钗叫她为“颦儿”；或称颦卿、阿颦。将悲剧人物比干与西施对举，源出《墨子·亲士》[1]。比干心灵多窍，西施病心，重点都落在“心”字上。作者暗取其意，象征黛玉心事重重，这是文学上的借鉴笔法。书中写黛玉“最是个多心的人”（第四十五回），“烦恼郁结于心”（第六十四回）。黛玉的心病首先是因伤悼身世造成的，由于寄人篱下，心理上有沉重的压力，在贾府“步步留心，时时在意，不肯轻易多说一句话，多行一步路，惟恐被人耻笑了他去”（第三回），真是惴惴然有临履之忧！其次是因为在封建礼教的牢笼下，她和宝玉的爱恋相思之情无由表达，“痴情女情重愈斟情”，“求近之心反弄成疏远之意”（第二十九回），“总是不放心的原故，才弄了一身病”（第三十二回）。这两种心病交织在一起，使她身负精神重压，缠绵于病榻床第之间，“无事闷坐，不是愁眉，便是长叹，且好端端的不知为了什么，常常的便自泪道不干的”（第二十七回）。试看书中的描述：

1 《墨子·亲士》在评论有特长的人难以自保时举例说：“是故比干之殪，其抗（刚正不屈）也。”“西施之沉，其美也。”按照这个思想线索来理解，《红楼梦》第六十四回黛玉《五美吟》咏西施“一代倾城逐浪花”之句，应释为越国灭吴后西施是被沉江溺死的。

黛玉因又说起宝琴来，想起自己没有姊妹，不免又哭了。宝玉忙劝道："你又自寻烦恼了。你瞧瞧，今年比旧年越发瘦了，你还不保养。每天好好的，你必是自寻烦恼，哭一会子，才算完了这一天的事。"（第四十九回）

宝玉听了，心下纳闷，只得踱到潇湘馆，瞧黛玉益发瘦的可怜，问起来，比往旧已算大愈了。黛玉见他也比先大瘦了。想起往日之事，不免流下泪来。（第五十八回）

黛玉的泪，是炽热的感情化成的。生活的不幸和爱情的磨难，使她不堪承受这沉重的心理负担，因此表现为愁、泪、病、瘦的形象特征，预示了她在人生的道路上中途夭折的悲剧命运。

构成黛玉悲剧美的境界除了强烈的感情色彩以外，另一要素便是潇湘馆典型环境的景物衬托。潇湘馆最有特色的是千竿翠竹，它隐喻了黛玉的伤怀多泪，又象征了她风神灵秀的气度和坚贞不屈的内在素质。

"潇湘"原是湖南两条河水合流的总称，因其地盛产湘妃竹，所以又成了竹子的文学代称[1]。大观园中潇湘馆题名的缘由，正是"有千百竿翠竹遮映"（第十七回）。书中写林黛玉爱竹，她说道：

我心里想着潇湘馆好，爱那几竿竹子隐着一道曲栏，比别处更觉幽静。（第二十三回）

因此，当海棠诗社成立时，探春戏谑地给黛玉起了个别名雅号，就叫"潇湘妃子"。这又是作者匠心独运的妙笔。原来，湘妃竹又

1 如明人沈周《题朱淑真画竹》诗云："绣阁新编写断肠，更分残墨写潇湘。"

名“泪竹”，含有一段悲剧意味的神话在内。元人李息斋《竹谱详录》卷六记载：

> “泪竹”生全湘九嶷山中，《博物志》（晋张华撰）云：舜南巡狩不返，葬于苍梧之野，尧二女娥皇、女英追之不及，至洞庭之山，泪下染竹成斑，妃死为湘水神。《述异记》（梁任昉撰）云：“舜南巡葬于苍梧，尧二女娥皇、女英泪下沾竹，文悉为之斑。亦名“湘妃竹”。

在中国的古典诗词中，早在战国时期屈原的《九歌》就写到了这个传说故事。唐代刘禹锡的《潇湘神》词也说：“斑竹枝，斑竹枝，泪痕点点寄相思。”曹雪芹为了塑造林黛玉动人心弦的悲剧形象，特地把她安排在潇湘馆的美学境界内，用湘妃竹来衬托她对景感怀，俯栏垂泪的忧伤面影，取得了互为表里，相得益彰的艺术效果。作者在书中第三十七回通过探春的口说道：

> 当日娥皇女英洒泪在竹上成斑，故今斑竹又名湘妃竹。如今他住的是潇湘馆，他又爱哭，将来他想林姐夫，那些竹子也是要变成斑竹的，以后都叫他作“潇湘妃子”就完了。

这是跟第一回绛珠仙草对神瑛侍者“还泪”的神话相呼应的，实际上都是象征宝、黛爱情的“相思泪”。泪珠是情意的结晶，“还泪”象征了爱情受到封建压迫而产生的痛苦和忧伤！

作为一种崇高的美学境界，潇湘馆窗前的翠竹还有更深刻的寓意，它象征着林黛玉的反封建精神和高尚的节操。在中国的历史文化形态中，竹子素来被视为清高的雅品，受到了文人学士和广大群众的热爱。以反抗世俗礼法著称的魏晋风度中人，大都喜欢与竹子结缘。《世说新语·任诞》记载：阮籍、嵇康等“常集于竹林之下，肆意酣畅，故世谓竹林七贤”（曹雪芹极其推崇阮籍而自署为“梦阮”）。王子猷种竹时也说：“何可一日无此君！”到了唐诗宋词元曲中，竹子崇高的品格，更得到了具体的刻画，或以竹节比喻人品气节的坚贞，如唐张九龄《和黄门卢侍御咏竹》说“高节人相重”，李白《慈姥竹》说“贞心常自保”，刘禹锡《酬元九侍御赠壁竹鞭长句》云：“多节本怀端直性，露青犹有岁寒心。”或以秀竹能抗御寒霜来颂扬正直不屈的斗争性，如宋代朱淑真《直竹》诗说：“劲直忠臣节，孤高列女心；四时同一色，霜雪不能侵。”《酹江月·咏竹》云：“雅称野客幽怀，闲窗相伴，自有清风足。终不凋零材异众，岂似寻常花木。傲雪欺霜，虚心直节，妙理皆非俗。”又如元曲马谦斋《水仙子·咏竹》说：“贞姿不受雪霜侵，直节亭亭易见心。”这些作品都深刻地写出了竹子质朴而不媚俗的孤高耿直的品性。曹雪芹在《红楼梦》中对历代的文学作品都有所借鉴。他写潇湘馆的秀竹，实际上象征黛玉的清高，一尘不染，宁折不屈，隐喻她不同流俗的反抗性。

黛玉的叛逆性格和反封建的意志是坚强的，她和宝玉有共通的思想感情。她“孤高自许，目无下尘”，鄙薄功名富贵，不愿与恶俗的世态同流合污。薛宝钗和史湘云常劝宝玉讲些“仕途经济”的科举学问，而林妹妹从来不说这样的“混帐话”（第三十二回）。“独有黛玉自幼儿不曾劝他去立身扬名，所以深敬黛玉。”（第三十六回）可见她的观点立场是和正统的封建教条相对立的。她率直自然，敢于和宝玉同读《西厢记》，敢于把高官厚禄的王子龙孙斥为“臭男人”。这种抵制封建礼法的傲态和反抗性，正可与“标劲节于严风”

的竹子相比。书中称她为林潇湘（第三十八回），便是赞美她的意思。因此，窗前翠竹还象征了黛玉对宝玉爱情的纯正，她在爱情生活中表现出与翠竹一样的高尚情操，心地纯洁，不带世俗的成见和功利观念，虽然一再受到风刀霜剑的逼迫，而始终情真意切，不改其贞心。潇湘馆的景物描写与黛玉的性格刻画达到了高度的和谐统一，丰富和深化了主题。这种美学境界，一方面烘托出了林黛玉的优美形象，一方面也反映了作者曹雪芹的艺术情趣和审美理想。

二

林黛玉形象带有极浓的感伤主义色彩，作者是饱含着辛酸血泪来塑造这个女主人公的悲剧形象的。

林黛玉感伤情绪的根源是封建社会对少女个性的压迫。她试图挣脱封建礼教的束缚，追求自主的爱情和幸福的生活，但在封建势力的狂风恶浪中，她无法掌握自己的命运，只能暗自流泪，忧愁成病。作者通过她的吟诗填词，进一步抒发了这种感伤情调和悲剧气氛。这里摘引数例如下：

> 花谢花飞飞满天，红消香断有谁怜？
> …………
> 一年三百六十日，风刀霜剑严相逼！
> …………
> 花开易见落难寻，阶前闷杀葬花人；
> 独倚花锄泪暗洒，洒上空枝见血痕。
> （第二十七回《葬花吟》）

眼空蓄泪泪空垂，暗洒闲抛却为谁？
尺幅鲛绡劳解赠，叫人焉得不伤悲！
…………
枕上袖边难拂拭，任他点点与斑斑。
…………
窗前亦有千竿竹，不识香痕渍也无！
（第三十四回《旧帕题诗》）

圃露庭霜何寂寞，鸿归蛩病可相思？
…………
醒时幽怨同谁诉，衰草寒烟无限情！
（第三十八回《菊花诗》）

助秋风雨来何速，惊破秋窗秋梦绿。
…………
不知风雨几时休，已教泪洒窗纱湿。
（第四十五回《代别离·秋窗风雨夕》

桃花帘外开仍旧，帘中人比桃花瘦！
花解怜人花也愁，隔帘消息风吹透。
…………
若将人泪比桃花，泪自长流花自媚；
泪眼观花泪易干，泪干春尽花憔悴。
（第七十回《桃花行》）

飘泊亦如人命薄，空缱绻，说风流。

…………

草木也知愁，韶华竟白头，叹今生谁拾谁收！

（第七十回《唐多令·柳絮词》）

这是一个富于感情的少女在封建宗法制度压抑下发出的心声，尽管是微弱的声音，但也表达出了对封建社会的不满和抗争。正如书中宝玉的评论：只有“曾经离丧”的黛玉，才会“作此哀音”（第七十回）。除她以外，谁也不可能写得出如此伤感的诗词来。作者正是通过这些个性化的伤悼语句，进一步开拓了悲剧形象的美学境界，更突出地显示了女主人公在封建重压下愁、泪、病、瘦的形象特征。

曹雪芹关于愁、泪、病、瘦的审美观念，部分是受了婉约派词风的影响而形成的。婉约派词风的特点是以婉转雅丽的笔调细诉缠绵悱恻的情思，或写伤春悲秋的愁恨，或写离别相思的苦楚，显得十分惆怅柔弱。这种作风发端于入宋以后的李后主词，其后的代表作家有晏殊、晏幾道、欧阳修、柳耆卿、秦少游、朱淑真和李清照等。愁、泪、病、瘦的艺术情趣，便是从他们的词情细流里透露出来的。如李后主《子夜歌》云：“人生愁恨何能免，销魂独我情何限，故国梦重归，觉来双泪垂。”《望江南》云：“多少泪，断脸复横颐，心事莫将和泪说，凤笙休向泪时吹，肠断更无疑。”《虞美人》云：“春花秋月何时了？往事知多少。”“问君能有几多愁？恰似一江春水向东流。”据宋人王铚《默记》卷下记载，南唐李后主归宋后曾经给金陵旧宫人写信说：“此中日夕，只以眼泪洗面。”这种意境，曾为曹雪芹所借鉴。如书中第五回《红楼梦曲·枉凝眉》预示黛玉泪尽而逝说：“想眼中能有多少泪珠儿，怎禁得秋流到冬，春流到夏！”第二十三回写黛玉想起词中有“流水落花春去也，天上人间”之句，即出于李后主的《浪淘沙》。续书者体会这层意思，在第八十七回描写黛玉怀念江南而哀伤时，便直接点出了李后主的名字：

> （黛玉）便想着父母若在，南边的景致，春花秋月，水秀山明，二十四桥，六朝遗迹，不少下人伏侍。诸事可以任意，言语亦可不避。……今日寄人篱下，纵有许多照应，自己无处不要留心。不知前生作了什么罪孽，今生这样孤凄。真是李后主说的“此间日中，只以眼泪洗面”矣！

林黛玉失去父母远离家乡的悲伤，尽管时代内容与李后主完全不同，但从悲剧心理学来剖析，伤心人的愁情是可以相通的，前人的文学作品，是可以引起后人在感情上的共鸣的。

在中国漫长的封建社会中，妇女所受的束缚和压迫最为严重。特别是宋代理学盛行后，“三从四德”的精神枷锁更压得妇女喘不过气来。她们在爱情和婚姻上得不到丝毫的自由，她们虽渴望着美满幸福的生活，但往往身不由己，遭遇不幸。女词人朱淑真的《断肠词》，就发出了这种哀音：

> 《减字木兰花》：“此情谁见，泪洗残妆无一半。愁病相仍，剔尽寒灯梦不成。”
>
> 《点绛唇》：“芳心已逐，泪眼倾珠斛。”
>
> 《菩萨蛮》：“山亭水榭秋方半，凤帏寂寞无人伴。愁闷一番新，双蛾只旧颦。”又：“情知天上种，飘落深岩洞。”又：“人怜花似旧，花不知人瘦。独自倚栏杆，夜深花正寒。”

朱淑真曾经憧憬过理想的爱情，但在现实生活中未能如意，因此引为终生遗憾。她在作品中展现出来的自我形象，显示了愁、泪、病、瘦的艺术特征，命意孤高。当时另一位女词人李清照的作品，也充满了忧愁之辞，感伤的情绪更为深沉：

> 《点绛唇》："寂寞深闺，柔肠一寸愁千缕。""倚遍阑干，只是无情绪。"
>
> 《一剪梅》："花自飘零水自流，一种相思，两处闲愁。此情无计可消除，才下眉头，却上心头。"
>
> 《摊破浣溪沙》："病起萧萧两鬓华，卧看残月上窗纱。"
>
> 《青玉案》："如今憔悴，但余双泪，一似黄梅雨。"
>
> 《声声慢》："守着窗儿，独自怎生得黑！梧桐更兼细雨，到黄昏点点滴滴。这次第，怎一个愁字了得！"
>
> 《添字丑奴儿》："伤心枕上三更雨，点滴霖霪，点滴霖霪，愁损离人不惯起来听。"

这种词情，在《红楼梦》第四十五回黛玉写《代别离·秋窗风雨夕》中表现了出来。特别是李词《声声慢》和《添字丑奴儿》的意境，曹雪芹曾略加点染，借来刻画黛玉寂寥悲凉的心情：

> 这里黛玉喝了两口稀粥，仍歪在床上，不想日未落时天就变了，淅淅沥沥下起雨来。秋霖脉脉，阴晴不定，那天渐渐的黄昏，且阴的沉黑，兼着那雨滴竹梢，更觉凄凉。
>
> 又听见窗外竹梢蕉叶之上，雨声淅沥，清寒透幕，不觉又滴下泪来。直到四更将阑，方渐渐的睡了。（第四十五回"风雨夕闷制风雨词"）

曹雪芹把李词中的“梧桐”改成了“竹梢”，把“三更”改成了“四更”，写来倍觉凄凉。

曹雪芹塑造林黛玉形象以清瘦为美，也是受婉约派词风的影响。如黛玉《桃花行》“帘中人比桃花瘦”的诗句，即脱胎于婉约派代表作家李清照的名篇《醉花阴》：“莫道不销魂，帘卷西风，人比黄花瘦！”据伊世珍《琅嬛记》卷中记载，宋代的士大夫特别欣赏“人比黄花瘦”一词。可见当时贵族文人的艺术情趣和审美标准与唐代略有不同。李清照有六首词用了“瘦”字，如《多丽》“渐秋阑，雪清玉瘦，向人无限依依”，以及“新来瘦”“玉瘦香浓”等。朱淑真的诗词也多“瘦”字，而且还专门题写了一首《清瘦》诗。按照婉约派作家的美学观念，“瘦”是由愁、泪、病的感伤情绪造成的，“瘦”字几乎成了“多情”（感情丰富）或“相思极深”的同义语。这种审美意识发展到元明清戏曲中，凡是追求理想，为爱情身受重压以致付出巨大代价的女主角，都带有这种多情、多愁、多泪、多病的艺术倾向。最典型的是《牡丹亭》中的杜丽娘为情而死：“知怎生泪暗悬”，“十分清瘦怯秋寒”，“连宵风雨重，多娇多病愁中”（《寻梦》《闹殇》）。这种传统的、潜在的美学意识，曹雪芹在塑造林黛玉的悲剧形象时是有所承继和借鉴的。

婉约派词风发展到清代康熙年间，出现了一位直接与曹雪芹家有关系的词人纳兰性德。他原名纳兰成德，字容若，号楞伽山人（1655—1685），满洲正黄旗人，其词集题名《饮水词》，或称《纳兰词》。他在康熙十五年考中进士后，与雪芹的祖父曹寅同在皇帝的銮仪卫任职，两人从此订交，关系亲近。康熙二十三年（1684），他扈从皇上南巡，曾经到江宁织造府，给曹寅的《楝亭图咏》长卷手书题跋《曹司空手植楝树记》，并题《满江红》词一首。曹寅在《楝亭夜话图》的题诗中也特别回顾了他俩的友情交谊："忆昔宿卫明光宫，楞伽山人貌姣好。"并且还提及诵读纳兰词的情况："家家争唱《饮水词》，那（纳）兰心事几曾知！"因此，曹雪芹读过《饮水词》并受其影响也是很自然的。

纳兰性德出身于满族上层统治集团中的显贵之家，其父纳兰明珠，曾任兵部尚书、吏部尚书，升武英殿大学士，执掌宰辅之职，权倾朝野。但令人感到诧异的，作为贵族青年的他，却鄙薄荣华富贵（《采桑子》"不是人间富贵花"）。其词情低回幽怨，工于言愁，酷似李后主和晏幾道的作品。兹摘引数例如下：

> 《减字木兰花》："此夜红楼，天上人间一样愁！"
>
> 《忆王孙》："读《离骚》，愁似湘江日夜潮。"
>
> 《菩萨蛮》："东风泪洗胭脂面，人在小红楼。"
>
> 《虞美人》："多情自古原多病，清镜怜清影。"
>
> 《昭君怨》："瘦骨不禁秋，总成愁。"
>
> 《鹧鸪天》："凭将扫黛窗前月，持向今朝照别离。"
>
> 《玉连环影》："梦难凭，讯难真，只是赚伊终日两眉颦。"
>
> 《南楼令》："沁鲛绡，湘竹无声。不为香桃怜瘦骨，怕容易，减红情。"

在纳兰性德现存的三百多首词中，据初步统计，用"愁"字共九十处，用"泪"字六十五处，用"病"字十五处，用"瘦"字二十六处。其余如"断肠""惆怅""凄凉""憔悴"等字句，触目皆是[1]。这样一个伤心人，三十一岁就夭逝了，为什么像纳兰性德这样享有功

1 见黄天骥《纳兰性德和他的词》，广东人民出版社 1983 年版，第 32 页。

名富贵的人却写出如此苦闷悲观的作品呢？如果简单化地指为贵族阶级精神空虚的无病呻吟，那是不足以解决问题的。现黄天骥同志在《纳兰性德和他的词》一书中，结合清代前期封建社会的时代特征，作出了深刻的分析。归纳黄天骥同志的论点，纳兰词如此忧伤的原因是：

第一，想争取爱情自主而不可得，“别看贵族青年殉金馔玉，征歌逐舞，其实在他们当中，有不少人内心是痛苦的。因为他们被剥夺了爱情的自由”。[1]第二，他感到了封建官场的险恶，惴惴有临履之忧。他欢喜清白，不满于现实政治的黑暗，厌倦仕宦生活。“即使是饫甘餍肥的贵族青年，他们也对封建制度某些方面产生强烈的不满。”[2]“他个人不一定遭遇很多挫折和不幸，但时代的阴影会压抑在他的心头。”[3]第三，“更重要的是，在封建制度临近崩溃的前夜，统治阶级内部产生不可遏止的苦闷情绪，必然会反映到创作上来。透过纳兰性德哀婉凄厉的词章，我们依稀听到了封建层冰摇曳澌裂的声音。如果说，《红楼梦》是封建制度的挽歌，那么，在曹雪芹之前，纳兰性德以歌代泣，已用诗章凭吊垂死的时代了”！[4]

令人可笑的是旧红学家中的索隐派，曾经穿凿附会地把《红楼梦》说成是“记故相明珠家事”，把贾宝玉说成是纳兰性德的化身，把《饮水诗集》中所咏的美人指为林黛玉[5]。这种生硬地抓用历史人物来对号比附的研究方法当然是不对的。但从文学遗产的继承关系来说，曹雪芹对纳兰词有所借鉴则是可能的。黄天骥同志对这

1 见黄天骥《纳兰性德和他的词》，广东人民出版社 1983 年版，第 41 页。

2 见黄天骥《纳兰性德和他的词》，广东人民出版社 1983 年版，第 60 页。

3 见黄天骥《纳兰性德和他的词》，广东人民出版社 1983 年版，第 145 页。

4 见黄天骥《纳兰性德和他的词》，广东人民出版社 1983 年版，第 33 页。

5 见清代陈康祺《燕下乡脞录》和张维屏《国朝诗人征略》（《鲁迅全集》第十卷《小说旧闻钞》引录）。

个问题也曾提出有意义的见解：

> 清代的学究们惯于捕风捉影，牵强附会，他们言之凿凿，振振有词，今天看来，颇堪发噱。不过，在那些无稽之谈里面，有没有包藏着合理的内核？《红楼梦》作者曹雪芹，会不会把纳兰性德一类人物，概括在他所创造的艺术典型里？这些问题，倒值得我们认真思索[1]。
>
> 由于纳兰性德和曹家有过联系，曹寅的孙子曹雪芹在创作《红楼梦》贾宝玉这一艺术典型时，考察过包括纳兰性德在内的许多公子王孙的性格和事迹，甚至把其中某些人作为人物的原型，这也不是完全没有可能的[2]。

我赞成黄天骥同志的分析，但我的注意点与黄君稍有不同。我的眼光偏重在《纳兰词》的美学境界和文学传统的继承关系方面。我是把《纳兰词》放在文学史上的婉约派中加以考察的。我认为曹雪芹在塑造林黛玉形象的过程中，关于愁、泪、病、瘦的艺术特征曾部分受到婉约派词风的影响，而《纳兰词》的影响则更为直接和明显。当然，愁、泪、病、瘦的形象特征是统一的，它们互相交织，结合生理上和心理上两方面的因素，构成了林黛玉“这一个”活生生的整体，并在孤苦无援、反抗意识和追求真理的人生的主导倾向下得到完整、全面的展开。另外，这种“愁、泪、病、瘦”不仅作为婉约派的词风来接受，更为重要的是它们已经积淀于人们的非自觉的潜意识中，成为民族的审美心理，既影响了曹雪芹的创作

1　见黄天骥《纳兰性德和他的词》，广东人民出版社 1983 年版，第 7 页。

2　见黄天骥《纳兰性德和他的词》，广东人民出版社 1983 年版，第 8 页。

意识，又影响了读者的接受意识，从而成就了林黛玉悲剧形象经久不衰的艺术魅力！

三

林黛玉是被封建礼教压制和虐杀的悲剧形象。为了塑造这个形象，作者运用了一切艺术手段，包括从婉约派词中继承和吸取了一些文学养料。但这种继承不是简单的模仿，而是经过作者综合消化，融会贯通，重新提炼后熔铸到悲剧形象中去的。宋、元、明、清的婉约派词人，善于写愁、泪、病、瘦的作品很多，但都是一些片断的语句和零碎的表象意念。即使是李清照与纳兰性德诸大家的作品，也仅仅是个人感情的抒发，并没有构成一个具体的典型形象。而曹雪芹在继承这种文学传统时是有新的发展的，他是结合清朝封建末世的时代特征来塑造贵族少女林黛玉的形象的，是反映现实的。

黛玉形象的悲剧美和崇高感含有三方面的社会内容。第一，她是贵族阶层中具有启蒙主义思想的女性叛逆者，是代表进步倾向的正面人物。第二，她追求爱情自主的言行违背了封建家族的政治利益，不为封建礼法所容，与封建宗法制度发生了矛盾冲突。第三，在试图挣脱封建礼教束缚的过程中，作为贵族小姐而又受过严格的封建家教的她，既不可能大胆地冲决樊篱，又抵挡不住封建正统势力的压制和打击，感情上受到了长期的折磨，最终被扼杀了爱情和生命。这三方面的社会内容在薛宝钗身上是不可能具备的，只是林黛玉所独有的。正是在这个基础上，曹雪芹采用愁、泪、病、瘦的神态特征来为塑造林黛玉形象服务，才具有崇高的悲剧意义和美学价值。否则，如果抽掉了黛玉形象的社会内容，便只能停留在病态美的表面现象上，或者是在富贵的生活里说几句寒酸话，成为红颜薄命的一般性故事，那就没有什么意义可言了。

曹雪芹塑造的林黛玉形象代表了历史发展的新趋势，代表了进步的社会力量，但在清代前期的封建社会中，这种力量还很微弱，她势单力孤，敌不过封建黑暗势力的重压。愁、泪、病、瘦的形象特征，正是封建势力的压抑和逼迫造成的。所以林黛玉渴望爱情自主而又不可能实现的感伤情绪，以及因此呈现出来的愁、泪、病、瘦的形神特征，便超越了一般的病态美的范畴而升华为悲剧形象的悲剧美了。

鲁迅先生曾经说过："悲剧将人生有价值的东西毁灭给人看。"[1]因此，人们对正面人物遭遇苦难和不幸都是深表同情的，而悲剧美给人的美感也是崇高的。正面人物有高尚的情操和坚贞的品格，所以悲剧美就是人格美。曹雪芹在描绘黛玉形象的清瘦面影时，便是结合人格美的内在素质进行刻画的。这种审美认识也是从中国传统的文化形态中借鉴得来，是具有民族的继承性和历史的深度的。

以清瘦为美的美学思想源出魏晋风度，是傲世抗俗的一种意识形态。当时士族阶层中盛行人物品藻的活动，刘义庆编的《世说新语》就积累了丰富的人品审美材料。其中提出了自然与雕琢、秀美与华丽、清瘦与肥胖的对立的审美概念，而清奇高标的气度则成了人品风韵的审美标准。《世说新语·言语》篇记载：

> 庾公（亮）造周伯仁（顗），伯仁曰："君何所欣说（悦）而忽肥？"庾曰："君复何所忧惨而忽瘦？"伯仁

1　见《鲁迅全集》第一卷《坟·再论雷锋塔的倒掉》。

曰："吾无所忧，直是清虚日来，滓秽日去耳！"

周顗是东晋王朝士族阶层中的"寒素"者[1]，他回答权贵庾亮说："我之所以瘦，是因为能排除腐败的污秽而善养清虚之气。"他为官廉洁正直，《晋书》卷六十九记载他被王敦杀害时，在他家里只抄出"素簏数枚，盛故絮而已，酒五瓮，米数石"，"在位者服其清约"。六朝门阀和士族虽然高踞于统治阶级的最上层，但他们之间也有矛盾和分化，因此产生了"瘦"与"肥"的对立的人品概念，"瘦"象征孤傲清高，"肥"象征流俗富贵。这种审美意识和悲剧心理对后世颇有影响，《南史》卷三十七《沈昭略传》记载：

> 昭略字茂隆，性狂俊，不事公卿，使酒仗气，无所推下。尝醉，晚日负杖携家宾子弟至娄湖苑，逢王景文子约，张目视之曰："汝是王约邪？何乃肥而痴！"约曰："汝沈昭略邪？何乃瘦而狂！"昭略抚掌大笑曰："瘦已胜肥，狂又胜痴，奈何王约，奈汝痴何！"

王约是南齐时外戚王景文的公子，萧衍曾对他说："我尝相卿当富贵。"（《南史》卷二十三）而沈昭略是个师心使气的名士，为当权者所忌，后被东昏侯萧宝卷害死。由此可见，瘦态比富态清高，颂"瘦"贬"肥"成了六朝名士派的美学原则，由于艺术通感的作用，从而影响到宋、元、明、清的婉约词和仕女画，它们都以秀瘦为美，音乐界以瘦字来形容悲声，连书法界也存在"贱肥贵瘦"的

1 晋孙盛《晋阳秋》："顗有风流才气，少知名。""举寒素，累迁尚书仆射，为王敦所害。"按：晋代推举取士有寒素、孝廉、清能、清白、异行等科目。

倾向[1]。曹雪芹在《红楼梦》中正是基于这种审美认识来塑造黛玉和宝钗一双对立的典型形象的，书中写宝钗是世俗富贵之美，而黛玉是充满诗情画意的悲剧美。作者在第二十七回的回目上明确地标题为：“滴翠亭杨妃戏彩蝶，埋香冢飞燕泣残红。”内容是写宝钗扑蝶和黛玉葬花。作者在这样重要的大关目上竟以杨妃玉环和赵后飞燕两个古代的美人相对举，这是什么意思呢？按第二十七回本文，根本没有触及这两个历史人物，也不是要比较杨玉环和赵飞燕的高低，而只限于借用两人外形的肥、瘦来喻指宝钗和黛玉罢了。这种以杨妃和赵后作为肥瘦双美来对举的笔法，实出于苏东坡评论书法艺术的一首诗：“短长肥瘦各有态，玉环飞燕谁敢憎！”[2]苏轼认为肥美、瘦美各有动人的姿态，不分轩轾。但曹雪芹在塑造钗、黛双美形象时是有发展的，开始是双美并峙，后来仍然是继承了颂“瘦”贬“肥”的传统意念，尊黛而抑钗。试看“葬花”与“扑蝶”的情节对比，虽未言其优劣，而人品之高下自见。这是作者文笔的妙处。再看书中第三十回的描述：

> （宝玉）搭讪笑道：“怪不得他们拿姐姐比杨妃，原来也体丰（程甲本作“体胖”，程乙本作“富胎些”）怯热。”宝钗听说，不由的大怒，待要怎样，又不好怎样。回思了一回，脸红起来，便冷笑了两声，说道：“我倒象杨

1 《晋书》卷八十论赞王献之“字势疏瘦”。杜甫《李潮八分小篆歌》：“书贵瘦硬方通神。”宋黄庭坚《次韵子瞻和子由观韩幹马因论伯时画天马》诗：“翰林评书乃如此，贱肥贵瘦渠未知。”甚至诉之于听觉的音声也分肥瘦，以“瘦”形容悲声，如孟郊《秋怀》诗云“商气洗声瘦”（《全唐诗》卷 375）。当然，文艺作品中形象“肥”“瘦”的象征意义也不是绝对的，不同的时代有不同的风尚（如唐代尚肥），男性和女性又有区别，本文所述，只是提示大致的源流。

2 见《苏轼诗集》卷八《孙莘老求墨妙亭诗》。

妃，只是没一个好兄弟可以作得杨国忠的！”

这是写宝玉奚落宝钗，以此与黛玉替宝玉抄写“诗肩瘦”的情节（第五十回）相对照，可以看出说瘦嫌肥的文字中含有尊黛抑钗的褒贬之意。足见曹雪芹微言大义的艺术匠心是十分巧妙的。

中国古代的文化精神强调忧患感，“何所忧惨而忽瘦”，便是构成黛玉形象悲剧美的哲理基础，也是博得审美同情的根本原因。悲剧的力量就在于能使人们从中得到启示，以便有补于世。《周易·系辞下》曾首先提出：“作《易》者，其有忧患乎！”这种忧生、忧世、忧国、忧民的创作思想，表现在历代面对现实的作家意识中，是一脉相承的。纳兰性德的《填词》诗也说：“往往欢娱工，不如忧患作。”[1]王国维在《红楼梦评论》中崇尚悲剧美，就是基于这种思想认识。他接受了德国康德“审美意象”和叔本华“理念”哲学的影响，但是，中国传统的文化精神在他身上的影响更为深刻。王氏在《人间词话》中认为：“能写真景物、真感情者，谓之有境界。”根据这个论点，他推崇李后主词和纳兰词的美学品质，指出其一己之情能够升华，达到感情高度的“净化”。因此我们认为，曹雪芹创造的潇湘馆中的林黛玉形象，是悲剧心理和传统文化陶冶出来的人物，是中国封建社会末期特定时代中产生的艺术典型，其真情实感通向了悲剧美的净化境界。这表现了作者的艺术情趣和审美认识，也反映了作者忧生忧世的美学思想和反封建精神。

原载上海古籍出版社1989年版《红楼梦研究集刊》第14辑

---

1 见纳兰性德《饮水诗集》（有《丛书集成》本）。

试论柳湘莲的艺术形象

《红楼梦》中直接写柳湘莲的只有两处，一是第四十七回："呆霸王调情遭苦打，冷郎君惧祸走他乡。"一是第六十六回："情小妹耻情归地府，冷二郎一冷入空门。"此外在第六十五回和第六十七回中，则间接地提及几句。作者对这个人物虽然没有花多少笔墨，但塑造出来的艺术形象却异常鲜明，动人心弦，发人深思。

曹雪芹笔下的柳湘莲，是作为贾宝玉的陪衬人物而出现的。在《红楼梦》中，贾宝玉和林黛玉的恋爱婚姻悲剧是贯穿全书的主线，而柳湘莲和尤三姐的爱情悲剧则从不同的角度作了衬托和对照。这两个事件的描写虽有大小详略之别，但殊途同归，都是为《红楼梦》反封建的主题思想服务的。尤三姐和林黛玉为追求婚姻自主以不同的方式殉情而死，柳湘莲和贾宝玉为冲决封建主义的牢笼而弃家出走，湘莲当了道士，宝玉做了和尚。真是前后呼应，相互映发，既沉痛地控诉了封建礼教坑害青年男女的罪恶，又深刻地揭露了封建社会的腐败和黑暗。

曹雪芹是怎样塑造柳湘莲这个人物形象的呢？如果从美学观点来看，这里面是有艺术规律可循的。恩格斯《致斐迪南·拉萨尔》的信中曾指出，形象的塑造首先要体现出人物的阶级本质和时代特征："主要人物是一定的阶级和倾向的代表，因而也是他们时代的一定思想的代表，他们的动机不是从琐碎的个人欲望中，而正是从他们所处的历史潮流中得来的。"其次是注重性格描绘："一个人物的性格不仅表现在他做什么，而且表现在他怎样做。"为了突出性格特征，还必须"把各个人物用更加对立的方式彼此区别得更加鲜明些"（见人民出版社《马克思恩格斯全集》第 29 卷 583 页）。根据恩格斯的观点来分析，我们认为《红楼梦》作者确实把握了清朝前期历史潮流的时代脉搏，对各种人物作出了现实主义的反映。在小说中，柳湘莲是市民阶级的人物形象，作者是把他放在与宝玉、薛蟠和尤三姐等人的对比中来刻画其性格特征的，并通过他"做什么"和"怎样做"的形象描绘，逐步深化主题，因而取得了突出的艺术成就。

（一）

曹雪芹在《红楼梦》中怀着深切的同情，塑造了众多杰出的女性形象，但其中充分肯定的男性人物却寥寥无几，除贾宝玉以外，其次就要数柳湘莲。他俩有共通的思想感情，有类同的习性和爱好，但由于社会地位和生活道路不一样，所以又表现出不同的个人特性。

柳湘莲是封建社会中具有叛逆性格的人。据《脂砚斋重评石头记》甲戌本《好了歌解》"训有方，保不定日后作强梁"的脂批，强梁是指"柳湘莲一干人"。所谓"强梁"，我们认为就是指叛逆者，并非指"参加农民起义"。柳湘莲出身于破落的"世家"，早年也曾受过诗礼传家的教育，但因"读书不成，父母早丧"，终于沦落为城市平民，浪迹江湖。他“素性爽侠，不拘细事，酷好耍枪舞剑”，而且是个出色的业余演员，只因“一贫如洗”，才寄人篱下，过着“串戏”的生涯。这在封建社会里，就被贵族阶级当成了玩物，“误认作优伶一类”。然而，柳湘莲的内心是纯洁的、正直的，他不堪忍受被贵族阶级玩弄的局面，他痛恨自己周围的丑恶现象。在公子哥儿们只知淫乐享受的环境里，他不是那种谄媚承欢的角色，他要求冲破恶浊的生活圈子，而封建势力却沉重地压制着他。在这种氛围里，他所形成的性格，也就必然孤高怪僻、刚强难驯，具有激烈的反抗性。所以他对于贾府中一群荒淫无耻的少爷敢于横眉冷目，蔑视无情，甚至对薛蟠饱以老拳，这就是他“强梁”的具体表现。怪不得贾琏的认识是：“柳老二那样一个标致人，最是冷面冷心的，差不多的人，他都无情无义！”其实，柳湘莲的“冷”，正是反抗封建社会的一种表现，是经历沧桑后蔑视贵族阶级的一种人生态度。

柳湘莲对世人不是一概都“冷”的，他也有“热”的一面。曹雪芹在小说中曾明确点出“他最和宝玉合的来”，“二人相会，如鱼得水”。为什么柳湘莲对别人冷面冷心，唯独对宝玉热诚相待呢？这是因为宝玉是贵族家庭的叛逆者，他和宝玉都不守封建礼法，都力图挣脱封建主义的精神羁绊。这是他俩的共性，是“合的来”的思想基础。作者通过他俩共同怀念秦钟的一个细节，描绘了这种情况：

> 宝玉便拉了柳湘莲到厅侧书房坐下，问他：“这几日可到秦钟的坟上去了？”湘莲道：“怎么不去？前儿我们几个放鹰去，离他坟上还有二里，我想今年夏天雨水勤，恐怕他的坟站不住，我背着众人走到那里去瞧了一瞧，略又动

> 了一点子；回家来就便弄了几百钱，第三日一早出去，雇了两个人，收拾好了。”宝玉说：“怪道呢。上月我们大观园的池子里头结了莲蓬，我摘了十个，叫焙茗出去，到坟上供他去。回来我也问他：‘可被雨冲坏了没有？’他说：‘不但没冲，更比上回新了些。’我想着，必是这几个朋友新收拾了。我只恨我天天圈在家里，一点儿做不得主，行动就有人知道，不是这个拦，就是那个劝的，能说不能行。虽然有钱，又不由我使。”柳湘莲道：“这个事也用不着你操心，外头有我，你只心里有了就是了。眼前十月初一日，我已经打点下上坟的花消。你知道，我一贫如洗，家里是没的积聚的；纵有几个钱来，随手就光的。不如趁空儿留下这一分，省的到了跟前扎煞手。”[1]

这不仅具体地刻画了他俩同声相应，同气相投的习性，而且生动地表现了柳湘莲古道热肠的义侠气度！

不过，湘莲和宝玉的个性是不一样的，这是由他俩的阶级地位和生活境遇所决定的。宝玉生长在贵族之家的闲庭深院里，锦衣玉食，养尊处优，“天天圈在家里”与小姐妹为伍，很少接触外界的现实，致使他养成了天真浑朴的心意和对弱小者的泛爱观念。而柳湘莲是城市平民，他“萍踪浪迹”，在风尘中到处奔波，阅历深了，社会经验丰富了，对封建贵族的腐败情况也就洞察得一清二楚。他后来在尤三姐的婚事上对贾府存有戒心和疑心，就是这种特性发展的必然结果。

---

1 人民文学出版社据“程乙本”校订的排印本，以下除另作说明者外，均同此本。

（二）

柳湘莲“强梁”和叛逆的形象，是通过痛打薛蟠的行动集中反映出来的。

作为四大家族之一的薛家，“原系金陵一霸”。这薛蟠混名“呆霸王”，依仗着自家是“皇商”的身份，又跟贾府“连络有亲”，于是横行霸道，无法无天。为了抢夺英莲，他指使恶奴打死了冯渊，贾雨村徇私枉法，包庇了他这个主犯，使他更加得意忘形。然而，偏偏撞在嫉恶如仇的柳湘莲手里，被狠狠地揍了一顿，吃足苦头。这个霸王自出娘胎以来从未受过这般教训，此次终于碰着了对头，在强梁的柳湘莲面前，他不得不俯首帖耳，认错求饶。这跟《三国演义》中张飞怒鞭督邮，《水浒传》中鲁智深拳打镇关西的写法都不一样，但却有异曲同工之妙，读者无不拍手称快。

作者写柳湘莲痛打薛蟠的过程曲折多姿，有声有色，层次井然，章法分明。第一步先点出在赖家请客的宴会上，柳湘莲对薛蟠穷凶极恶的样子很反感，但为了避免多事，他准备退席“回避”。第二步写他欲避不能，薛蟠偏偏盯住他不放，而且乱叫：“谁放了小柳儿走了！”这“小柳儿”的称呼，明明是把他当成了伶童玩物，使他大为愤怒，“火星乱迸，恨不得一拳打死”，但他毕竟不是鲁莽汉，想了想，还是忍耐住了。第三步是在忍无可忍的情况下，才决定运用机谋把薛蟠引到郊外加以惩罚。这显示出了柳湘莲的“精细”。因为，如果当场动武，一方面“碍着赖尚荣的脸面”，不便发作；一方面在贾珍、贾琏、贾蓉等众人面前，也不可能打得痛快。这表明柳湘莲是极有心机的，作者写他动手的架势也是很有特色的：

> 一言未了，只听“镗”的一声，背后好似铁锤砸下

来，只觉得一阵黑，满眼金星乱迸，身不由己，就倒在地下了。湘莲走上来瞧瞧，知道他是个不惯挨打的，只使了三分气力，向他脸上拍了几下，登时便“开了果子铺”。薛蟠先还要扎挣起身，又被湘莲用脚尖点了一点，仍旧跌倒，口内说道：“原来是两家情愿！你不依，只管好说，为什么哄出我来打我？”一面说，一面乱骂。湘莲道：“我把你瞎了眼的，你认认柳大爷是谁！你不说哀求，你还伤我！我打死你也无益，只给你个利害罢！”说着，便取了马鞭过来，从背后至胫，打了三四十下。薛蟠的酒早已醒了大半，不觉得疼痛难禁，由不的“嗳哟”一声。湘莲冷笑道：“也只如此！我只当你是不怕打的。”一面说，一面又把薛蟠的左腿拉起来，向苇中泥泞处拉了几步，滚的满身泥水，又问道：“你可认得我了？”薛蟠不应，只伏着哼哼。湘莲又掷下鞭子，用拳头向他身上擂了几下，薛蟠便乱滚乱叫，说：“肋条折了！我知道你是正经人，因为我错听了旁人的话了！”湘莲道：“不用拉旁人，你只说现在的。”薛蟠道：“现在也没有什么说的！不过你是个正经人，我错了！”

这种具体细致的写法，正符合于“一个人物的性格不仅表现在他做什么，而且表现在他怎样做”的艺术原则。柳湘莲是“怎样做”的呢？他胸有成竹，有步骤有策略，“只使了三分气力”，“用脚尖点了一点”，这表明他并不想打死薛蟠，只是教训惩罚一下罢了。这个事件的全过程反映了柳湘莲的性格特征，表明他不仅是一个刚强的人，而且是一个细心的人。

作者是把柳湘莲放在薛蟠的对立地位上来突出他的形象的。薛蟠是贵族阶级的纨绔子弟，柳湘莲是市民。根据恩格斯的观点来分析，市民和封建贵族本来就是对立的（见《反杜林论》，人民出版社本第 15 页）。市民阶层的流品极为复杂，三教九流的人物都有，柳湘莲不是市民中的手工业劳动者，而是属于不事生产的城市中的游民。这种人物具有两面性，因为在政治上和经济上都不能独立，有时依附于贵族阶级而生活；但由于思想倾向不同，又往往产生矛盾冲突。他可以跟贵族子弟结交，但一旦决裂，也没有什么思想负担，因为他是到处“游逛”的自由民，可以远走高飞，逃之夭夭。所以柳湘莲敢于冒犯四大家族而无所畏惧。在《红楼梦》中除了柳湘莲以外，再也没有第二个人能演出这幕痛打呆霸王的活剧来，这正是作者把握了时代特征和阶级本质创造出来的典型形象。

可是，像柳湘莲这样的人物，在封建社会里是没有出路的，他最多只能做一点“路见不平拔刀相助”的侠义事情。他不是从事生产的劳动者，他跟薛蟠的矛盾不是被剥削者与剥削者之间的对抗。在他的身上，也沾染到封建社会的不良习气：“赌博吃酒，以致眠花卧柳。”所以他跟薛蟠重归于好，并非偶然的巧合。这种从对立走向妥协的局面，正表现了城市游民依附于地主贵族的必然性。在曹雪芹创作《红楼梦》的那个时代，要想单凭一己力量来对抗封建社会恶浊的潮流，实在势所不能，柳湘莲不得不仍旧投靠贾府，并答应贾琏的说亲，也是合乎人物形象的发展规律的。

（三）

柳湘莲出场是在第四十七回，作者在这一回中用极其凝练的笔墨刻画了他性格的两种表现。从他和宝玉的交往中，读者看到他的品貌才情都是出类拔萃的，他“最喜串戏”，有豪侠之气。对宝玉和秦钟等又极富友情；但从他严惩薛蟠的行动来看，他对贵族阶级的无耻之徒是不讲情面的，是“冷心冷面”的，他打了就走，不知去向。按长篇小说的章法结构来讲，这就为读者制造了悬念，为下文第六十五回和第六十六回作了铺垫，埋下了伏笔，既引出了“尤三姐思嫁柳二郎”的喜事，又导致了“情小妹耻情归地府”的悲剧。

尤三姐怎么会看上柳湘莲的呢？作者在第六十六回中通过尤二姐之口有一段补叙：“五年前，我们老娘家里做生日，妈和我们到那里与老娘拜寿，他家请了一起串客，里头有个作小生的，叫作柳湘莲，他看上了，如今要是他才嫁。”（据“庚辰本”）尤三姐真是别具慧眼，早在五年前就暗暗地爱上了多才多艺的柳湘莲。她心目中的好汉，并不如贾琏等所猜测的是宝玉或别的什么王孙公子，而出人意料地是“素系贫寒”的柳湘莲。这一点，正表现了作者认识生活的深度，写出了市民阶级新的恋爱观。尤三姐门第卑微，身世飘零，她和柳湘莲实际上都是市民阶层中的人物。“同是天涯沦落人，相逢何必曾相识。”所以她对柳湘莲能一见倾心。她斩钉截铁地宣布：“若有了姓柳的来，我便嫁他。从今儿起，我吃常斋念佛，伏侍母亲，等来了嫁了他去；若一百年不来，我自己修行去了。”这是何等地坚决！通过这一段描述，也正好从另一个角度衬托出柳湘莲是个与众不同的可爱的人物，是尤三姐眼中的英雄好汉！

尤三姐是曹雪芹笔下试图突破封建礼教的新女性的代表，她要求爱情自由和婚姻自主，什么金钱权势、功名富贵，她都视同粪土，她宁可爱上虽贫穷但有才情的柳湘莲，而决不稀罕贾府中的酒囊饭袋。她大胆主动地披露了自己的恋爱观：

必得我拣个素日可心如意的人才跟他！要凭你们拣

择，虽是有钱有势的，我心里进不去，白过了这一世！

这绝不是官僚贵族的千金小姐能说得出来的，而只有新兴的市民意识的体现者尤三姐才能有这样的口吻。可惜在封建主义的高墙阻挡下，她不可能跟柳湘莲见面谈心。她是柳湘莲的风尘知己，是难得的知音，但柳湘莲不了解。当贾琏路遇湘莲提亲时，只说“要发嫁小姨子”，偏偏没有讲“尤三姐自择之语”，这是封建礼法的森严壁垒造成的不可逾越的障碍。尤三姐自主择夫的这种新思想火花，未能得到柳湘莲的了解，终于在封建主义黑暗的长夜中熄灭了。这个悲剧是封建社会造成的，是时代的悲剧！

柳湘莲对尤三姐婚事的动摇和反复，是有深刻的社会原因的。他和薛蟠虽已妥协，对贾琏的说亲也已经答应，但他跟豪门贵族处于对立地位的阶级本质并没有改变，他对于权贵“冷面冷心”的性格特征并没有改变。更何况尤三姐所依附的宁府，正是柳湘莲视为大忌的地方。他虽然豪爽，但却是十分细心的人。他有一定的社会经验，对宁府中淫乱的生活环境早有敏锐的观察。在这方面，我们认为作者的写作技巧是合乎艺术辩证法的，既写湘莲是贾府的依附者，又写他对贾府存有戒心和疑心。请看作者是怎样刻画他的内心矛盾的：

湘莲因问贾琏偷娶二房之事。宝玉笑道：“我听见焙茗说，我却未见。我也不敢多管。我又听见焙茗说，琏二哥着实问你，不知有何话说？”湘莲就将路上所有之事，一概告诉了宝玉。宝玉笑道：“大喜，大喜！难得这个标致人！果然是个古今绝色，堪配你之为人。”湘莲道：“既是这样，他那少了人物？如何只想到我？况且我又素日不

> 甚和他相厚，也关切不至于此。路上忙忙的就那样再三要求定下，难道女家反赶着男家不成？我自己疑惑起来，后悔不该留下这剑作定。所以后来想起你来，可以细细问了底里才好。”宝玉道：“你原是个精细人，如何既许了定礼又疑惑起来？你原说只要一个绝色的。如今既得了个绝色的，便罢了，何必再疑？”湘莲道：“你既不知他来历，如何又知是绝色？”宝玉道：“他是珍大嫂子的继母带来的两位妹子，我在那里和他们混了一个月，怎么不知？真真一对尤物！——他又姓尤。”湘莲听了，跌脚道：“这事不好！断乎做不得！你们东府里，除了那两个石头狮子干净罢了！”（“脂戚本”作：“你们东府里除了两个石头狮子干净，只怕连猫儿狗儿都不干净，我不做这剩忘八！”）

这一段对话极其精彩，全都是性格化的语言。宝玉天真烂漫，不假思索地脱口而出；湘莲城府很深，带着问题一再质询。宝玉说漏了嘴，触着了湘莲最敏感的神经，真是言者无意，听者有心。作者写宝玉的粗疏，正衬托出湘莲的精细。宝玉是漫天说海，湘莲是句句落实。“你们东府里，除了那两个石头狮子干净罢了”，这是多么尖锐、无情的揭露啊！由此可见，柳湘莲的矛头是针对罪恶的贾府的，他的怀疑不是无理的。

柳湘莲退婚的行动是他对贾府不信任的具体表现，是他个性发展的必然结果。但当他亲眼见到尤三姐以后，他才认识到这正是自己梦寐以求的理想中的情人。可是为时已晚，尤三姐刚烈地拔剑自刎了！他后悔莫及，扶尸大哭，万分悲痛地说：“我并不知是这等刚烈贤妻，可敬，可敬！”（据“庚辰本”）为了答谢爱的知音，为了报答尤三姐的痴情，他唯有“掣出那股雄剑来，将万根烦恼丝一挥而尽”，“竟自截发出家”做道士去了。

柳湘莲和尤三姐的爱情悲剧，具有强烈的艺术感染力。读者至此，无不扼腕叹息而洒下同情之泪。面对如此壮烈的悲剧，读者不会去责怪宝玉的多嘴，也不会去指责湘莲的多疑。因为《红楼梦》作者已经形象地揭示了悲剧产生的社会根源，读者痛恨的是贾珍、贾蓉和贾琏等贵族恶棍对女性的蹂躏，是封建礼法对爱情的摧残！这是封建社会的罪恶，这是封建制度的罪恶！

在曹雪芹生活的那个时代，虽然资本主义因素已经萌芽，但封建主义的传统势力仍然笼盖着全国。小说中反映了各阶层青年对爱情的追求，对自由幸福的向往，但这些美好的愿望都被强大的封建势力扼杀了。市民阶层的柳湘莲和尤三姐是如此，贵族阶级的叛逆者贾宝玉和林黛玉也是这样。曹雪芹全面深刻地写出了“历史的必然要求和这个要求实际上不可能实现之间的悲剧性的冲突”（恩格斯《致斐迪南·拉萨尔》），充分显示了他卓越的现实主义的创作才能。

《红楼梦》中曾创造了许多栩栩如生的艺术形象，对于柳湘莲这个人物，曹雪芹只用了两个章回的简短篇幅，就勾勒得那么鲜明动人。在我国古典文学名著中，这种高超的创作手法，是值得我们研究和借鉴的。

原载上海古籍出版社1983年版《红楼梦研究集刊》第10辑

论《红楼梦》中的骈体文

《红楼梦》是中华民族传统文化的结晶和瑰宝。作者曹雪芹具有多方面的艺术才能，他不仅精于诗词曲赋和散体文，而且还擅长骈体文。这表现在《红楼梦》的创作中，确是集中国古典文学之大成，众体皆备，五彩缤纷。正如作者有意识地以诗词曲赋来塑造人物形象一样，书中也曾熟练地运用骈文来描摹物态，成为小说中不可分割的组合部分。但曹雪芹使用这种古典文体不是因循旧章，而是在继承传统文化的基础上作出更新，创造性地为小说的整体构思服务。

中国散文自古以来就有单笔与复笔之分。长短不拘的单笔写法源于群经诸子和《史记》，唐宋八大家继承并发扬了这种散体文的优良传统。偶句俪语的复笔写法源出《楚辞》和《汉书》，至魏晋时形成骈体文，由南北朝至隋唐，盛极一时。刘勰《文心雕龙》就是用骈体写成的一部文论专著，其《章句》篇云："若夫笔句无常，而字有条数：四字密而不促，六字格而非缓；或变之以三五，盖应机之权节也。"这指出了骈偶常用四字句和六字句的特点，但当时尚未固定，也有三字或五字以上的句法。唐代柳宗元《乞巧文》云："骈四俪六，锦心绣口。"李商隐有《樊南四六甲乙集》，因此，"四六"便成了骈文的代称。

中唐时，韩愈、柳宗元推崇单笔法，掀起了古文运动，在反对骈体建立散体的文风上取得了卓越的成就。但到晚唐时，骈四俪六的风气又兴盛起来了，代表作家是李商隐，被公认为“四六文”的宗师。直到北宋欧阳修领导并完成了古文运动，才最终确立了散体文作为中国散文的正统地位。但这并不意味着骈文就此衰歇，它受古文运动影响后发生变化，作家们开始采用具有古文气势的句法来作对仗排偶，由四、六短句发展为七字以上的长句，以白描代替了堆砌典故。这种新式的骈体，曾被称为“宋四六”，以区别于在此以前的骈文。自宋元至明清，散体文在文学创作上占主导地位，而骈体文则退居二线，成了官场和民间交往的应用文。凡公私文书，如诏令、表奏、书启等，例用四六。士子步入仕途，必须具备写作骈文的能力，这在科举考试中是规定试格的。作为应用文的骈体，计有制诰、露布、诏、表、檄、箴、记、序、赞、颂、书、启、简帖、判词、诔祭、碑铭、乐语、青词、祝疏、上梁文等名目，品类繁多。曹雪芹在《红楼梦》中运用的骈体则有赞、帖、判词和诔文，现分别论列如下。

《林黛玉赞》和《会芳园赞》的骈赞传统

《红楼梦》第三回写王熙凤和贾宝玉出场时，作者都采用了骈语，如写凤姐是：“一双丹凤三角眼，两弯柳叶吊梢眉。身量苗条，体格风骚。粉面含春威不露，丹唇未启笑先闻。”写宝玉是：“面若中秋之月，色如春晓之花。鬓若刀裁，眉如墨画，面如桃瓣，目若秋波。虽怒时而若笑，即瞋视而有情。”最典型的是描绘林黛玉的形象：

两弯似蹙非蹙罥烟眉，一双似喜非喜含情目。态生两靥之愁，娇袭一身之病。泪光点点，娇喘微微。闲静时如姣花照水，行动处似弱柳扶风。心较比干多一窍，病如西子胜三分。[1]

这种写法，继承了宋元话本中使用骈文的传统方式，但曹雪芹在句法上有所创新，他根据刻画黛玉特性的实际需要，吸取"宋四六"骈体散行的气势，用了八字句和九字句的长联，显得活灵活现、流畅清新。从文体来看，这是属于骈文中的"赞"体。明吴讷《文章辨体序说》云："按赞者，赞美之辞。"主要是对人物的褒美，创始于司马相如的《荆轲赞》[2]。班固《汉书》的传赞原用散体，范晔《后汉书》开始改用四言排偶的赞语。当时又从人物的赞美扩展范围对于图像、书画及各种风物，都可以评赞。如夏侯湛《东方朔画赞》、袁宏《三国名臣序赞》（《昭明文选》卷四十七），以及苏东坡《胶西盖公堂照壁画赞》（《苏轼文集》卷二十一），就是这类骈体的代表作。

早在唐代，传奇小说如《游仙窟》，俗讲变文如《王昭君变文》等，已经间用骈体。到了宋代，由于"宋四六"的句法具有音节铿锵、便于宣读的特点，于是民间的说话艺人也就加以广泛采用，从而使白话通俗小说中夹杂了一些文言的骈体赞语。宋元话本除了故事中需用诏表书启以外，常用骈体赞语来描摹人物形象或风物情态。如《京本通俗小说》第十二卷《西山一窟鬼》描绘李乐娘是：

---

1 引文据人民文学出版社 1982 年版《红楼梦》新校注本，以下同。

2 见《文心雕龙·颂赞》："至相如属笔，始赞荆轲。及迁史固书，托赞褒贬，约文以总录，颂体以论辞。"

> 水剪双眸，花生丹脸。云鬓轻挽蝉翼，蛾眉淡拂春山。朱唇缀一颗天桃，皓齿排两行碎玉。意态自然，迥出伦辈。有如织女下瑶台，浑似嫦娥离月殿。

又如《新编五代史平话·梁史平话》中描绘自然风光说：

> 黄巢四个弟兄过了这座高岭，望见那侯家庄，好座庄舍！但见：
>
> 石惹闲云，山连溪水。堤边垂柳，弄风袅袅拂溪桥；路畔闲花，映日丛丛遮野渡。

从话本小说的体制来讲，韵散兼包、有说有唱，状以骈俪，证以诗歌。其中散文是叙说的，韵文是歌唱的，骈文则以吟诵的方式演出。影响所及，明清的白话短篇小说和长篇章回小说，如《三言二拍》、《水浒传》、《西游记》、《金瓶梅》和《醒世姻缘传》等，都沿袭这种格局采用骈语，成了人民群众喜闻乐见的一种民族形式。尽管后世的小说已不是民间艺人的唱本，但仍然遗留着这种模式的痕迹。如《西游记》第十回有七篇骈文，《金瓶梅词话》第八、九、十回连篇累牍地使用骈赞。一百二十回本的《水浒全传》用得最多，几乎每回中都充塞了这种赞赋闲文，如第十三回中用了七篇，第十五回中用了六篇，反而成了正文的累赘。所以金圣叹腰斩的《水浒传》把这些游离于情节之外的骈赞闲文统统删掉了。曹雪芹创作《红楼梦》时，对这种传统模式采取了批判继承的态度，他吸取了其中的合理因素，但不轻易使用。在人物形象方面，他只对心爱的女主角林黛玉正式写出了骈赞，对贾宝玉和王熙凤的描绘也只带了几笔骈语，至于其他人物，一概不用。真正是惜墨如金，重点突出了黛玉形象的可贵。唯其如此，《林黛玉赞》的美学价值也就出类拔萃了，这便是曹雪芹匠心独用的妙笔。

至于以骈赞来形容自然环境，曹雪芹也不肯多用，而只在关键之处使用了一次，用得极为妥帖。那就是《红楼梦》第十一回“庆寿辰宁府排家宴”中的《会芳园赞》。这不是一般的骈赞闲文，而是与小说情节密切关合的。请看赞文及其前后的叙述：

> 于是凤姐儿带领跟来的婆子丫头并宁府的媳妇婆子们，从里头绕进园子的便门来。但只见：
>
> 黄花满地，白柳横坡。小桥通若耶之溪，曲径接天台之路。石中清流激湍，篱落飘香；树头红叶翩翻，疏林如画。西风乍紧，初罢莺啼；暖日当暄，又添蛩语。遥望东南，建几处依山之榭；纵观西北，结三间临水之轩。笙簧盈耳，别有幽情；罗绮穿林，倍添韵致。
>
> 凤姐儿正自看园中的景致，一步步行来赞赏。猛然从假山石后走过一个人来，向前对凤姐儿说道：“请嫂子安。”凤姐儿猛然见了，将身子望后一退，说道：“这是瑞大爷不是？”

王熙凤正在赞赏园中的秋色美景时，冷不防从假山石后蹿出了心怀鬼胎的贾瑞。作者运用这段骈赞，不仅烘托了典型环境的场景，而且还起到了反衬美、丑的作用。这绝非可有可无的赘笔，而是故事情节有机的组成部分。曹雪芹从通俗小说的民族形式中吸取滋养，但他不是简单的模仿，而是经过自己重新熔铸，推动了创造性的发展。

金陵十二钗图册判词的文化渊源

曹雪芹在《红楼梦》第五回中为了预示金陵十二钗悲剧命运的结局，曾用扑朔迷离的浪漫主义手法，写宝玉神游太虚幻境，看到了十二钗正册、副册、又副册的图像和判词。首先看见的是“又副册”中有关晴雯的一节，书中的叙述是：

> 宝玉便伸手先将“又副册”厨开了，拿出一本册来，揭开一看，只见这首页上画着一幅画，又非人物，也无山水，不过是水墨滃染的满纸乌云浊雾而已。后有几行字迹，写的是：
>
> 霁月难逢，彩云易散。心比天高，身为下贱。风流灵巧招人怨。寿夭多因毁谤生，多情公子空牵念。

这是用骈体写成的，湘云的判词也带有骈行语气，其他人物的判词（写妙玉的称为“断语”）则是用的诗句。之所以统称为“判词”，是因为正册中影射惜春、王熙凤、巧姐、李纨和秦可卿的图像题句都标明为“判”。如叙写王熙凤的册子说：

> 后面便是一片冰山，上面有一只雌凤。其判曰：凡鸟偏从末世来，都知爱慕此生才；一从二令三人木，哭向金陵事更哀。

推究曹雪芹的这种艺术手法，实是受了古代传统文化的影响，其源有二：一是骈文中判词的文体，二是来自《推背图》谶语的启发。

判词是唐宋以来官方文书中的一种体式。凡官吏代表政权机构判决讼案，那判牍例用骈文来书写。明代徐师曾《文体明辨序说》论述其源流云：

> 按字书云："判，断也。"古者折狱，以五声听讼，致之于刑而已。秦人以吏为师，专尚刑法。汉承其后，虽儒吏并进，然断狱必贵引经，尚有近于先王议制及《春秋》诛意之微旨。其后乃有判词。唐制，选士"判"居其一，则其用弥重矣。……今世理官断狱，例有参词，而设科取士，亦试以"判"，其体皆用"四六"，则其习由来久矣。

唐代骈体判牍的名作是张鷟的《龙筋凤髓判》和白居易的《甲乙判》(《白氏长庆集》卷六十六、卷六十七)。其写作要求是，判断公允准确，词意精妍，以简当为贵。明清小说中牵涉公案情节时也往往使用判词，如冯梦龙《醒世恒言》卷七《钱秀才错占凤凰俦》和卷八《乔太守乱点鸳鸯谱》等篇，蒲松龄《聊斋志异》卷十中的《席方平》和《胭脂》等篇，都写出了骈体判词。例如《乔太守乱点鸳鸯谱》中写乔太守援笔判道："弟代姊嫁，姑伴嫂眠。爱女爱子，情在理中。""人虽兑换，十六两原只一斤；亲是交门，五百年决非错配。以爱及爱，伊父母自作冰人；非亲是亲，我官府权为月老。已经明断，各赴良期。"——《红楼梦》中的判词，性质与这种传统公文不同。曹雪芹对十二钗不是判断公案，而是根据人物性格发展的必然逻辑，对大观园女儿们未来的命运预示趋向。作者用了极其精当简短的几句骈语或诗句，高度概括了她们的生平要点，揭示了最终的结局。这种演化变革以及用诗句来写判词的方式，是另有其来历的，是从《推背图》谶语借鉴得来的。

关于金陵十二钗图册和判词的格局源出《推背图》的说法，

早在乾隆年间曹雪芹进行创作时，他亲密的族人脂砚先生已经指出了。甲戌本《脂砚斋重评石头记》“宝玉看正册”一段的眉批说：

> 世之好事者争传《推背图》之说，想前人断不肯煽惑愚迷。即有此说，亦非常人供谈之物。此回悉借其法，为儿女子数运之机，无可以供茶酒之物，亦无干涉政事，真奇想奇笔。

这是乾隆十九年（1754）的脂批，明确地点出了曹雪芹是借《推背图》之法，为红楼儿女隐写运命天机。《推背图》是中国古代的一种神秘文化，是带有迷信色彩的政治性预言，不是“常人供谈之物”。曹雪芹也决不肯来煽惑读者，只是“借其法”为自己的艺术构思服务，而毫不干涉时政，确是化腐朽为神奇的妙笔！

考《推背图》的来历，相传是唐太宗贞观年间李淳风和袁天罡（一作纲）合作的。李、袁均精于天文历算，善于星相占卜，李淳风著有《乾坤秘奥》，袁天罡著有《九天玄女坠金法》。《推背图》全书共六十图，以干支和八卦的次序排列，每个图像都有类似判词的解说文字，由四句谶语和四句颂诗组成。这八句话是一个整体，可统称为“推背图谶”，内容是预言历朝兴亡变乱的军国大事。最末一图画着袁天罡以手推李淳风之背，颂曰“万万千千说不尽，不如推背去归休”，所以书名题为《推背图》，实是封建时代神秘主义和唯心主义的产物。《宋史·艺文志五·五行类》曾著录《推背图》一卷，不题撰人。南宋岳珂《桯史》卷一《艺祖禁谶书》记载：“唐李淳风作《推背图》，五季之乱，王侯崛起，人有幸心，故其学益炽，开口张弓之谶，吴越至以遍名其子，而不知兆昭武基命之烈也。宋兴受命之符，尤为著明，艺祖（宋太祖赵匡胤）即位，始诏禁谶书。”然而民间多有藏本，辗转翻印，流传不绝。《推背图》的谶颂是用三言、四言、五言或六言、七言的诗句写成的，合起来形同骈语。例如第三十六图，画面是母立于前，手持宫灯，子随后骑在马上，旁有一臣跪拜。其谶颂曰：

纤纤女子，赤手御敌；不分祸福，灯光蔽日。双拳旋转乾坤，海内无端不靖；母子不分先后，西望长安入觐。

又如第四十九图，画了八柄纷杂横陈的大刀，谶颂曰：

山谷少人口，欲剿失共巢；帝王称弟兄，纷纷是英豪。一个或人口内啼，分南分北分东西；六爻占尽文明见，棋布星罗日月齐。

再如第五十一图，画面是明君贤后并立于殿上，谶颂曰：

阴阳和，化以正；坤顺而感，后见尧舜。谁云女子尚刚强，坤德居然感四方；重见中天新气象，卜年一六寿而康。

这种既有图像又以诗句骈语进行解说的方式，便是曹雪芹写十二钗图册和判词所取法的张本。脂砚斋指明了这种谶语式艺术手法的根由，使我们进一步了解到，小说中有些暗示人物命运的谜语和诗词（如第二十二回“制灯谜贾政悲谶语”），也显然是受了这种影响而构思出来的。明清以来，有些学者如金圣叹等人曾对《推背图》中的谶语作出各种解释，但由于原词含糊，过于隐晦，除了穿凿附会的猜测外，并无确解。曹雪芹写的十二钗图册判词，较为通达易解，与《推背图》中的谶语的性质是不同的。雪芹对笔下人物的预言，是小说创作中的一种艺术构思和整体设计，是为情节发展设置的悬念和伏笔，蕴藏着深厚而丰富的审美信息。读者由此可以探知八十回以后的故事结局，这是《红楼梦》探佚学的研究课题。庚辰本第十八回写妙玉一段的畸笏眉批云："至末回《警幻情榜》，方知正、副、再副及三四副芳讳。"据此推考，则曹雪芹的原意是在最后一回公布正副五等六十个奇女的图册名单。雪芹既受推背六十图的启发而作，则畸笏有关情榜之说是可信的了。

《结诗社帖》与《芙蓉女儿诔》的继承创新

《红楼梦》作者还通过书中人物写骈文来发展故事情节，例如第三十七回叙探春用骈体写了个简帖，差翠墨送给宝玉，招请宝、黛等到秋爽斋聚会，结成了海棠诗社。

简帖是人们彼此通问的应用文，属于书信一类。《文心雕龙·书记》云："夫书记广大，衣被事体，笔札杂名，古今多品。"当时曾细分为书、札、启、笺、简、帖等品类。在形式上，简帖不像书启那样正规郑重，比较自由随便，而且人情味较浓。魏晋文人善作行帖小简，语言精练，风雅有趣。如诸葛亮《远涉帖》云："师徒远涉，道路甚艰；自及褒斜，幸皆无恙。使还，驰此，不复具。[1]"王献之《杂帖》云："镜湖澄澈，清流泻注；山川之美，使人应接不暇[2]。"

1　见严可均辑《全三国文》卷五十九。

2　见严可均辑《全晋文》卷二十七。

曹雪芹在《红楼梦》中为探春写的《招宝玉结诗社帖》，就是继承了行帖小简的文学传统。兹录全文如下：

> 娣探谨奉二兄文几：
>
> 前夕新霁，月色如洗，因惜清景难逢，讵忍就卧。时漏已三转，犹徘徊于桐槛之下，未防风露所欺，致获采薪之患。昨蒙亲劳抚嘱，复又数遣侍儿问切；兼以鲜荔并真卿墨迹见赐，何痌瘝惠爱之深哉！今因伏几凭床处默之时，因思及历来古人中处名攻利敌之场，犹置一些山滴水之区，远招近揖，投辖攀辕，务结二三同志盘桓于其中，或竖词坛，或开吟社，虽一时之偶兴，遂成千古之佳谈。娣虽不才，窃同叨栖处于泉石之间，而兼慕薛林之技。风庭月榭，惜未宴集诗人；帘杏溪桃，或可醉飞吟盏。孰谓莲社之雄才，独许须眉；直以东山之雅会，让余脂粉。若蒙棹雪而来，娣则扫花以待。此谨奉。

这是一篇颇为别致的骈文，四六对句中夹杂一些赋体散句，显得错落有致，工整而又潇洒，切合探春高雅超脱的个性。第三十七回另有贾芸的《送白海棠帖》，曹雪芹从人物的身份和文化水平的实际情况出发，便写成口语化的散体文。两个简帖在同一回中形成鲜明的对照，收到了极为生动的艺术效果。

《红楼梦》第七十八回贾宝玉因痛悼晴雯而写的《芙蓉女儿诔》，是曹雪芹通过小说人物以辞赋楚歌形式的骈文来深化反封建主题的杰作。庚辰本脂批指出这是“与阿颦作谶”，“虽诔晴雯而又实诔黛玉也”。全文借鉴《楚辞》以美人香草作比兴的艺术手法，猛烈地抨击了封建恶势力戕害青年儿女的罪恶，寄托遥深。文中有云："固鬼蜮之为灾，岂神灵而亦妒？钳诐奴之口，讨岂从宽？剖悍妇之心，忿犹未释！"这简直是对封建统治下黑暗现实的愤怒控诉，表现了贾宝玉对封建制度的挑战和顽强的斗争精神。

按《文心雕龙·诔碑》云："诔者，累也，累其德行，旌其不朽也。""诔之为制，盖选言录行，传体而颂文，荣始而哀终。论其人也，暧乎若可觌；道其哀也，悽焉如可伤。此其旨也。"可见诔文是历述死者生前的行谊并深寓哀伤之意的一种悼词，它与一般祭文的不同之处，在于有一套固定的模式。大致前有小序，列其荣衔，然后以四言韵语排比成为诔辞，缠绵而凄怆。如曹植《王仲宣（粲）诔》的序文说："建安二十二年正月二十四日戊申，魏故侍中、关内侯王君卒。呜呼，哀哉！皇穹神察，哲人是恃。如何灵祇，歼我吉士！……"诔辞云："猗欤侍中，远祖弥芳；公高建业，佐武伐商。爵同齐鲁，邦祀绝亡；流裔毕万，勋绩惟光……。"[1]全文先述其上世的德行，次述王粲本人的身世，再述其见用于魏国而发挥的作用，最后表白作者本人与王粲的交谊，并致以沉痛的悼念之情。《红楼梦》中宝玉诔晴雯是属于私诔，形式自由，不拘一格。作者曹雪芹没有按照诔文的传统模式来写，而是突破常规，大加发挥。文中有抒情有议论，或哀伤或怒骂，笔锋酣畅，淋漓尽致。

《芙蓉女儿诔》前序后歌，序文采用了"宋四六"长短不拘的骈体：

> 维太平不易之元，蓉桂竞芳之月，无可奈何之日，怡红院浊玉，谨以群花之蕊、冰鲛之縠、沁芳之泉、枫露之茗，四者虽微，聊以达诚申信，乃致祭于白帝宫中抚司秋

1 见《昭明文选》卷五十六。

艳芙蓉女儿之前曰：窃思女儿自临浊世，迄今凡十有六载。其先之乡籍姓氏，湮沦而莫能考者久矣。……忆女儿曩生之昔，其为质则金玉不足喻其贵，其为性则冰雪不足喻其洁，其为神则星日不足喻其精，其为貌则花月不足喻其色。姊娣悉慕媖娴，妪媪咸仰惠德。孰料鸠鸩恶其高，鹰鸷翻遭罦罬；薋葹妒其臭，茝兰竟被芟钽！花原自怯，岂奈狂飙；柳本多愁，何禁骤雨。……

而诔辞摒弃了四言的旧套，创造性地变为招魂式的骚体楚歌：

天何如是之苍苍兮，乘玉虬以游乎穹窿耶？地何如是之芒芒兮，驾瑶象以降乎泉壤耶？……

这是空前的创体，完全打破了诔文传统的规格。为什么曹雪芹能写出这种面貌一新、文采飞扬的诔文呢？小说中借宝玉之口曾说明了这篇诔文的创作意图，其中提出了“师楚”说的文艺理论：

诔文挽词也须另出己见，自放手眼，亦不可蹈袭前人的套头，填写几字搪塞耳目之文，亦必须洒泪泣血，一字一咽，一句一啼，宁使文不足悲有余，万不可尚文藻而反失悲戚。况且古人多有微词，非自我今作俑也。奈今人全惑于功名二字，尚古之风一洗皆尽，恐不合时宜，于功名有碍之故。我又不希罕那功名，不为世人观阅称赞，何必不远师楚人之《大言》《招魂》《离骚》《九辩》《枯树》《问难》《秋水》《大人先生传》等法，或杂参单句，或偶成短联，或用实典，或设譬寓，随意所之，信笔而去。喜则以文为戏，悲则以言志痛，辞达意尽为止，何必若世俗之拘拘于方寸之间哉！

所谓“师楚”，就是师法《楚辞》的浪漫主义创作方法，像屈原写《离骚》那样，托物言志，有讽于世，寄寓自己的爱憎；并以叛逆精神与邪恶势力进行抗争，给予被打击迫害的弱者以深切的同情。“师楚”是学习古代优秀的文化遗产，同时也是为了能创造出新的文学样式。《芙蓉女儿诔》便是这种文学观念的产物。作者融骈、骚、诗、赋于一体，驰骋丰富的想象，注入激荡的声情，艺术感染力极强，反封建的思想内容也十分鲜明突出。

余　论

综上所述，曹雪芹写作骈文的才能十分高明。他对中国传统各体文学都有深厚的素养，且他在继承传统的基础上又勇于创新。

我们知道，曹雪芹小时候是在父祖辈任职的江宁织造府里长大的，他生活在一个充满文艺气氛的家庭环境中，祖父曹寅收藏的图书非常丰富。从现存的《楝亭书目》（《辽海丛书》本）看来，他家藏有不少有关骈文的作品和史籍。如《宋人四六》一函十册，《王公四六话》二卷，《四六谈麈》一卷，《四六法海》十二卷，《骈语雕龙》四卷。其他如《楚辞》、《离骚集注》、《文心雕龙》、《文选》、《龙筋凤髓判》和《文苑英华》等书，也应有尽有。他受过骈文写作的基础训练是肯定无疑的，这是封建时代读书人的必经之路，本来不足为奇。但奇就奇在他具有高度的独创能力，他在《红楼梦》中融会贯通地熔铸骈体，为塑造人物形象、刻画人物性格、展开故事情节服务。在《红楼梦》以前的章回小说中，骈赞闲文往往游离于情节之外，与人物的关系常常脱节。而曹雪芹改变了这种不良倾向，使《红楼梦》中的骈文与人物情节密切关合，成为不可分割的组成部分，运用得十分得体。除了上述赞、判、帖、诔以外，曹雪芹在《红楼梦》的行文中也自然而然地插用了骈句。如第十七回“大观园试才题对额”叙写贾政等一批人察看各处景色时，曾多次运用了骈行语气，使文意显得极为生动。其中关于“蓼汀花溆”的一段描述是：

> 引人出来，转过山坡，穿花度柳，抚石依泉。过了荼蘼架，再入木香棚。越牡丹亭，度芍药圃，入蔷薇院，出芭蕉坞，盘旋曲折。忽闻水声潺湲，泻出石洞。上则萝薜倒垂，下则落花浮荡。

对怡红院的描述是：

> 其槅各式各样，或天圆地方，或葵花蕉叶，或连环半璧。真是花团锦簇，剔透玲珑。倏尔五色纱糊就，竟系小窗；倏尔彩绫轻覆，竟系幽户。

这都是从生活中提炼出来的骈句，行文自然，得洗旧翻新之妙，绝非概念化的套语可比。

在《红楼梦》前八十回中，曹雪芹没有使用骈体书信。但后四十回的续作者却接连写出了三封，即第八十七回中宝钗《与黛玉书》，第九十三回中甄应嘉《荐包勇与贾政书》，第九十九回中周琼

《与贾政议探春婚事书》[1]。细察其用词造句，未免俗滥。如《荐包勇书》中“遥仰襜帷，不胜依切”，《议探春婚事书》中“昨岁供职来都，窃喜常依座右”等句，都是官场应酬的套话，属于陈腔滥调。由此可见，后四十回是不是曹雪芹的手笔，从文风上是可以再作探讨的。

原载《红楼梦学刊》1990 年第 4 辑

1 以上各篇，原书中本无题目，这里的拟题据蔡义江《红楼梦诗词曲赋评注》（北京出版社 1979 年出版）。

| 卷十 |

［访谈录］聚焦文本·深度细读·实事求是
——谈《白先勇细说〈红楼梦〉》

吴新雷　刘俊

时　间：2017年6月25日

地　点：南京市鼓楼区龙园北路南京大学教职公寓

受访者：吴新雷，南京大学文学院教授，博士生导师，中国《红楼梦》学会顾问，中国昆剧古琴研究会顾问

访问者：刘俊，南京大学文学院教授，博士生导师，南京大学台港暨海外华文文学研究中心主任

刘俊（以下简称刘）：吴老师您好！谢谢您接受我的访谈。最近广西师范大学出版社出版了白先勇老师的《白先勇细说红楼梦》这本书。您是红学专家，您是怎么看这本书的？

吴新雷（以下简称吴）：好的好的！我从头来讲起。从什么地方讲起呢？我跟白先生啊，是两方面的朋友了，本来是昆曲朋友，现在又变成红学朋友。白先生他醉心于昆曲《牡丹亭》，痴迷于小说《红楼梦》，我们两个人，既赏曲，又谈红，就跑动起来了，就变成“老”朋友了。为什么说是“老”朋友呢，他今年八十大寿，我今年八十有五，两个都是八十以上的人了，所以说我们是赏曲谈红的“老”朋友。白先生一直是在美国加州大学圣塔·芭芭拉分校

讲《红楼梦》的，他讲了 29 年，又在台湾大学讲了一年多，正好我在南京大学中文系也是讲《红楼梦》的。从二十世纪八十年代开始，我开《红楼梦》研究的专题课，连年讲了 18 次。我们两人讲的方式不一样。白先生的最大的特点是什么呢？他是细读，或者叫细谈，他的这部书是他在台大讲课的讲义，整理出来就叫《白先勇细说红楼梦》。他开设的是《红楼梦》导读课，专谈《红楼梦》这个小说的文本，文本以外的，他不多说。

刘：您开《红楼梦》的课是怎么上的啊？与白老师的"细说"有什么不同？

吴：我开《红楼梦》的课是怎么讲法的啊？先要讲红学的历史；然后讲作者曹雪芹，考证曹雪芹的家世生平；接下来再谈版本；等版本谈完了呢，到最后再谈作品。我讲《红楼梦》分四章，第一章是红学史，第二章是曹雪芹的家世生平，第三章是版本，第四章才谈《红楼梦》的思想与艺术，等到谈《红楼梦》文本的时候，往往变成强弩之末了。但是白先生呢，他的这个特点就是，坐下来，读红楼，谈《红楼梦》小说本身。所以他为什么谈三个学期？他谈得特别细，他是一回一回讲的。他让学生把《红楼梦》拿出来，大家手里拿了这本书，一回一回地来读。他一个学期讲四十回，正好讲三个学期，三四一十二，一百二十回。他带来了一个什么呢（刘：踏实读书的好学风），哎——他就是让学生坐下来，踏踏实实读作品，要读作品。好比我们讲文学史的嘛，你假如半天不读作品，那都是等于空谈的啊。他就是读作品，谈小说本身，小说以外的事情不要去多管，先要把这个《红楼梦》读通。所以他这个书最大的成就，就是"循正去弊"。

刘：什么叫"循正去弊"啊？

吴：那就是去除红学中的流弊。红学当中有两个大毛病。第一个是大搞牵强附会的“索隐猜谜”，制造了一大堆奇谈怪论。特别是流行“《红楼梦》揭秘”，什么揭秘啊，谈了好多莫名其妙的事，如说秦可卿是康熙的孙女儿，因为康熙皇帝有个太子叫胤礽，后来废掉了，他就说秦可卿是废太子的女儿，被元春揭发而导致身亡，这个也不知道他怎么想得出来的。你可能也听说过一位红学家的奇谈，谈什么呢，谈《红楼梦》小说中的人物史湘云，他说史湘云就是那个评批八十回抄本的脂砚斋；更可笑的是，他说史湘云嫁给了曹雪芹！（哈哈哈）第二个大毛病是什么呢？就是大放稀奇古怪的“红外线”。什么叫“红外线”呢？就是脱离曹雪芹《红楼梦》的边缘化的东西。曹雪芹创作《红楼梦》小说本身他不谈，去谈曹雪芹《红楼梦》之外的别的事，当然也搭点关系，你说它一点儿关系没有也不是，但都是一些边缘化的东西。最吊诡的是否定曹雪芹的著作权，在曹雪芹之外为《红楼梦》找到了60多位作者，有说《红楼梦》是杭州人洪昇写的，有说是太仓人吴梅村写的，有说是如皋人冒辟疆写的……媒体乐意报道奇葩新闻，有些地方还与旅游开发结合起来，大造声势。有些人怕读《红楼梦》，闹腾了半天，咦，根本就没有去读小说文本，谈论的都是“红外线”那些猎奇的东西。有的人是蜻蜓点水，有的人是随便翻翻，“死活都读不下去”。而白先生的《细说红楼梦》，开宗明义，请大家踏踏实实地来读《红楼梦》的文本，一回一回地读，养成良好的纯正的读书风气。他不搞穿凿附会的“索隐”，也不受“红外线”的干扰，实事求是地指导读者坐下来通读、细读，他则纯正地进行导读、导赏！他这部书最大的贡献，就是循正去弊，回归文本。

刘：具体到《白先勇细说红楼梦》，怎么看，怎么读，涉及哪些层面呢？

吴：白先生这部书了不起的地方，就是倡导聚焦文本，深度细读。因为他本身是作家，他知晓创作的甘苦，而且也知道写小说的好多门道。他有创作经验，所以他能用作家的眼光看《红楼梦》，这就看得深啦！因为白先生是当代著名的美籍华人作家，他不是用清朝人的眼光去看，他是用当代新的文学观点、新的美学理论来观照。曹雪芹曾说："满纸荒唐言，一把辛酸泪。都云作者痴，谁解其中味？"我为什么要吟这首诗呢？哎——白先生能解了曹公的味，这就是白先生的贡献。他解读得细而且精，他是一回一回地"解"，每一回每一回，层层推进。他不搞影射那一套，没有"索隐派"牵强附会的那种解释。他依据文本实事求是地来解读，不脱离文本，像剥茧抽丝一样，丝丝入扣。他是作家嘛，他从文艺创作的角度着眼来解读这部小说，讲曹雪芹的创作方法、叙事手法，作者的悲剧意识，作品的立意，还有人物的性格刻画、形象塑造、对话技巧、艺术风格等，他讲得很具体，很有创见！

谈到《红楼梦》的立意，白先生从哲学思想方面着力进行了深入的探讨。他指出《红楼梦》里面有儒家思想，有佛家思想，还有道家思想。白先生从儒释道交融归一的高度来观照《红楼梦》，指出小说从太虚幻境写到宝玉出家，曹雪芹运用了神话寓言的架构和手法，这里面就渗透着佛道意识。曹雪芹本人当然是儒释道三教合一论者，从儒家意识出发，他是写实的，写到贾宝玉跟贾政父子间的矛盾，则反映了儒家的入世跟佛道的出世观念的矛盾和冲突。这都是白先生讲得鞭辟入里的地方。

刘：能不能举个具体的例子来说明白先生讲得好？

吴：白先生讲得深入浅出，如讲到第二十三回"西厢记妙词通戏语，牡丹亭艳曲警芳心"的时候，白先生指出，把《西厢记》、《牡丹亭》和《红楼梦》串起来，可以说是中国浪漫文学长河中的三个高峰，一个比一个高，挑战了宋明理学，对中国宗法礼教进行了颠覆性的冲击！白先生说："对于情的解释，集大成之书是《红楼梦》。"在这部小说中，写到黛玉听到梨香院昆曲女伶在唱《牡丹亭·惊梦》，"细嚼'如花美眷，似水流年'八个字的滋味"，小说的原文是："忽又想起前日见古人诗中，有'水流花谢两无情'之句；在词中又有'流水落花春去也，天上人间'之句；又兼方才所见《西厢记》中'花落水流红，闲愁万种'之句，都一时想起来，凑聚在一处。仔细忖度，不觉心痛神驰，眼中落泪。"因为曹雪芹用的这个"流水落花春去也"是从李后主的《浪淘沙》词中引来的，白先生在讲课的时候，他又引用了李后主的另一首词《相见欢》中"林花谢了春红""自是人生长恨水长东"的词意，说明黛玉对自己的人生有了感悟，这是作者为第二十七回写黛玉葬花埋下的伏笔——这都是白先生讲的，我这里举这个例子，是说明他讲得细。因为《红楼梦》原文里曹雪芹引了李后主的词，所以白先生也用李后主的词来阐释林黛玉的感悟。第二十三回，写"流水落花春去也"，白先生特别指出，是曹雪芹为第二十七回写黛玉葬花埋下了伏笔，因为《葬花吟》中有"一朝春尽红颜老，花落人亡两不知"的句子，写花就是写黛玉自己，就是林黛玉对自己的感叹，由一己之悲扩大到世人之痛——白先生这样的解读，真是触类旁通、前后照应的啊。

刘：细读《红楼梦》，用什么本子来读也很重要。《红楼梦》的版本问题，实际上直接关系到对《红楼梦》的理解。《白先勇细读红楼梦》对这个问题是怎么看的？

吴：《红楼梦》的版本问题比较复杂，因为曹雪芹写到八十回，下面就没有了，这里面就存在许多需要探讨的问题，八十回以后究竟曹雪芹有没有写？这里面就牵涉版本问题。《红楼梦》的版本有脂评本抄本和程高本印本两大系统，先说脂砚斋评本这个抄本系统，因为那个时候印刷条件差，要出版书不容易的，所以大多是以抄本的形式流传的。那类抄本现在发现的有12种。另外就是乾隆五十六年由程伟元和高鹗两个人策划，把后面四十回找出来，经过整理后以“萃文书屋”名义用木活字排出来，当然它也是木板印的，但不是雕的，而是用木活字排出来的。那个程高本就是一百二十回。脂砚斋评本只有八十回，还不完整，缺失了一些，而程、高本自八十回以后续补到一百二十回，很完整，这个是程伟元和高鹗搞的。第一次印的胡適称之为程甲本，到了第二年乾隆五十七年，经修订后印行第二次，胡適称之为程乙本。这次广西师范大学出版社出版了以程乙本为底本的校注本，卷首印有白先生写的《前言》，说明了这次印行程乙本的缘由。

刘：白先勇老师为什么要推举程乙本呢？

吴：大家都知道，现在学界最流行的《红楼梦》读本，是中国艺术研究院红楼梦研究所冯其庸先生他们以庚辰本为底本校注出来的，1982年由人民文学出版社初版，至2013年已重印了四十一次。2014年白先生在台湾大学开设《红楼梦》导读课，就指定用了冯先生他们这个本子。因为此本也出了台湾版，是由台北里仁书局翻印的，就是庚辰本系统的书。白先生在讲课的过程中，顺便把庚辰本和程乙本进行了比较，经仔细核对，看出庚辰本里面有错失的地方，在程乙本里却写得比较通顺，因此对程乙本大为称赞，觉得程乙本有重印的价值。他从前在美国讲课时，用的是台湾桂冠图书公司以程乙本为底本校注的《红楼梦》，现已绝版，于是便推荐重印。先由台湾时报文化出版公司印行，并印了《白先勇细说红楼梦》，如今广西师范大学出版社同时出了这两部书的简体字横排本。

刘：那应该怎样看待既尊重庚辰本又推举程乙本呢？

吴：不同版本的流传，本来是并行不悖的，百花齐放嘛，进行比较是正常的。这里面一定要说清楚，避免造成误会。造成一种什么样的误会呢？啊，我们现在都看庚辰本，你怎么弄了个程乙本来啦？不知道底细的人，会引起误解，好像中间会产生抵触。其实不是的，我在这里要做点阐发工作，阐发工作的要点是说明白先生尊重庚辰本的历史地位，同时又称赞程乙本的普及价值，这两个事情是不矛盾的！不能因为这次白先生推出了程乙本，就以为抵触了庚辰本。根本不是的！白先生在台湾大学讲了三个学期的《红楼梦》导读课，他用的就是以庚辰本为底本的冯本，怎么说了程乙本的好话就会产生抵触呢？还有一点要讲清楚的，这个程乙本啊，实际上在 1982 年以前是学界最流行的读本。我就是读程乙本的，因为红楼梦研究所冯先生他们校注的本子是 1982 年才出版的！你想啊，我今年已 85 岁了，我从小学、中学到大学的时候，红楼梦研究所的校注本还没有呢，那时候读什么本子啊？读的就是亚东版程乙本，还有人民文学出版社从二十世纪五十年代到七十年代广为发行的以程乙本为底本的校注本，这是实情！

刘：《红楼梦》以程乙本为底本与以庚辰本为底本的渊源是怎样的？

吴：印行程乙本的来头是这样的，“五四”运动以后，上海亚东图书馆的汪原放要出新式标点的《红楼梦》，他于 1921 年第一次用铅字排印的是程甲本，因为他跟胡適是同乡好友，胡適便告诉他，这个程甲本没有程乙本好，建议他还是印程乙本，正好胡適藏有一套原版程乙本，所以 1927 年汪原放第二次印的时候，就印程乙本了。以后不断地重印，学界就普遍流行程乙本了。为什么说我一直读的是程乙本呢？以 1949 年为界，以前流传的都是汪原放印的程乙本。我是小学五年级的时候接触到《红楼梦》的，当然那时候还看不太懂，现在回忆，那时读到的就是汪原放印的亚东版程乙本。

1949年后，人民文学出版社1957年就开始排印《红楼梦》了，它用的呢，实际上就是亚东版的本子。从二十世纪五十年代一直到七十年代，那么长的时段，大家读的《红楼梦》，都是人民文学出版社以程乙本为底本的排印本。因此呢，不是这次白先生来了以后推举程乙本才变出了程乙本，不是的，程乙本早就推广了。这里面不要引起误会，不要引起隔阂。所以我要把这个实际情况讲清楚。

至于以庚辰本为底本校注《红楼梦》，是冯其庸先生提出来的，他还特地写了《论庚辰本》，论证庚辰本是比较接近于曹公原书的本子。校注工程由中国艺术研究院红楼梦研究所冯先生他们集体完成，于1982年仍由人民文学出版社排印出版，2009年曾修订过一次，以后多次重印，在学界广为传诵。冯先生签赠我一部，我由此也成了庚辰本的读者。

如今广西师范大学出版社新出了以程乙本为底本的《红楼梦》校注本，使沉潜已久的程乙本再上台面，受到了读者的重视，这是出版界百花齐放的喜讯，也是红学界百花齐放的盛事。程乙本与庚辰本双峰并峙，并行不悖，我很高兴地看到彼此双赢的大好局面！

刘：《白先勇细说红楼梦》是如何看待庚辰本和程乙本的？

吴：白先生既尊重庚辰本的地位，又推许程乙本的价值；力挺程乙本，但并非不要读庚辰本了。在两者之间，他不是一边倒。他指出庚辰本有误笔，是学术研讨，没有排他性。版本之异同是个学术问题，《红楼梦》的版本有脂评本和程高本两大系统，情况复杂，各本之间互有优缺点，见仁见智，可以各抒己见，争鸣讨论，相互切磋。

我要强调的是什么呢？白先生2014年在台湾大学开设导读课用的读本，就是以庚辰本为底本的冯先生他们校订的《红楼梦》（台湾版），他因教学需要把庚辰本和程乙本作了比较，看出庚辰本存在不少瑕疵，有多处错漏，但他仍尊奉庚辰本，最明显的是他出版《白先勇细说红楼梦》这本新书时，一百二十个章回的回目仍标举庚辰本的回目，这证见他是看重庚辰本的。

刘：能不能讲讲两个本子对比的具体事例？

吴：庚辰本时代早出，接近曹雪芹原著，有许多优点，但经白先生仔细比勘对照，看出庚辰本也有不足之处，其中有不少混杂缠夹、颠倒错漏的地方，主要表现在尤三姐、芳官、晴雯、秦钟等人物的描绘有失误。再如第三十回“龄官画蔷痴及局外”，庚辰本写龄官画了几千个“蔷”字，这未免夸张过了头，怎么可能画到几千个呢？程乙本作“画了有几十个”，这就比较合乎情理。又如第七十四回“惑奸谗抄检大观园”中，从司棋的箱子里抄出了潘又安给司棋的“字帖儿”。庚辰本把绣香囊的来头写颠倒了。绣香囊本来是潘又安赠给司棋的定情物，字帖上反而写成是司棋赠给潘又安的，而且变成了两个。绣香囊事件是整本小说的重大关键，引发了查抄大观园的特大风波，是不能写错的，但庚辰本却出了差错。程乙本没有出错。其他还有一些事例，显示出程乙本写得较为通达顺畅。

我这里另外谈一件事。那就是程乙本第七十六回“凹晶馆联诗悲寂寞”中，写林黛玉联句“冷月葬诗魂”。庚辰本原作“冷月葬死魂”，很明显，“死魂”是传抄本的错笔，红楼梦研究所冯先生他们那个校注本根据脂评本系统中的蒙府本、戚序本、梦稿本，校改“死”字为“花”字，定为“冷月葬花魂”。《白先勇细说红楼梦》认为“冷月葬诗魂”比“冷月葬花魂”更好。他说“黛玉本身就是个诗魂，她的灵魂里面就是诗”（《白先勇细说红楼梦》，广西师范大学出版社，2017 年 2 月版，第 660 页）。说到这里，我可以讲一则红坛掌故。我们知道，红楼梦研究所校注本是在冯其庸先生主持下，集多人功力的集体成果。冯先生个人认为应按程高本校改为“诗魂”，但校订小组成员讨论时，以“葬花”为由，多数人坚持校改为“花魂”。虽然冯先生是负责人，他是掌权的，但为了尊重校订组里朋友们的集体意见，少数服从多数，他便收回个人的意见，这也说明冯先生是谦谦君子，风格高，没有以权势压人。但这就成了冯先生的一桩心事。他生前在《风雨平生——冯其庸口述自传》中，就念念不忘地留言说“有的朋友坚持要‘花魂’”，然而，林黛玉“不仅是美，她更重要的是有诗的气质。用‘花魂’来形容林黛玉，不完全契合林黛玉的气质、个性”。冯先生认为应作“诗魂”，“从曹雪芹创作意图来说，只能是‘诗魂’才确切”，“‘冷月葬诗魂’才对”（《风雨平生——冯其庸口述自传》，商务印书馆，2017 年 1 月版，第 387 页）。这个例子极其生动，庚辰本里是“死魂”，本来冯先生要校改为“诗魂”的，但多数人要改为“花魂”，他就尊重了集体的意见——这也显示出冯先生谦抑退让的厚道风范。不过，冯先生内心是坚守“诗魂说”不赞成“花魂说”的！在 2008 年后的重印本中，“花魂”终于改为了“诗魂”。程甲本、程乙本和列藏本均为“诗魂”，冯先生自己在 1991 年交由文化艺术出版社出版的《八家评批红楼梦》中就用了“诗魂”。我也认为“诗魂”好，因为上句是“寒塘渡鹤影”，曹公真了不起，写出了极其神异的对句：“寒塘渡鹤影，冷月葬诗魂！”我讲这个掌故，就表明白先生和冯先生有些看法是不谋而合、所见略同的。其实，白先生早就认识冯先生了，那是 1980 年 6 月在美国威斯康星大学举办的首届国际《红楼梦》研讨会上，他俩都是应邀与会者，都在会上宣读了提交的论文，彼此交流，是有交谊的。

刘：对于《红楼梦》的后四十回，历来争议甚多。《白先勇细说红楼梦》是肯定后四十回的。您是怎么看的？

吴：白先生认为应该相信程伟元和高鹗在《红楼梦》序/叙和引言中的说明。程甲本程序中明明写着“竭力搜罗”，自藏书家甚至故纸堆中“积有廿余卷”，又“于鼓担上得十余卷”，“见其前后起伏，尚属接榫”，“乃同友人细加厘剔，截长补短，抄成全部”。白先生认为，这搜罗得来的旧稿，可能就是曹雪芹的遗作。这个意见我还是赞成的。但“五四”运动以来，新红学派中大多数人不认同程伟元和高鹗的话，认为这后四十回是程、高自行增补的，或认定是高鹗一个人续补的。有人否定后四十回的文笔，说高鹗违背了曹雪芹的创作意图，写得很不好。有人把高鹗骂得狗血喷头，斥之为“败类”“伪续”！1958 年，林语堂写了《平心论高鹗》，认为应该公平地评价高鹗的功过问题。如今，白先生大力肯定后四十回，主要是针对张爱玲的。张爱玲在《红楼梦魇》一书中也不满意这个后四十回，对后四十回持否定态度。白先生与之相反，认为后四十回写得不错。白先生特别举两个写得好的例子，一个是黛玉之死，还有一个是宝玉出家。白先生在书里讲，说这是两根支柱，如果没有这两根支柱，后四十回就垮掉了。这个我也赞成。白先生在广西师范大学出版社新出的程乙本校注版“前言”中说：“张爱玲极不喜欢后四十回，她曾说一生中最感遗憾的事就是曹雪芹写《红楼梦》只写到八十回没有写完。而我感到这一生中最幸运的事情之一，就是能够读到程伟元和高鹗整理出来的一百二十回全本《红楼梦》，这部震古烁今的文学经典巨作。”

这个一百二十回本《红楼梦》还牵涉到署名问题。以前出版的各本均署为“曹雪芹、高鹗著”，也有署为“曹雪芹著，高鹗续”或“曹雪芹著，程伟元高鹗续”。新时期以来，红学界又有新论，说高鹗写不出来，否定后四十回是高鹗续的，但又考证不出是谁写的，只得说是无名氏写的。我在市场上看到有个印本署名“曹雪芹著，无名氏续”。现在白先生推荐的印本署为“曹雪芹著，程伟元、高鹗整理”，这还比较合适。在这个问题上，我是赞同白先生观点的，我也认为应该相信程伟元和高鹗在序/叙和引言中说的是真话！

白先生讲《红楼梦》，没有哗众取宠之心，唯有回归文本之意！聚焦文本，深度细读，实事求是！这便是他取得杰出成就的地方！

原载《北京日报》2017年9月28日《文化周刊·热风》版
广西师范大学出版社2019年版白先勇主编《正本清源说红楼》转载

《红楼梦》作者署名问题之探讨

摘要：2018 年 2 月 26 日，《新民晚报》发表徐翌晟《新版〈红楼梦〉为何不再是“曹雪芹著高鹗续”》一文，叙说人民文学出版社以庚辰本为底本的 1982 年版原署名为“曹雪芹、高鹗著”，而新版却署名为：“前八十回曹雪芹著，后四十回无名氏续，程伟元、高鹗整理。”徐文指出，这在读者中“引发了众多关注和热议”。环顾当前市场上各出版社印本《红楼梦》的署名，多种多样，存在着诸说并存的局面。如广西师范大学出版社 2017 年推出的乔光辉主编的以程乙本为底本的校注本，署名仍为“曹雪芹、高鹗著”，而同一出版社于同年 6 月推出的白先勇撰写“前言”的以程乙本为底本的校注本，署名却标为“曹雪芹著，程伟元、高鹗整理”。其中的原委是怎样的呢？本文对此进行了探讨，从程甲本程序和程乙本“例言”考量，后四十回是程伟元搜集得来的，可能含有曹雪芹的遗稿在内，并非高鹗所续。所以有关“曹雪芹著，程伟元、高鹗整理”的署名比较合适，成为诸说之一。

关键词：庚辰本；程甲本；程乙本；曹雪芹；程伟元；高鹗

1921 年胡適发表《红楼梦考证》一文，考定曹雪芹是《红楼梦》的作者，后四十回是高鹗续作。自此以后，学界均以此说为准。1957 年人民文学出版社以程乙本为底本的排印本，以及 1982 年中国艺术研究院红楼梦研究所以庚辰本为底本（后四十回以程甲本为底本）的新校注本（仍由人民文学出版社出版），均署名为“曹雪芹、高鹗著”。其他各出版社排印《红楼梦》时，也大多如此署名。但二十一世纪以来，学界对后四十回是否为高鹗所续纷纷质疑，他们认为高鹗只是辑补，续书者另有其人。因尚未考知续书者究竟是谁，便暂时称续作者为“无名氏”。2008 年《红楼梦》新校注本发行第三版时，即改署为“曹雪芹著，无名氏续”。2018 年 2 月 26 日，《新民晚报》发表记者徐翌晟的采访稿《新版〈红楼梦〉为何不再是“曹雪芹著高鹗续”》，报道人民文学出版社在 2018 年初推出“四大名著珍藏版”《红楼梦》的署名是：“（前八十回）曹雪芹著，（后四十回）无名氏续，程伟元、高鹗整理”[1]。徐文特别指出，这在读者中“引发了众多关注和热议”，并报道：上海古籍出版社社长高克勤认为，这是针对《红楼梦》的一种说法，作为学术问题，可以讨论，百家争鸣，上古出版社的《红楼梦》排印本的署名不准备跟着更改。我注意到广西师范大学出版社排印本的署名，就采取了诸说并存的格局。该社在 2017 年 1 月推出乔光辉主编的“四大名著阅读指导版”以程乙本为底本的《红楼梦》，署名仍为“曹雪芹、高鹗著”，而于同年 6 月推出白先勇撰写“前言”的以程乙本为底本的《红楼梦》，署名却标为“曹雪芹著，程伟元、高鹗整理”。其中的原委是怎样的呢？

1　这一署名款式早在 2008 年人民文学出版社印行《红楼梦》新校注本第三版时已经用了。

问题是源于《红楼梦》的版本情况比较复杂，一般说来，它有两大版本系统，一是八十回抄本系统（脂砚斋评本），至今已发现十多种；二是程伟元和高鹗以萃文书屋名义出版的一百二十回印本系统（程高本），初版于清高宗乾隆五十六年辛亥岁（1791），胡适称之为程甲本，又于乾隆五十七年壬子岁（1792）经修订后重印，胡适称之为程乙本。前八十回出于曹雪芹原著，后四十回据胡适引证高鹗妻兄张问陶《赠高兰墅鹗同年》诗注“传奇《红楼梦》八十回以后俱兰墅所补”，认定为高鹗（字兰墅）续补。不过，有些学者不认同胡适的说法，他们跳出胡适的思路，考出“张问陶的妹夫不是高鹗”[1]，又认为“补”是指修补整理，而不是接写续加。如俞晓红发表了《〈红楼梦〉后四十回非高鹗续写》（《明清小说研究》2013 年第 2 期），否定了高鹗的著作权。

再者，对于程高本的原序和“引言”，也有不同的理解。程伟元在程甲本的序文中是这样说的：

> 然原目一百廿卷，今所传只八十卷，殊非全本。……爰为竭力搜罗，自藏书家甚至故纸堆中无不留心，数年以来，仅积有廿余卷。一日偶于鼓担上得十余卷，遂重价购之，欣然翻阅，见其前后起伏，尚属接榫，然漶漫不可收拾。乃同友人细加厘剔，截长补短，抄成全部，复为镌板，以公同好。《红楼梦》全书始至是告成矣。

程伟元和高鹗共同署名的“程乙本‘引言’”又说：

1 胡传淮：《张问陶的妹夫不是高鹗》（2000 年 10 月 11 日《中华读书报》）。

是书前八十回，藏书家抄录传阅几三十年矣。今得后四十回合成完璧。……书中前八十回抄本，各家互异；今广集核勘，准情酌理，补遗订讹。……书中后四十回，系就历年所得，集腋成裘，更无他本可考。惟按其前后关照者，略为修辑，使其有应接而无矛盾。至其原文，未敢臆改。

胡適不相信程、高之言，认为程、高合谋，由高鹗续补了后四十回。自二十世纪三十年代以来，一直有学者认为程、高之言不虚，他俩收罗得来的后四十回可能就是曹雪芹的遗稿[1]。如今白先勇在以程乙本为底本的校注版“前言”中作了新的阐释，文中有云：

近年来红学界已经有越来越多的学者相信高鹗不是后四十回的续书者，后四十回本来就是曹雪芹的原稿，只是经过高鹗与程伟元整理过罢了。其实在“程甲本”程伟元序及“程乙本”程伟元与高鹗引言中早已说得清楚明白，后四十回的稿子是程伟元搜集得来，与高鹗“细加厘剔，截长补短”修辑而成，引言又说“至其原文，未敢臆改”。在其他铁证还没有出现以前，我们就姑且相信程伟元、高鹗说的是真话吧。

白先勇不赞同贬低后四十回的言论，而充分肯定后四十回的文

1 如1935年5月版《青年界》七卷五号载有宋孔显《〈红楼梦〉一百二十回均曹雪芹作》（《红楼梦研究稀见资料汇编》，人民文学出版社2001年版，第568页）。后来林语堂、周绍良、舒芜、周策纵等均有类似的言论，二十一世纪以来，陈文新、王炜、张俊、沈治钧等也有同样的见解。

学成就，他说：“后四十回的文字风采、艺术价值绝对不输前八十回，有几处可能还有过之。”白先勇的识见和认知是，不仅前八十回出于曹雪芹的手笔，后四十回也是依据觅得的曹雪芹的残稿加以辑补整理而成的。所以他写“前言”的广西师范大学出版社 2017 年版《红楼梦》，直截了当地把作者署为“曹雪芹著，程伟元、高鹗整理”。

值得提出的是，在程高本印行之前，已有多种一百二十回的《红楼梦》抄本流传于世。如 1959 年发现的乾隆抄本一百二十回《红楼梦稿》，收藏者是清代道光年间的藏书家杨继振，现藏中国社会科学院文学研究所（1963 年由中华书局影印），后四十回保存了曹雪芹旧稿的一些痕迹。此本扉页上有“兰墅太史手定红楼梦稿百廿卷”的题签，第七十八回末有朱笔“兰墅阅过”字样，足见高鹗是看过这一抄本的。又，夏薇在《〈红楼梦〉一百二十回抄本初探》中，探考了程高本之前脂评本以外的多种抄本，列举了春草堂藏本、补拙斋抄本、眉盒藏本和戳本等加以比较，得出的结论是程高本之前确已有了《红楼梦》百廿抄本在社会上流传，“这等于是印证了程高序言的真实性”，确认程序“不是谎言”[1]。由此可见，程伟元搜得的后四十回，有可能含有曹雪芹遗留的残稿在内。我曾注意到，2011 年吉林大学出版社出版的《红楼梦》，就径自署名为“清曹雪芹著”了。但该书既不交代所据是何底本，又不解释署名的理由，令人朦胧恍惚摸不着头脑。现今白先勇在学理上作了论述，首署曹雪芹，副署程伟元和高鹗，说明了正式署名为“曹雪芹著，程伟元、高鹗整理”的缘由，令人豁然开朗。白先勇有关这个问题的

1　夏薇：《〈红楼梦〉一百二十回抄本初探》，社会科学文献出版社 2015 年版第 264 页、321 页。

主张，比较合适，成了《红楼梦》作者署名诸说之一，特别引人注目，这在红学史上是很有学术意义的红学学案。

原载甘肃人民出版社
2018 年版《中国古代小说戏剧研究》第 14 辑

| 卷十一 |

从《牡丹亭》影响《红楼梦》的视角改订昆曲折子戏《黛玉葬花》

《牡丹亭》对曹雪芹创作《红楼梦》的影响是显而易见的，这在《红楼梦》第二十三回“《牡丹亭》艳曲警芳心”中有绘声绘色的描摹。书中写林黛玉听到梨香院昆班演唱《游园惊梦》而引发青春的共鸣，以至于“心动神摇”，“如痴如醉”；第四十回“金鸳鸯三宣牙牌令”还写到林妹妹对答酒令时随口说出了“良辰美景奈何天”的曲词，却因此遭到薛宝钗唯恐“移了性情”的审问和批评（第四十二回“蘅芜君兰言解疑癖”）。这对钗、黛人物性格的刻画是何等深细，从而显示曹雪芹对《牡丹亭》反封建的内涵是有透彻理解的。但自清代以来各种昆曲《红楼梦》的剧本，都忽略了林妹妹的《牡丹亭》情思，今逢《牡丹亭》于各地热演，我得到启发，特地对《黛玉葬花》的昆曲折子戏加以改订，突出宝玉和黛玉对《游园惊梦》的感应场面。恰好清代桂林人朱凤森写的昆曲本子《十二钗传奇》第六出《葬花》全用了《游园惊梦》的曲牌组成。我便以朱凤森写的《葬花》套曲为基础，再参考陈钟麟《红楼梦传奇》等其他曲本，综合整理成《黛玉葬花》的新曲本。中间加入了宝、黛共赏梨香院昆班传唱《牡丹亭》的梦境，凸显了自由恋爱的主题。

现将整理改订的思路论说如下：

（一）自曹雪芹创作的长篇小说《红楼梦》在清代乾隆、嘉庆年间风行以来，为此编写昆曲剧本的名作有十数种，而且《葬花》一折是必有的关目（或名《埋香》或名《扫红》）。最早将《红楼梦》小说编为曲本的是仲振奎，他在乾隆五十七年（1792）先写出《葬花》单折，然后在嘉庆二年（1797）完成《红楼梦传奇》三十二出（现存嘉庆四年绿云红雨山房原刻本），第七出安排为《葬花》(用的是北曲），至今犹有曲谱留存。据道光十七年（1837）杨懋建《长安看花记》所述，当时京中四喜班昆曲名旦钱双寿（字眉仙），扮演林黛玉最为擅场："眉仙尝演《红楼梦·葬花》，为潇湘妃子，珠笠、云肩，荷花锄，亭亭而出，曼声应节，幽咽缠绵。"通行的《集成曲谱》中传存了此戏的曲谱。另外，《增辑六也曲谱》中也载有别本《扫红》曲谱。

（二）由于时代的发展和观众审美意识的变化，过去各种本子的《葬花》折子戏已不适应于现代舞台的搬演，早已中断而失传。总结其中的原因，是由于旧本《葬花》偏重于单纯的抒情，忽略了戏剧冲突的起伏，场面太冷。今为继承优秀的传统文化遗产，挖掘抢救"《红楼》戏"，在探究了仲振奎《红楼梦传奇》、吴镐《红楼梦散套》等十多种旧本的《葬花》以后，保留其中的优点，弥补其中的缺憾，扬长避短，以清代中叶朱凤森《十二钗传奇·葬花》的套曲为基础，再参考陈钟麟《红楼梦传奇》等其他曲本，综合整理为现今这个折子戏剧本（以下简称今本）。再说仲本《葬花》最大的缺憾是用北套唱的，与戏情不和谐，不适合苏州少女林妹妹的乡情口吻，今改本全用南曲，这就婉转悠扬、妥帖动听多啦！

（三）朱凤森《十二钗传奇》着眼于"金陵十二钗"，以江南的自然风貌作为大观园黛玉葬花的背景。另外，《十二钗传奇》第六出《葬花》的曲律参用了《牡丹亭·游园惊梦》的联套方式，这也有利于谱曲和捏戏，便于发挥昆剧传统艺术的优势。

（四）《葬花》的情节源出《红楼梦》小说第二十三回“西厢记妙词通戏语，牡丹亭艳曲警芳心”，而《葬花吟》的诗篇则出于第二十七回“滴翠亭杨妃戏彩蝶，埋香冢飞燕泣残红”，前后有一段跨度。旧本以《西厢记》和《牡丹亭》作为引线时，往往偏重静态的“同读《西厢》剧本”，而忽略了带有声响效果的“共赏《牡丹》名曲”，造成了场面的冷隽。今本以新的艺术手法开掘原有的主题，把两个头绪化解为一个头绪，重点突出“牡丹亭艳曲警芳心”的思想价值。为了提炼《葬花》的反封建主题，揭示封建礼教对青年男女自由恋爱的摧残，今本补进了“金玉良缘”（喻指包办婚姻）和“木石前盟”（喻指自由恋爱）的矛盾，加强了戏剧冲突。宝、黛的恋爱悲剧是封建家庭和封建礼教的压抑造成的。由于宝、黛不能掌握自己的命运，不能自由表达互相爱慕的心迹，时生误会隔阂而烦恼疑虑，使黛玉的心灵受到了严重的创伤，只得借葬花之举来寄托深沉的悲情。再说宝、黛恋情得不到表白，那就如《牡丹亭》一样，只有在梦中吐露了。今本便构思了葬花后梦中交心的情意，创构为“红楼惊梦”的美梦桥段！曹雪芹熟悉昆曲艺术，他在《红楼梦》中运用梨香院演唱昆戏《牡丹亭·游园惊梦》作为引线，描写了宝、黛对自由恋爱的热切向往。这是《红楼梦》本身的情节（送春时写到花神也是小说第二十七回中原有的），不是外加的，过去被忽略了，今本把它挑明突出，起到了“惊破红楼梦里心”的艺术效果。

（五）今本以黛玉借落花自比身世而切入剧情，中间穿插宝、黛共赏梨香院传唱《牡丹亭·游园惊梦》。这是曹雪芹原著中的本意，内含丰富的思想感情，闪烁着青春的活力。今本加以勾勒突出，不仅使场面变冷为热，而且借《游园惊梦》的艺术优势凸显了自由恋爱的主题。从接受美学的角度来审视，也易于为观众所接受。

（六）今本适当采用《葬花吟》原诗中的有关诗句作为序引和尾声，后面又吸收了《红楼梦》中《枉凝眉》一曲（改订）。在格律上作了变通。

昆曲折子戏《黛玉葬花》
（据《红楼梦》小说和《十二钗》传奇改订）

［角色］

小　旦－林黛玉

小　生－贾宝玉

贴　旦－紫　鹃

小花脸－茗　烟

大花脸－大花神

花　旦－众花神（四或六或八之数）

（小旦扮林黛玉，肩荷花锄，锄上悬花囊，手持花帚上。）

［歌引］花谢花飞飞满天，红消香断有谁怜？游丝软系飘春榭，落絮轻沾扑绣帘！

我林黛玉，本贯姑苏人氏，不幸父母双亡，老祖宗怜我孤零，接来金陵，名列十二钗之中，在大观园内与众姊妹作伴读书，更有宝玉哥哥时相看顾，引为同调。只是寄人篱下，不知将来作何归结？昨夜一阵风雨，今朝起来，但见园内花落尘泥，不免触目增悲，为此备下锄帚，意欲收拾花片，埋入净土，以表怜惜南国芳华之寸心也。

［步步娇］破春眠心惦花儿睡，偷掩残红泪。步香闺，出潇湘。手把花锄，纱囊悄坠，愁踏的乱红堆，怨风雨刮得我心儿碎！

行行已到沁芳桥边，对此无主落花，无情流水，好不伤感人也！

［醉扶归］你看乱纷纷撒去的瑶宫队，到人间春湾水一围。可怜那沁芳桥一哭鸟惊飞，任残花满地天如醉！

我想这花瓣是最洁净的，若被尘泥污染，何等可惜。我不免打扫起来，使她"质本洁来还洁去，不教污淖陷渠沟"。（打扫介）

［皂罗袍］怕她梦雨暗云踏碎，泪花儿只弹向离恨天飞。流水无心送春归，花魂依梦情何美？！异乡孤影，薄命红颜；残红满径，蝶怨蜂愁，不由的香消玉碎难相会！

扫红已毕，何处可以埋葬？（转身四望介）这一边是宝玉哥哥的怡红院，那一边是宝钗姐姐的蘅芜苑；这一边是惜春妹妹的蓼风轩，那一边是唱曲排戏的梨香院。（再看介）呀，那山坡下太湖石畔，有一答儿净土，正可埋葬！（趋前锄土埋花介）

［好姐姐］惜芳菲，闺中知有谁？我待和香泥砌垒。恐葬花人去，再无人料理花飞。埋香冢，潇湘为甚自憔悴！好梦谁将牡丹摧！

正是："独把花锄泪暗洒，洒上空枝见血痕！"唉，想起日前到怡红院找宝玉，眼见宝钗姐姐先已进去，待我后来敲门，里面却装聋不应。我独立空庭，心里冷了半截，不知宝玉是何主意？我无依无靠，只得自叹薄命，可不凄惶人也。（泣下）

（小生扮宝玉，手执书卷上）小生贾宝玉，与林妹妹同心已久，自谓今生得一知己，可以无憾。不料凤嫂子在老祖宗面前一再称扬宝钗姐姐，惹得林妹妹多心起来，跟我若近若远，忽喜忽恼。我欲将爱慕之心向她吐露，又碍于礼教，难于出口，好难消遣也。今逢暮春节气，花神即将退位，因此到园中赏景送神。来此已是沁芳闸，春风扑面，落红成阵。我想名花与美人是一般的，皆天地灵秀所钟，岂能随人践踏。让我兜去桥边，掠在水面漂流去吧。（以书兜落花介）（黛玉上介）宝哥哥，你在这里做什么？（宝玉回头见黛玉）妹妹来得正好，我怕落花被踏，把她兜着掠在水里。（黛玉）掠在水里不好，只一流出去，遇着脏的臭的地方，依旧把她糟蹋了。那山坡下我有一个花冢，如今把落花扫起，装在绢袋里，拿去埋葬便是了。（宝玉）好、好、待我放下书来帮你。（黛玉）什么书？拿来我看！（小生慌介）不过是“四书五经”罢了。（黛玉）你别在我跟前弄鬼，趁早儿给我瞧瞧。（宝玉）我也不瞒你说，近日梨香院龄官、芳官、藕官她们排演《西厢记》和《牡丹亭》，我便索性叫茗烟到外头买来《西厢》《牡丹》的曲本一看，那《西厢记》写的是崔莺莺遇着了张君瑞，这《牡丹亭》演的是杜丽娘和柳梦梅梦中相会，真是锦心绣口的才人手笔，我递与妹妹看去。你却不可告诉别人。（递书介）（黛玉接书，坐在闸栏上同看同读介）（宝玉旁唱）

［鲍老催］咱们是自家兄妹，怎比那崔莺莺结拜的张君瑞？恰道是杜丽娘梦见了柳梦梅！

（宝玉旁白）即如这两个曲本，都对着今日的情景：那《西厢记》说的“多愁多病身，倾国倾城貌”，这《牡丹亭》唱的“如花美眷，在幽闺自怜”，分明说着林妹妹正和崔莺莺、杜丽娘一般！你看她两弯似蹙非蹙笼烟眉，一双似喜非喜含情目，闲静时如娇花照水，行动处似弱柳扶风，只恨我宝玉不能似柳梦梅呵！

［山坡羊］画不出潇湘春睡，描不就颦卿风味，则见她娇喘微微，

洒春风，一点一点桃花泪。惜分飞，美人儿伤憔悴。应是玉天仙坠，唤作丽娘也配。想人在香闺，对菱花，照眉翠。芳菲，是潇湘第一妃。徘徊，眷东风何处归！

[内传笙箫弦笛声，幕后唱“原来姹紫嫣红开遍”]（宝玉唤黛玉听介）林妹妹，你听她笛韵悠扬，歌声婉转，正是梨香院演习《牡丹亭》了。你听“良辰美景奈何天”，这“奈何天”三字，亏他想得出来！（黛玉）接下来“赏心乐事谁家院”，这“谁家院”三字，更是说得迷离了！（宝玉）妹妹，这些曲文你怎么都熟读了？（黛玉）你说你会一目十行，难道我不会过目成诵么？（宝玉）妹妹既然赏识，我与你寻声前去梨香院。（双下）[大花神红衣插花上]吾乃掌管荣府大观园花神是也，因感黛玉惜花葬花之美意，欲成全她和宝玉的“木石前盟”，只是碍于管家婆王熙凤“金玉良缘”之言，宝、黛的前盟难圆。吾神留意众芳，怜香惜玉，赶在春归退位之际，使她俩精魂入梦，倾诉肺腑，互吐真情，以称快于一时也。[众花神簇拥宝、黛梦游而上]

[山桃红]（生旦同唱）则听这红楼彩凤，何处琼箫，那答儿芳魂绕，认相思路遥。只仗着花儿飘，飞过了红墙怎高，一样的为兄妹乐意饶！

（宝玉面对黛玉）这《牡丹亭》曲本写得异样幽情，最奇妙的是《惊梦》一出，字字句句，都是对着今日园内你我两人的情景。（黛玉）为何？（宝玉）这戏中说的如花美眷，梦中姻缘，不是如同你我结对成双吗？（黛玉羞嗔介）宝哥哥，为何这样唐突？（宝玉）不是呵，我对你是真心，岂敢唐突？（黛玉）听凤嫂子讲，你跟宝姐姐是什么“金玉良缘”，我孤零无依，无人为我主张，只怕你我难成连理啊。（伤心落泪介）

（宝玉为黛玉拭泪介）妹妹，别听凤辣子贫嘴烂舌的胡言乱语。曾听空空道人说，我是女娲补天留下的一块灵石，你是石边的绛珠仙草，你我早已结成“木石前盟”，我心里是有你的呀，你只管放心。（黛玉）你既然这样说，为什么我前宵到怡红院来，你不叫人开门！（宝玉）呀、呀、呀！我要是那样，立刻就死了。（黛玉）你不要说死道活的，想必是晴雯、袭人懒得启动，闹出纠葛了。但你亦该教训教训，倘或什么宝姑娘、贝姑娘来了不开门，得罪了有金有银的人，事情岂不大哉？（宝玉）你不要冤屈我，我的心上人只有你一个呀！我平日心里有这话，只是口里说不出来，今儿我大胆说出，便死也甘心！妹妹，你只管放心，听我学着《牡丹亭》里的曲文，哼给你听。（宝玉模仿《牡丹亭》中柳梦梅演唱：妹妹啊，咱一片真情，爱煞你哩：“则为你如花美眷，似水流年，是答儿闲寻遍，在幽闺自怜！”正在情意缠绵之时，小丑扮茗烟突然冲上舞台）我茗烟，急受老爷之命，为寻二爷来到园中，怎奈百寻不着，不知往那里去了？呀！原来和林姑娘在此祭送花神。（大喊大叫）二爷、二爷，老爷传话，应天府贾雨村大爷来了，要你前去拜见，说什么科举功名、仕途经济的事体。（宝玉闻言如被焦雷轰顶一般，猛然扑倒，众花神也被吓退。宝玉梦醒，慌忙地随茗烟下场）（黛玉急唤宝玉）（黛玉如梦初醒，痴坐石上，花锄、花帚散在一旁）咳，刚才宝哥哥对我的一番肺腑之言，使我心坎里顿然明亮，平日里我怎么闻所未闻，难道是在梦中说话吗？（四顾无人，知是梦呓）呀，原来是“白日梦”呵，我真个是痴迷了！

［枉凝眉］（幕后衬托男女声群唱）一个是阆苑仙葩，一个是美玉无瑕。若说没奇缘，今生偏又遇着他；若说有奇缘，如何心事终虚

化？（旦角女声独唱）一个枉自嗟呀，一个空劳牵挂；一个是水中月，一个是镜中花。想眼中能有多少泪珠儿，怎禁得秋流到冬，春流到夏！

（贴旦扮紫鹃上）春风吹梦到红尘，水流花谢两无情。我紫鹃，为寻林姑娘到此。（寻得黛玉介）小姐，你为何一人在此痴想？（幕内仍然传来《游园惊梦》的乐声）（紫鹃）可是听梨香院她们唱戏入了迷呵？却不要被冷风吹坏了身子。（黛玉）紫鹃，你那里知道我的心事呵！你既来了，我便和你回潇湘馆去吧！（紫鹃取帚扶黛玉介）（黛玉泪介）（紫鹃吃惊介）姑娘，你到底为着何来？（黛玉又独自转身，台边出现花冢）（黛玉悲叹介）唉！（接唱）

[尾声] 侬今葬花人笑痴，他年葬侬知是谁？一朝春尽红颜老，花落人亡两不知！

正是：流水落花春去也，天上人间！（幕下）

原载《红楼梦学刊》2006 年第 4 辑，
修订本载于华玮主编的《昆曲折子戏》
（上海古籍出版社 2022 年版），
收入本书时又作了些修润

| 卷十二 |

五万字简本《红楼梦》的来历

1974 年春，南京军区政治部的秘书到南京大学革命委员会跟军宣队联系，要找一位熟习《红楼梦》的人，把一百二十回本的长篇章回小说《红楼梦》精简成五万字的简要读本。军宣队把这个命令交给了留驻中文系的军代表，军代表在中文系调查了解后，得知我讲过《宋元明清文学史》中清代小说名著《红楼梦》的课程，又曾编过《红楼梦评论》的教学参考资料，便把这个任务硬派给了我，强调这是政治任务，不准推辞，必须认真完成！军代表传达南京军区政治部秘书交代的具体指令是：限定缩简为五万字光景，不是缩写，也不是改写，字句必须取自曹雪芹《红楼梦》的原文，用原文串联缀合而成，主要情节、主要人物及其思想意蕴都要呈现出来。

这事使我非常为难，大伤脑筋；没奈何，只得硬着头皮苦干了三个多月。我找来人民文学出版社据程乙本排印的《红楼梦》全书，先是自己下功夫细读五遍，反复思考琢磨，怎样来进行缩微呢？唯一的办法就是删节、摘录，那时候尚无打字机，也没有复印机，抄抄写写，涂涂改改，完全是爬格子的手工劳作，先打了个草稿试试，删删削削却难以顺理成章。这就好比把一座七宝楼台拆得七零八落，要想重新将碎片拼凑起来却难以成形。特别是五万字

（包括标点符号）的框架好像紧箍咒一样是限死的，字数不可超越过多，又不能偏少。我殚精竭虑，煞费苦心，想出了跳跃式的精简节录办法。我对全书进行缩微的美学思路是：从社会学的视角着眼，反封建地揭示封建社会贾史王薛四大家族盛衰败亡的因果，而以贾宝玉、林黛玉、薛宝钗的爱恋悲剧为脉络线索，贯串于荣华富贵转眼成空的儒佛道杂糅的观念中！当然，整体结构尚须完整有序，做到有头有尾。对于宝、黛、钗以外的金陵十二钗及其他头面人物，如史太君贾母和史湘云、贾琏王熙凤、贾政王夫人、薛姨妈和香菱、袭人晴雯、刘姥姥和巧姐、甄士隐贾雨村等多种人物的出面和布局，也要一一有所交待。对于典型环境大观园的各色场景，均得有所呈现，至如作者曹雪芹生花妙笔描绘的“白雪吟红梅”，则保留没有删去！对于深奥难懂的诗词曲赋，大多跨跳过去，重要的适当摘选。碰到塑造林妹妹艺术形象最主要的代表作《葬花吟》，则不能舍去，非选不可；但全诗是歌行体，长达 52 句，怎么办？忍痛减掉了 24 句！回目是凸显故事情节的聚焦点，不能删，但又不能每回都选抄，怕超出字数。因此，有些章回只保留回目而跳了过去！碰着上下行文接不起来的情况，便用括注提示的方式来接通。例如第十八回摘抄“在轿内看了此园内外光景”一段，读起来没头没脑，不接气，便在句前加括注导读：“（贾妃奉旨省亲）在轿内看了此园内外光景。”诸如此类，勉强使上下文连贯起来。由于是跳跃跨栏式摘录，又要时时计算着字数，搞得手忙脚乱，顾此失彼，真真是“吃力不讨好”，很难做到段落通畅。而上司多次来催稿，我无法细加打磨，只得急忙交卷了事。结果是字数恰好到了 50 384 字，不多不少，但还存在不少突兀生硬的草率不通之处，未能尽善。上司关照，这事是保密的，没有讲为什么要压缩，为什么要搞这样的简略本。事后，军代表透露：背景是 1973 年 12 月毛主席接见南京军区许世友司令员，要他“文武结合”“武将务文”，讲点“文学”，要他读《红楼梦》，还说要看五遍才有发言权！这缩微成五万字的简要读本，就是准备给许司令看的！意思是先看简本引发兴味，再按步通读整本，前后两相互动，并不冲突违和；相向而行，别无妨碍；同读共赏，相得益彰！

2023年春九十翁吴新雷题识

简本《红楼梦》

第一回
甄士隐梦幻识通灵　贾雨村风尘怀闺秀

此开卷第一回也。作者自云曾历过一番梦幻之后，故将真事隐去，而借“通灵”说此《石头记》一书也。

有个空空道人访道求仙，从这大荒山无稽崖青埂峰下经过，忽见一块大石，上面字迹分明。后面又有一偈云：

> 无才可去补苍天，枉入红尘若许年。
> 此系身前身后事，倩谁记去作奇传？

空空道人遂向石头说道。石头果然答道：“我想历来野史的朝代，无非假借‘汉’‘唐’的名色。况且那野史中，或讪谤君相，或贬人妻女，奸淫凶恶，不可胜数；更有一种风月笔墨，其淫秽污臭，最易坏人子弟。至于才子佳人等书，则又开口‘文君’，满篇‘子建’，千部一腔，千人一面，且终不能不涉淫滥。——在作者不过要写出自己的两首情诗艳赋来，故假捏出男女二人名姓，又必旁添一小人拨乱其间，如戏中的小丑一般。更可厌者，'之乎者也'，非理即文，大不近情，自相矛盾。竟不如我这半世亲见亲闻的几个女子，虽不敢说强似前代书中所有之人，但观其事迹原委，亦可消愁破闷；至于几首歪诗，亦可以喷饭供酒；其间离合悲欢，兴衰际遇，俱是按迹循踪，不敢稍加穿凿，至失其真。"

空空道人听如此说，思忖半晌，将这《石头记》再检阅一遍，方从头至尾抄写回来，闻世传奇。从此空空道人遂改名情僧，改《石头记》为《情僧录》。后因曹雪芹于悼红轩中披阅十载，增删五次，纂成目录，分出章回，又题曰《金陵十二钗》。

《石头记》缘起既明，正不知那石头上面记着何人何事？

按那石上书云：当日地陷东南，这东南有个姑苏城，城中阊门外有个十里街，住着一家乡宦，姓甄名费，字士隐。膝下无儿，只有一女，乳名英莲，年方三岁。

一日，炎夏永昼，只见从那边来了一僧一道，看见士隐抱着英莲，那僧乃指着他大笑，口内念了四句言词：

> 惯养娇生笑你痴，菱花空对雪澌澌。
> 好防佳节元宵后，便是烟消火灭时。

倏忽又是元宵佳节，士隐令家人抱了英莲去看社火花灯。半夜中（走失了）[1]。那士隐夫妇半世只生此女，一旦失去，何等烦恼！不想这日三月十五，葫芦庙中炸供，将一条街烧得如"火焰山"一般。只可怜甄家在隔壁，早成了一堆瓦砾场了。士隐跌足长叹，与妻子商议

1　此类括注即序言中提到的"括注提示"，后文同。——编者注

且到田庄上去住，偏值近年水旱不收，贼盗蜂起，官兵剿捕，田庄上又难以安身，只得将田地都折变了，携了妻子与两个丫鬟，投他岳丈家去。

这日，甄士隐忽见那边来了一个跛足道人，疯狂落拓，麻鞋鹑衣，口内念着几句言词道：

世人都晓神仙好，惟有功名忘不了。
古今将相在何方？荒冢一堆草没了！
世人都晓神仙好，只有金银忘不了。
终朝只恨聚无多，及到多时眼闭了！
世人都晓神仙好，只有姣妻忘不了。
君生日日说恩情，君死又随人去了！
世人都晓神仙好，只有儿孙忘不了。
痴心父母古来多，孝顺子孙谁见了？

士隐一闻此言，心中早已悟彻，因笑道：“且住！待我将你这《好了歌》注解出来何如？”乃说道：

陋室空堂，当年笏满床；衰草枯杨，曾为歌舞场。……金满箱，银满箱，转眼乞丐人皆谤；正叹他人命不长，那知自己归来丧？……因嫌纱帽小，致使锁枷扛；昨怜破袄寒，今嫌紫蟒长。乱烘烘你方唱罢我登场！……

第二回

贾夫人仙逝扬州城　冷子兴演说荣国府

冷子兴笑道："古人有言：'百足之虫，死而不僵。'如今荣宁两府人口日多，事务日盛，主仆上下，都是安富尊荣，运筹谋画的竟无一个。那日用排场，又不能将就省俭，如今外面的架子虽没很倒，内囊却也尽上来了。——这也是小事。更有一件大事：谁知这样钟鸣鼎食的人家儿，如今养的儿孙，竟一代不如一代了！"

子兴叹道："当日宁国公是一母同胞弟兄两个。宁公死后，长子贾代化袭了官，也养了两个儿子：长子名贾敷，八九岁上死了，只剩了一个次子贾敬，袭了官，如今一味好道，只爱烧丹炼汞，别事一概不管。幸而早年留下一个儿子，名唤贾珍，因他父亲一心想作神仙，把官倒让他袭了。这位珍爷也生了一个儿子，今年才十六岁，名叫贾蓉。这珍爷那里干正事？只一味高乐不了，把那宁国府竟翻过来了，也没有敢来管他的人。再说荣府，自荣公死后，长子贾代善袭了官，娶的是金陵世家史侯的小姐为妻，生了两个儿子：长名贾赦，次名贾政。如今代善早已去世，太夫人尚在，长子贾赦袭了官，为人却也中平，也不管理家事。惟有次子贾政，自幼酷喜读书，为人端方正直。如今现已升了员外郎。这政老爷的夫人王氏，头胎生的公子名叫贾珠，十四岁进学，后来娶了妻，生了子，不到二十岁，一病就死了，第二胎生了一位小姐，生在大年初一，就奇了；不想隔了十几年，又生了一位公子，说来更奇：一落胞胎，嘴里便衔下一块五彩晶莹的玉来，还有许多字迹。如今长了十来岁，说起孩子话来也奇，他说：'女儿是水做的骨肉，男子是泥做的骨肉，我见了女儿便清爽，见了男子便觉浊臭逼人！'你道好笑不好笑？政老爷的长女名元春，因贤孝才德，选入宫作女史去了。二小姐乃是赦老爷姨娘所出，名迎春。三小姐政老爷庶出，名探春。四小姐乃宁府珍爷的胞妹，名惜春。因史老夫人极爱孙女，都跟在祖母这边，一处读书。那赦老爷也有一子，名叫贾琏，今已二十多岁了，亲上做亲，娶的是政老爷夫人王氏内侄女。这位琏爷，也是不喜正务的；于世路上好机变，言谈去得，所以目今现在乃叔政老爷家住，帮着料理家务。谁知自娶了这位奶奶之后，倒上下无人不称颂他的夫人，琏爷倒退了一舍之地，——模样又极标致，言谈又爽利，心机又极深细，竟是个男人万不及一的！”

第三回

托内兄如海荐西宾　接外孙贾母惜孤女

且说黛玉自那日弃舟登岸时，便有荣府打发轿子并拉行李车辆伺候。这黛玉尝听得母亲说，他外祖母家与别人家不同。今至其家，都要步步留心，时时在意，不要多说一句话，不可多行一步路，恐被人耻笑了去。

黛玉方进房，只见两个人扶着一位鬓发如银的老母迎上来，黛玉知是外祖母了，正欲下拜，早被外祖母抱住，搂入怀中，“心肝儿肉”叫着大哭起来，黛玉也哭个不休。众人慢慢解劝，那黛玉方拜见了外祖母。贾母方一一指与黛玉道：“这是你大舅母。——这是二舅母。——这是……”一语未完，只听后院中有笑语声，说：“我来迟了，没得迎接远客！”黛玉连忙起身接见，贾母笑道：“你不认得他，他是我们这里有名的一个泼辣货，南京所谓‘辣子’，你只叫他‘凤辣子’就是了。”黛玉虽不曾识面，听见他母亲说过：大舅贾赦之子贾琏，娶的就是二舅母王氏的内侄女；自幼假充男儿教养，学名叫做王熙凤。黛玉忙陪笑见礼，以“嫂”呼之。

一语未了，只听外面一阵脚步响，丫鬟进来报道：“宝玉来了。”黛玉一见便吃一大惊，心中想道：“好生奇怪，倒象在那里见过的，何等眼熟！……”——看其外貌，最是极好，却难知其底细。

宝玉早已看见了一个袅袅婷婷的女儿，便料定是林姑妈之女。宝玉看罢，笑道：“这个妹妹我曾见过的。”贾母笑道：“又胡说了，你何曾见过？”宝玉笑道：“虽没见过，却看着面善，心里倒象是远别重逢的一般。”

黛玉只带了两个人来，一个是自己的奶娘王嬷嬷，一个是十岁的小丫头，名唤雪雁。贾母又将自己身边一个二等小丫头名唤鹦哥的与了黛玉。

第四回
薄命女偏逢薄命郎　葫芦僧判断葫芦案

贾雨村授了应天府，一到任就有件人命官司详至案下，却是两家争买一婢，各不相让。薛家原系金陵一霸，薛公子倚财仗势，殴伤人命。被打死的是一个小乡宦之子，名唤冯渊。雨村听了便发签差公人立刻将凶犯家属拿来拷问。只见案旁站着一个门子，使眼色不叫他发签。雨村退堂至密室问道：“何故不令发签？”门子道：

“老爷荣任到此，难道就没抄一张本省的‘护官符’来不成？”雨村忙问：“何为‘护官符’？”门子道：“如今凡作地方官的，都有一个私单，上面写的是本省最有权势极富贵的大乡绅名姓，各省皆然；倘若不知，一时触犯了这样的人家，不但官爵，只怕连性命也难保呢！——所以叫做‘护官符’。——方才所说的这薛家，老爷如何惹得他！他这件官司并无难断之处，从前的官府，都因碍着情分脸面，所以如此。”一面说，一面从顺袋中取出一张抄的“护官符”来，递与雨村。看时，上面皆是本地大族名宦之家的俗谚口碑，云：

贾不假，白玉为堂金作马。
阿房宫，三百里，住不下金陵一个史。
东海缺少白玉床，龙王来请金陵王。
丰年好大“雪”，珍珠如土金如铁。

门子道：“四家皆连络有亲，一损俱损，一荣俱荣。今告打死人之薛，就是‘丰年大雪’之‘薛’，——不单靠这三家，他的世交亲友在都在外的本也不少，老爷如今拿谁去？小的听见老爷补升此任，系贾府、王府之力。此薛蟠即贾府之亲，老爷何不顺水行舟，做个人情，将此案了结，日后也好去见贾、王二公。”至次日坐堂，雨村便徇情枉法，胡乱判断了此案。

（这薛蟠）家中有百万之富，现领着内帑钱粮，采办杂料。虽是皇商，一应经纪世事，全然不知。寡母王氏乃现任京营节度王子腾之妹，与荣国府贾政的夫人王氏是一母所生的姊妹，只有薛蟠一子。还有一女，乳名宝钗，生得肌骨莹润，举止娴雅，当时他父亲在日，极爱此女，令其读书识字，较之乃兄，竟高十倍。

（薛蟠在贾府）住了不上一月，贾宅族中凡有的子侄，俱已认熟了一半，都是那些纨袴气习，莫不喜与他来往，今日会酒，明日观花，甚至聚赌嫖娼，无所不至，引诱的薛蟠比当日更坏了十倍。

第五回
贾宝玉神游太虚境　警幻仙曲演红楼梦

（宝玉）欲睡中觉，来至上房内间，看见有一副对联，写的是：

世事洞明皆学问，人情练达即文章。

（宝玉睡梦中见了警幻仙姑神游太虚幻境）警幻吩咐十二个舞女将新制《红楼梦》十二支演上来，歌曰（节选四支）：

［红楼梦引子］　开辟鸿蒙，谁为情种？都只为风月情浓。奈何天，伤怀日，寂寥时，试遣愚衷。因此上，演出这悲金悼玉的《红楼梦》。

［终身误］　都道是金玉良缘，俺只念木石前盟。空对着，山中高士晶莹雪；终不忘，世外仙姝寂寞林。叹人间，美中不足今方信；纵然是齐眉举案，到底意难平。

［枉凝眉］　一个是阆苑仙葩，一个是美玉无瑕。若说没奇缘，今生偏又遇着他；若说有奇缘，如何心事终虚话？一个枉自嗟呀，一个空劳牵挂。一个是水中月，一个

是镜中花。想眼中能有多少泪珠儿，怎禁得秋流到冬，春流到夏！

［聪明累］　机关算尽太聪明，反算了卿卿性命！……枉费了意悬悬半世心；好一似，荡悠悠三更梦。忽喇喇似大厦倾，昏惨惨似灯将尽。呀！一场欢喜忽悲辛。叹人世，终难定！

［飞鸟各投林］　为官的，家业凋零；富贵的，金银散尽；有恩的，死里逃生；无情的，分明报应；……看破的，遁入空门；痴迷的，枉送了性命。——好一似食尽鸟投林，落了片白茫茫大地真干净！

第六回

贾宝玉初试云雨情　刘姥姥一进荣国府

因这年秋尽冬初，天气冷将上来，家中冬事未办，狗儿未免心中烦躁，吃了几杯闷酒，在家里闲寻气恼，刘氏不敢顶撞。因此刘姥姥看不过，便劝道："姑爷，你别嗔着我多嘴，咱们村庄人家儿，那一个不是老老实实守着多大碗儿吃多大的饭呢！这'长安'城中，遍地皆是钱，只可惜没人会去拿罢了。"狗儿冷笑道："我又没有收税的亲戚、做官的朋友，有什么法子可想的？"

（刘姥姥想出一个机会）到荣国府走动走动！

（刘姥姥指着板儿向凤姐道）"他爹娘连吃的没有，天气又冷，只得带了你侄儿奔了你老来。"凤姐笑道："大有大的难处，说给人也未必信。你既大远的来了，又是头一遭儿和我张个口，怎么叫你空回去呢？可巧昨儿太太给我的丫头们作衣裳的二十两银子还没动呢，你不嫌少，先拿了去用罢。”

那刘姥姥先听见（凤姐）告艰苦，只当是没想头了，又听见给他二十两银子，喜的眉开眼笑道：“我们也知道艰难的，但只俗语说的‘瘦死的骆驼比马还大’呢，凭他怎样，你老拔一根寒毛比我们的腰还壮哩！”

第七回
送宫花贾琏戏熙凤　宴宁府宝玉会秦钟

焦大赶着贾蓉叫：“蓉哥儿，你别在焦大跟前使主子性儿！别说你这样儿的，就是你爹、你爷爷，也不敢和焦大挺腰子呢！不是焦大一个人，你们作官儿，享荣华，受富贵！你祖宗九死一生挣下这个家业，到如今不报我的恩，反和我充起主子来了。不和我说别的还可，再说别的，咱们白刀子进去，红刀子出来！”

焦大乱嚷乱叫，说：“要往祠堂里哭太爷去，那里承望到如今生下这些畜生来！每日偷狗戏鸡，爬灰的爬灰，养小叔子的养小叔子，我什么不知道？咱们‘胳膊折了往袖子里藏’！”

第八回
贾宝玉奇缘识金锁　薛宝钗巧合认通灵

宝玉一面看，一面问："姐姐可大愈了？"宝钗抬头看见宝玉进来，连忙起身含笑答道："已经大好了，多谢惦记着。"说着，让他在炕沿上坐下，即令莺儿："倒茶来。"一面又问老太太姨娘安，又问别的姐妹们好；一面看宝玉头上戴着累丝嵌宝紫金冠，额上勒着二龙捧珠抹额，身上穿着秋香色立蟒白狐腋箭袖，系着五色蝴蝶鸾绦，项上挂着长命锁、记名符，——另外有那一块落草时衔下来的宝玉。宝钗因笑说道："成日家说你的这块玉，究竟未曾细细的赏鉴过，我今儿倒要瞧瞧。"说着便挪近前来。宝玉亦凑过去，便从项上摘下来，递在宝钗手内。宝钗托在掌上，只见大如雀卵，灿若明霞，莹润如酥，五色花纹缠护。

宝钗看毕，又从新翻过正面来细看，口里念道："莫失莫忘，仙寿恒昌。"念了两遍，乃回头向莺儿笑道："你不去倒茶，也在这里发呆作什么？"莺儿也嘻嘻的笑道："我听这两句话，倒象和姑娘项圈上的两句话是一对儿。"宝玉听了，忙笑道："原来姐姐那项圈上也有字？我也赏鉴赏鉴。"宝钗道："你别听他的话，没有什么字。"宝玉央及道："好姐姐，你怎么瞧我的呢！"宝钗被他缠不过，因说道："也是个人给了两句吉利话儿，錾上了，所以天天带着；不然沉甸甸的，有什么趣儿？"一面说，一面解了排扣，从里面大红袄儿上将那珠宝晶莹、黄金灿烂的璎珞摘出来。宝玉忙托着锁看时，果然一面有四个字，两面八个字，共成两句吉谶。金锁正面：不离不弃。金锁反面：芳龄永继。宝玉看了，也念了两遍，又念自己的两遍，因笑问："姐姐，这八个字倒和我的是一对儿。"莺儿笑道："是个癞头和尚送的，他说必须錾在金器上——"

第九回
训劣子李贵承申饬　嗔顽童茗烟闹书房

贾政问李贵："他到底念了些什么书！"李贵回说："哥儿已经念到第三本《诗经》，什么'呦呦鹿鸣，荷叶浮萍'，小的不敢撒谎。"贾政说道："那怕再念三十本《诗经》，也是'掩耳盗铃'，哄人而已。你去请学里太爷的安，就说我说的：什么《诗经》、古文，一概不用虚应故事，只是先把《四书》一齐讲明背熟，是最要紧的。"

第十回
金寡妇贪利权受辱　张太医论病细穷源

第十一回
庆寿辰宁府排家宴　见熙凤贾瑞起淫心

（凤姐见贾瑞）去远了，心里暗忖道："这才是'知人知面不知心’呢。那里有这样禽兽的人？他果如此，几时叫他死在我手里，他才知道我的手段！”

第十二回
王熙凤毒设相思局　贾天祥正照风月鉴

第十三回
秦可卿死封龙禁尉　王熙凤协理宁国府

凤姐睡眼微蒙，恍惚只见秦氏从外走进来，说道：“常言：‘月满则亏，水满则溢’，又道是：‘登高必跌重’。如今我们家赫赫扬扬，已将百载，一日倘或‘乐极生悲’，若应了那句‘树倒猢狲散’的俗语，岂不虚称了一世诗书旧族了？……莫若依我定见，赶今日富贵，将祖茔附近多置田庄、房舍、地亩，以备祭祀、供给之费皆出自此处；将家塾亦设于此。……便是有罪，己物可以入官，这祭祀产业，连官也不入的。便败落下来，子孙回家读书务农，也有个退步，祭祀又可永继。若目今以为荣华不绝，不思后日，终非长策。眼见不日又有一件非常的喜事，真是烈火烹油、鲜花着锦之盛。——要知道也不过是瞬息的繁华，一时的欢乐，万不可忘了那‘盛筵必散’的俗语。若不早为后虑，只恐后悔无益了！”

（秦可卿死）贾珍哭的泪人一般，道：“谁不知我这媳妇比儿子还强十倍。如今伸腿去了，可见这长房内绝灭无人了！”说着又哭起来。众人劝道："人已辞世，哭也无益，且商议如何料理要紧。"贾珍拍手道："如何料理！不过尽我所有罢了！"

贾珍恣意奢华，因想道："贾蓉不过是黉门监生，灵幡上写时不好看；便是执事也不多。"（因此花了一千两银子，给贾蓉捐了个龙禁尉）

（贾珍请凤姐协理宁国府）凤姐因想：头一件是人口混杂，遗失东西；二件，事无专管，临期推委；三件，需用过费，滥支冒领；四件，任无大小，苦乐不均；五件，家人豪纵，有脸者不能服钤束，无脸者不能上进。——此五件实是宁府中风俗。

第十四回 林如海灵返苏州郡　贾宝玉路谒北静王

（凤姐）至次日卯正二刻，便过来了。凤姐和赖升媳妇道："既托了我，我就说不得要讨你们嫌了。我可比不得你们奶奶好性儿，诸事由得你们。再别说你们'这府里原是这么样'的话，如今可要依着我行，错我一点儿，管不得谁是有脸的，谁是没脸的，一例清白处治。"

说罢，便吩咐彩明念花名册，按名一个一个叫进来看视。又吩咐按数发茶叶、油烛、鸡毛掸子、笤帚等物，一面又搬取家伙：桌围、椅搭、坐褥、毡席、痰盒、脚踏之类，一面交发，一面提笔登记，——某人管某处，某人领物件，开的十分清楚。不比先前紊乱无头绪：一切偷安窃取等弊，一概都蠲了。凤姐自己威重令行，心中十分得意。

这日乃（秦氏）五七，凤姐来至宁府，自入抱厦来，按名查点，各项人数，俱已到齐，只有迎送亲友上的一人未到，即令传来。凤姐便说道："明儿他也来迟了，后儿我也来迟了，将来都没有人了。本来要饶你，只是我头一次宽了，下次就难管别人了，不如开发了好。"登时放下脸来，叫："带出去打他二十板子！"凤姐又掷下宁府对牌："说与赖升革他一个月的钱粮。"那被打的也含羞饮泣而去。于是宁府中人才知凤姐利害，自此俱各兢兢业业，不敢偷安！

第十五回
王凤姐弄权铁槛寺　秦鲸卿得趣馒头庵

北静王对贾政道："令郎如此资质，想老太夫人自然钟爱；但吾辈后生，甚不宜溺爱，溺爱则未免荒失了学业。"

且说宁府送（秦氏之）殡，一路热闹非常。宝玉同凤姐一车，同入一庄门内。凤姐进入茅屋，先命宝玉等出去玩玩。宝玉会意，因同秦钟带了小厮们各处游玩。凡庄家动用之物，俱不曾见过的，宝玉见了，都以为奇，不知何名何用。小厮中有知道的，一一告诉了名色并其用处。宝玉听了，因点头道："怪道古人诗上说：'谁知盘中餐，粒粒皆辛苦！'正为此也。"一面说，一面又到一间房内，见炕上有个纺车儿，越发以为稀奇。小厮们又说："是纺线织布的。"宝玉便上炕摇转，只见一个村妆丫头，约有十七八岁，走来说道："别弄坏了！"众小厮忙上来吆喝，宝玉也住了手，说道："我因没有见过，所以试一试玩儿。"那丫头道："你不会转，等我转给你瞧。"说着，只见那丫头纺起线来，果然好看。

（凤姐殡送秦氏寄宿馒头庵）回至净室歇息，老尼便趁机说道："我有一事求太太，先请奶奶的示下。只因当日我先在长安县善才庵里出家的时候儿，有个施主姓张，是大财主。他的女孩儿小名金哥，那年都往我庙里来进香，不想遇见长安府太爷的小舅子李少爷。那李少爷一眼看见金哥就爱上了，立刻打发人来求亲，不想金哥已受了原任长安守备公子的聘定。张家欲待退亲，又怕守备不依。谁知李少爷一定要娶，张家正在没法，两处为难；不料守备家听见此信，也不问青红皂白，就来吵闹，打起官司来。我想如今长安节度云老爷，和府上相好，怎么求太太和老爷说说，写一封书子，求云老爷和那守备说一声，不怕他不依。"

凤姐听了这话，便发了兴头，说道："你是素日知道我的，从来不信什么阴司地狱报应的；是什么事，我说要行就行。你叫他拿三千两银子来，我就替他出这口气。"又道："我比不得他们扯篷拉纤的图银子。这三千两银子，不过是给打发说去的小厮们作盘缠，使他赚几个辛苦钱儿，我一个钱也不要。就是三万两我此刻还拿的出来。"次日，凤姐便命来旺儿急忙进城，找着主文的相公，假托贾琏所嘱，修书一封，连夜往长安县来。两日工夫，俱已妥协。

第十六回
贾元春才选凤藻宫　秦鲸卿夭逝黄泉路

那守备无奈何，忍气吞声受了前聘之物。谁知爱势贪财的父母，却养了一个知义多情的女儿，闻得退了前夫，另许李门，他便一条汗巾悄悄的寻了自尽。那守备之子谁知也是个情种，闻知金哥自缢，遂投河而死。可怜张李二家没趣，真是“人财两空”。这里凤姐却安享了三千两。王夫人连一点消息也不知。自此凤姐胆识愈壮，以后所作所为，诸如此类，不可胜数。

赵嬷嬷对凤姐道：“那时候我才记事儿。咱们贾府正在姑苏扬州一带监造海船，修理海塘，只预备接驾一次，把银子花的象淌海水似的！说起来——”凤姐忙接道：“我们王府里也预备过一次。那时我爷爷专管各国进贡朝贺的事，凡有外国人来，都是我们家养活。粤、闽、滇、浙所有的洋船货物都是我们家的。”

赵嬷嬷道：“那是谁不知道的？如今还有个俗语儿呢，说：‘东海少了白玉床，龙王来请金陵王。’这说的就是奶奶府上了。如今还有现在江南的甄家，嗳哟！好势派！独他们家接驾四次，要不是我们亲眼看见，告诉谁也不信的。别讲银子成了粪土，凭是世上有的，没有不是堆山积海的。‘罪过可惜’四个字竟顾不得了！”凤姐道：“我常听见我们太爷说，也是这样的。岂有不信的？只纳罕他家怎么就这样富贵呢？”赵嬷嬷道：“告诉奶奶一句话：也不过拿着皇帝家的银子往皇帝身上使罢了！谁家有那些钱买这个虚热闹去？”

（贾妃省亲，贾府盖造省亲别院）贾蔷回说：“下姑苏请聘教习，采买女孩子，置办乐器行头等事，大爷派了侄儿。”贾琏因问：“这一项银子动那一处的？”贾蔷道：“江南甄家还收着我们五万银子。明日写一封书信会票我们带去，先支三万两，剩二万存着，等置办彩灯花烛并各色帘帐的使用。”

第十七回
大观园试才题对额　荣国府归省庆元宵

第十八回
皇恩重元妃省父母　天伦乐宝玉呈才藻

（贾妃奉旨省亲）在轿内看了此园内外光景，因点头叹道："太奢华过费了！"至贾母正室。贾妃垂泪，彼此上前厮见，一手挽贾母，一手挽王夫人，——三人满心皆有许多话，但说不出，只是呜咽对泣而已。邢夫人、李纨、王熙凤、迎春、探春、惜春等，俱在旁垂泪无言。半日，贾妃方忍悲强笑，安慰道："当日既送我到那不得见人的去处，好容易今日回家，娘儿们这时不说不笑，反倒哭个不了，一会子我去了，又不知多早晚才能一见！"说到这句，不禁又哽咽起来。贾妃叹道："许多亲眷，可惜都不能见面！"又向其父说道："田舍之家，齑盐布帛，得遂天伦之乐；今虽富贵，骨肉分离，终无意趣。"……小太监引宝玉进来，先行国礼毕，命他近前，携手揽于怀内，又抚其头颈笑道："比先长了好些——"一语未终，泪如雨下。

元妃乃命笔砚伺候，亲拂罗笺，因题其园之总名曰"大观园"，又改题："有凤来仪"赐名"潇湘馆"。"红香绿玉"改作"怡红快绿"，赐名"怡红院"。"蘅芷清芬"赐名"蘅芜院"。"杏帘在望"赐名"浣葛山庄"。正楼曰"大观楼"。

那时贾蔷带领一班女戏子在楼下，只见一个太监飞跑下来，说："做完了诗了，快拿戏单来！"贾蔷忙将戏目呈上，——并十二个人的花名册子。少时，点了四出戏：第一出，《豪宴》；第二出，《乞巧》；第三出，《仙缘》；第四出，《离魂》。贾蔷忙张罗扮演起来，一个个歌有裂石之音，舞有天魔之态，虽是妆演的形容，却做尽悲欢的情状。

第十九回
情切切良宵花解语　意绵绵静日玉生香

袭人劝宝玉道："凡读书上进的人，你就起个外号儿，叫人家'禄蠹'；又说只除了什么'明明德'外就没书了，都是前人自己混编纂出来的。——这些话，你怎么怨得老爷不气，不时时刻刻的要打你呢？"

第二十回
王熙凤正言弹妒意　林黛玉俏语谑娇音

第二十一回
贤袭人娇嗔箴宝玉　俏平儿软语救贾琏

第二十二回
听曲文宝玉悟禅机　制灯谜贾政悲谶语

第二十三回
西厢记妙词通戏语　牡丹亭艳曲警芳心

宝玉携了一套《会真记》[1]，走到沁芳闸桥那边桃花底下一块石上坐着，展开《会真记》，从头细看。黛玉把花具放下，接书来瞧，从头看去，越看越爱，不顿饭时，已看了好几出了。但觉词句警人，余香满口。

黛玉刚走到梨香院墙角外，只听见墙内笛韵悠扬，歌声婉转，便知是那十二个女孩子演习戏文。偶然两句吹到耳朵内："原来是姹紫嫣红开遍，似这般，都付与断井颓垣……"黛玉听了，倒也十分感慨缠绵，便止步侧耳细听，又唱道是："良辰美景奈何天，赏心乐事谁家院……"听了这两句，不觉点头自叹，心下自思："原来戏上也有好文章，可惜世人只知看戏，未必能领略其中的趣味。"再听时，恰唱到："只为你如花美眷，似水流年……"黛玉听了这两句，不觉心动神摇。又听道"你在幽闺自怜……"等句[2]，越发如醉如痴，站立不住，便一蹲身坐在一块山子石上，细嚼"如花美眷，似水流年"八个字的滋味。忽又想起前日见古人诗中，有"水流花谢两无情"之句；再词中又有"流水落花春去也，天上人间"之句；

1　即《西厢记》

2《牡丹亭》戏文中写女主角杜丽娘伤春的曲词。

又兼方才所见《西厢记》中“花落水流红，闲愁万种”之句；都一时想起来，凑聚在一处。仔细忖度，不觉心痛神驰，眼中落泪。

第二十四回 醉金刚轻财尚义侠 痴女儿遗帕惹相思

（贾芸为了谋得园中差使备办了冰片、麝香，特来孝敬凤姐）凤姐笑了笑说道：“看你这么知好歹，怪不得你叔叔常提起你来，说你好，说话明白，心里有见识。”凤姐便要告诉给他事情管的话，一想，又恐他看轻了，只说得了这点儿香料，便许他管事了。因且把派他种花木的事，一字不提，随口说了几句淡话，便往贾母屋里去了。

第二十五回 魇魔法叔嫂逢五鬼 通灵玉蒙蔽遇双真

贾环素日原恨宝玉，今见他和彩霞玩耍，心上越发按不下这口气。因一沉思，计上心来，故作失手，将那一盏油汪汪的蜡烛，向宝玉脸上只一推；只见宝玉满脸是油。王夫人又气又急，忙命人替宝玉擦洗，一面骂贾环。凤姐三步两步上炕去替宝玉收拾着，一面说：“这老三还是这么‘毛脚鸡’似的。我说你上不得台盘！——赵姨娘平时也该教导教导他。”

一句话提醒了王夫人，遂叫过赵姨娘来，骂道：“养出这样黑心种子来，也不教训教训！几番几次我都不理论，你们一发得了意了！一发上来了！”赵姨娘只得忍气吞声，也上去帮着他们替宝玉收拾。只见宝玉左边脸上起了一溜燎泡，幸而没伤眼睛。王夫人看了，又心疼，又怕贾母问时难以回答，急的又把赵姨娘骂一顿；又安慰了宝玉；一面取了“败毒散”来敷上。宝玉说：“有些疼，还不妨事。明日老太太问，只说我自己烫的就是了。”

第二十六回

蜂腰桥设言传心事　潇湘馆春困发幽情

佳蕙对小红说道：“这个地方，本也难站。就象昨儿老太太因宝玉病了这些日子，说伏侍的人都辛苦了，如今身上好了，各处还香了愿，叫把跟着的人都按着等儿赏他们。我们算年纪小，上不去，我也不抱怨；象你怎么也不算在里头？我心里就不服。袭人那怕他得十分儿，也不恼他，原该的。只可气晴雯绮霞他们这几个都算在上等里去，仗着宝玉疼他们，众人就都捧着他们。你说可气不可气？”小红道：“也犯不着气他们。俗语说的：‘千里搭长棚——没有个不散的筵席。’谁守一辈子呢？不过三年五载，各人干各人的去了，那时谁还管谁呢？”

第二十七回
滴翠亭杨妃戏彩蝶　埋香冢飞燕泣残红

（宝钗）刚要寻别的姊妹去，忽见面前一双玉色蝴蝶，大如团扇，一上一下，迎风翩跹，十分有趣。宝钗意欲扑了来玩耍，遂向袖中取出扇子来，向草地下来扑；只见那一双蝴蝶，忽起忽落，来来往往，将欲过河去了。引的宝钗蹑手蹑脚的，一直跟到池边滴翠亭上，香汗淋漓，娇喘细细。

宝玉一直奔了那日和黛玉葬桃花的去处。将已到了花冢，犹未转过山坡，只听那边有呜咽之声，听他哭道是：

花谢花飞飞满天，红消香断有谁怜？
游丝软系飘春榭，落絮轻沾扑绣帘。
闺中女儿惜春暮，愁绪满怀无着处；
手把花锄出绣帘，忍踏落花来复去。
…………
一年三百六十日，风刀霜剑严相逼；
明媚鲜妍能几时，一朝飘泊难寻觅。
花开易见落难寻，阶前愁杀葬花人；
独把花锄偷洒泪，洒上空枝见血痕。
…………
未若锦囊收艳骨，一抔净土掩风流；
质本洁来还洁去，不教污淖陷渠沟。
尔今死去侬收葬，未卜侬身何日丧？
侬今葬花人笑痴，他年葬侬知是谁？

试看春残花渐落，便是红颜老死时，——

一朝春尽红颜老，花落人亡两不知！

正是一面低吟，一面哽咽。那边哭的自己伤心，却不道这边听的早已痴倒了。

第二十八回 蒋玉函情赠茜香罗　薛宝钗羞笼红麝串

第二十九回 享福人福深还祷福　多情女情重愈斟情

原来宝玉自幼生成来的有一种下流痴病，况从幼时和黛玉耳鬓厮磨，心情相对，如今稍知些事，又看了些邪书僻传，凡远亲近友之家所见的那些闺英闱秀，皆未有稍及黛玉者，所以早存一段心事，只不好说出来。故每每或喜或怒，变尽法子暗中试探。那黛玉偏生也是个有些痴病的，也每用假情试探。因你也将真心真意瞒起来，我也将真心真意瞒起来，都只用假意试探，如此“两假相逢，终有一真”，其间琐琐碎碎，难保不有口角之事。将那求近之心，反弄成疏远之意了。

第三十回
宝钗借扇机带双敲　椿龄画蔷痴及局外

宝玉见了（金钏），就有些恋恋不舍的，便拉着手，悄悄的笑道："我和太太讨了你，咱们在一处罢。"金钏儿笑道："你忙什么？'金簪儿掉在井里头，——有你的只是有你的。'连这句俗语难道也不明白？"

只见王夫人翻身起来，照金钏儿脸上就打了个嘴巴，指着骂道："下作小娼妇儿，好好儿的爷们，都叫你们教坏了！"宝玉见王夫人起来，早一溜烟跑了。这里金钏儿半边脸火热，一声不敢言语。登时众丫头听见王夫人醒了，都忙进来。王夫人便叫："玉钏儿，把你妈叫来！带出你姐姐去。"金钏儿听见，忙跪下哭道："我再不敢了！太太要打要骂，只管发落，别叫我出去，就是天恩了！我跟了太太十来年，这会子撵出去，我还见人不见人呢！"王夫人气忿不过，打了一下子，骂了几句。虽金钏儿苦求，也不肯收留；到底叫了金钏儿的母亲白老媳妇儿领出去了。那金钏儿含羞忍辱的出去，不在话下。

第三十一回
撕扇子作千金一笑　因麒麟伏白首双星

偏偏晴雯上来换衣裳，不防又把扇子失了手，掉在地下，将骨子跌折。

晴雯笑道："可是说的，我一个蠢才，连扇子还跌折了，那里还配打发吃果子呢！倘或再砸了盘子，更了不得了！"宝玉笑道："你爱砸就砸。这些东西，原不过是借人所用，你爱这样，我爱那样，各有性情；比如那扇子，原是搧的，你要撕着玩儿，也可以使得，只是别生气时拿他出气；就如杯盘，原是盛东西的，你喜欢听那一声响，就故意砸了，也是使得的，只别在气头儿上拿他出气。——这就是爱物了。"晴雯听了，笑道："既这么说，你就拿了扇子来我撕。我最喜欢听撕的声儿。"宝玉听了，便笑着递给他。晴雯果然接过来，"嗤"的一声，撕了两半。接着又听"嗤""嗤"几声。宝玉在旁笑着说："撕的好，再撕响些。"

正说着，只见麝月走过来，瞪了一眼，啐道："少作点孽儿罢！"宝玉赶上来，一把将他手里的扇子也夺了递给晴雯。晴雯接了，也撕作几半子，二人都大笑起来。麝月道："这是怎么说？拿我的东西开心儿！"宝玉笑道："你打开扇子匣子拣去，什么好东西！"麝月道："既这么说，就把扇子搬出来，让他尽力撕不好吗？"宝玉笑道："你就搬去。"麝月道："我可不造这样孽！他没折了手，叫他自己搬去。"晴雯笑着，便倚在床上，说道："我也乏了，明儿再撕罢。"宝玉笑道："古人云，'千金难买一笑'，几把扇子，能值几何？"一面说，一面叫袭人。袭人才换了衣服走出来，小丫头佳蕙过来拾去破扇，大家乘凉，不消细说。

第三十二回
诉肺腑心迷活宝玉　含耻辱情烈死金钏

湘云笑道："还是这个性儿，改不了。如今大了，你就不愿意去考举人进士的，也该常会会这些为官作宦的，谈讲谈讲那些仕途经济，也好将来应酬事务，日后也有个正经朋友。让你成年家只在我们队里，搅的出些什么来？"

宝玉听了，大觉逆耳，便道："姑娘请别的屋里坐坐罢，我这里仔细腌臜了你这样知经济的人！"袭人连忙解说道："姑娘快别说他。上回也是宝姑娘说过一回，他也不管人脸上过不去，'咳'了一声，拿起脚来就走了。宝姑娘的话也没说完，见他走了，登时羞的脸通红，说不是，不说又不是。——幸而是宝姑娘，那要是林姑娘，不知又闹的怎么样、哭的怎么样呢！"宝玉道："林姑娘从来说过这些混帐话吗？要是他也说过这些混帐话，我早和他生分了。"袭人和湘云都点头笑道："这原是混帐话么？"

宝钗来至王夫人房里，王夫人点头叹道："你可知道一件奇事？——金钏儿忽然投井死了！"宝钗见说，道："怎么好好儿的投井？这也奇了！"王夫人道："原是前日他把我一件东西弄坏了，我一时生气，打了他两下子，撵了下去。我只说气他几天，还叫他上来，谁知他这么气性大，就投井死了，岂不是我的罪过！"宝钗笑道："姨娘是慈善人，固然是这么想。据我看来，他并不是赌气投井，多半他下去住着，或是在井傍边儿玩，失了脚掉下去的。他在上头拘束惯了，这一出去，自然要到各处去玩玩逛逛儿，岂有这样大气的理？纵然有这样大气，也不过是个糊涂人，也不为可惜。"王夫人点头叹道："虽然如此，到底我心里不安！"宝钗笑道："姨娘也不劳关心。十分过不去，不过多赏他几两银子，发送他，也就尽了主仆之情了。"

第三十三回

手足眈眈小动唇舌　不肖种种大承笞挞

贾政气得面如金纸，大叫：“拿宝玉来！”一面说，一面便往书房去，喝命：“今日再有人来劝我，我把这冠带家私一应就交与他和宝玉过去！把这几根烦恼鬓毛剃去，寻个干净去处自了，也免得上辱先人、下生逆子之罪！”只喝命：“堵起嘴来，着实打死！”小厮们不敢违，只得将宝玉按在凳上，举起大板，打了十来下。贾政还嫌打的轻，一脚踢开掌板的，自己夺过板子来，狠命的又打了十几下。

宝玉渐渐气弱声嘶，哽咽不出。众门客见打的不祥了，赶着上来，恳求夺劝。贾政那里肯听？说道：“你们问问他干的勾当，可饶不可饶！素日皆是你们这些人把他酿坏了，到这步田地，还来劝解！明日酿到他弑父弑君，你们才不劝不成？”……贾政还欲打时，早被王夫人抱住板子。贾政冷笑道：“我养了这不肖的孽障，我已不孝；平昔教训他一番，又有众人护持；不如趁今日结果了他的狗命，以绝将来之患！”说着，便要绳来勒死。正没开交处，忽听丫鬟来说：“老太太来了——”一言未了，只听窗外颤巍巍的声气说道：“先打死我，再打死他，就干净了！”

贾政见母亲来了，又急又痛，连忙迎出来。贾母便冷笑两声道：“你也不必和我赌气，你的儿子，自然你要打就打。想来你也厌烦我们娘儿们，不如我们早离了你，大家干净！”说着，便令人：“去看轿！——我和你太太、宝玉儿立刻回南京去！”

第三十四回

情中情因情感妹妹　错里错以错劝哥哥

宝玉便命晴雯来，吩咐道：“你到林姑娘那里，看他做什么呢。他要问我，只说我好了。”晴雯道：“白眉赤眼儿的，作什么去呢？到底说句话儿，也象件事啊。”宝玉道：“没有什么可说的么。”晴雯道：“或是送件东西，或是取件东西；不然，我去了，怎么搭赸呢？”宝玉想了一想，便伸手拿了两条旧绢子，撂与晴雯，笑道：“也罢，就说我叫你送这个给他去了。”晴雯道：“这又奇了，他要这半新不旧的两条绢子？他又要恼了，说你打趣他。”宝玉笑道：“你放心，他自然知道。”

这黛玉体贴出绢子的意思来，不觉神痴心醉，想到“宝玉能领会我这一番苦意，又令我可喜。我这番苦意，不知将来可能如意不能，又令我可悲。要不是这个意思，忽然好好的送两块帕子来，竟又令我可笑了。再想到私相传递，又觉可惧。他既如此，我却每每烦恼伤心，反觉可愧……。”如此左思右想，一时五内沸然。由不得余意缠绵，便命掌灯，也想不起嫌疑避讳等事，研墨蘸笔，便向那两块旧帕上写道：

眼空蓄泪泪空垂，暗洒闲抛更向谁？
尺幅鲛绡劳惠赠，为君那得不伤悲！

第三十五回
白玉钏亲尝莲叶羹　黄金莺巧结梅花络

第三十六回
绣鸳鸯梦兆绛芸轩　识分定情悟梨香院

那宝玉素日本就懒与士大夫诸男人接谈，又最厌峨冠礼服贺吊往还等事；今日得了（贾母叫他着实将养几个月不见外人）这句话，越发得意了，不但将亲戚朋友一概杜绝了，而且连家庭中晨昏定省，一发都随他的便了。日日只在园中游玩坐卧。或如宝钗辈有时见机劝导，反生起气来，只说："好好的一个清净洁白女子，也学的钓名沽誉，入了国贼禄鬼之流！这总是前人无故生事，立意造言，原为引导后世的须眉浊物。不想我生不幸，亦且琼闺绣阁中亦染此风，真真有负天地钟灵毓秀之德了！"众人见他如此，也都不向他说正经话了。独有黛玉自幼儿不曾劝他去立身扬名，所以深敬黛玉。

宝玉在梦中喊骂，说："和尚道士的话如何信得？什么'金玉姻缘'？我偏说'木石姻缘'！"

宝玉道："人谁不死？只要死的好。那些须眉浊物只听见'文死谏''武死战'这二死是大丈夫的名节，便只管胡闹起来；那里知道有昏君方有死谏之臣，只顾他邀名，猛拚一死，将来置君父于何地？必定有刀兵，方有死战，他只顾图汗马之功，猛拼一死，将来弃国于何地？——"袭人不等说完，便道："古时候儿这些人也因出于不得已他才死啊！"宝玉道："那武将要是疏谋少略的，他自己无能，白送了性命，这难道也是不得已么？那文官更不比武官了：他念两句书，记在心里，若朝廷少有瑕疵，他就胡弹乱谏，邀忠烈之名；倘有不合，浊气一涌，即时拚死，这难道也是不得已？可知那些死的，都是沽名钓誉，并不知君臣的大义。”

第三十七回
秋爽斋偶结海棠社　蘅芜院夜拟菊花题

第三十八回
林潇湘魁夺菊花诗　薛蘅芜讽和螃蟹咏

第三十九回
村姥姥是信口开河　情哥哥偏寻根究底

平儿悄声告诉（袭人）道：“这个月的月钱，我们奶奶早已支了，放给人使呢。等别处利钱收了来，凑齐了才放呢。”袭人笑道：“他难道还短钱使？还没个足厌？何苦还操这心？”平儿笑道：“何曾不是呢！他这几年，只拿着这一项银子翻出有几百来了。他的公费月例又使不着，十两八两零碎攒了，又放出去，单他这体己利钱，一年不到，上千的银子呢！”袭人笑道：“拿着我们的钱，你们主子奴才赚利钱，哄的我们呆等着！”……

周瑞家的道：“早起我就看见那螃蟹了，一斤只好秤两个三个，这么两三大篓，想是有七八十斤呢。”周瑞家的又道：“要是上上下下，只怕还不够！”平儿道：“那里都吃？不过都是有名儿的吃两个子。那些散众儿的，也有摸着的，也有摸不着的。”刘姥姥道：“这样螃蟹，今年就值五分一斤，十斤五钱，五五二两五，三五一十五，再搭上酒菜，一共倒有二十多两银子。阿弥陀佛！这一顿的银子，够我们庄家人过一年了！”

贾母道：“这么大年纪了，还这么硬朗。比我大好几岁呢！我要到这个年纪，还不知怎么动不得呢。”刘姥姥笑道：“我们生来是受苦的人，老太太生来是享福的。我们要也这么着，那些庄家活也没人做了。”

第四十回
史太君两宴大观园　金鸳鸯三宣牙牌令

贾母因见窗上纱颜色旧了，说：“明儿给他把这窗上的换了。”（凤姐便谈起大板箱里的银红蝉翼纱）贾母笑向众人道：“那个纱，比你们的年纪还大呢！怪不得他认做蝉翼纱，原也有些象。正经名字叫‘软烟罗’，要是做了帐子，糊了窗屉，远远的看着，就和烟雾一样，所以叫做‘软烟罗’。”凤姐儿早命人取了一匹来了，刘姥姥也觑着眼看，口里不住的念佛，说道：“我们想做衣裳也不能，拿着糊窗子岂不可惜？”

鸳鸯笑道：“天天咱们说外头老爷们，吃酒吃饭，都有个凑趣儿的，拿他取笑儿。咱们今儿也得了个女清客了。”凤姐儿听着是说刘姥姥，便笑道："咱们今儿就拿他取个笑儿！"

第四十一回 贾宝玉品茶栊翠庵　刘姥姥醉卧怡红院

（凤姐儿）夹些茄鲞，送入刘姥姥口中，因笑道："你们天天吃茄子，也尝尝我们这茄子，弄的可口不可口。"刘姥姥笑道："别哄我了，茄子跑出这个味儿来了！我们也不用种粮食，只种茄子了。"众人笑道："真是茄子，我们再不哄你。"刘姥姥咤异道："真是茄子？我白吃了半日！姑奶奶再喂我些，这一口细嚼嚼。"凤姐儿果又夹了些放入他口内。

刘姥姥细嚼了半日，笑道："虽有一点茄子香，只是还不象是茄子。告诉我是什么法子弄的，我也弄着吃去。"凤姐儿笑道："这也不难：你把才下来的茄子，把皮刨了，只要净肉，切成碎钉子，用鸡油炸了，再用鸡肉脯子合香菌、新笋、蘑菇、五香豆腐干子、各色干果子，都切成钉儿，拿鸡汤煨干了，拿香油一收，外加糟油一拌，盛在磁罐子里，封严了；要吃的时候儿，拿出来，用炒的鸡瓜子一拌，就是了。"刘姥姥听了，摇头吐舌说："我的佛祖！倒得多少只鸡配他，怪道这个味儿！"

第四十二回
蘅芜君兰言解疑癖　潇湘子雅谑补余音

宝钗款款的告诉（黛玉）道："咱们女孩儿家不认字的倒好：男人们读书不明理，尚且不如不读书的好，何况你我？连做诗写字等事，这也不是你我分内之事。——究竟也不是男人分内之事。男人们读书明理，辅国治民，这才是好。只是如今并听不见有这样的人，读了书，倒更坏了。这并不是书误了他，可惜他把书遭塌了，所以竟不如耕种买卖，倒没有什么大害处。至于你我，只该做些针线纺绩的事才是；偏又认得几个字。既认得了字，不过拣那正经书看也罢了，最怕见些杂书，移了性情，就不可救了。"

第四十三回
闲取乐偶攒金庆寿　不了情暂撮土为香

第四十四回
变生不测凤姐泼醋　喜出望外平儿理妆

（贾琏沾了鲍二家的引起凤姐泼醋）贾母道："什么要紧的事！小孩子们年轻，馋嘴猫儿似的，那里保的住呢？从小儿人人都打这么过。——这都是我的不是，叫你多喝了两口酒，又吃起醋来了！”说的众人都笑了。

（平儿挨打受屈后）宝玉歪在床上，思及：“贾琏惟知以淫乐悦己，并不知作养脂粉。”又思：“平儿并无父母兄弟姊妹，独自一人，供应贾琏夫妇二人，贾琏之俗，凤姐之威，他竟能周全妥贴，今儿还遭荼毒，也就薄命的很了！”

（凤姐和贾琏）正说着，只见一个媳妇来回话：“鲍二媳妇吊死了。”凤姐忙收了怯色，反喝道：“死了罢了！有什么大惊小怪的！”

一时只见林之孝家的进来，悄回凤姐道：“鲍二媳妇吊死了，他娘家的亲戚要告呢！”凤姐儿冷笑道：“这倒好了，我正想要打官司呢！”林之孝家的道：“我才和众人劝了会子，又威吓了一阵，又许了他几个钱，也就依了。”凤姐儿道：“我没一个钱。——有钱也不给他！只管叫他告去。也不许劝他，也不用镇唬他，只管叫他告！——他告不成，我还问他个‘以尸诈讹’呢！”

第四十五回
金兰契互剖金兰语　风雨夕闷制风雨词

这里黛玉喝了两口稀粥，仍歪在床上。不想日未落时，天就变了，淅淅沥沥下起雨来。秋霖脉脉，阴晴不定，那天渐渐的黄昏时候了，且阴的沉黑，兼着那雨滴竹梢，更觉凄凉。知宝钗不能来了，便在灯下随便拿了一本书，却是《乐府杂稿》，有“秋闺怨”“别离怨”等词。黛玉不觉心有所感，不禁发于章句，遂成《代别离》一首，拟《春江花月夜》之格，乃名其词为“秋窗风雨夕”。词曰：

秋花惨淡秋草黄，耿耿秋灯秋夜长；
已觉秋窗秋不尽，那堪风雨助凄凉！
…………
谁家秋院无风入？何处秋窗无雨声？
…………
不知风雨几时休，已教泪洒窗纱湿。

吟罢搁笔，方欲安寝，丫鬟报说：“宝二爷来了。”一语未尽，只见宝玉头上戴着大箬笠，身上披着蓑衣，——黛玉不觉笑道：“那里来的这么个渔翁？”宝玉忙问：“今儿好？吃了药了没有？今儿一日吃了多少饭？”一面说，一面摘了笠，脱了蓑，一手举起灯来，一手遮着灯儿，向黛玉脸上照了一照，觑着瞧了一瞧，笑道：“今儿气色好了些。”

第四十六回 尴尬人难免尴尬事　鸳鸯女誓绝鸳鸯偶

邢夫人悄悄向凤姐儿道：“老爷因看上了老太太屋里的鸳鸯，要他在房里，叫我和老太太讨去。我想这倒是常有的事，就怕老太太不给。你可有法子办这件事么？”凤姐儿忙陪笑道：“依我说，竟别碰这个钉子去。老太太常说老爷：‘如今上了年纪，做什么左一个右一个的，放在屋里？放着身子不保养，官儿也不好生做，成日和小老婆喝酒。’”邢夫人冷笑道：“大家子三房四妾的也多，偏咱们就使不得？我劝了也未必依。就是老太太心爱的丫头，这么胡子苍白了又做了官的一个大儿子，要了做屋里人，也未必好驳回的。”

鸳鸯红着脸，向平儿冷笑道：“别说大老爷要我做小老婆，就是太太这会子死了，他三媒六证的娶我去做大老婆，我也不能去！纵到了至急为难，我剪了头发做姑子去；不然，还有一死。一辈子不嫁男人，又怎么样？乐得干净呢！”正说着，只见他嫂子从那边走来，笑道：“我细细的告诉你。——可是天大的喜事！”

鸳鸯听说，立起身来，照他嫂子脸上下死劲啐了一口，指着骂道：“怪道成日家羡慕人家的丫头做了小老婆，一家子都仗着他横行霸道的，一家子都成了小老婆了！看的眼热了，也把我送在火炕里去。”一面骂，一面哭。平儿袭人拦着劝他。

贾赦恼起来，因说道：“‘自古嫦娥爱少年’，他必定嫌我老了，大约他恋着少爷们，多半是看上了宝玉。——只怕也有贾琏。若有此心，叫他早早歇了，我要他不来，以后谁敢收他？这是一件。第二件，想着老太太疼他，将来外边聘个正头夫妻去。叫他细想：凭他嫁到了谁家，也难出我的手心；除非他死了，或是终身不嫁男人，我就服了他！”

第四十七回
呆霸王调情遭苦打　冷郎君惧祸走他乡

第四十八回
滥情人情误思游艺　慕雅女雅集苦吟诗

平儿道："今年春天，老爷不知在那个地方看见几把旧扇子，立刻叫人各处搜求。谁知就有个不知死的冤家，混号儿叫做石头呆子，穷的连饭也没的吃，偏偏他家就有二十把旧扇子，死也不肯拿出大门来。二爷好容易烦了多少情，见了这个人，说之再三，他把二爷请了到他家里坐着，拿出这扇子来，略瞧了一瞧，据二爷说，原是不能再得的，全是湘妃、棕竹、麋鹿、玉竹的，皆是古人写画真迹。回来告诉了老爷，便叫买他的，要多少银子给他多少。偏那石呆子说：'我饿死冻死，一千两银子一把，我也不卖。'老爷天天骂二爷没能为。石呆子只是不卖，只说：'要扇子先要我的命！'谁知那雨村没天理的听见了，便设了法子，讹他拖欠官银，拿他到了衙门里去，说：'所欠官银，变卖家产赔补。'把这扇子抄了来，做了官价，送了来。那石呆子如今不知是死是活。"

第四十九回
琉璃世界白雪红梅　脂粉香娃割腥啖膻

此时大观园中，比先又热闹了多少：李纨为首，余者迎春、探春、惜春、宝钗、黛玉、湘云、李纹、李绮、宝琴、邢岫烟，再添上凤姐儿和宝玉，一共十三人。叙起年庚，除李纨年纪最长，凤姐次之，余者皆不过十五六七岁。

正说着，只见宝琴来了，披着一领斗篷，金翠辉煌，不知何物。宝钗忙问："这是那里的？"宝琴笑道："因下雪珠儿，老太太找了这一件给我的。"香菱上来瞧道："怪道这么好看，原来是孔雀毛织的。"湘云笑道："那里是孔雀毛？就是野鸭子头上的毛做的。可见老太太疼你了：这么着疼宝玉，也没给他穿。"宝钗笑道："真是俗语说的，'各人有各人的缘法'，我也想不到他这会子来；既来了，又有老太太这么疼他。"湘云道："你除了在老太太跟前，就在园里：来这两处，只管玩笑吃喝。到了太太屋里，若太太在屋里，只管和太太说笑，多坐一回无妨；若太太不在屋里，你别进去，那屋里人多心坏，都是要咱们的。"说的宝钗、宝琴、香菱、莺儿等都笑了。宝钗笑道："说你没心却有心，——虽然有心，到底嘴太直了。我们这琴儿，今儿你竟认他做亲妹妹罢。"湘云又瞅了宝琴笑道："这一件衣裳也只配他穿，别人穿了实在不配。"

正说着，只见他（宝玉）屋里的小丫头子送了猩猩毡斗篷来，又说："大奶奶才打发人来说：下了雪，要商议明日请人做诗呢。"一语未了，只见李纨的丫头走来请黛玉。宝玉便邀着黛玉同往稻香村来。黛玉换上掐金挖云红香羊皮小靴，罩了一件大红羽绉面白狐狸皮的鹤氅，系一条青金闪绿双环四合如意绦，上罩了雪帽，二人一齐踏雪行来，只见众姊妹都在那里；都是一色大红猩猩毡与羽毛缎斗篷，独李纨穿一件哆罗呢对襟褂子，薛宝钗穿一件莲青斗纹锦上添花洋线番羓丝的鹤氅。

湘云笑道："快商议做诗！我听听是谁的东家？"李纨道："我的主意。想来昨儿的正日已自过了，再等正日还早呢，可巧又下雪，不如咱们大家凑个热闹，又给他们接风，又可以做诗。""芦雪广好，我已经打发人笼地炕去了，咱们大家拥炉做诗。"

到了次日清早，宝玉因心里惦记着，这一夜没好生得睡，天亮了，就爬起来掀起帐子一看，虽然门窗尚掩，只是窗上光辉夺目，心内早踌躇起来，埋怨定是晴了，日光已出。一面忙起来揭起窗屉，从玻璃窗内往外一看，原来不是日光，竟是一夜的雪，下的将有一尺厚，天上仍是搓绵扯絮一般。

宝玉此时喜欢非常，忙唤起人来，盥漱已毕，只穿一件茄色哆罗呢狐狸皮袄，罩一件海龙小鹰膀褂子，束了腰，披上玉针蓑，带了金藤笠，登上沙棠屐，忙忙的往芦雪广来。出了院门，四顾一望，并无二色，远远的是青松翠竹，自己却似装在玻璃盆内一般。于是走至山坡之下。顺着山脚，刚转过去，已闻得一股寒香扑鼻，回头一看，却是妙玉那边栊翠庵中有十数枝红梅，如胭脂一般，映着雪色，分外显得精神，好不有趣。

宝玉便立住，细细的赏玩了一回方走。只见蜂腰板桥上一个人打着伞走来，是李纨打发了请凤姐儿去的人。宝玉来至芦雪广，只见丫头婆子正在那里扫雪开径。原来这芦雪广盖在一个傍山临水河滩之上，一带几间茅檐土壁，槿篱竹牖，推窗便可垂钓，四面皆是芦苇掩覆，一条去径，逶迤穿芦度苇过去，便是藕香榭的竹桥了。众丫头婆子见他披蓑带笠而来，都笑道："我们才说正少一个渔翁，如今果然全了。姑娘们吃了饭才来呢！你也太性急了。"

宝玉听了，只得回来。刚至沁芳亭，见探春正从秋爽斋出来，围着大红猩猩毡的斗篷，带着观音兜，扶着个小丫头，后面一个妇人打着一把青绸油伞。宝玉知道他往贾母处去，遂站在亭边；等他来到，二人一同出园前去。

宝琴正在里间房内梳洗更衣。一时众姐妹来齐，宝玉只嚷饿了，连连催饭。好容易等摆上饭来，头一样菜是牛肉蒸羊羔，贾母就说："这是我们有年纪人的药，没见天日的东西，可惜你们小孩子吃不得。今儿另外有新鲜鹿肉，你们等着吃罢。”众人答应了。宝玉却等不得，只拿茶泡了一碗饭，就着野鸡瓜子，忙忙的爬拉完了。贾母道：“我知道你们今儿又有事情，连饭也不顾吃了。”就叫：“留着鹿肉给他晚上吃罢。”凤姐儿忙说：“还有呢，吃残了的倒罢了。”湘云就和宝玉计较道：“有新鹿肉，不如咱们要一块，自己拿了园里弄着，又吃又玩。”宝玉听了，真和凤姐要了一块，命婆子送进园去。

一时，大家散后，进园齐往芦雪广来，听李纨出题限韵。独不见湘云宝玉二人。黛玉道：“他两个人再到不得一处；要到了一处，生出多少事来。这会子一定算计那块鹿肉去了。”正说着，只见李婶娘也走来看热闹，因问李纨道：“怎么那一个带玉的哥儿和那一个挂金麒麟的姐儿，那样干净清秀，又不少吃的，他两个在那里商议着要吃生肉呢，说的有来有去的。我只不信，肉也生吃得的？”

众人听了，都笑道：“了不得！快拿了他两个来。”黛玉笑道：“这可是云丫头闹的。我的卦再不错。”李纨即忙出来，找着他两个，说道：“你们两个要吃生的，我送你们到老太太那里吃去，那怕一只生鹿，撑病了不与我相干。——这么大雪，怪冷的，快替我做诗去罢。”宝玉忙笑道：“没有的事！我们烧着吃呢。”李纨道：“这还罢了。”只见老婆子们拿了铁炉、铁叉、铁丝蒙来，李纨道：“留神，割了手不许哭！”

一时，只见凤姐儿也披了斗篷走来，笑道：“吃这样好东西，也不告诉我！”说着，也凑在一处吃起来。黛玉笑道：“那里找这一群花子去！罢了，罢了！今日芦雪广遭劫，生生被云丫头作践了。我为芦雪广一大哭。”湘云冷笑道：“你知道什么！‘是真名士自风流’，你们都是假清高，最可厌的。我们这会子腥的膻的大吃大嚼，回来却是锦心绣口。”宝钗笑道：“你回来若做的不好了，把那肉掏出来，就把这雪压的芦苇子揌上些，以完此劫！”

说着，一齐来至地炕屋内，只见杯盘果菜俱已摆齐了，墙上已贴出诗题、韵脚、格式来了。宝玉湘云二人忙看时，只见题目是：“‘即景联句’，五言排律一首，限‘二萧’韵。”后面尚未列次序。

第五十回
芦雪广争联即景诗　暖香坞雅制春灯谜

话说薛宝钗道：“倒底分个次序，让我写出来。”说着，便令众人拈阄为序。凤姐儿道：“既这么说，我也说一句在上头。”众人都笑起来了，说：“这么更妙了。”凤姐儿想了半天，笑道：“你们别笑话我，我只有了一句粗话，可是五个字的，剩下的我就不知道了。”众人都笑道：“越是粗话越好。你说了，就只管干正事去罢。”凤姐儿笑道：“想下雪必刮北风，昨夜听见一夜的北风，我有一句，这一句就是‘一夜北风紧’，使得使不得，我就不管了。”众人听说，都相视笑道：“这句虽粗，不见底下的，这正是会作诗的起法。不但好，而且留了写不尽的多少地步与后人。就是这句为首，稻香老农快写上，续下去。”李纨就写了：

一夜北风紧，开门雪尚飘！

…………

李纨笑道：“逐句评去，却还一气，只是宝玉又落了第了。”宝玉笑道：“我原不会联句，只好担待我罢。”李纨笑道：“也没有社社担待的：又说‘韵险’了，又整悮了，又‘不会联句’！今日必罚你。我才看见栊翠庵的红梅有趣，我要折一枝来插瓶，可厌妙玉为人，我不理他，如今罚你取一枝来，插着玩儿。”众人都道：“这罚的又雅又有趣！”

宝玉也乐为，答应着就要走，湘云黛玉一起说道：“外头冷得很，你且吃杯热酒再去。”于是湘云早热起壶酒来了。黛玉递了个大杯，满斟了一杯，湘云笑道：“你吃了我们这酒，要取不来，加倍罚你！”宝玉忙吃了一杯，冒雪而去。

（李纨）笑道：“回来该吟红梅了。”宝钗笑道：“回来罚宝玉。他说不会联句，如今就叫他自己做去。”湘云忙道：“有个好题目命他做。”众人问：“何题？”湘云道：“命他就做‘访妙玉乞红梅’，岂不有趣？”众人听了，都说：“有趣！”

一语未了，只见宝玉笑欣欣擎了一枝红梅进来。众丫鬟忙已接过，插入瓶内。众人都过来赏玩。湘云且告诉宝玉方才的诗题，又催宝玉快做。宝玉道：“好姐姐好妹妹们，让我自己用韵罢，别限韵了。”众人都说：“随你做去罢。”

一面说，一面大家看梅花。真乃花吐胭脂，香欺兰蕙。各各称赏。

贾母来至室中，先笑道：“好俊梅花！你们也会乐，我也不饶你们！”因问：“你们作什么玩呢？”众人便说：“做诗呢。”贾母道：“有做诗的，不如做些灯谜儿，大家正月里好玩。”众人答应。

说笑了一会，贾母便说：“这里潮湿，你们别久坐，仔细着了凉。倒是你四妹妹那里暖和，我们到那里瞧瞧他的画儿，赶年可能有了不能。”众人笑道：“那里能年下就有了？只怕明年端阳才有呢。”贾母道：“这还了得！他竟比盖这园子还费工夫了。”……

他一行说，众人一行笑。凤姐儿也不等贾母说话，便命人抬过轿来，贾母笑着挽了凤姐儿的手，仍上了轿，带着众人，说笑出了夹道东门，一看，四面粉妆银砌。忽见宝琴披着凫靥裘，站在山坡背后遥等；身后一个丫鬟，抱着一瓶红梅。众人都笑道：“怪道少了两个，他却在这里等着，——也弄梅花去了！”贾母喜的忙笑道：“你们瞧，这雪坡儿上，配上他这个人物儿，又是这件衣裳，后头又是这梅花，象个什么？”众人都笑道：“就象老太太屋里挂的仇十洲画的‘艳雪图’。”贾母摇头笑道：“那画的那里有这件衣裳？人也不能这样好！”

一语未了，只见宝琴身后又转出一个穿大红猩猩毡的人来。贾母道：“那又是那个女孩儿？”众人笑道：“我们都在这里，那是宝玉。”贾母笑道：“我的眼越发花了。”说话之间，来至跟前，可不是宝玉和宝琴两个？宝玉笑向宝钗黛玉等道：“我才又到了栊翠庵，妙玉竟每人送你们一枝梅花，我已经打发人送去了。”众人都笑说：“多谢你费心。”

第五十一回
薛小妹新编怀古诗　胡庸医乱用虎狼药

第五十二回
俏平儿情掩虾须镯　勇晴雯病补孔雀裘

贾母道："下雪呢么？"宝玉道："天阴着，还没下呢！"贾母便命鸳鸯来，"把昨儿那一件孔雀毛的氅衣给他罢。"鸳鸯答应走去，果取了一件来。宝玉看时，金翠辉煌，碧彩烟灼，又不似宝琴所披之凫靥裘。只听贾母笑道："这叫做'雀金呢'，这是俄罗斯国拿孔雀毛拈了线织的。前儿那件野鸭子的，给了你小妹妹，这件给你罢。"宝玉磕了一个头，便披在身上。

晴雯方才又闪了风，着了气，反觉更不好了。翻腾至掌灯，刚安静了些，只见宝玉回来，进门就嗐声顿脚。麝月忙问原故，宝玉道："今儿老太太喜喜欢欢的给了这件褂子，谁知不防，后襟子上烧了一块，幸而天晚了，老太太、太太都不理论。"一面脱下来，麝月瞧时，果然有指顶大的烧眼，说："这必定是手炉里的火迸上了。这不值什么，赶着叫人悄悄拿出去叫个能干织补匠人织上就是了。"

晴雯听了半日，忍不住，翻身说道："拿来我瞧瞧罢！没那福气穿就罢了！这会子又着急。"宝玉笑道："这话倒说的是。"说着，便递给晴雯，又移过灯来，细瞧了一瞧。晴雯道："这是孔雀金线的。如今咱们也拿孔雀金线，就象界线似的界密了，只怕还可混的过去。"麝月笑道："孔雀线现成的，但这里除你，还有谁会界线？"晴雯道："说不的我挣命罢了！"

宝玉忙道："这如何使得？才好了些，如何做得活！"晴雯道："不用你蝎蝎螫螫的，我自知道。"一面说，一面坐起来，挽了一挽头发，披了衣裳，只觉头重身轻，满眼金星乱迸，实实掌不住。待不做，又怕宝玉着急，少不得狠命咬牙挨着。便命麝月只帮着拈线。晴雯先拿了一根比一比，笑道："这虽不很象，要补上也不很显。"宝玉道："这就很好，那里又找俄罗斯国的裁缝去？"晴雯先将里子拆开，用茶杯口大小一个竹弓钉绷在背面，再将破口四边用金刀刮的散松松的，然后用针缝了两条，分出经纬，亦如界线之法，先界出地子来，后依本纹来回织补。补两针，又看看；织补不上三五针，便伏在枕上歇一会。宝玉在旁，一时又问："吃些滚水不吃？"一时又命："歇一歇。"一时又拿一件灰鼠斗篷替他披在背上，一时又拿个枕头给他靠着。急的晴雯央道："小祖宗，你只管睡罢，再熬上半夜，明儿眼睛抠搂了，那可怎么好？"

宝玉见他着急，只得胡乱睡下，仍睡不着。一时只听自鸣钟已敲了四下，刚刚补完。麝月道："这就很好，要不留心，再看不出的。"宝玉忙要了瞧瞧，笑道："真真一样了。"晴雯已嗽了几声，好容易补完了，说了一声："补虽补了，到底不象，——我也再不能了！""嗳哟"了一声，就身不由主睡下了。

第五十三回

宁国府除夕祭宗祠　荣国府元宵开夜宴

当下已是腊月，离年日近，王夫人和凤姐儿治办年事。

贾珍那边开了宗祠，只见小厮手里拿着一个禀帖，并一篇账目，回说："黑山村乌庄头来了。"贾珍道："这个老砍头的！今儿才来！"贾蓉接过禀帖和账目，忙展开捧着，贾珍倒背着两手，向贾蓉手内看去，只见上面写着：

> 大鹿三十只，獐子五十只，麅子五十只，暹猪二十个，汤猪二十个，龙猪二十个，野猪二十个，家腊猪二十个，野羊二十个，青羊二十个，家汤羊二十个，家风羊

二十个，鲟鳇鱼二百个，各色杂鱼二百斤，活鸡、鸭、鹅各二百只，风鸡、鸭、鹅二百只，野鸡野猫各二百对，熊掌二十对，鹿筋二十斤，海参五十斤，鹿舌五十条，牛舌五十条，蛏干二十斤，榛、松、桃、杏瓤各二口袋，大对虾五十对，干虾二百斤，银霜炭上等选用一千斤，中等二千斤，柴炭三万斤，御田胭脂米二担，碧糯五十斛，白糯五十斛，粉秔五十斛，杂色粱谷各五十斛，下用常米一千担，各色干菜一车，外卖粱谷牲口各项折银二千五百两。外门下孝敬哥儿玩意儿，活鹿两对，白兔四对，黑兔四对，活锦鸡两对，西洋鸭两对。

贾珍道："我才看那单子上，今年你这老货又来打擂台来了。"乌进孝忙进前两步回道："回爷说：今年年成实在不好。从三月下雨，接连着直到八月，竟没有一连晴过五六日；九月一场碗大的雹子，方近二三百里地方，连人带房，并牲口粮食，打伤了上千上万的：所以才这样。小的并不敢说谎。"贾珍绉眉道："我算定你至少也有五千银子来，这够做什么的？如今你们一共只剩了八九个庄子，今年倒有两处报了旱潦，你们又打擂台，真真是叫别过年了！"乌进孝道："爷的这地方还算好呢！我兄弟离我那里只一百多地，竟又大差了。他现管着那府八处庄地，比爷这边多着几倍，今年也是这些东西，不过二三千两银子，也是有饥荒打呢！"贾珍道："正是呢。我这边倒可已，没什么外项大事，不过是一年的费用。比不得那府里，这几年添了许多花钱的事，一定不可免是要花的，却又不添些银子产业。这一二年里赔了许多，不和你们要，找谁去？"

第五十四回
史太君破陈腐旧套　王熙凤效戏彩斑衣

贾母笑道："这些书就是一套子，左不过是些佳人才子，最没趣儿。把人家女儿说的这么坏，还说是'佳人'！编的连影儿也没有了。开口都是乡绅门第，父亲不是尚书，就是宰相。一个小姐，必是爱如珍宝。这小姐必是通文知礼，无所不晓，竟是'绝代佳人'，——只见了一个清俊男人，不管是亲是友，想起他的'终身大事'来，父母也忘了，书也忘了，鬼不成鬼，贼不成贼，那一点儿象个佳人？就是满腹文章，做出这样事来，也算不得是佳人了！比如一个男人家，满腹的文章，去做贼，难道那王法看他是个才子，就不入贼情一案了不成？"

第五十五回
辱亲女愚妾争闲气　欺幼主刁奴蓄险心

（探春舅舅去世，李纨赏银四十两，探春却减为二十两）赵姨娘气的问（探春）道："你不当家，我也不来问你。你如今现在说一是一，说二是二！如今你舅舅死了，你多给了二三十两银子，难道太太就不依你？分明太太是好太太，都是你们尖酸刻薄！如今没有长翎毛儿就忘了根本，只'拣高枝儿飞'去了。"

探春没听完，气的脸白气噎，越发呜呜咽咽的哭起来。因问道：

“谁是我舅舅？我舅舅早升了九省的检点了！那里又跑出一个舅舅来？谁不知道我是姨娘养的，必要过两三个月寻出由头来，彻底来翻腾一阵，怕人不知道，故意表白表白！也不知道是谁给谁没脸！”

凤姐儿（向平儿）笑道：“好，好，好！好个三姑娘！我说不错。——只可惜他命薄，没托生在太太肚里。但只女孩儿，却比不得儿子，将来作亲时，如今有一种轻狂人，先要打听姑娘是正出是庶出，多有为庶出不要的。”说着，又向平儿笑道：“你知道我这几年生了多少省俭的法子，一家子大约也没个背地里不恨我的。我如今也是‘骑上老虎’了，虽然看破些，无奈一时也难宽放。二则家里出去的多，进来的少，凡有大小事儿，仍是照着老祖宗手里的规矩，却一年进的产业，又不及先时多；省俭了，外人又笑话，老太太、太太也受委屈，家下也抱怨克薄。若不趁早儿料理省俭之计，再几年就都赔尽了！”

第五十六回
敏探春兴利除宿弊　贤宝钗小惠全大体

（探春和李纨宝钗平儿商议兴利除弊之事）宝钗道：“你才办了两天事，就利欲熏心，把朱子都看虚浮了。你再出去，见了那些利弊大事，越发连孔子也都看虚了呢！”探春笑道：“你这样一个通人，竟没看见姬子书？当日姬子有云：‘登利禄之场，处运筹之界者，穷尧舜之词，背孔孟之道，……’”

探春道：“咱们这个园子，一年就有四百银子的利息。不如在园子里所有的老妈妈中，拣出几个老成本分、能知园圃的，派他们收拾料理。”李纨道：“好主意！使之以权，动之以利，再无不尽职的了。”宝钗道：“幸于始者怠于终，善其辞者嗜其利。”探春点头称赞，便向（婆子的）册上指出几个来与他三人看。探春与李纨明示诸人：某人管某处，“按四季，除家中定例用多少外，余者任凭你们采取去取利，年终算账。”平儿笑道：“这几宗虽小，一年也省的下四百多银子。”宝钗笑道：“一年四百，二年八百两，打租的房子也能多买几间，薄沙地也可以添几亩了。虽然还有敷余，但他们既辛苦了一年，也要叫他们剩些，粘补自家。虽是兴利节用为纲，然也不可太过，要再省上二三百银子，凡有些余利的，一概入了官中，那时里外怨声载道，岂不失了你们这样人家的大体？（宝钗要管理园子的妈妈们拿出若干吊钱来，单散与不得管地的园中的妈妈们）宝钗道：“你们是三四代的老妈妈，最是循规蹈矩，原该大家齐心顾些体统。我如今替你们想出这个额外的进益来，也为的是大家齐心，把这园里周全得谨谨慎慎的。”

第五十七回 慧紫鹃情辞试莽玉　慈姨妈爱语慰痴颦

紫鹃已宽衣卧下之时，悄向黛玉笑道：“宝玉的心倒实，听见咱们去，就这么病起来。”黛玉不答。紫鹃停了半晌，自言自语的说道：“别的都容易，最难得的是从小儿一处长大，脾气情性都彼此知道的了。……公子王孙虽多，那一个不是三房五妾，今儿朝东，明儿朝西？娶一个天仙来，也不过三夜五夜，也就撂在脖子后头了。甚至于怜新弃旧，反目成仇的，多着呢！娘家有人有势的，还好；要象姑娘这样的，有老太太一日，好些，一日没了老太太，也只是凭人去欺负罢了。所以说，拿主意要紧。姑娘是个明白人，没听见俗语说的‘万两黄金容易得，知心一个也难求’！”

（宝钗遇见邢岫烟）宝钗笑问他：“这天还冷得很，你怎么倒全换了夹的了？”岫烟道：“因姑妈打发人和我说道：一个月用不了二两银子，叫我省一两给爹妈送出去。……因此，一月二两银子还不够使，如今又去了一两。前日我悄悄的把棉衣服叫人当了几吊钱盘缠。”宝钗道：“你且回去，把那当票子叫丫头送来我那里，悄悄的取出来，晚上再悄悄的送给你去，早晚好穿；不然，风闪着还了得！——但不知当在那里了？”岫烟道：“叫做什么恒舒，是鼓楼西大街的。”

宝钗笑道：“这闹在一家去了！伙计们倘或知道了，好说‘人没过来，衣裳先来了’。”[1]

第五十八回
杏子阴假凤泣虚凰　茜纱窗真情揆痴理

第五十九回
柳叶渚边嗔莺叱燕　绛芸轩里召将飞符

1　因邢岫烟是薛蝌的未婚妻故有此说。

第六十回
茉莉粉替去蔷薇硝　玫瑰露引出茯苓霜

（贾环从芳官处取得茉莉粉误作蔷薇硝，交与彩云，为彩云识破）赵姨娘便（对贾环）说："有好的给你？谁叫你要去了？怎么怨他们要你！依我，拿了去照脸摔给他去。趁着这会子，撞丧的撞丧去了，挺床的挺床，吵一出子，大家别心净，也算是报报仇。……"

第六十一回
投鼠忌器宝玉瞒赃　判冤决狱平儿行权

柳家的说道："你们深宅大院，'水来伸手，饭来张口'，只知鸡蛋是平常东西，那里知道外头买卖的行市呢？我劝他们，细米白饭，每日肥鸡大鸭子，将就些儿也罢了。大厨房里预备老太太的饭，把天下所有的菜蔬，用水牌写了，天天转着吃。"

（柳五儿被诬偷窃）凤姐吩咐："将他娘打四十板子，撵出去，永不许进二门；把五儿打四十板子，立刻交给庄子上，或卖或配人。"

平儿道："何苦来操这心？'得放手时须放手'。"

第六十二回
憨湘云醉眠芍药裀　呆香菱情解石榴裙

这些人因贾母王夫人不在家，没了管束，便任意取乐，呼三喝四，喊七叫八，满厅中红飞翠舞，玉动珠摇，真是十分热闹。玩了一回，大家方起席散了。却忽然不见了湘云。只当他外头自便就来，谁知越等越没了影儿。使人各处去找，那里找的着？

正说着，只见一个小丫头笑嘻嘻的走来，说："姑娘们快瞧，云姑娘吃醉了，图凉快，在山子后头一块青石板磴上睡着了！"众人听说，都笑道："快别吵嚷。"说着，都走来看时，果见湘云卧于山石僻处一个石磴子上，业经香梦沉酣，四面芍药花飞了一身，满头脸衣襟上皆是红香散乱。手中的扇子在地下，也半被落花埋了，一群蜜蜂蝴蝶闹嚷嚷的围着。又用鲛帕包了一包芍药花瓣枕着。众人看了，又是爱，又是笑，忙上来推唤搀扶。湘云口内犹作睡语说酒令，嘟嘟囔囔说："泉香酒洌，……醉扶归，——宜会亲友。"众人笑推他说道："快醒醒儿，吃饭去。这潮磴上还睡出病来呢！"

第六十三回
寿怡红群芳开夜宴　死金丹独艳理亲丧

话说宝玉回至房中洗手，因和袭人商议："晚间吃酒，大家取乐，不可拘泥。如今吃什么好？早说给他们备办去。"袭人笑道：

“你放心，我和晴雯、麝月、秋纹四个人，每人五钱银子，共是二两；芳官、碧痕、春燕、四儿四个人，每人三钱银子，他们告假的不算：共是三两二钱银子，早已交给了柳嫂子，预备四十碟果子。我和平儿说了，已经抬了一罐好绍兴酒，藏在那边了。我们八个人，单替你做生日。”

芳官吃得两腮胭脂一般，眉梢眼角，添了许多丰韵，身子图不得，便睡在袭人身上，说：“姐姐，我心跳的很。”袭人笑道：“谁叫你尽力灌呢！”春燕四儿也图不得，早睡了，晴雯还只管叫。宝玉道：“不用叫了，咱们且胡乱歇一歇。”自己便枕了那红香枕，身子一歪，就睡着了。袭人见芳官醉的很，恐闹他吐酒，只得轻轻起来，就将芳官扶在宝玉之侧，由他睡了，自己却在对面榻上倒下，大家黑甜一觉，不知所之。

忽见东府里几个人，慌慌张张跑来，说：“老爷宾天了！”众人听了，吓了一大跳，忙都说：“好好的并无疾病，怎么就没了！”家人说：“老爷天天修炼，定是功成圆满，升仙去了。”[1]尤氏一闻此言，又见贾珍父子并贾琏等皆不在家，一时竟没个着己的男子来，只得命人先到玄真观将所有的道士都锁了起来，等大爷来家审问；一面忙忙坐车，带了赖升一干老人媳妇出城。

尤氏不能回家，便将他继母接来，在宁府看家。这继母只得将两个未出嫁的女儿带来，一并住着，才放心。

贾蓉巴不得一声儿，便先骑马跑来。原来尤老安人年高喜睡，常常歪着；他二姨娘三姨娘都和丫头们做活计，见他来了，都道烦恼。贾蓉且嘻嘻的望他二姨娘笑说：“二姨娘，你又来了？我父亲正想你呢。”二姨娘红了脸，骂道：“好蓉小子！我过两日不骂你

1　贾敬服金丹被毒死。

几句，你就过不得了，越发连个体统都没了！”贾蓉笑道：“各门另户，谁管谁的事？都够使的了！从古至今，连汉朝和唐朝，人还说‘脏唐臭汉’，何况咱们这宗人家！谁家没风流事？别叫我说出来。连那边大老爷这么利害，琏二叔还和那小姨娘不干净呢！凤婶子那样刚强，瑞大叔还想他的账。——那一件瞒了我？”贾蓉只管信口开河，胡言乱道，三姐儿沉了脸，早下炕进里间屋里，叫醒尤老娘。

第六十四回

幽淑女悲题五美吟　浪荡子情遗九龙珮

宝钗道：“自古道‘女子无才便是德’，总以贞静为主，女工还是第二件。其余诗词，不过是闺中游戏，原可以会，可以不会。咱们这样人家的姑娘，倒不要这些才华的名誉。”

（再说贾琏为了偷娶尤二姐，便私下里使人去逼迫尤二姐未婚夫张华退婚）张华之祖，原当皇粮庄头，后来死去，至张华父亲时，仍充此役。因与尤老娘前夫相好，所以将张华与尤二姐指腹为婚。后来不料遭了官司，败落了家产，弄得衣食不周，那里还娶的起媳妇呢？今被贾府家人唤至，逼他与二姐儿退婚，心中虽不愿意，无奈惧怕贾珍等势焰，不敢不依，只得写了一张退婚文约。尤老娘给了二十两银子，两家退亲不提。

第六十五回 贾二舍偷娶尤二姨 尤三姐思嫁柳二郎

（兴儿应尤二姐问讯议论凤姐说）“他心里歹毒，口里尖快。”“他说一是一，说二是二，没人敢拦他。又恨不的把银子钱省下来了，堆成山，好叫老太太、太太说他会过日子。殊不知苦了下人，他讨好儿。或有好事，他就不等别人去说，他先抓尖儿。或有不好的事，或他自己错了，他就一缩头，推到别人身上去；他还在旁边拨火儿。‘嘴甜心苦，两面三刀’，‘上头笑着，脚底下就使绊子’，‘明是一盆火，暗是一把刀’：他都占全了。”

第六十六回 情小妹耻情归地府 冷二郎一冷入空门

（贾琏把尤三姐许配给柳湘莲以后，柳湘莲来问宝玉）“难道女家反赶着男家不成？我自己疑惑起来，后悔不该留下这剑作定。”宝玉道：“你原是个精细人，如何既许了定礼又疑惑起来？你原说只要一个绝色的。如今既得了个绝色的，便罢了，何必再疑？”湘莲道：“你既不知他来历，如何又知是绝色？”宝玉道：“他是珍大嫂子的继母带来的两位妹子。我在那里和他们混了一个月，怎么不知？真真一对尤物！——他又姓尤。”

湘莲听了，跌脚道：“这事不好！断乎做不得！你们东府里，除了那两个石头狮子干净罢了！”

（尤三姐自刎后），（湘莲）拭泪道：“我并不知是这等刚烈人！真真可敬！是我没福消受。”大哭一场，等买了棺木，眼看着入殓，又抚棺大哭一场，方告辞而去。出门正无所之，昏昏默默，自想方才之事：“原来这样标致人才，又这等刚烈！”自悔不及，掣出那股雄剑来，将万根烦恼丝，一挥而尽（截发入道），便随那道士，不知往那里去了。

第六十七回
见土仪颦卿思故里　闻秘事凤姐讯家童

第六十八回
苦尤娘赚入大观园　酸凤姐大闹宁国府

（凤姐命来旺唆使张华告发贾琏）“国孝家孝的里头，背旨瞒亲，仗财依势，强逼退亲，停妻再娶。”这张华也深知利害，先不敢造次。旺儿回了凤姐。凤姐气的骂道：“真是他娘的话！怨不得俗语说，‘癞狗扶不上墙’的！你细细说给他：‘就告我们家谋反也没要紧！’不过是借他一闹，大家没脸；要闹大了，我这里自然能够平服的。”

凤姐又差了庆儿暗中打听告下来了，便忙将王信唤来，告诉他此事，命他托察院，只要虚张声势，惊唬而已。又拿了三百银子给他去打点。

且说贾蓉等正忙着贾琏之事，忽有人来报信，说："有人告你们，"如此如此，这般这般，"快作道理！"贾蓉慌忙来回贾珍。贾珍说："我却早防着这一着。倒难为他这么大胆子。"即刻封了二百银子，着人去打点察院。

凤姐哭着，搬着尤氏的脸，问道："你发昏了？你的嘴里难道有茄子搴着？不就是他们给你嚼子衔上了？为什么你不来告诉我去？你要告诉了我，这会子不平安了？怎么得惊官动府，闹到这步田地？你这会子还怨他们！自古说'妻贤夫祸少'，'表壮不如里壮'，你但凡是个好的，他们怎敢闹出这些事来？"

（凤姐道）："这张华是什么人，谁知是个无赖的花子。这事原是爷做的太急了：国孝一层罪，家孝一层罪，背着父母私娶一层罪，停妻再娶一层罪。俗语说，'拚着一身剐，敢把皇帝拉下马'，他穷疯了的人，什么事做不出来？况且他又拿着这满理，不告等请不成？"

第六十九回
弄小巧用借剑杀人　觉大限吞生金自逝

那察院都和贾王两处有瓜葛，况又受了贿，只说张华无赖，以穷讹诈，状子也不收，打了一顿赶出来。庆儿在外，替张华打点，也没打重，又调唆张华，说："这亲原是你家定的，你只要亲事，官必还断给你。"于是又告。王信那边又透了消息与察院。察院便批：

“张华借欠贾宅之银，令其限内按数交还；其所定之亲，仍令其有力时娶回。”

贾蓉深知凤姐之意。——若要使张华领回，成何体统？便回了贾珍，暗暗遣人去说张华：“你如今既有许多银子，何必定要原人？若只管执定主意，岂不怕爷们一怒，寻出个由头，你死无葬身之地！你有了银子，回家去，什么好人寻不出来？你若走呢，还赏你些路费。”张华听了，心中想了一想：“这倒是好主意！”和父母商议已定，约共也得了有百金，父子次日起了五更，便回原籍去了。

贾蓉打听的真了，来回了贾母凤姐，说：“张华父子妄告不实，惧罪逃走，官府亦知此情，也不追究，大事完毕。”

凤姐听了，心中一想：“若必定着张华带回二姐儿去，未免贾琏回来，再花几个钱包占住，不怕张华不依；还是二姐儿不去，自己拉绊着还妥当，且再作道理。只是张华此去，不知何往，倘或他再将此事告诉了别人，或日后再寻出这由头来翻案，岂不是自己害了自己？原先不该如此把刀靶儿递给外人哪！”因此，后悔不迭。复又想了一个主意出来，悄命旺儿遣人寻着了他，或讹他做贼，和他打官司，将他治死，或暗使人算计，务将张华治死，方剪草除根，保住自己的名声。

凤姐虽恨秋桐[1]，且喜借他先可发脱二姐，用“借刀杀人”之法，“坐山观虎斗”，等秋桐杀了尤二姐，自己再杀秋桐。（结果是逼得尤二姐吞金自杀）

1 贾赦赏给贾琏的婢妾。

第七十回
林黛玉重建桃花社　史湘云偶填柳絮词

接着过年过节，许多杂事，竟将诗社搁起。如今仲春天气，虽得了工夫，争奈宝玉因柳湘莲遁迹空门，又闻得尤三姐自刎，尤二姐被凤姐逼死，又兼柳五儿自那夜监禁之后，病越重了：连连接接，闲愁胡恨，一重不了一重添，弄的情色若痴，语言常乱，似染怔仲之病。

正说着，见湘云又打发了翠缕来说："请二爷快出去瞧好诗。"宝玉听了，忙梳洗出去；果见黛玉、宝钗、湘云、宝琴、探春，都在那里，手里拿着一篇诗看。见他来时，都笑道："这会子还不起来！咱们的诗社散了一年，也没有一个人作兴作兴；如今正是初春时节，万物更新，正该鼓舞另立起来才好。"湘云笑道："一起诗社时是秋天，就不发达。如今却好万物逢春，咱们重新整理起这个社来，自然要有生趣了。况这首'桃花诗'又好，就把海棠社改作桃花社，岂不大妙呢？"宝玉听着点头，说："很好。"且忙着要诗看。（那黛玉做的诗）写着是：

桃花行

桃花帘外东风软，桃花帘内晨妆懒；
帘外桃花帘内人，人与桃花隔不远；
…………
风透帘栊花满庭，庭前春色倍伤情：
…………
凭栏人向东风泣，茜裙偷傍桃花立；

…………

若将人泪比桃花，泪自长流花自媚；

泪眼观花泪易干，泪干春尽花憔悴。

憔悴花遮憔悴人，花飞人倦易黄昏；

一声杜宇春归尽，寂寞帘栊空月痕！

宝玉看了，并不称赞，痴痴呆呆，竟要滚下泪来。

时值暮春之际，湘云无聊，因见柳花飘舞，便偶成一小词，调寄《如梦令》："且住，且住！莫使春光别去！"看黛玉的是一阕《唐多令》："漂泊亦如人命薄：空缱绻，说风流！"（再看宝钗的）一阕《临江仙》道："白玉堂前春解舞，东风卷得均匀。……好风凭借力，送我上青云。"众人拍案叫绝，都说："果然翻的好，自然这首为尊。"

第七十一回
嫌隙人有心生嫌隙　鸳鸯女无意遇鸳鸯

因今岁八月初三日乃贾母八旬大庆，又因亲友全来，恐筵宴排设不开，便早同贾赦及贾琏等商议：议定于七月二十八日起，至八月初五日止，宁荣两处，齐开筵宴。宁国府中单请官客，荣国府中单请堂客。大观园中，收拾出缀锦阁并嘉荫堂等几处大地方来，做退居。二十八日，请皇亲、驸马、王公、诸王、郡主、王妃、公主、国君、太君、夫人等；二十九日，便是阁府督镇及诰命等；三十日，便是诸官长及诰命并远近亲友及堂客。初一日，是贾赦的家宴；初二日，是贾政；初三日，是贾珍贾琏；初四日，是贾府中合族长幼大小共凑家宴；初五日，是赖大林之孝等家下管事人等共凑一日。

第七十二回
王熙凤恃强羞说病　来旺妇倚势霸成亲

（贾琏）向鸳鸯道："这两日，因老太太千秋，所有的几千两都使了。几处房租、地租，统在九月才得，这会子竟接不上。明儿又要送南安府里的礼，又要预备娘娘的重阳节，还有几家红白大礼，至少还得三二千两银子用，一时难去支借。俗语说的好：'求人不如求己。'说不得姐姐担个不是，暂且把老太太查不着的金银家伙，偷着运出一箱子来，暂押千数两银子，支腾过去。不上半月的光景，银子来了，我就赎了交还，断不能叫姐姐落不是。"

（贾琏央凤姐向鸳鸯借当，凤姐却要一二百银子报酬）贾琏笑道："你们太也狠了！你们这会子别说一千两的当头，就是现银子，要三五千，只怕也难不倒。我不和你们借就罢了；这会子烦你说一句话，还要个利钱，难为你们和我——"凤姐不等说完，翻身起来说道："我三千五千，不是赚的你的！如今里外上下，背着嚼说我的不少了，就短了你来说我了！可知'没家亲引不出外鬼来'。我们看着你家什么石崇邓通？把我王家的缝子扫一扫，就够你们一辈子过的了。说出来的话也不害臊！现有对证：把太太和我的嫁妆细看看，比一比，我们那一样是配不上你们的？"贾琏笑道："说句玩话儿就急了。这有什么的呢？你要使一二百两银子值什么？多的没有，这还能够。先拿进来，你使了，再说去。”

凤姐（对旺儿家的）道：“说给你男人：外头所有的账目，一概赶今年年底都收进来，少一个钱也不依。我的名声不好，再放一年，都要生吃了我呢！今儿外头也短住了，不知是谁的主意，搜寻上老太太了。明儿再过一年，便搜寻到头面衣裳，可就好了！”旺儿媳妇笑道：“那一位太太奶奶的头面衣裳折变了不够过一辈子的？只是不肯罢咧。”

（夏太监使人来借二百两银子）小太监道：“夏爷爷还说：上两回还有一千二百两银子没送来，等今年年底下，自然一齐都送过来的。”凤姐笑道：“你夏爷爷好小气。这也值的放在心里？我说一句话，不怕他多心：要都这么记清了还我们，不知要还多少了！只怕我们没有，要有，只管拿去。”……这里贾琏出来，笑道：“这一起外祟，何日是了！……昨儿周太监来，张口一千两，我略应慢了些，他就不自在。将来得罪人的地方儿多着呢。这会子再发个三五万的财就好了！”

第七十三回 痴丫头误拾绣春囊　懦小姐不问累金凤

第七十四回 惑奸谗抄检大观园　避嫌隙杜绝宁国府

（凤姐对王夫人说）："如今他们的丫头也太多了，不如趁着这个机会，以后凡年纪大些的，或有些咬牙难缠的，拿个错儿撵出去，配了人：一则保的住没有别事，二则也可省些用度。"……王夫人（对晴雯）冷笑道："好个美人儿！真象个'病西施'了。你天天作这轻狂样儿给谁看！你干的事，打量我不知道呢！我且放着你，自然明儿揭你的皮！"

于是大家商议已定，至晚饭后，王家的便请了凤姐一并进园，喝命将角门皆上锁，便从上夜的婆子处来抄拣起（因傻大姐误拾绣香囊而引起抄检大观园）……宝玉正因晴雯不自在，忽见这一干人来，不知为何。……凤姐道："丢了一件要紧的东西，大家都查一查，去疑儿。"……挨次都一一搜过，到晴雯的箱子，……袭人方欲替晴雯开时，只见晴雯挽着头发闯进来，"嘟唧"一声，将箱子掀开，两手提着底子，往地下一倒，将所有之物尽都倒出来。王善保家的也觉没趣儿，便紫胀了脸，说道："姑娘，你别生气。我们并非私自就来的，原是奉太太的命来搜察；你们叫翻呢，我们就翻一翻，不叫翻，我们还许回太太去呢。那用急的这个样子！"晴雯听了这话，越发火上浇油。

这里凤姐合王善保家的又到探春院内，……探春道："你们别忙，自然你们抄的日子有呢！你们今日早起不是议论甄家，自己盼着好好的抄家，果然今日真抄了！咱们也渐渐的来了！可知这样大族人家，若从外头杀来，一时是杀不死的。这可是古人说的，'百足之虫，死而不僵'，必须先从家里自杀自灭起来，才能一败涂地呢！"说着，不觉流下泪来。

及到了司棋箱中，……掣出一双男子的绵袜并一双缎鞋，又有一个小包袱。打开看时，里面是一个同心如意，并一个字帖儿。……那王善保家的素日并不知道他姑表姊弟有这一节风流故事，……大家都吓了一跳。

第七十五回 开夜宴异兆发悲音 赏中秋新词得佳谶

探春冷笑道："咱们倒是一家子亲骨肉呢，一个个不象乌眼鸡似的？恨不得你吃了我，我吃了你！"

贾母因问："拿稀饭来吃些罢。"尤氏早捧过一碗来，说是红稻米粥。贾母见尤氏吃的仍是白米饭，因问说："怎么不盛我的饭？"丫头们回道："老太太的饭完了。今日添了一位姑娘，所以短了些。"鸳鸯道："如今都是'可着头做帽子'了，要一点儿富余也不能的！"王夫人忙回道："这一二年旱涝不定，庄上的米都不能按数交的。这几样细米更艰难，所以都是可着吃的做。"贾母笑道："正是：'巧媳妇做不出没米儿粥来。'"众人都笑起来。

第七十六回 凸碧堂品笛感凄清 凹晶馆联诗悲寂寞

（湘云对黛玉道）："早已说今年中秋，要大家一处赏月，必要起诗社，大家联句；到今日，便扔下咱们，自己赏月去了。他们不来，咱们两个竟联起句来，明日羞他们一羞！”

正说间，只听笛韵悠扬起来。黛玉笑道：“今日老太太、太太高兴，这笛子吹的有趣。——倒是助咱们的兴趣了！咱们两个都爱五言，就还是五言排律罢。”

湘云笑道：“正是这个鹤有趣，倒助了我了！”因联道：“……寒塘渡鹤影。”黛玉听了，又叫好，又跺足，说：“了不得了，这鹤真是助他的了！……叫我对什么才好？‘影’字只有一个‘魂’字可对。况且‘寒塘渡鹤’，何等自然，何等现成，何等有景，且又新鲜！我竟要搁笔了。”湘云笑道：“大家细想就有了；不然，就放着明日再联也可。”黛玉只看天，不理他，半日，猛然笑道：“你不必捞嘴，我也有了！你听听。”因对道：“冷月葬诗魂。”湘云拍手赞道：“果然好极，非此不能对。好个‘葬诗魂’！”因又叹道：“诗固新奇，只是太颓丧了些！你现病着，不该作此过于凄清奇谲之语。”

第七十七回
俏丫鬟抱屈夭风流　美优伶斩情归水月

宝玉及到了怡红院，只见一群人在那里。王夫人在屋里坐着，一脸怒色，见宝玉也不理。晴雯四五日水米不曾沾牙，如今现打炕上拉下来，蓬头垢面的，两个女人搀架起来去了。王夫人吩咐：“把他贴身的衣服撂出去，余者留下，给好的丫头们穿。”

原来王夫人惟怕丫头们教坏了宝玉，乃从袭人起以至于极小的粗活小丫头们，个个亲自看了一遍。因问：“谁是和宝玉一日的生日？”本人不敢答言。李嬷嬷指道：“这一个蕙香，又叫做四儿的，是同宝玉一日生日的。”王夫人冷笑道：“这也是没廉耻的货！他背地里说的同日生日就是夫妻。快把他家人叫来，领出去配人。”又问：“那芳官呢？”芳官只得过来。王夫人道：“唱戏的女孩子，自然更是狐狸精了！”因喝命：“唤他干娘来领去！”吩咐：“上年凡有姑娘分的唱戏女孩子们，一概不许留在园里，都令其各人干娘带出，自行聘嫁。”

（晴雯被撵出后宝玉至其家探视）晴雯呜咽道：“有什么可说的！只是一件，我死也不甘心：我虽生得比别人好些，并没有私情勾引你，怎么一口死咬定了我是个‘狐狸精’！我今儿既担了虚名，况且没了远限，不是我说一句后悔的话：早知如此，我当日——”说到这里，气往上咽，便说不出来，两手已经冰凉。

第七十八回
老学士闲征姽婳词　痴公子杜撰芙蓉诔

贾政道：“谁知次年，便有‘黄巾’‘赤眉’一干流贼余党，复又乌合，抢掠山左一带。恒王意为犬羊之辈，不足大举，因轻骑进剿。不意贼众诡谲，两战不胜，恒王遂被众贼所戮。林四娘带领众人，连夜出城，直杀至贼营。（众贼）把林四娘等一个不曾留下，倒作成了这林四娘的一片忠心之志。大家都要做一首《姽婳词》，以志其忠义。”

说话间，宝玉、贾环、贾兰俱起身来看了题目。贾政命他三人各吊一首，（宝玉做的）诗中有云：

明年流寇走山东，强吞虎豹势如蜂；……青山寂寂水澌澌，正是恒王战死时；……不期忠义明闺阁，愤起恒王得意人。…… 贼势猖獗不可敌，柳折花残血凝碧；……何事文武立朝纲，不及闺中林四娘？……

（宝玉又为悼念晴雯作了《芙蓉女儿诔》）将那诔文即挂于芙蓉枝上，乃泣涕念曰：

"……孰料鸠鸩恶其高，鹰鸷翻遭罦罬；薋葹妒其臭，茝兰竟被芟薙！……岂道红绡帐里，公子情深；始信黄土陇中，女儿命薄！……毁诐奴之口，讨岂从宽？剖悍妇之心，忿犹未释！……"

第七十九回
薛文龙悔娶河东吼　贾迎春悞嫁中山狼

原来贾赦已将迎春许与孙家了。此人名唤孙绍祖，年纪未满三十，且又家资饶富，现在兵部候缺提升。因未曾娶妻，贾赦见是世交子侄，且人品家当都相称合，遂择为东床姣婿。……贾政又深恶孙家，虽是世交，不过是他祖父当日希慕宁荣之势，有不能了结之事，挽拜在门下的，并非诗礼名族之裔。因此，倒劝谏过两次，无奈贾赦不听，也只得罢了。

（宝玉问香菱，薛蟠定了谁家的亲，）香菱道：“合京城里，上至王侯，下至买卖人，都称他家是‘桂花夏家’。”宝玉忙笑道：“如何又称为‘桂花夏家’？”香菱道：“本姓夏，非常的富贵。其余田地不用说，单有几十顷地种着桂花，凡这‘长安’，那城里城外桂花局，俱是他家的；连宫里一应陈设盆景亦是他家贡奉：因此才有这个混号。”

原来这夏家小姐今年方十七岁，生得亦颇有姿色，亦颇识得几个字。若论心里的丘壑泾渭，颇步熙凤的后尘。只吃亏了一件：从小时，父亲去世的早，又无同胞兄弟，寡母独守此女，娇养溺爱，不啻珍宝，凡女儿一举一动，他母亲皆百依百顺，因此未免酿成个盗跖的情性，自己尊若菩萨，他人秽如粪土；外具花柳之姿，内秉风雷之性。

第八十回
美香菱屈受贪夫棒　王道士胡诌妒妇方

（夏金桂闹得全家不宁）又生平最喜啃骨头，每日务要杀鸡鸭，将肉赏人吃，只单是油炸的焦骨头下酒。吃得不耐烦，便肆行海骂，说：“有别的忘八粉头乐的，我为什么不乐！”薛家母女总不去理他，惟暗里落泪。薛蟠亦无别法，惟悔恨不该娶这“搅家精”，都是一时没了主意。于是宁荣二府之人，上上下下，无有不知，无有不叹者。

那时迎春已来家好半日，……哭哭啼啼，在王夫人房中诉委屈，说：“孙绍祖一味好色，好赌，酗酒，家中所有的媳妇丫头，将及淫遍。略劝过两三次，便骂我是‘醋汁子老婆拧出来的’。又说老爷曾收着五千银子，不该使了他的。”一行说，一行哭的呜呜咽咽，连王夫人并众姊妹无不落泪。

第八十一回 占旺相四美钓游鱼　奉严词两番入家塾

（贾政对宝玉道：）“我还听见你天天在园子里和姐妹们玩玩笑笑，甚至和那些丫头们混闹，把自己的正经事，总丢在脑袋后头。就是做得几句诗词，也并不怎么样，有什么稀罕处？比如应试选举，到底以文章为主。你这上头倒没有一点儿工夫。我可嘱咐你，自今日起，再不许做诗做对的了，单要习学八股文章。限你一年，若毫无长进，你也不用念书了，我也不愿有你这样的儿子了。”遂叫李贵来，说：“明儿一早，传焙茗跟了宝玉去收拾应念的书籍，一齐拿过来我看看。亲自送他到家学里去。”

第八十二回 老学究讲义警顽心　病潇湘痴魂惊恶梦

宝玉接着说道："还提什么念书？我最厌这些道学话。更可笑的，是八股文章，拿他诓功名，混饭吃，也罢了，还要说'代圣贤立言'！好些的，不过拿些经书凑搭凑搭还罢了；更有一种可笑的，肚子里原没有什么，东拉西扯，弄的牛鬼蛇神，还自以为博奥。这那里是阐发圣贤的道理？目下老爷口口声声叫我学这个，我又不敢违拗。"

黛玉道："但凡家庭之事，不是东风压了西风，就是西风压了东风。"

第八十三回
省宫闱贾元妃染恙　闹闺阃薛宝钗吞声

（周瑞家的）又笑了一声道："也有说：'贾府里的银库几间，金库几间，使的家伙都是金子镶了、玉石嵌了的。'有人还说：'他门前的狮子，只怕还是玉石的呢！'还有歌儿呢，说是：'宁国府，荣国府，金银财宝如粪土。吃不穷，穿不穷，算来——'"说到这里，猛然咽住。原来那时歌儿说道是"算来总是一场空"。

凤姐道："这些话倒不是可笑，倒是可怕的！咱们一日难似一日，外面还是这么讲究。俗语儿说的，'人怕出名猪怕壮'，况且又是个虚名儿。终久还不知怎么样呢！"

（贾母等进宫问病）来至床前，请安毕，元妃都赐了坐。贾母等又告了坐。元妃便问贾母道："近日身上可好？"贾母扶着小丫头，颤颤巍巍站起来，答应道："托娘娘洪福，起居尚健。"元妃又向邢夫人王夫人问了好。邢王二夫人站着回了话。元妃又问凤姐："家中过的日子若何？"凤姐站起来回奏道："尚可支持。"元妃道："这几年来，难为你操心！"又含泪道："父女弟兄，反不如小家子得以常常亲近！"贾母等都忍着泪道："娘娘不用悲伤，家中已托着娘娘的福多了。"

第八十四回
试文字宝玉始提亲　探惊风贾环重结怨

（贾政查问宝玉的功课）看到承题，那抹去的原本云："夫不志于学，人之常也。"贾政摇头道："不但是孩子气，可见你本性不是个学者的志气。"

（贾母提及宝玉的亲事）凤姐笑道："不是我当着老祖宗太太们跟前说句大胆的话：现放着天配的姻缘，何用别处去找？"贾母笑问道："在那里？"凤姐道："一个'宝玉'，一个'金锁'，老太太怎么忘了？"

第八十五回
贾存周报升郎中任　薛文龙复惹放流刑

薛姨妈同宝钗进了屋子，因为头里进门时，已经走着听见家人说了，吓的战战兢兢的了，一面哭着，因问：“到底是合谁？”只见家人回道：“太太此时且不必问那些底细。凭他是谁，打死了总是要偿命的，且商量怎么办才好。”薛姨妈哭着出来道：“还有什么商议？”家人道：“依小的们的主见：今夜打点银两，同着二爷赶去，和大爷见了面，就在那里访一个有斟酌的刀笔先生，许他些银子，先把死罪撕掳开，回来再求贾府去上司衙门说情。”……宝钗急的一面劝，一面在帘子里叫人：“快同二爷办去罢。”丫头们搀进薛姨妈来。薛蝌才往外走，宝钗道：“有什么信，打发人即刻寄了来。你们只管在外头照料。”薛蝌答应着去了。

这宝钗方劝薛姨妈，那里金桂趁空儿抓住香菱，又和他嚷道：“平常你们只管夸他们家里打死了人，一点事也没有，就进京来了的；如今撺掇的真打死人了！平日里只讲有钱，有势，有好亲戚，这时候我看着也是吓的慌手慌脚的了。大爷明儿有个好歹儿不能回来时，你们各自干你们的去了，撂下我一个人受罪！”说着，又大哭起来。

这里薛姨妈听见，越发气的发昏。……宝钗道：“就只听见说我哥哥在外头打死了人，被县里拿了去了，也不知怎么定罪呢。”

第八十六回
受私贿老官翻案牍　寄闲情淑女解琴书

薛姨妈便问来人。因说道：“县里早知我们的家当充足。须得在京里谋干得大情，再送一分大礼，还可以复审，从轻定案。太太此时，必得快办，再迟了就怕大爷要受苦了。”

薛姨妈听了，叫小厮自去，即刻又到贾府与王夫人说明原故，恳求贾政。贾政只肯托人与知县说情，不肯提及银物。薛姨妈恐不中用，求凤姐与贾琏说了，花上几千银子，才把知县买通，薛蝌那里也便弄通了。

薛蝌一径回家，见了薛姨妈，陈说知县怎样徇情，怎样审断，终定了误伤："将来尸亲那里再花些银子，一准赎罪，便没事了。"

第八十七回
感秋声抚琴悲往事　坐禅寂走火入邪魔

第八十八回
博庭欢宝玉赞孤儿　正家法贾珍鞭悍仆

凤姐道："事情虽不要紧，但这风俗儿断不可长。此刻还算咱们家里正旺的时候儿，他们就敢打架，以后小辈儿们当了家，他们越发难制伏了。前年我在东府里亲眼见过焦大吃的烂醉，躺在台阶子底下骂人，不管上上下下，一混汤子的混骂。他虽是有过功的人，倒底主子奴才的名分，也要存点体统儿才好。……如今又弄出一个什么鲍二！"

第八十九回
人亡物在公子填词　蛇影杯弓颦卿绝粒

（宝玉祭晴雯填了《望江南》词）其词云：

……东逝水，无复向西流。想象更无怀梦草，添衣还见翠云裘；脉脉使人愁！

谁知黛玉一腔心事，又窃听了紫鹃雪雁的话，虽不很明白，已听得了七八分，如同将身撂在大海里一般。思前想后，竟应了前日梦中之谶，千愁万恨，堆上心来。左右打算，不如早些死了，免得眼见了意外的事情，那时反倒无趣。又想到自己没了爹娘的苦，自今以后，把身子一天一天的遭塌起来，一年半载，少不得身登清净。

第九十回
失绵衣贫女耐嗷嘈　送果品小郎惊叵测

正是：心病终须心药治，解铃还是系铃人。

贾母道："我正要告诉你们。宝玉和林丫头是从小儿在一处的，我只说小孩子们，怕什么？以后时常听得林丫头忽然病，忽然好，都为有了些知觉了。所以我想他们若尽着搁在一块儿，毕竟不成体统。"

贾母皱了一皱眉，说道："林丫头的乖僻，虽也是他的好处，我的心里不把林丫头配他，也是为这点子；况且林丫头这样虚弱，恐不是有寿的。只有宝丫头最妥。"

第九十一回
纵淫心宝蟾工设计　布疑阵宝玉妄谈禅

第九十二回
评女传巧姐慕贤良　玩母珠贾政参聚散

冯紫英道："这四件东西，价儿也不贵，两万银他就卖。母珠一万，鲛绡帐五千，'汉宫春晓'与自鸣钟五千。"贾政道："那里买的起！"冯紫英道："你们是个国戚，难道宫里头用不着么？"贾政道："用得着的很多，只是那里有这些银子？等我叫人拿进去给老太太瞧瞧。"冯紫英道："很是。"

凤姐儿接着道："东西自然是好的，但是那里有这些闲钱？咱们又不比外任督抚要办贡。我已经想了好些年了，象咱们这种人家，必得置些不动摇的根基才好：或是祭地，或是义庄，再置些坟屋。往后子孙遇见不得意的事，还是点儿底子，不到一败涂地。"

贾政（议论母珠）道："天下事都是一个样的理哟。比如方才那珠子，那颗大的，就象有福气的人似的，那些小的都托赖着他的灵气护庇着。要是那大的没有了，那些小的也就没有收揽了。就象人家儿当头人有了事，骨肉也都分离了，亲戚也都零落了，就是好朋友也都散了。转瞬荣枯，真似春云秋叶一般。你想做官有什么趣儿呢？象雨村算便宜的了。还有我们差不多的人家儿，就是甄家，从前一样功勋，一样世袭，一样起居，我们也是时常来往。不多几年，他们进京来，差人到我这里请安，还很热闹。一会儿抄了原籍的家财，至今杳无音信。不知他近况若何，心下也着实惦记着。”

第九十三回 甄家仆投靠贾家门　水月庵掀翻风月案

（贾政见贾家门上贴着一张白纸，）上面写着：

“西贝草斤”年纪轻，水月庵里管尼僧。
一个男人多少女，窝娼聚赌是陶情。
不肖子弟来办事，荣国府内好声名！

贾政看了，气的头昏目晕，赶着叫门上的人不许声张。

第九十四回 宴海棠贾母赏花妖　失宝玉通灵知奇祸

“怡红院里的海棠本来萎了几棵，也没人去浇灌他。昨日宝玉走去瞧，见枝头上好象有了蓇朵儿似的。人都不信，没有理他。忽然今日开的很好的海棠花，众人咤异，都争着去看，连老太太、太太都哄动了，来瞧花儿呢。”

正说着，贾赦、贾政、贾环、贾兰都进来看花。贾赦便说：“据我的主意，把他砍去。必是花妖作怪。”贾政道：“‘见怪不怪，其怪自败。’不用砍他，随他去就是了。”

第九十五回
因讹成实元妃薨逝　以假混真宝玉疯癫

贾琏进来请安，嘻嘻的笑道：“今日听得雨村打发人来告诉咱们二老爷，说：‘舅太爷升了内阁大学士，奉旨来京。’”王夫人听说，便欢喜非常。兄弟拜相回京，王家荣耀，将来宝玉都有倚靠。

且说元春自选了凤藻宫后，圣眷隆重，身体发福，未免举动费力。每日起居劳乏，时发痰疾。因前日侍宴回宫，偶沾寒气，勾起旧病。不料此回甚属利害，竟至痰气壅塞，四肢厥冷。一面奏明，即召太医调治。岂知汤药不进，连用通关之剂，并不见效。

第九十六回
瞒消息凤姐设奇谋　泄机关颦儿迷本性

凤姐道："依我想，这件事，只有一个'掉包儿'的法子。"贾母道："怎么'掉包儿'？"凤姐道："如今不管宝兄弟明白不明白，大家吵嚷起来，说是老爷做主，将林姑娘配了他了，瞧他的神情儿怎么样。要是他全不管，这个包儿也就不用掉了；若是他有些喜欢的意思，这事却要大费周折呢！"王夫人道："就算他喜欢，你怎么样办法呢？"

凤姐走到王夫人耳边，如此这般的说了一遍。王夫人点了几点头儿，笑了一笑，说道："也罢了。"贾母便问道："你们娘儿两个捣鬼，到底告诉我是怎么着呀。"凤姐恐贾母不懂，露泄机关，便也向耳边轻轻告诉了一遍。贾母果真一时不懂。凤姐笑着又说了几句。贾母笑道："这么着也好，可就只忒苦了宝丫头了。倘或吵嚷出来，林丫头又怎么样呢？"凤姐道："这个话，原只说给宝玉听，外头一概不许提起，有谁知道呢？"

那丫头道："我叫傻大姐儿。"黛玉笑了一笑，又问："你姐姐为什么打你？你说错了什么话了？"那丫头道："为什么呢！就是为我们宝二爷娶宝姑娘的事情！"黛玉听了这句话，如同一个疾雷，心头乱跳。

第九十七回
林黛玉焚稿断痴情　薛宝钗出闺成大礼

黛玉因今日听得宝玉宝钗的事情，这本是他数年的心病，一时急怒，所以迷惑了本性。及至回来吐了这一口血，心中却渐渐的明白过来，把头里的事一字也不记得。这会子见紫鹃哭了，方模糊想起傻大姐的话来。此时反不伤心，惟求速死，以完此债。

贾母道："咱们这种人家，别的事自然没有的，这心病也是断断有不得的！林丫头若不是这个病呢，我凭着花多少钱都使得；就是这个病，不但治不好，我也没心肠了！"

黛玉向来病着，自贾母起直到姊妹们的下人，常来问候；今见贾府中上下人等都不过来，连一个问的人都没有，睁开眼，只有紫鹃一人。自料万无生理，因扎挣着向紫鹃说道："妹妹！你是我最知心的！虽是老太太派你伏侍我，这几年，我拿你就当作我的亲妹妹——"说到这里，气又接不上来。紫鹃听了，一阵心酸，早哭得说不出话来。

迟了半日，黛玉又一面喘，一面说道："紫鹃妹妹！我躺着不受用，你扶起我来靠着坐坐才好。"紫鹃道："姑娘的身上不大好，起来又要抖搂着了。"黛玉听了，闭上眼不言语了。一时，又要起来，紫鹃没法，只得同雪雁把他扶起，两边用软枕靠住，自己却倚在旁边。黛玉那里坐得住，下身自觉硌的疼，狠命的掌着。叫过雪雁来道："我的诗本子……"说着，又喘。

雪雁料是要他前日所理的诗稿，因找来送到黛玉跟前。黛玉点点头儿，又抬眼看那箱子。雪雁不解，只是发怔。黛玉气的两眼直瞪，又咳嗽起来，又吐了一口血。雪雁连忙回身取了水来，黛玉漱了，吐在盂内。紫鹃用绢子给他拭了嘴，黛玉便拿那绢子指着箱子，又喘成一处，说不上来，闭了眼。紫鹃道："姑娘歪歪儿罢。"黛玉又摇摇头儿。

紫鹃料是要绢子，便叫雪雁开箱，拿出一块白绫绢子来。黛玉瞧了，撂在一边，使劲说道："有字的！"紫鹃这才明白过来要那块题诗的旧帕，只得叫雪雁拿出来，递给黛玉。紫鹃劝道："姑娘歇歇儿罢，何苦又劳神？等好了再瞧罢。”只见黛玉接到手里也不瞧，扎挣着伸出那只手来，狠命的撕那绢子，却是只有打颤的分儿，那里撕得动。紫鹃早已知他是恨宝玉，却也不敢说破，只说：“姑娘，何苦自己又生气！”黛玉微微的点头，便掖在袖里。说叫：“点灯。”

雪雁答应，连忙点上灯来。黛玉瞧瞧，又闭上眼坐着，喘了一会子，又道：“笼上火盆。”紫鹃打量他冷，因说道：“姑娘躺下，多盖一件罢。那炭气只怕耽不住。”黛玉又摇头儿。雪雁只得笼上，搁在地下火盆架上。黛玉点头，意思叫挪到炕上来。雪雁只得端上来，出去拿那张火盆炕桌。

那黛玉却又把身子欠起，紫鹃只得两只手来扶着他。黛玉这才将方才的绢子拿在手中，瞅着那火，点点头儿，往上一撂。紫鹃唬了一跳，欲要抢时，两只手却不敢动。雪雁又出去拿火盆桌子，此时那绢子已经烧着了。紫鹃劝道：“姑娘！这是怎么说呢！”

黛玉只作不闻，回手又把那诗稿拿起来，瞧了瞧，又撂下了。紫鹃怕他也要烧，连忙将身倚住黛玉，腾出手来拿时，黛玉又早拾起，撂在火上。此时紫鹃却彀不着，干急。雪雁正拿进桌子来，看见黛玉一撂，不知何物，赶忙抢时，那纸沾火就着，如何能够少待，早已烘烘的着了。雪雁也顾不得烧手，从火里抓起来，撂在地下乱踹，却已烧得所余无几了。

那黛玉把眼一闭，往后一仰，几乎不曾把紫鹃压倒。紫鹃连忙叫雪雁上来，将黛玉扶着放倒，心里突突的乱跳。

第九十八回
苦绛珠魂归离恨天　病神瑛泪洒相思地

半天，黛玉（对紫鹃）又说道："妹妹！我这里并没亲人，我的身子是干净的，你好歹叫他们送我回去！"探春过来，摸了摸黛玉的手，已经凉了，连目光也都散了。探春紫鹃正哭着叫人端水来给黛玉擦洗，刚擦着，猛听黛玉直声叫道："宝玉！宝玉！你好……"说到"好"字，便浑身冷汗，不作声了。

香魂一缕随风散，愁绪三更入梦遥！

当时黛玉气绝，正是宝玉娶宝钗的这个时辰，紫鹃等都大哭起来。

凤姐便背了宝玉，缓缓的将黛玉的事回明了。贾母王夫人听得，都唬了一大跳。贾母眼泪交流，说道："是我弄坏了他了！但只是这个丫头也忒傻气！"说着，便要到园里去哭他一场，又惦记着宝玉，两头难顾。

第九十九回
守官箴恶奴同破例　阅邸报老舅自担惊

管厨房的上来要钱，贾政将带来银两付了。以后便觉样样不如意，比在京的时候倒不便了好些，无奈，便唤李十儿问道："跟我来这些人，怎么都变了？你也管管。现在带来银两，早使没有了。藩库俸银尚早，该打发京里取去。"李十儿禀道："奴才那一天不说他们？不知道怎么样，这些人都是没精打彩的，叫奴才也没法儿。老爷说家里取银子，取多少？现在打听节度衙门这几天有生日，别的府道老爷都上千上万的送了，我们到底送多少呢？”贾政道：“为什么不早说？”李十儿说：“老爷最圣明的。我们新来乍到，又不与别位老爷很来往，谁肯送信？巴不得老爷不去，好想老爷的美缺呢。”贾政道：“胡说！我这官是皇上放的，不给节度做生日，便叫我不做不成！”

李十儿说道：“那些书吏衙役，都是花了钱买着粮道的衙门，那个不想发财？俱要养家活口。自从老爷到任，并没见为国家出力，倒先有了口碑载道。”贾政道：“民间有什么话？”李十儿道：“百姓说：‘凡有新到任的老爷，告示出的越利害，越是想钱的法儿。州县害怕了，好多多的送银子。’”

贾政道：“据你一说，是叫我做贪官吗？送了命还不要紧，必定将祖父的功勋抹了才是？”李十儿回禀道：“现有几位亲戚，老爷向来说他们不好的，如今升的升，迁的迁。只在要做的好就是了。老爷要知道：民也要顾，官也要顾。若是依着老爷，不准州县得一个大钱，外头这些差使谁办？只要老爷外面还是这样清名声原好，里头的委屈，只要奴才办去，关碍不着老爷的。”贾政被李十儿一番言语，说得心无主见，道：“我是要保性命的！你们闹出来不与我相干！”

李十儿便自己做起威福，钩连内外一气的哄着贾政办事。

（贾政担心薛蟠一案）若请旨革审起来，牵连着自己，好不放心。李十儿道：“老爷放心。若是部里这么办了，还算便宜薛大爷呢！如今就是闹破了，也是官官相护的，不过认个承审不实，革职处分罢咧，那里还肯认得银子听情的话呢？”

第一百回
破好事香菱结深恨　悲远嫁宝玉感离情

且说薛姨妈为着薛蟠这件人命官司，各衙门内不知花了多少银钱，才定了误杀具题。原打量将当铺折变给人，备银赎罪，不想刑部驳审，又托人花了好些钱，总不中用，依旧定了个死罪，监着守候秋天大审。

薛姨妈哭着（对宝钗）说道："你还不知道：京里官商的名字已经退了，两个当铺已经给了人家，银子早拿来使完了。还有一个当铺，管事的逃了，亏空了好几千两银子。前两天还听见一个荒信，说是南边的公分当铺也因为折了本儿收了。要是这么着，你娘的命可就活不成了！"

第一百一回
大观园月夜警幽魂　散花寺神签惊异兆

第一百二回
宁国府骨肉病灾祲　大观园符水驱妖孽

贾琏回说："今日到大舅家去，听见一个荒信，说是二叔被节度使参进来，为的是失察属员，重征粮米，请旨革职的事。"

贾琏即刻出去，不到半日回来，便说：“才到吏部打听，果然二叔被参。题本上去，亏得皇上的恩典，没有交部，便下旨意，说是：‘失察属员，重征粮米，苛虐百姓，本应革职，姑念初膺外任，不谙吏治，被属员蒙蔽，着降三级，加恩仍以工部员外上行走，并令即日回京。’”

第一百三回
施毒计金桂自焚身　昧真禅雨村空遇旧

（宝蟾申述金桂误吃毒药的死因）道：“我正笑香菱没嘴道儿，那里知道这死鬼奶奶要药香菱，必定趁我不在，将砒霜撒上了，也不知道我换碗。这可就是‘天理昭彰，自害自身’了！”

第一百四回
醉金刚小鳅生大浪　痴公子余痛触前情

（醉金刚倪二）道：“若说贾二这小子，他忘恩负义，我就和几个朋友说他家怎么欺负人，怎么放重利，怎么强娶活人妻。吵嚷出去，有了风声到了都老爷耳朵里头，这一闹起来，叫他们才认得倪二金刚呢！”

第一百五回

锦衣军查抄宁国府　骢马使弹劾平安州

西平王慢慢的说道："小王奉旨，带领锦衣府赵全来查看贾赦家产。"贾赦等听见，俱俯伏在地。王爷便站在上头说："有旨意：贾赦交通外官，依势凌弱，辜负朕恩，有忝祖德，着革去世职。钦此。"赵堂官一叠声叫："拿下贾赦。其余皆看守。"

正说着，只见锦衣司官跪禀说："在内查出御用衣裙并多少禁用之物，不敢擅动，回来请示王爷。"一会子，又有一起人来拦住西平王，回说："东跨所抄出两箱子房地契，又一箱借票，都是违例取利的。"老赵便说："好个重利盘剥！很该全抄！请王爷就此坐下，叫奴才去全抄来，再候定夺罢。"

贾政在外，心惊肉跳。出外看时，见是焦大，便说："怎么跑到这里来？"焦大见问，便号天跺地的哭道："我天天劝这些不长进的爷们，倒拿我当作冤家！爷还不知道焦大跟着太爷受的苦吗？今儿弄到这个田地，珍大爷蓉哥儿都叫什么王爷拿了去了；里头女主儿们都被什么府里衙役抢的披头散发，圈在一处空房里；那些不成材料的狗男女都象猪狗似的拦起来了；所有的都抄出来搁着，木器钉的破烂，磁器打的粉碎。他们还要把我拴起来！我活了八九十岁，只有跟着太爷捆人的，那里有倒叫人捆起来的！我说我是西府里的，就跑出来。那些人不依，押到这里，不想这里也是这么着。我如今也不要命了，和那些人拚了罢！"说着撞头。……（贾政）心里刀搅一般，便道："完了，完了！不料我们一败涂地如此！"

第一百六回

王熙凤致祸抱羞惭　贾太君祷天消祸患

“主上甚是悯恤，并念及贵妃溘逝未久，不忍加罪，着加恩仍在工部员外上行走。所封家产，惟将贾赦的入官，余俱给还，并传旨令尽心供职。惟抄出借券，令我们王爷查核。如有违禁重利的，一概照例入官；其在定例生息的，同房地文书，尽行给还。贾琏着革去职衔，免罪释放。”

贾琏屋内东西，除将按例放出的文书发给外，其余虽未尽入官的，早被查抄的人尽行抢去，所存者只有家伙物件。贾琏始则惧罪，后蒙释放，已是大幸，及想起历年积聚的东西并凤姐的体己，不下五七万金，一朝而尽，怎得不疼；且他父亲现禁在锦衣府，凤姐病在垂危，一时悲痛。

贾政埋怨贾琏夫妇不知好歹，如今闹出放账的事情，大家不好，心里很不受用。只是凤姐现在病重，况他所有的什物，尽被抄抢，心内自然难受，一时也未便说他，暂且隐忍不言。

（平儿守着凤姐哭泣。）凤姐道：“我不放账，也没我的事。如今枉费心计，挣了一辈子的强，偏偏儿的落在人后头了！”

那贾赦、贾珍、贾蓉在锦衣府使用，账房内实在无项可支。如今凤姐儿一无所有；贾琏外头债务满身；贾政不知家务，只说：“已经托人，自有照应。”贾琏无计可施，想到那亲戚里头，薛姨妈家已败，王子腾已死，余者亲戚虽有，俱是不能照应的，只得暗暗差人下屯，将地亩暂卖数千金，作为监中使费。

贾政问起历年居家用度，共有若干进来，该用若干出去。那管总的家人将近来支用簿子呈上。贾政看时，所入不敷所出，又加连年宫里花用，账上多有在外浮借的。再查东省地租，近年所交不及祖上一半，如今用度比祖上加了十倍。贾政不看则已，看了急的跺脚道："这还了得！我打谅琏儿管事，在家自有把持，岂知好几年头里，已经'寅年用了卯年'的，还是这样装好看，竟把世职俸禄当作不打紧的事，有什么不败的呢？我如今要省俭起来，已是迟了。"

贾政嗔道："放屁！你们这班奴才最没良心的！仗着主子好的时候儿，任意开销；到弄光了，走的走，跑的跑，还顾主子的死活吗？……你们在外头支架子，说大话，诓人骗人？到闹出事来，望主子身上一推就完了！如今大老爷和你珍大爷的事，说是咱们家人鲍二吵嚷的，我看这册子上并没有什么鲍二，这是怎么说？"众人回道："这鲍二是不在档子上的。先前在宁府册上。为二爷见他老实，把他们两口子叫过来了。后来他女人死了，他又回宁府去。老爷几年不管家务事，那里知道这些事呢？"

第一百七回
散余资贾母明大义　复世职政老沐天恩

贾赦交通外官，恃强凌弱，从宽发往台站效力赎罪。贾珍亦从宽革去世职，派往海疆效力赎罪。贾蓉年幼，无干省释。

贾母道："那知道家运一败，直到这样！若说外头好看，里头空虚，是我早知道的了，只是'居移气，养移体'，一时下不了台就是了。如今借此正好收敛，守住这个门头儿，不然，叫人笑话。"

宝玉是从来没有经过这大风浪的，心下只知安乐，不知忧患的人，如今碰来碰去，都是哭泣的事，所以他竟比傻子尤甚，见人哭他就哭。

“今日旨意：将荣国公世职着贾政承袭。”王夫人正恐贾母伤心，过来安慰，听得世职复还，也是欢喜。但是家计萧条，入不敷出。贾政又不能在外应酬。家人们见贾政忠厚，凤姐抱病不能理家，贾琏的亏空一日重似一日，难免典房卖地。

第一百八回 强欢笑蘅芜庆生辰 死缠绵潇湘闻鬼哭

贾母对湘云道：“大凡一个人，有也罢，没也罢，总要受得富贵、耐得贫贱才好呢。你宝姐姐生来是个大方的人。头里他家这样好，他也一点儿不骄傲；后来他家坏了事，他也是舒舒坦坦的。如今在我家里，宝玉待他好，他也是那样安顿；一时待他不好，也不见他有什么烦恼。我看这孩子倒是个有福的。你林姐姐，他就最小性儿，又多心，所以到底儿不长命的。凤丫头也见过些事，很不该略见些风波就改了样子。他若这样没见识，也就是小器了。后儿宝丫头的生日，我另拿出银子来，热热闹闹的给他做个生日，也叫他喜欢这么一天。”湘云答应道：“老太太说的很是。索性把那些姐妹们都请了来，大家叙一叙。”贾母道：“自然要请的。”一时高兴，遂叫鸳鸯：“拿出一百银子来，交给外头，叫他明日起，预备两天的酒饭。”鸳鸯领命，叫婆子交了出去。一宿无话。

次日，传话出去，打发人去接迎春。又请了薛姨妈宝琴，叫带了香菱来。又请李婶娘；不多半日，李纹李绮都来了。

凤姐虽勉强说了几句有兴的话，终不似先前爽利、招人发笑。邢夫人、尤氏、惜春等听见老太太叫，不敢不来，心内也十分不愿意，想着家业零败，偏又高兴给宝钗做生日，到底老太太偏心，便来了也是无精打彩的。……宝玉看看湘云宝钗，虽说都在，只是不见了黛玉。一时按捺不住，眼泪便要下来，恐人看见，便说身上燥的很，脱脱衣裳去，挂了筹，出席去了。（走到潇湘馆前）似有所见，如有所闻，便道："潇湘馆倒有人住么？"婆子们说："听见人说，这里打林姑娘死后，常听见有哭声，所以人都不敢走的。"宝玉袭人听说，都吃了一惊。宝玉道："可不是？"说着，便滴下泪来，说："林妹妹，林妹妹！好好儿的，是我害了你了！你别怨我，只是父母作主，并不是我负心！"愈说愈痛，便大哭起来。

第一百九回
候芳魂五儿承错爱　还孽债迎女返真元

可怜一位如花似月之女（指迎春），结缡年余，不料被孙家揉搓，以致身亡，又值贾母病笃，众人不便离开，竟容孙家草草完结。

贾母病势日增，只想这些孙女儿。一时想起湘云，便打发人去瞧他。回来的人悄悄的找鸳鸯。因鸳鸯在老太太身旁，王夫人等都在那里，不便上去，到了后头，找了琥珀，告诉他道："老太太想史姑娘，叫我们去打听。那里知道史姑娘哭的了不得，说是姑爷得了暴病，大夫都瞧了，说这病只怕不能好，若是变了痨病，还可挨个四五年。所以史姑娘心里着急。又知道老太太病，只是不能过来请安。还叫我别在老太太跟前提起来，倘或老太太问起来，务必托你们变个法儿回老太太才好。”琥珀听了，“咳”了一声，也就不言语了，半日说道：“你去罢。”琥珀也不便回，心里打算告诉鸳鸯叫他撒谎去，所以来到贾母床前。见贾母神色大变，地下站着一屋子的人，嘁嘁喳喳的说：“瞧着是不好。”也不敢言语了。

第一百十回
史太君寿终归地府　王凤姐力诎失人心

（贾母病逝后）仍叫凤姐总理里头的事。凤姐本不应辞，自然应了。（贾政）的意思：“老太太的丧事，只要悲切才是真孝，不必糜费、图好看。”邢夫人一听贾政的话，正合着将来家计艰难的心，巴不得留一点子作个收局。邢夫人素知凤姐手脚大，贾琏的闹鬼，所以死拿住不放松。鸳鸯只道已将这项银两交了出去了，故见凤姐掣肘如此，却疑为不肯用心，便在贾母灵前唠唠叨叨哭个不了。独有李纨瞧出凤姐的苦处，却不敢替他说话，只自叹道：“俗话说的，‘牡丹虽好，全仗绿叶扶持’，太太们不亏了凤丫头，那些人还帮着吗？若是三姑娘在家还好，如今只有他几个自己的人瞎张罗，背前面后的也抱怨，说是一个钱摸不着，脸面也不能剩一点儿！老爷是一味的尽孝，庶务上头不大明白。这样的一件大事，不撒散几个钱就办的开了吗？可怜凤丫头闹了几年，不想在老太太的事上，只怕保不住脸了。”

凤姐这日竟支撑不住，也无方法，只得用尽心力，甚至咽喉嚷哑，敷衍过了半日。到了下半天，亲友更多了，事情也更繁了，瞻前不能顾后。正在着急，只见一个小丫头跑来说：“二奶奶在这里呢。怪不得大太太（指邢夫人）说：‘里头人多，照应不过来，二奶奶是躲着受用去了！’”凤姐听了这话，一口气撞上来，往下一咽，眼泪直流，只觉得眼前一黑，嗓子里一甜，便喷出鲜红的血来，身子站不住，就蹲倒在地。

第一百十一回
鸳鸯女殉主登太虚　狗彘奴欺天招伙盗

鸳鸯哭了一场，想到：“自己跟着老太太一辈子，身子也没有着落。如今大老爷虽不在家，大太太的这样行为，我也瞧不上。老爷是不管事的人，以后便‘乱世为王’起来了。我们这些人不是要叫他们掇弄了么？谁收在屋子里，谁配小子，我是受不得这样折磨的，倒不如死了干净！”

（鸳鸯自缢后）王夫人宝钗等听了，都哭着去瞧。邢夫人道：“我不料鸳鸯倒有这样志气！——快叫人去告诉老爷。”只有宝玉听见此信，便唬的双眼直竖。袭人等慌忙扶着说道：“你要哭就哭，别彆着气。”宝玉死命的才哭出来了。心想：“鸳鸯这样一个人，偏又这样死法！”又想：“实在天地间的灵气，独钟在这些女子身上了！他算得了死所。我们究竟是一件浊物，还是老太太的儿孙，谁能赶得上他？”复又喜欢起来。那时，宝钗听见宝玉大哭了出来了，及到跟前，见他又笑。袭人等忙说：“不好了！又要疯了！”宝钗道：“不妨事，他有他的意思。”宝玉听了，更喜欢宝钗的话：“到底他还知道我的心，别人那里知道！”正在胡思乱想，贾政等进来，着实的嗟叹着说道：“好孩子！不枉老太太疼他一场！”即命贾琏：“出去吩咐人连夜买棺盛殓，明日便跟着老太太的殡送出，也停在老太太棺后，全了他的心志。”

第一百十二回 活冤孽妙姑遭大劫　死雠仇赵妾赴冥曹

（妙玉）被这强盗的闷香熏住，由着他掇弄了去了。

却说这贼背了妙玉，来到园后墙边，搭了软梯，爬上墙，跳出去了，外边早有伙贼弄了车辆在园外等着。那人将妙玉放倒在车上，反打起官衔灯笼，叫开栅栏，急急行到城门，正是开门之时。门官只知是有公干出城的，也不及查诘。赶出城去，那伙贼加鞭，赶到二十里坡，和众强徒打了照面，各自分头奔南海而去。

岂知赵姨娘满嘴白沫，眼睛直竖，把舌头吐出，反把家人唬了一跳。……正闹着，贾政打发人进来叫环儿。婆子们去回说：“赵姨娘中了邪了！”……这里赵姨娘还是混说，一时救不过来。

第一百十三回
忏宿冤凤姐托村妪　释旧憾情婢感痴郎

巧姐儿听见他母亲悲哭，便走到炕前，用手拉着凤姐的手，也哭起来。凤姐一面哭着，道："你见过了姥姥了没有？"巧姐儿道："没有。"凤姐道："你的名字还是他起的呢，就和干妈一样。你给他请个安。"巧姐儿便走到跟前。刘姥姥忙拉着道："阿弥陀佛！不要折杀我了！"凤姐道："不然，你带了他去罢。"刘姥姥笑道："姑娘这样千金贵体，绫罗裹大了的，吃的是好东西；到了我们那里，我拿什么哄他玩，拿什么给他吃呢？这倒不是坑杀我了么？"说着，自己还笑。因说："那么着，我给姑娘做个媒罢。我们那里虽说是屯乡里，也有大财主人家，几千顷地，几百牲口，银子钱亦不少，只是不象这里有金的，有玉的。姑奶奶自然瞧不起这样人家。我们庄家人瞧着这样财主，也算是天上的人了！"凤姐道："你说去，我愿意就给。"刘姥姥道："这是玩话儿罢咧。放着姑奶奶这样，大官大府的人家只怕还不肯给，那里肯给庄家人？就是姑奶奶肯了，上头太太们也不给。"

（凤姐病危）见刘姥姥在这里，心里信他求神祷告，便把丰儿等支开，叫刘姥姥坐在床前，告诉他心神不宁，如见鬼的样子。刘姥姥便说：我们屯里什么菩萨灵，什么庙有感应。凤姐道："求你替我祷告。"又说："我的命交给你了！我的巧姐儿也是千灾百病的，也交给你了！"

第一百十四回
王熙凤历幻返金陵　甄应嘉蒙恩还玉阙

王夫人打发人来说："琏二奶奶嚥了气了！"贾琏此时手足无措，叫人传了赖大来，叫他办理丧事。自己回明了贾政，然后去行事。但是手头不济，诸事拮据。便将平儿的东西拿了去，当钱使用。……家运不好，一连人口死了好些，家计一天难似一天。

（江南甄家）因前年挂误革了职，动了家产；今遇主上眷念功臣，赐还世职，行取来京陛见。

第一百十五回
惑偏私惜春矢素志　证同类宝玉失相知

岂知惜春一天一天的不吃饭，只想铰头发。

且说贾宝玉见了甄宝玉，原想得一知己，岂知谈了半天，竟有些冰炭不投。闷闷的回到自己房中，也不言，也不笑，只管发怔。宝钗便问："那甄宝玉果然象你么？"宝玉道："相貌倒还是一样的，只是言谈间看起来，并不知道什么，不过也是个禄蠹。"宝钗道："你又编派人家了。怎么就见得也是个禄蠹呢？"宝玉道："他说了半天，并没个明心见性之谈，不过说些什么'文章经济'，又说什么'为忠为孝'。这样人可不是个禄蠹么？"

一日，王夫人因为惜春定要铰发出家，尤氏不能拦阻，看着惜春的样子是若不依他，必要自尽的。

第一百十六回
得通灵幻境悟仙缘　送慈柩故乡全孝道

那知那宝玉的魂魄早已出了窍了。你道死了不成？却原来恍恍惚惚赶到前厅，见那送玉的和尚坐着，便施了礼。那和尚忙站起身来，拉着宝玉就走。

宝玉正在情急，只见那送玉来的和尚，手里拿着一面镜子一照，说道："我奉元妃娘娘旨意，特来救你！"

且说众人见宝玉死去复生，神气清爽，又加连日服药，一天好似一天，渐渐的复原起来。便是贾政见宝玉已好，现在丁忧无事，想起贾赦不知几时遇赦，老太太的灵柩久停寺内，终不放心，欲要扶柩回南安葬，便叫了贾琏来商议。贾琏便道："老爷想的极是。如今趁着丁忧，干了这件大事更好。将来老爷起了服，只怕又不能遂意了。但是我父亲不在家，侄儿又不敢僭越。老爷的主意很好，只是这件事也得好几千银子。衙门里缉赃，那是再缉不出来的。"贾政道："我的主意是定了。只为大老爷不在家，叫你来商议商议，怎么个办法。你是不能出门的，现在这里没有人；我想好几口材，都要带回去，我一个人怎么能够照应？想着把蓉哥儿带了去，况且有他媳妇的棺材，也在里头。还有你林妹妹的，那是老太太的遗言，说跟着老太太一块儿回去的。我想这一项银子，只好在那里挪借几千，也就够了。"贾琏道："如今的人情过于淡薄。老爷呢，又丁忧；我们老爷呢，又在外头。一时借是借不出来的了，只得拿房地文书出去押去。”贾政道：“住的房子是官盖的，那里动得？”贾琏道：“住房是不能动的。外头还有几所，可以出脱的，等老爷起复后再赎也使得。将来我父亲回来了，倘能也再起用，也好赎的。只是老爷这么大年纪，辛苦这一场，侄儿们心里却不安！”……贾琏道：“老爷这倒只管放心，侄儿虽糊涂，断不敢不认真办理的。况且老爷回南，少不得多带些人去，所留下的人也有限了，这点子费用，还可以过的来。就是老爷路上短少些，必经过赖尚荣的地方，可以叫他出点力儿。”贾政道：“自己老人家的事，叫人家帮什么呢？”贾琏答应了个“是”，便退出来，打算银钱。

宝玉因贾政命他赴考，王夫人便不时催逼，查考起他的工课来。那宝钗袭人时常劝勉，自不必说。那知宝玉病后，虽精神日长，他的念头一发更奇僻了，竟换了一种，不但厌弃功名仕进，竟把那儿女情缘也看淡了好些。

第一百十七回
阻超凡佳人双护玉　欣聚党恶子独承家

小丫头回道：“和尚说，要玉不要人。”宝钗道：“不要银子了么？”小丫头道：“后来和尚合二爷两个人说着笑着，有好些话。”

正要叫人出去拉宝玉进来，只见宝玉笑嘻嘻的进来，说：“好了，好了！”宝钗仍是发怔。王夫人道：“你疯疯癫癫的说的是什么？”宝玉道：“正经话，又说我疯癫！那和尚与我原认得的，他不过也是要来见我一见。他何尝是真要银子呢？”

王夫人道：“原来是个好和尚！你们曾问他住在那里？”宝玉笑道：“这个地方儿，说远就远，说近就近。”宝钗不待说完，便道：“你醒醒儿罢！别尽着迷在里头！现在老爷太太就疼你一个人，老爷还吩咐叫你干功名上进呢。”宝玉道：“我说的不是功名么？你们不知道‘一子出家，七祖升天’？”王夫人听到那里，不觉伤起心来，说：“我们的家运怎么好？一个四丫头口口声声要出家，如今又添出一个来了。我这样的日子，过他做什么！”说着，放声大哭。

荣府住的人虽不少，竟是各自过各自的，谁也不肯做谁的主。贾环贾蔷等愈闹的不象事了，甚至偷典偷卖，不一而足。贾环更加宿娼滥赌，无所不为。

第一百十八回
记微嫌舅兄欺弱女　惊谜语妻妾谏痴人

且言贾政扶了贾母灵柩一路南行，因遇着班师的兵将船只过境，河道拥挤，不能速行，在道实在心焦。幸喜遇见了海疆的官员，闻得镇海统制钦召回京，想来探春一定回家，略略解些烦心。只打听不出起程的日期，心里又是烦躁。想到盘费算来不敷，不得已，写书一封，差人到赖尚荣任上借银五百，叫人沿途迎来，应付需用。过了数日，贾政的船才行得十数里。那家人回来，迎上船只，将赖尚荣的禀启呈上，书内告了多少苦处，备上白银五十两。贾政看了大怒，即命家人：“立刻送还！将原书发回，叫他不必费心。”那家人无奈，只得回到赖尚荣任所。赖尚荣接到原书银两，心中烦闷，知事办得不周到，又添了一百，央来人带回，帮着说些好话。岂知那人不肯带回，撂下就走。

赖尚荣心下不安，立刻修书到家，回明他父亲，叫他设法告假，赎出身来。赖家一面告假，一面差人到赖尚荣任上，叫他告病辞官。

外藩要买个偏房，（贾环贾芸王仁等）商量，把巧姐说给他，（以便从中）弄银钱。（亏得平儿带巧姐随刘姥姥去屯里“藏起来”。）

（在宝钗袭人劝谏下）将《庄子》收了，把几部向来最得意的，如《参同契》《元命苞》《五灯会元》之类搁在一边。把那些语录名稿及应制诗之类，都找出来，搁在静室中，自己却当真静静的用起功来。宝钗这才放了心。

第一百十九回 中乡魁宝玉却尘缘　沐皇恩贾家延世泽

且说过了几天，便是场期。别人只知盼望他爷儿两个作了好文章，便可以高中的了，只有宝钗见宝玉的工课虽好，只是那有意无意之间，却别有一种冷静的光景。知他要进场了。宝玉自和尚去后，总不出门，虽然见他用功喜欢，只是改的太速太好了，反倒有些信不及，只怕又有什么变故：所以进场的头一天，一面派了袭人带了小丫头们同着素云等给他爷儿两个收拾妥当，自己又都过了目，好好的搁起，预备着；一面过来同李纨回了王夫人，拣家里老成的管事的多派了几个，只说怕人马拥挤碰了。

看看到了出场日期，王夫人只盼着宝玉贾兰回来。等到晌午，不见回来，王夫人、李纨、宝钗着忙，打发人去到下处打听。去了一起，又无消息，连去的人也不来了。回来又打发一起人去，又不见回来。三个人心里如热油熬煎。

等到傍晚，有人进来，见是贾兰。众人喜欢，问道："宝二叔呢？"贾兰也不及请安，便哭道："二叔丢了！"又道："我和二叔在下处是一处吃，一处睡。进了场，相离也不远，刻刻在一处的。今儿一早，二叔的卷子早完了，还等我呢。我们两个人一起去交了卷子，一同出来，在龙门口一挤，回头就不见了。我们家接场的人都问我。李贵还说：'看见的，相离不过数步，怎么一挤就不见了？'现叫李贵等分头的找去。我也带了人，各处号里都找遍了，没有，我所以这时候才回来。"

（报喜的说宝玉）中了第七名举人，贾兰中了一百三十名。王夫人等想来不错，略有笑容。惜春道："这样大人了，那里有走失的？只怕他勘破世情，入了空门，这就难找着他了！"这句话又招的王夫人等都大哭起来。

贾兰将宝玉场后迷失的话，并将三代陈明，大臣代为转奏。皇上最是圣明仁德，想起贾氏功勋，命大臣查复。大臣便细细的奏明。皇上甚是悯恤，命有司将贾赦犯罪情由，查案呈奏。皇上又看到"海疆靖寇班师善后事宜"一本，奏的是"海宴河清，万民乐业"的事。皇上圣心大悦，命九卿叙功议赏，并大赦天下。（贾赦免罪，贾珍赦罪复职）颁赏恩旨，宁国府第，发交居住。平儿回了王夫人，又说到："皇上隆恩，咱们家该兴旺起来了。"

第一百二十回
甄士隐详说太虚情　贾雨村归结红楼梦

且说贾政扶贾母灵柩，贾蓉送了秦氏、凤姐、鸳鸯的棺木到了金陵，先安了葬。贾蓉自送黛玉的灵，也去安葬。贾政料理坟墓的事。一日，接到家书，一行一行的看到宝玉贾兰得中，心里自是喜欢；后来看到宝玉走失，复又烦恼。只得赶忙回来。在道儿上又闻得有恩赦的旨意，又接着家书，果然赦罪复职，更是喜欢，便日夜趱行。

一日，行到毗陵驿地方，那天乍寒，下雪，泊在一个清静去处。贾政打发众人上岸投帖，辞谢朋友。自己在船中写家书，写到宝玉的事，便停笔。抬头忽见船头上微微的雪影里面一个人，光着头，赤着脚，身上披着一领大红猩猩毡的斗篷，向贾政倒身下拜。贾政尚未认清，急忙出船，欲待扶住问他是谁。那人已拜了四拜，站起来打了个问讯。贾政才要还揖，迎面一看，不是别人，却是宝玉。贾政吃一大惊，忙问道："可是宝玉么？"那人只不言语，似喜似悲。贾政又问道："你若是宝玉，如何这样打扮，跑到这里来？"宝玉未及回言，只见船头上来了两人，一僧一道，夹住宝玉道："俗缘已毕，还不快走？"说着，三个人飘然登岸而去。贾政不顾地滑，疾忙来赶，见那三人在前，那里赶得上？转过一小坡，倏然不见。贾政还欲前走，只见白茫茫一片旷野，并无一人。贾政知是古怪，只得回来。

过了几日，贾政回家，众人迎接。贾政见贾赦贾珍已都回家，弟兄叔侄相见。然后内眷们见了，不免想起宝玉来，又大家伤了一会子心。王夫人便将宝钗有孕的话也告诉了。

圣上赏了（宝玉）一个“文妙真人”的道号。

巧姐（由刘姥姥说媒）给周家为媳。贾政说：“莫说村居不好，只要人家清白，孩子肯念书，能够上进。朝里那些官，难道都是城里的人么？”

袭人缘定蒋玉函。

贾雨村犯了婪索的案件，审明定罪，今遇大赦，递籍为民。（途遇甄士隐，详说太虚情。）雨村问道：“那荣宁两府，尚可如前否？”士隐道：“福善祸淫，古今定理。现今荣宁两府，善者修缘，恶者悔祸，将来兰桂齐芳，家道复初，也是自然的道理。”雨村笑道：“是了，是了！现在他府中有一个名兰的，已中乡榜，恰好应着‘兰’字。适间老仙翁说‘兰桂齐芳’，又道‘宝玉高魁贵子’，莫非他有遗腹之子，可以飞黄腾达的么？”士隐微微笑道：“此系后事，未便预说。”

（吴新雷据人民文学出版社 1964 年版《红楼梦》[程乙本] 精简缩微）

读客®

激发个人成长

多年以来，千千万万有经验的读者，都会定期查看熊猫君家的最新书目，挑选满足自己成长需求的新书。

读客图书以“激发个人成长”为使命，在以下三个方面为您精选优质图书：

1. 精神成长

熊猫君家精彩绝伦的小说文库和人文类图书，帮助你成为永远充满梦想、勇气和爱的人！

2. 知识结构成长

熊猫君家的历史类、社科类图书，帮助你了解从宇宙诞生、文明演变直至今日世界之形成的方方面面。

3. 工作技能成长

熊猫君家的经管类、家教类图书，指引你更好地工作、更有效率地生活，减少人生中的烦恼。

每一本读客图书都轻松好读，精彩绝伦，充满无穷阅读乐趣！